인터넷 언론 자유와 인격권

인터넷 언론 자유와 인격권

이재진 지음

인터넷 언론 자유와 인격권

지은이__이재진
펴낸이__한기철
편집인__이리라
편집__이여진, 이지은
마케팅__조광재

2009년 4월 1일 1판 1쇄 박음
2009년 4월 10일 1판 1쇄 펴냄
2010년 10월 10일 1판 2쇄 펴냄

펴낸곳__한나래출판사
등록__1991. 2. 25. 제22 - 80호
주소__서울시 서대문구 냉천동 182 냉천빌딩 4층
전화__02) 738 - 5637 · 팩스__02) 363 - 5637 · e-mail__hannarae91@naver.com
www.hannarae.net

ⓒ 2009 이재진
Published by Hannarae Publishing Co.
Printed in Seoul.

국립중앙도서관 출판시도서목록(CIP)

인터넷 언론 자유와 인격권 / 이재진 지음. ― 서울: 한나래, 2009
    431p.; 23cm. ― (한나래 언론 문화 총서; 55)

참고문헌 수록
ISBN 978-89-5566-086-9 94330
ISBN 978-89-85367-77-6(세트)

언론 자유[言論自由]
인격권[人格權]

342.133-KDC4
323.445-DDC21   CIP2009000896

* 이 저술은 2007년 정부재원(교육인적자원부 학술연구 조성사업비)으로 학술진흥재단의
지원을 받아 연구되었습니다(KRF-2007-327-B00838).
* 이 책은 2010년 학술원 기초학문육성 우수학술도서로 선정되었습니다.

차례

일러두기

· 한글 표기를 원칙으로 하되, 필요에 따라 외국어와 한자를 병기하였다.

· 한글 맞춤법은 '한글 맞춤법' 및 '표준어 규정'(1988), '표준어 모음'(1990)을 적용하였으나 혼란이 있는 경우는 출판사의 원칙을 따랐다.

· 외국어의 우리말 표기는 개정된 '외래어 표기법'(1986)을 원칙으로 하되, 그중 일부는 현지 발음에 따랐다.

· 사용된 기호는 다음과 같다.

　신문, 잡지, 영화, 텔레비전 프로그램 등: < 　　>

　책 이름: ≪ 　　≫

머리말

2006년에 ≪언론 자유와 인격권≫을 출간한 지 3년이 흘렀다. 그 책은 나름대로 호평을 얻었지만 아쉽게도 인터넷에서의 언론 자유와 인격권 간의 갈등에 대해서 자세히 다루지 못했다. 그래서 기회가 되면 인터넷에 관련하여 쓴 논문을 중심으로 내용을 보강하여 책으로 내야겠다고 벼르고 있었다. 그러나 마음으로는 좋은 책을 써보자 여러 차례 다짐하였으나 연구 역량 부족과 미디어 환경의 다변화로 인해 수많은 쟁점들이 발생하면서 인터넷 법제를 제대로 다루는 것은 허황된 욕심이 아닐까 하는 의구심이 들었다. 아울러 이미 인터넷에서의 법적 쟁점들을 다룬 연구서들이 상당히 나와 있어 이들과 어떻게 차별화할 수 있을까 하는 생각도 책을 쓰는 작업을 더디게 만들었다.

그럼에도 불구하고 이 책은 '저작권'을 제외하고는 인터넷에서 발생하는 거의 모든 쟁점들을 조망하고 있어 인터넷에서의 제반 쟁점들이 왜 발생하고 어떻게 해결되는가에 대해 전체적인 이해를 용이하게 할 수 있을 것으로 기대한다. 인터넷이 우리의 필수 미디어로서 자리를 잡은 지 벌써

10년이 훌쩍 지났고 이제는 인터넷 없는 생활이 상상조차 안 될 정도이다. 하지만 인터넷이 자유로운 소통 미디어라는 점에는 모두 공감하고 있으나 여기서 발생하는 각종 불법 문제들을 어떠한 잣대에서 해결할 것인가는 불명확한 것이 사실이다. 이 책은 이러한 문제에 대한 해결책을 종합적으로 모색하고자 한다.

사실 인터넷에 대한 법적 규제에 관해서는 찬반의 양론이 아직도 팽팽히 맞서고 있다. 기존의 미디어 관련 법을 적용하면 된다는 연구자들은 법적 규제의 측면에서 인터넷의 경우에도 기존 미디어와 크게 다를 바가 없다고 본다. 반면 인터넷이라는 미디어 특성을 충분히 감안해야 한다고 보는 연구자들은 인터넷의 표현 촉진적 특성을 고려해야 한다고 지적한다. 후자의 경우 인터넷을 너무 규제의 잣대로만 재단하려고 해서는 안 된다고 지적한다.

이러한 논의는 최근 한국의 문화적 현상으로 등장한 포털 사이트의 법적 쟁점들이 뜨거운 감자로 등장하면서 더욱 치열해지고 있다. 포털을 언론으로 보아야 하는가 아닌가의 여부와 인격권 침해에 따른 책임 정도와 적절한 피해구제의 설정 문제 등 다양한 쟁점들이 이어지고 있다. 아울러 인터넷에 한번 올라온 정보는 비록 원래의 출처를 삭제했다고 하더라도 인터넷이라는 공간 어딘가에 항상 검색 대상으로 남아 있을 수 있다는 점 때문에 인격권 위협 요인이 또 다른 형태로 항존하고 있다고 할 수 있다.

또한 인터넷에서 리플을 달 수 있게 하여 양방향 소통을 더욱 원활히 하고 진실 발견에 도움이 될 수 있게 하자는 것은 다분히 한국적인 문화 특수성에 기인한 것이기는 했지만, 이를 통해 악플이 양산되어 개인의 인격권을 침해하거나 모욕하는 사례가 빈번해지기도 하였다. 이와 관련 유명인에 대한 악플이 모욕죄에 해당한다고 해서 벌금형을 선고한 판결도 나온 바 있다. 이런 문제로 인하여 인터넷 실명제의 도입이 점차 본격화되고 있다. 그러나 실명제의 도입이 과연 이러한 문제를 해결할 수 있는 첩경이 되는지는 아직 불명확하다.

구체적으로 이 책의 1장에서는 언론 자유와 인격권에 대해 정의하고, 인터넷상에서 발생하는 언론의 자유와 인격권의 충돌로 발생하는 쟁점들을 이론적인 시각에서 다룬다. 인터넷에서의 언론의 자유는 왜 지켜져야 하는지 그리고 이와 관련된 쟁점들을 언론의 자유라는 관점에서 어떻게 해결해야 하는지에 대해 서술하였다. 무엇보다 언론 자유의 고전적 의미로부터 시대적 변화에 따른 개념의 변화가 현대까지, 그리고 인터넷상에서 어떻게 변화되어 왔는가를 살펴본다. 아울러 인터넷에서 문제가 되는 사전 검열의 문제는 어떻게 이해해야 되는가에 대한 논의도 병행하였다.

2장에서는 현대인의 사회적 생명이라고 하는 명예에 대한 피해가 인터넷상에서 어떻게 발생하고 있으며 이 문제는 어떻게 해결되는 것이 바람직한가에 대해서 살펴보았다. 명예는 개인적인 것이라기보다는 사회적인 것이다. 잘못된 보도나 정보의 매개로 인하여 명예가 훼손되는 경우 이를 원상 복귀하는 것은 거의 불가능하다는 점에서 적절한 피해구제가 요구된다. 특히 기존 미디어의 경우보다 더욱 영향력이 큰 인터넷에서의 명예훼손은 그 피해의 정도를 예측하기 쉽지 않다는 점에서 피해구제의 중요성이 더욱 강조된다.

3장은 인터넷에서의 모욕죄를 다루고 있다. 인터넷에서의 불법 행위가 발생하면서 정부는 정보통신망법을 개정하여 모욕죄를 도입하려는 시도를 하고 있다. 그러나 모욕죄 도입이 인터넷에 대한 과잉 규제가 될 수 있을 뿐만 아니라 도입한다고 하더라도 다양한 문제점에 대한 해결이 선행되어야 한다는 과제를 안고 있다. 여기서는 모욕죄의 정의와 특성은 무엇이고 어떠한 쟁점들이 있으며 이를 해결하기 위해서는 어떻게 해야 하는지를 관련 판례를 중심으로 살펴본다.

4장은 명예훼손과 함께 가장 큰 문제로 인식되고 있는 프라이버시 침해를 분석한다. 여기서는 여러 다양한 형태의 프라이버시 침해 유형 중에서 통신 프라이버시(비록 정보 프라이버시에 대해서도 논하고 있으나)에 그 논의의 초점을 둔다. 통신 프라이버시 중에서도 소극적인 측면에서의 통신 프라이버시, 즉 인터넷의 전자게시판이나 메신저 등을 통해 정보를 게재하거나 주고받는 과정에서 타인의 프라이버시권을 침해하여 개인들 간의 갈등이 발생하거나, 전자메일 등으로 정보를 교환하거나 제공하는 과정에서 여러 형태의 검열이나 이의 공개로 인하여 피해가 발생하는 경우로 논의를 한정하였다.

5장은 인터넷에서 넘쳐나는 스팸메일을 어떻게 적절히 규제할 것인가에 관한 것이다. 실제로 스팸메일이 개인의 인격권을 침해할 뿐만 아니라 엄청난 사회적 비용을 초래하고 있으나 스팸메일도 일종의 상업적 표현이라는 점에서 언론 자유 또는 영업 자유의 보호를 완전히 벗어나지 않기 때문에 어떤 규제 모델을 수용하는가에 따라서 그 허용 정도는 크게 달라진다. 세계 각국에서는 각각의 사회적·문화적 환경에 따른 고유한 방식으로 효과적이고 합리적인 규제 모델을 모색하고 있다. 여기서는 대표적인 메일 규제 방식인 옵트인opt-in과 옵트아웃opt-out 방식의 규제를 둘러싼 다양한 논의들을 심도 있게 살펴보고 우리나라에서 어떠한 모델을 수용해야 할 것인가에 대한 함의를 도출하려고 하였다.

6장에서는 인터넷에 만연하는 음란물과 관련된 불법 행위, 예를 들어 거대 인터넷 포털에서 음란물 동영상이 올려져 많은 사람들이 접속하게 되면 사업자는 어느 정도 책임을 져야 하는가의 문제를 다룬다. 이 장에서는 다른 연구들과는 달리 기존의 음란물 관련 대법원 판례들을 모두 분석하여 우리나라 법원이 음란 또는 음란물이라는 것을 어떤 기준에서 정의를 내리고 판단을 하고 있는지에 분석의 중심을 두었다. '음란물'이라는 표현의 판단 주체인 법원이 이를 어떻게 수용하고 있는가를 살펴본다. 이를 통해서 기존 미디어에서의 음란성 개념과 인터넷에서의 음란성 개념이 어떠한 차이를 보이며 어떻게 다른 지역 기준community standard이 적용되는지, 아울러 구체적인 판단의 근거가 무엇인지를 알아볼 것이다.

7장에서는 현재 언론중재법상의 반론권 행사가 인터넷에서 어떻게 이루어지고 있는지 그리고 이로 인한 법적 쟁점은 무엇인지를 살펴본다. 무엇보다 인터넷에서의 반론권의 취지를 제대로 살리기 위해서는 어떻게 효율적이고 적절한 반론권 실행이 가능할 것인가를 숙고해 보아야 한다. 언론중재법이 개정되면 인터넷에서 적절한 반론권 행사를 하려면 어떠한 전제 조건이 마련되어야 할 것인가에 대해서도 살펴본다. 가장 효율적인 피해구제 방식으로 인정되는 반론권 행사가 인터넷에서의 언론 자유를 고양하고 한편으로 개인의 인격권을 제고할 수 있는 방안으로 어떻게 이용될 수 있는가를 논의한다.

8장은 인터넷에서의 자율 규제의 문제를 다룬다. 자율 규제란 말 그대로 인터넷상의 다양한 운영자들이 법적 규제 등의 외적 제약으로부터 벗어날 수 있도록 스스로 통제를 가하는 것을 의미한다. 인터넷이 사회적으로 영향력이 커지면서 이용자들이 인격권 피해를 입게 될 가능성이 커지고 있으며 이로 인해 인터넷 운영자들도 완전히 면책될 수 없기 때문에 운영자 스스로 피해 발생을 최대한 제어할 필요가 있다. 물론 이용자들의 표현의 자유를 억압할 수 있다는 비판도 있을 수 있으나, 개별 이용자가 입게 될 인격권 침해를 막기 위한 노력은 계속되어야 할 것이다. 이 장에서는 적절한 자율 규제의 모델은 무엇인가에 대해서 심도 있는 논의를 한다.

9장은 인터넷에서의 보도 윤리와 관련된다. 인터넷의 속보성은 시간과 공간의 제약이라는 기존 미디어의 한계는 극복할 수 있었으나 보도의 신뢰성 등 여러 다양한 법적 및 윤리적 쟁점이 발생하고 있다. 특히 보도 활동을 하는 다양한 인터넷의 윤리적 문제점은 무엇인지를 기존의 관련 연구들을 중심으로 살펴본다. 아울러 인터넷 언론들에게 과연 기존 미디어와 같은 언론 윤리 강령이 필요한 것인지, 필요하다면 기존의 것과 어떻게 차별화될 수 있는지에 대해서 논의한다.

마지막 장인 10장은 인터넷 포털 사이트에서 발생하는 인격권 관련 피해의 구제와 관련된다. 인터넷 포털이 뉴스를 생산하지는 않지만 다른 미디어의 뉴스를 매개함으로써 발생하는 인격권에 대한 침해를 어떻게 적절히 규제할 것인가를 다룬다. 이를 위하여 인터넷 포털을 언론으로 볼 수 있는가라는 포털의 언론성 여부에 대한 논의와 기존 관련 법의 개정법 입안 내용 그리고 관련 판례를 분석하여 인격권 피해를 구제하기 위한 가장 좋은 방법은 무엇인가에 대해 논의한다.

이번 책에서도 법을 전공하지 않은 사람들도 책 내용을 무리 없이 쉽게 이해할 수 있도록 글을 쓰고자 했다. 물론 그런 작업이 쉽지는 않았는데, 그만큼 책 한 권을 출판하는 것이 쉽지 않다는 것을 반증하는 것으로 여겨진다. 이 책은 학부생은 물론이고 대학원의 교재나 부교재로 사용될 수 있을 것이라 기대한다. 여러 다양한 논문들을 업데이트하고 보완 집필하여 전체적인 일관성을 기하려고 하였다. 이전 논문에 공동 필자로 참여해 준 구본권, 김상우, 상윤모, 이희영 씨 등에게 진심으로 감사의 말씀을 드린다. 아울러 어렵고 힘들게 원고를 드렸음에도 좋은 책을 만들어 주신 한나래출판사에 심심한 감사의 마음과 미안함을 전하고 싶다. 부디 이번 책도 언론법을 공부하고자 하는 분들께 조금이라도 도움이 될 수 있었으면 한다.

2009년 2월
행당동 연구실에서
이재진

인터넷에서의
언론 자유와 인격권

1. 언론 자유와 인격권의 충돌

2008년 10월 2일 탤런트 최진실의 자살 소식은 가히 충격적이었다. 자살의 직접적인 원인이 무엇인가에 대해서는 명확하지 않지만 인터넷에 떠돌던 괴담과 악플이 관련 있다는 점에 많은 사람들이 공감하였다. 이는 이전에도 비슷한 연유에서 유명인들이 자살하는 사건이 발생한 뒤에 일어난 사건이라는 점에서 더욱 그러했다. 이에 더 이상 이와 같은 비극이 벌어지지 않도록 인터넷에 대한 규제를 강화하고자 하는 목소리가 정치계와 사회 일각에서 불거졌다.

하지만 이러한 움직임이 인터넷의 고유한 가치를 억압할 수 있다는 반론도 제기되었으며, 정치적으로 사건을 이용해서는 안 된다는 시각, 그리고 무조건적인 처벌의 강화가 근원적인 문제를 해결할 수 없다는 시각 등 다양한 의견들도 제기되었다. 그럼에도 여론은 인터넷에 대해서는 더 많이 규제해야 한다는 방향으로 진행되고 있다. 이러한 문제들에 대해서 어떠한 방식으로 접근해야 할 것인가?

인터넷은 접근 가능한 누구나 특정한 목적을 달성하기 위해 자신의 견해, 생각, 그리고 사상을 순간적이고 광범위하게 유포하고 획득할 수 있는 상호 작용적*interactive* 커뮤니케이션 미디어이다. 이러한 이유로 인터넷은 기존 미디어 체계에서는 한계가 있었던 진정한 민주주의를 실현하고 진리를 발견하는 자유로운 소통의 장이 될 것으로 기대되었다. 그러나 이러한 기대는 점차 실현 가능성을 잃어 가고 있는 듯하다. 사람들의 기대와 달리 인터넷에서는 여러 다양한 형태의 범죄와 불법 행위가 발생하고 있기 때문이다. 그래서 인터넷이 단지 인간이 조장해 낸 환상*illusion*에 불과할 수 있으며(Gandy, 1994), 이상적 공론장*public sphere*으로서의 정보의 바다가 아니라 불법의 바다로 전락할 위험에 봉착해 있다는 우려가 높다. 그래서 새로운 유형의 범죄를 해결하기 위해 어떻게 적절한 법적 대응을 할 것인가 활발하게 논의되고 있다.

그러나 이에 대한 반론도 만만치 않다. 인터넷이 단지 불법의 바다라고 단정하는 것은 인터넷의 본질을 잘못 이해하고 있기 때문에 생기는 오해라는 것이다. 인터넷은 우선 모든 사람이 참여할 수 있다는 점이 평가돼야 한다. 자유롭게 참여할 수 있다는 측면은 기존의 미디어에서는 불가능했던 것을 실현할 수 있는 기초가 된다는 것이다. 비록 인격권 침해의 문제가 발생할 수 있지만 공익적인 측면에서 중요한 기능을 할 수 있다는 점을 고려해야 한다고 인식한다.

비록 인터넷에서 교류되는 다양한 대화와 담론들이 항상 이성적일 수 없으며, 토론 과정을 거친다고 해서 반드시 합의에 이르는 것은 아니라고 하더라도 인터넷을 규제의 대상으로만 보려는 것은 바람직하지 않다고 본다(김경년·김재영, 2005). 인터넷은 사회적으로 민감한 문제를 토론하는 장으로서의 역할을 하고 있으며(유지현, 2005), 수동적 위치에 머물러 왔던 일반 시민으로 하여금 공공의 문제를 토론하는 데 적극 참여토록 하는 기능을 한다고 인식한다(김병철, 2004).

이러한 점에 근거하여 이 장에서는 언론 자유[1]와 인격권에 대해 정의하고, 인터넷상에서 발생하는 언론의 자유와 인격권이 왜 서로 충돌하게 되며, 이를 적절히 해결하기 위해서는 어떻게 해야 할 것인가를 논의한다. 이를 위해서 첫째, 인터넷에서의 언론의 자유는 왜 지켜져야 하는지, 그리고 관련 쟁점에는 언론 자유의 관점에서 어떤 문제들이 있는지를 살펴본다. 무엇보다 언론 자유의 고전적 의미로부터 시대적 변화에 따른 개념의 변화가 현대까지, 그리고 인터넷상에서 어떻게 변화되어 왔는가를 살펴본다. 인터넷을 표현 촉발적인 미디어로 보는 우리나라 헌법재판소의 이해 근거를 살펴보고, 공익 추구를 위한 규제의 틀이 적용되기 힘든 미디어적 특성에 근거하여 인터넷에서의 언론 자유의 필요성과 문제점을 분석한다. 둘째, 인격권의 의미를 살펴보고 언론 자유와의 비교형량의 방향성이 어떠한지를 고찰한다. 즉 인격권과 언론 자유가 충돌할 때 핵심적 쟁점은 무엇이며 이에 대한 더 나은 해결 방식은 어떠해야 하는가에 대해서 서술한다.

언론 자유와 인격권은 개인의 삶을 뒷받침하는 두 축이라 할 수 있다. 그런데 언론의 자유와 인격권은 지속적으로 충돌할 수밖에 없다면 과연 인터넷에서의 언론 자유란 무엇이며 인격권 보호와는 어떻게 비교형량할 것인가는 지속적으로 풀어나가야 할 문제이다. 따라서 적

---

[1] 이 책에서 이름되는 언론 자유의 의미는 표현의 자유, 취재·보도의 자유, 그리고 말할 자유 등을 포함하는 것으로 이들을 대표하는 개념이다.

절한 비교형량이 대단히 중요하고, 이를 위해서는 단지 인터넷에서의 불법 행위를 범죄의 시각에서만 바라볼 것이 아니라 인터넷의 본질적인 측면에 대한 고려도 함께해야 한다. 즉 인터넷에서의 언론 자유와 인격권의 이익형량은 그 중요성의 정도를 잘 판단해서 이루어져야 할 것이다.

2. 인터넷에서의 언론 자유란 무엇인가

인터넷에서는 이용자가 스스로 자유롭게 창출한 생산물을 어떠한 형태의 제도적 검열도 받지 않고 다른 이용자와 서로 공유할 수 있다. 기존의 미디어들이 '전달transmission'에만 머물렀다면 그 이상의 "공유, 참여, 결사, 또는 공동 신념의 구현"을 가능하게 하는 특성이 인터넷에 있다는 것이다(Carey, 1989). 기존에는 불가능했던 정보 전달 방식으로 인해 커뮤니케이션의 본질적 가치가 실천될 수 있는 가능성이 커지게 되었다. 일방적인 커뮤니케이션 행위가 쌍방형으로 전환되고 이용자들의 참여 공간이 넓어지면서 진정한 숙의 민주주의와 공론장public sphere을 실현할 수 있게 되었다.

그러나 이러한 이상적인 바람에도 불구하고 인터넷에서의 자유가 무한대는 아니다. 원칙적으로 자유롭게 표현할 수 있다는 것이지 언제, 어디서, 그리고 어떠한 방식으로 하든 상관없이 표현할 수 있다는 것을 의미하는 것이 아니다. 그럼에도 불구하고 인터넷에서는 기존의 미디어에서는 불가능했던 우월적인 자유를 누릴 수 있는 가능성이 더욱 커진 것은 사실이다. 다시 말하자면 헌법적인 보호 범위 안에서 다른 기본권과의 비교형량을 통해서 볼 때 보호의 가능성이 더욱 커지게 된 것이다. 이렇게 언론의 자유가 중요한 기본권으로 인식되는 이론적 근거는 어디에 있는 것인가?

연구자들은 언론 자유의 헌법적인 정당성을 여러 방식으로 설명한다. 이중 인터넷과 관련해서도 여전히 유효한 것은 대개 세 가지 논의로 요약할 수 있는데, 이는 사상의 자유 시장 이론theory of free marketplace of ideas, 국민의 자치 이론theory of self-government, 자기 만족 이론theory of self-fulfillment이다.

사상의 자유 시장2 이론이란, 진실은 저절로 그 모습을 드러낸다는 것이다. 따라서 어떤 사상의 표현이 잘못되었다는 이유로 국가가 이를 억압할 수 없으며, 허위는 오히려 자유롭게 이야기하도록 허용함으로써 그 허위성을 지적하는 다른 표현들에 의해서 스스로 시정self-righting하게 된다는 것이다. 이 이론은 1644년 영국의 시인이며 작가인 존 밀턴John Milton이 저술한 ≪아레오파지티카Areopagitika≫에서 유래한다. 밀턴은 이 책을 통해서 출판 허가제를 반대하였다. 당시 그는 이혼을 금지하는 법적인 제약을 완화해야 한다는 에세이를 냈는데, 정부의 허락 없이 출판하였다는 이유로 처벌을 받게 되자 ≪아레오파지티카≫를 통하여 자유로운 출판의 중요성을 강조하였다.

그는 당시의 규제 패러다임이었던 '사전 검열prior restraint'의 성격

---

2. 사상의 자유 시장이란 표현은 1919년 에이브럼스 대 미국Abrams v. United States(250 U.S. 616)에서 올리버 웬델 홈즈Oliver Wendell Holmes 대법관에 의해 처음 사용되었다.

을 띠는 허가제는 출판물이 크게 늘어나면서 더 이상 유효한 정책이 되지 못하며, 혼란을 방지한다는 명목으로 출판을 사전에 금지하는 것은 궁극적으로 더욱 큰 죄악이 되고, 오류와 진실이 서로 충돌하여 싸우다 보면 진실이 승리할 것이라고 보았다. 이러한 밀턴의 견해가 모든 이를 위한 표현의 자유를 의미하는 것이 아니기 때문에 너무 과장해서 확대 해석하지 말아야 한다는 주장도 있지만 그럼에도 그의 언론관은 큰 의미가 있다(임상원, 1998). 인터넷의 경우에는 모든 사람들이 자유롭게 참가할 수 있다는 측면에서 진정한 의미의 사상의 자유 시장이 형성될 가능성이 있다.

두 번째 이론은 자치 이론self-government이다. 이는 동일성 민주주의 이론, 즉 지배자와 피지배자가 동일하다는 전제 하에 모든 국민이 주체로서 생활하는 데 필요한 정보는 자유롭게 유통되고, 그 정보에 기초하여 자기 견해를 자유롭게 피력할 수 있어야 한다는 것이다. 이는 미국의 헌법학자 A. 마이클존A. Michaeljohn의 이론인데, 그는 표현의 자유를 보호하는 가장 중요한 목적은 국민이 스스로 자신을 통치하는 과정에 자발적으로 참여하도록 하기 위한 것이라고 보았다(Michaeljohn, 1960).

그는 옛날에 공적인 결정을 하기 위해 마을 주민들이 모두 공회당에 모여서 자신의 견해를 자유롭게 제시하였다는 점을 강조하면서, 표현은 민주 사회에서 자기 통치에 참여하기 위해서 필수적인 것으로 이러한 자기 통치와 관련되는 표현들, 특히 정치적 표현political expression은 절대적으로 보호되어야 한다고 보았다. 자유로운 참여가 강조되는 인터넷에서도 이러한 이론이 적용될 수 있을 것이다. (그러나 실제로 어디까지를 정치적 표현으로 볼 것인가에 대해서는 불분명하다.)

이에 대해 민주적인 자치를 위한 토론 정치의 구현을 주장하며 새로운 언론·표현의 이론을 제시한 선스타인(Sunstein, 1993)은 마이클존의 불명확한 정치적 표현의 정의를 가능한 한 현실적으로 규정지으려 하였다. 그는 "표현이 정치적인 것으로 인정되기 위해서는 어떠한 문제에 대해 일반 대중의 숙의(심의)에 기여할 의도에서 행해진 것이며, 동시에 그렇게 인식되는 경우일 때"라고 보았다. 대중에게 의미가 있는 주제의 표현일 경우에 정치적 표현으로 보아야 한다고 피력했다.

세 번째 이론은 시민의 자기 실현self-fulfillment 이론이다. 이는 어떠한 표현이 다른 사람에게 직접적인 피해를 주지 않고 그 표현을 한 사람의 욕구가 만족이 된다면, 국가는 이러한 표현을 억압할 수 없다는 것이다. 이 이론은 T. I. 에머슨T. I. Emerson에 의해서 가장 잘 정리되었다. 그는 표현의 자유가 왜 보호되어야 하는가에 대해 자기 실현self-fulfillment, 진리 발견attainment of truth, 민주적 의사 결정에의 참여participating in decision making, 그리고 사회적 안정과 변화 사이의 균형balancing between stability and change의 네 가지 가치를 들었다(Emerson, 1967). 이중 개인의 자기 실현 가치는, 인간은 본래적으로 존엄성을 지니며 표현은 인간 존재의 본질적인 요소라는 것을 의미한다. 자신의 가치를 표현하는 것은 본질적이며 따라서 이는 보호되어야 한다는 것이다. 인터넷은 기존 미디어보다도 강한 양방향성을 띤다. 여기에 자유롭게 참여해서 자신의 존재 가치를 실현하는 것은 합당한 것이라 여겨진다.

그런데 이러한 세 가지 이론 중 어디에 근거하여 표현의 자유의 헌법적인 정당성을 주장하느냐에 따라서 헌법상 보호되는 표현의 범위가 달라진다. 그런데 어떠한 이론이 적용된다고 하더라도 표현이 절대적으로 보장되는 것은 아니다. 문재완(2008)은 우리나라의 경우 어느 한 이론에 근거하기보다는 세 가지 이론을 모두 수용하고 있어서 표현의 자유에 포함되는 표현과 그렇지 않은 표현을 분명하게 구분하기가 힘들다고 꼬집는다. 그럼에도 그는 만일 표현의 자유와 다른 헌법적 가치가 충돌하는 경우 국민의 자치 이론에 입각하여 정치적 표현을 최대한 보장하여 자유의 가치를 중시하도록 해야 타당하다고 주장한다.

3. 인터넷에서의 언론 자유와 인격권의 갈등

2005년 7월 28일 시행된 언론중재 및 피해구제 등에 관한 법(이하 언론중재법) 제5조에는 언론으로부터의 인격권 보장을 명시하고 있다. 동법은 동조 제1항에서 "언론은 생명·자유·신체·건강·명예·사생활의 비밀과 자유·초상·음성·대화·저작물 및 사적 문서 그 밖의 인격적 가치 부여 등에 관한 권리(이하 '인격권'이라 한다)를 침해하여서는 아니 된다"고 규정하여 인격권을 광범위하게 인정하고 있다. 이처럼 인격권에는 성명권, 초상권, 저작인격권 및 프라이버시권 등이 포함됨을 알 수 있다.

인격권의 보호의 범위가 넓기 때문에 개인의 언론 자유와 충돌하는 경우가 빈번히 발생하게 된다. 이러한 기본권의 충돌이 발생하는 경우 적절한 이익형량이 이루어져야 한다. 우리나라 헌법은 제21조 제4항에서 "언론·출판은 타인의 명예나 권리 또는 공중도덕이나 윤리를 침해해서는 아니 된다"고 하여 언론·출판이 타인의 인격권을 침해한 경우에는 그에 대한 법적인 제재를 가할 수 있는 근거를 마련해 놓고 있다.

그래서 언론은 보도 과정에서 개인의 인격권이 훼손되지 않기 위해서 노력을 기울이고 있다. 그러나 이러한 오프라인의 언론들과는 다른 기술적 특징을 지니는 인터넷의 경우에는 기존의 언론보다 개인의 인격권을 침해할 가능성이 더욱 클 수 있다. 이러한 우려는 현실로 나타나고 있는데, 최근 몇 년 동안 인터넷을 통해 타인의 명예를 훼손하거나 모욕죄를 범한 혐의로 기소된 네티즌들에 대해 우리 법원은 잇따라 벌금형이나 때로는 실형을 선고하였다.[3] 이러한 현상은 인터넷에서의 불법 행위나 위법 행위가 증가하였고 자율적인 노력으로 해결하는 데 한계가 있기 때문에 문제를 법적으로 해결하려는 경향이 커지고 있음을 반증하는 것이다. 이는 또한 인터넷 이용자들, 시스템 운영자들, 인터넷 서비스 제공자 사이의 언론 자유와 인격권 간의 갈등이 외적으로 표출되고 있음을 보여 준다(이재진, 2002). 결국 인터넷 이용자들의 표현의 자유도 중요하지만 인터넷에서 개인의 인격권을 침해할 수 있는 영향력이 심대하다는 점에서 인터넷에서 발생하는 문제 해결을 위한 적절한 법적 근거 마련이 시급하다.

이처럼 인터넷에서의 가장 복잡한 쟁점이 바로 바로 언론의 자유

3. 대전지법은 2003년 4월 22일 정보통신망 이용촉진 및 정보보호 등에 관한 법률 위반(명예훼손) 혐의로 기소된 김모 씨에 대해 벌금 70만 원을 선고했다. 김모 씨는 한나라당 사이버 대의원으로 활동하던 2002년 9월 18일 오전 7시경 자신의 집에서 모 언론사 인터넷 홈페이지 게시판에 '민주당 천용택 의원이 김대업 씨와 공모해 거짓 병역비리를 폭로했다'는 글을 게재, 천 의원을 비방한 혐의로 기소됐다. 대전지법은 또한 4월 21일 '젖소나 수입소 사골을 한우 사골로 속여 팔았다'는 내용의 글을 대전양돈축협 인터넷 홈페이지에 올려 대전양돈축협의 명예를 훼손한 혐의로 기소돼 1심에서 벌금 50만 원을 선고받은 이모 피고인의 항소를 기각했다.

와 인격권 보호와의 갈등이다. 인터넷은 개인이나 서비스 제공자들이 자유롭게 자신들의 견해를 표출할 수 있는 공간인 동시에 개인들의 명예와 사생활이 침해되지 않도록 보호가 요구되는 곳이기도 하다. 이러한 권익들 간의 갈등을 현재의 법체계 기준으로 해결할 수 있는가에 대해서 논의들이 많이 있어 왔으나 아직 명확한 진단이 나오지는 않고 있다(강경근, 2003). 우리나라의 경우 인터넷에서 발생하는 명예훼손 사건은 '정보통신망 이용촉진 및 정보보호에 관한 법률'(이하 정보통신망법)을 근거로 다루고 있으며, 최근에는 사이버 모욕죄의 신설을 두고서 정치권과 시민 단체들이 대립하는 상황에 처해 있다.[4]

미국의 헌법학자 F. 샤우어(Schauer, 1980)에 따르면 인격적 권리와 언론의 자유 사이의 갈등은 각 사회가 처한 상황에 근거하여 독특한 문제 해결 양상을 보인다고 한다. 인격권과 표현의 자유 사이의 해결은 각 사회가 인격권의 중요성과 언론 자유의 중요성에 두는 사회적·정치적 가치에 따라서 결정된다는 것이다.

그는 이러한 증거로 영국과 미국의 명예훼손법에 대해 비교 고찰한 바 있는데, 뿌리가 같은 보통법common law의 전통을 가진 영국과 미국의 경우에도 명예훼손법상의 법리가 상당히 이질적으로 발전해 왔음을 지적했다. 그는 미국의 수정헌법 제1조the First Amendment상의 언론 자유의 전통에 대해 분석하면서 미국의 경우 영국과는 달리 언론의 자유를 우월적인 권리로 보며, 언론의 자유에 대한 침해를 개인의 명예에 대한 피해보다 더욱 심각한 것으로 이해하고 있다고 설명했다. 샤우어

---

4. 이 법의 입안에는 사회적으로 유명한 인사나 여러 연예인 등이 악성 댓글에 시달리다가 자살하는 사건이 영향을 미쳤다.

는 미국의 경우 표현의 자유가 여타 다른 개인적 기본권에 우선하기 때문에 비록 명예훼손적인 언사라고 하더라도 이를 허용하지 않는 것은 인간의 본질에 대한 침탈이라고 주장한다. 그는 이러한 측면에서 미국적인 특색을 잘 보여 주는 것이 1964년 뉴욕 타임스 대 설리번New York Times v. Sullivan 사건에서 구성된 현실적 악의 원칙actual malice rule이라고 지적한다. 이 사건에서 미국 연방대법원은 공직자들의 경우 언론에 의한 명예훼손의 피해를 구제받기 위해서는 현실적 악의를 증명해야 한다고 판시했다. 이에 반해 영국의 경우 현실적 악의 원칙은 도입되지 않았으며, 표현의 자유를 여러 개인적 법익과 유사한 차원에서 인식하고 이에 대한 비교형량적인 판단을 하고 있다고 보았다. 이는 미국과는 이질적인 영국적 발전 양식과 보통법적 언론 환경에서 발달해 온 법 적용이 이루어지고 있음을 말해 주는 것이다.

이처럼 개인적 인격권이 침해되는 경우 각 사회는 다툼을 조화롭게 해결하기 위하여 각 사회가 처한 환경에 맞는 방안을 제공한다(Lee, 1998). 좀더 구체적으로 말하자면 각 사회의 사법 제도는 문제 해결을 위하여 기존 미디어 발행자의 책임을 정하고 이를 규제하기 위한 각 사회에 어울리는 메커니즘을 제공하게 되는 것이다(Vick & Macpherson, 1996). 결국 각 사회는 이들이 처한 상황에 의해서 허용되는 사법적 방식을 통해서 인격권과 표현의 자유 사이에서 어떤 법익이 공익의 실현을 위하여 더 중요한가에 대한 판단을 통하여 두 법익 사이의 조화를 추구하게 되는 것이다.

우리나라 대법원도 "인격권으로서의 개인의 명예 보호와 표현의 자유 보장이라는 두 법익이 충돌하였을 때, 그 조정을 어떻게 할 것인지는 구체적인 경우에 사회적인 여러 이익을 비교하여 표현의 자유로 얻어지는 이익, 가치와 인격권의 보호에 의하여 달성되는 가치를 형량하여 그 규제의 폭과 방법을 정해야 할 것"이라고 판시한 바 있다(대법 1988.10.11. 선고 85다카29 판결).

미국의 경우 수정헌법 제1조의 영향으로 표현의 자유 또는 언론의 자유가 여타 다른 개인적 기본권에 비해 우월적인 지위를 누린다(Smolla, 2000; Carter et al, 1994; Gillmor, Barron, Simon, & Terry, 1996).[5] 그에 반해 우리나라의 경우 표현의 자유와 인격권은 그 우열을 가릴 수 있는 것이 아니며, 어떤 것에 좀더 무게를 두는가 하는 것은 헌법 제37조에서 규정하는 바와 같이 과잉 금지 원칙이나 비례의 원칙 등에 입각하여 규범조화적 해석에 따르고 있다(성낙인, 1999). 한국 법원은 이 점을 반복적으로 긍정해 왔는데, 비록 언론이 자유롭게 숨 쉴 수 있는 공간이 필요하지만 이러한 권리는 기본권과 균형을 이루어야 한다는 점을 판결의 기본 원칙으로 삼고 있다(대법 1998.9.4. 선고 96다11327 판결).

이러한 점은 기존 미디어를 둘러싼 법적 규제의 '지역성'을 반영하는 것이다. 다시 말하자면 기존 언론에 대한 규제는 그 미디어의 관할 사법 지역에 따라, 그리고 미디어가 위치하는 각 사회의 고유한 상황에 따라 특히 공익 실현을 위해 언론의 자유와 인격권이 어떻게 조화를 이루어야 하는가가 결정되었다고 할 수 있다. 따라서 샤우어의 지적

---

5. 1964년 뉴욕 타임스 대 설리번 사건에서 미국 대법원은 언론이 정부와 정치인에 대해 자유롭게 비판을 할 수 있는 이른바 '숨 쉴 수 있는 공간'의 필요성을 강조하였다(376 U.S. 254 (1964)). 이후 10년 뒤 거츠 대 웰치Gertz v. Welch 사건에서 대법원은 의견에 있어 잘못된(오류가 있는) 언사란 없으며there is no such thing as false statements, 비록 사회적 비용social cost을 지불하는 경우가 있더라도 공직자는 물론 사회적 공인에 대해 비판할 수 있는 자유는 최대한 지켜져야 함을 밝혔다(418 U.S. 323 (1974)).

처럼 같은 뿌리를 갖는 영국과 미국의 명예훼손법조차도 다르게 발전할 수 있다는 사실을 알 수 있다.

그런데 인터넷은 기존의 언론과는 여러 측면에서 이질적이다. 인터넷은 기존의 미디어와는 다른 구조와 기능을 가지며 그 기술적 발전속도가 엄청나게 빠르다는 측면에서 기존 미디어와 차이가 있다. 무엇보다 인터넷은 기존 언론이 갖는 규제의 지역성을 초월하여 존재한다. 당연히 사이버 공간에서는 사법 관할권의 적용 문제가 발생한다. 사이버 공간은 기존 미디어와 달리 물리적 공간의 개념이 광범위하고 국경을 초월하는 성향을 띤다. 또한 인터넷의 쌍방향성으로 인하여 이용자들이 서로 의견 교환을 통하여 갈등을 해결하기도 하며 정보 소비자들이 정보 생산에 참여하기도 한다. 때문에 기존의 미디어적 특성을 근거로 하는 법체계는 인터넷에 적용하는 데 문제가 생기게 된다.[6]

사실 인터넷을 통한 사이버 범죄에 대한 우려는 오래전부터 있어왔다. 해킹이나 사기, 성폭력 등 지능적 범죄뿐만 아니라 명예훼손과 사생활 침해, 집단 테러가 갈수록 늘어나 사회적 불안 요인으로 등장하고 있다. 언론에 의한 인격권 침해 사례는 일찍이 미국에서 찾아볼 수 있다. 1830년대 언론이 대중화되고, 1890년대 황색 저널리즘 시대로 들어가면서 이전에는 소수의 교육받은 계층이 즐겨 찾았던 어렵고 복잡한 정치, 경제, 철학적인 내용이나 주의 주장보다는 사람에 대한 일상적인 이야기가 '뉴스 가치newsworthiness'를 얻기 시작하면서 인격권 침해

---

6. 기존의 오프라인의 법체계를 적용해도 큰 문제는 없을 것으로 인식하는 사람들도 적지 않다. 그러나 사이버 명예훼손죄나 사이버 모욕죄 등과 같이 인터넷이라는 미디어적 특성으로 인한 불법 행위에 대해서는 기존의 법체계로서는 적용상의 어려움이 많을 수밖에 없다.

사례가 잦아졌다(Sigal, 1986). 그런데 사람들의 일상적 이야기란 사건, 사고 소식에서 뜬소문에 이르기까지 지극히 개인적인 정보와 관련된 것들이었다. 다시 말하자면 일반인들이 쉽게 이해할 수 있는 사람에 대한 이야기는 사건이나 사고 또는 개인 정보를 들추어내는 데 있어서 개인의 명예가 훼손되거나 개인들이 원하지 않음에도 사생활 정보와 사적 비밀이 광범위하게 확산되는 등 피해가 점차 커지게 되었다.[7]

결국 헌법적으로 보장받는 언론의 자유가 인격권과 어떻게 조화롭게 비교형량되는가가 중요한 문제가 된다. 에머슨(Emerson, 1967)이 지적한 바와 같이 표현의 자유(언론의 자유)는 인간적 가치를 실현하는 필연적인 권리이며 이러한 권리를 대신하는 언론은 국민들이 원하는 바를 알려야 하는 사회적 의무와 책임을 진다. 이처럼 중요한 부분으로 인식되는 언론 자유와 현대적 생활을 영위하기 위한 개인권 간의 갈등과 다툼은 다원적인 가치의 실현이라는 헌법적 논의의 핵심적 위치를 차지해 왔다. 표현의 자유에 대한 보호도 중요하지만 사회 구조가 점차 복잡해지고 권리 의식이 점차 증대되는 과정에서 개인권과 적절하게 조화하

---

7. 워렌과 브랜다이스 판사는 <하버드 로 리뷰*Harvard Law Review*>(1890)에 기고한 논문에서 "언론은 모든 방면에서 그 우위성*priority*과 품격*decency*의 한계를 넘어서고 있다. 가십*gossip*은 더 이상 게으르고 사악한 사람들만의 전유물은 아니며, 이는 철면피*effrontery*는 물론이고 언론에 의해서도 추구되고 있다…… 문명이 발달하고 삶이 복잡하고 힘들어지면서 어떤 이는 세상으로부터 은거하려 하고, 문화의 은밀한 영향력 아래서 인간은 점점 더 세상에 알려지는 것에 대해 민감해져 간다…… 그래서 혼자 있을 수 있는 것과 개인 생활의 영위는 개인에게 더욱 필요한 그 무엇이다. 그러나 작금의 기업들과 발명품은 개인의 사생활을 침해하면서 인간을 육체적인 피해보다 더 심각한 정신적 고통이나 고뇌에 빠지게 한다"고 갈파하여 언론의 개인의 사생활에 대한 피해가 심각함을 경고하고 있다(Warren & Brandeis, 1890).

고 균형을 잡는 것 역시 중요하게 인식된다.

문제는 전술한 것처럼 인터넷상에서 언론의 자유와 인격권을 균형 있게 조화하는 것이 현실에서보다 힘들다는 점이다. 이에는 여러 이유가 있겠지만 특히 전 세계가 네트워크로 연결된 인터넷의 경우 그 사법권*jurisdiction*의 문제가 분명하지 않으며, 인터넷에 익명으로 불법적인 글이 올려져 개인의 인격권이 침해되는 경우 누구를 대상으로 소송을 제기할지 불명확하며, 시스템 운영자들에게 어느 정도의 권한을 부여할 것인가에 대한 공감대가 형성되어 있지 않다는 점이 가장 큰 문제이다 (이승희, 2003).

이미 1990년대 초부터 J. 트라이브J. Tribe 등 법학자들은 기존의 사법적 틀*judicial framework*이 현재의 컴퓨터 통신 혁명을 예측할 수 있는 모델에 근거를 두지 않기 때문에 사이버 공간에서의 쟁점들은 현재의 법적 체제로서는 적확하게 설명될 수 없다고 주장해 왔다(박원경, 2002 재인용). 이들은 관련 법들의 새로운 정비를 주장하는데, 이때 정비는 인터넷의 미디어 융합적 특성으로 인하여 기존의 '미디어 특성론적 접근'보다는 '기능적인 측면'에서의 접근이어야 한다고 지적한다(박선영, 2003). 더 이상 언론의 자유나 표현 미디어에 관한 법적 원리나 헌법상의 원리를 해석할 때 기존의 미디어와 같이 미디어의 특성에만 근거한 규제를 고집해서는 안 되며, 기존의 법리들을 재구성해야 한다고 본다.

또 다른 중요한 문제는 인터넷에서의 불법 행위에 대해 법원이 우리법상의 온라인 서비스 제공자(Online service provider: OSP)와 이용자들의 조화로운 이익형량을 어떻게 구할 것인가 하는 것이다. 예를 들어 만일 인터넷에 게재된 글이 응답이나 대항적 수단을 통해 그 회복을 구하기 전에 돌이킬 수 없는 피해를 어떤 개인에게 입혔을 때, 과연 온라인 서비스 제공자들이 이를 미리 예방하고 가능한 한 자신들을 인격권 침해 소송으로부터 보호할 수 있도록 이들에게 인터넷에 대한 통제의 권한을 부여해야 하는가 하는 문제가 제기된다. 이러한 문제는 인터넷에서 이용자들의 전례 없는 언론의 자유라는 명제와 맞물려 논란을 빚고 있다(김재형, 2003).

이와 관련하여 온라인 서비스 제공자들은 헌법이 인터넷 이용자들의 견해를 모두 자유롭게 피력할 수 있는 권한을 보장하는 것은 아니라고 주장해 왔다. 이들은 인터넷에서의 서비스 공급자와 이용자의 책임 정도에 대한 법적인 선을 제시하지 못한다면 기존의 명예훼손법상의 과실 책임 기준standard of fault이 흔들리게 된다고 한다. 다시 말하자면 만일 법원에서 서비스 공급자가 정보 배포자인지 또는 편집자인지에 대한 기준과 이용자가 인터넷에서 누릴 수 있는 언론의 자유에 대한 한계를 설정하지 않는다면 기존의 현실적 악의 원칙과 같은 법원칙을 인터넷에 적용할 때 혼란을 초래할 것이다.

초기 법원은 이러한 문제를 원칙적으로 적용하는 일관된 해결보다는 사건마다 상황에 따른 개별적인 해결을 해야 한다고 보았다. 이러한 법원의 융통성 있는 입장은 기존의 법원칙이 추구해 왔던 법적 '안정성stability'에 배치된다는 점이 문제가 된다.

일부 법학자들은 인격권 침해와 같은 법률적 문제의 예방 차원에서 인터넷 서비스 공급자들에게 그 내용의 흐름을 통제할 수 있는 권한을 부여해야 한다고 주장한다. 그러나 이러한 주장은 인터넷의 언론 자유 옹호자들에게 격렬한 비판을 받았다. 그럼에도 불구하고 이러한 논점은 재고할 가치가 있다. 이는 법원이 인터넷 서비스 공급자와 이용자들의 이익에 균형을 제공하기 위한 하나의 방법으로서 설정될 가능성을 보이기 때문이다. 이러한 논의들과 관련, 법원은 '편집 과정에의 개입 정도'라는 기준 이외에 아직 구체적으로 상업적 온라인 서비스 제공자들에게 이용자들의 인터넷 내용에 대해 이차적 책임이 있는가, 또는 인터넷 이용자들에게 절대적인 언론 자유의 권한이 있는가에 대해서는 명확히 밝히지 않았다. 다만, 최근 판례의 경향은 인터넷을 통해 뉴스 서비스를 매개하는 인터넷 포털의 경우 뉴스 서비스 활동이 언론 활동이라고 판단하고 있다.[8]

4. 인터넷에서의 익명성

인터넷은 기존의 미디어와는 달리 이용자들이 실제적으로 참여할 기회가 크기 때문에 여타 기본권과 상충되기도 한다. 특히 인터넷 이용 자들은 정보 소비자인 동시에 생산자이기 때문에 자신이 원하지 않는 수많은 메시지를 경험하게 된다. 이러한 현상의 가장 큰 원인은 '익명 성'이라고 많이들 지적한다.[9] 자신의 정체를 드러내지 않고 제약 없이 인터넷 등에 접근할 수 있다는 점이 인격권 침해를 야기하는 중요한 요인이 된다는 것이다. 하지만 많은 연구들은 익명을 통한 사이버 공간 에의 참여가 본질적으로 소외감을 느끼는 사람들이 자신이 누군가에게

---

8. 이에 대해서는 10장에서 자세히 다루고 있다.
9. 익명성과 함께 비대면성은 인터넷에서의 불법 행위 발생의 주요한 원인이 된다. 누군가와 대면하게 되면 실제로 하지 않을 행동도 비대면 상태에서는 사회적 압력을 받지 않기 때문에 쉽게 할 수 있다는 것이다.

인정받는다는 위안과 만족감을 얻게 해주며, 현실로부터 도피할 수 있는 매력적인 방법이라고 인정한다. 다시 말해 인터넷에서의 익명성은 활발하고 직설적인 의견 표출이 허용되는 커뮤니케이션 형태를 생산하게 된다(Herring, 1996).

언론의 자유라는 측면에서 본다면 인터넷은 그 이용자들이 획기적인 쌍방적 커뮤니케이션을 이용하여 자신들이 원하는 정보를 받거나 전달할 수 있는 긍정적 측면이 있는 반면 이용자들이 수용하기 힘들거나 원하지 않는 정보에 노출될 수 있는 부정적인 측면도 함께 존재한다. 그래서 익명성은 기존 미디어에서는 가능하지 않았던 상당한 정도의 언론 자유를 향유함과 동시에 인격권 침해와 같은 형태의 범죄도 발생하는 등 모순된 결과를 가져온다. 이 때문에 익명성의 문제점을 지적하고 게시판 등의 실명성을 강화하자는 사회적 의견이 표출되어(<한겨레>, 2003. 4. 7; <조선일보>, 2003. 4. 10; <시사저널>, 704호 2003. 4. 24) 현재 우리나라는 공직선거법 등에서 부분적으로 실명제를 실시하고 있다.

미국의 경우 익명성은 헌법적으로 보장받고 있는 것으로 판단된다. 미국 연방대법원the U.S. Supreme Court은 1995년 매킨타이어 대 오하이오 주 선거관리위원회McIntyre v. Ohio Elections Commission 사건에서 익명성이란 헌법하에서 악의적pernicious이고 사기적fraudulent인 것이라기보다는 옹호advocacy와 이견dissent이 허용되는 자랑스러운 전통이라고 간주했다.

이 사건에서 매킨타이어 부인은 자신의 성명을 밝히지 않은 채(익명으로) 교육세 부과에 관하여 비판적인 글을 전단으로 만들어 선거 기간 중에 배포하였다. 오하이오 주에는 선거 기간에는 선거와 관련된 문서에 책임자의 성명을 기재해야 한다는 조례가 있었다. 전단에 매킨타이

어 부인의 이름은 없고 '학부모와 납세자*parents and tax payers*'라는 이름
이 실린 채 배포되었다. 이것이 오하이오 주의 조례를 위반하였다는
이유로 매킨타이어 부인에게 100달러의 벌금이 부과되었다.

연방대법원은 이러한 조치가 표현의 자유를 침해한 것이라고 판결
하였다. 연방대법원은 어떠한 동기에 입각하든지 간에 개인이 익명으로
남을 권리는 진입의 조건으로 신원을 밝히기를 원하는 '시장적 요구'에
우선한다고 하였다. 따라서 익명으로 남고자 하는 개인적 결정은 헌법
에 의해서 보호되는 언론 자유의 한 측면이라고 판단하였다.

J. 스티브스*J. Stevens* 대법관은 오하이오 주 조례는 단순히 선거
절차에 관한 것이 아니고 정치적 표현의 핵심에 대한 규제와 관련되는
데, 이러한 표현을 구제하기 위해 법은 꼭 필요한 국가 이익을 달성할
수 있을 정도로 아주 세밀하게 구체화된*narrowly tailored* 것이어야만 한
다고 보았다. 그런데 오하이오 주 조례는 실명으로 공개해서 사기나
명예훼손을 예방하고 유권자에게 정확한 정보를 제공하는 국가적 이익
을 달성할 정도로 충분히 구체적이지 못하다고 보았다.

결론적으로 연방대법원은 "익명성이란 다수의 폭력*tyranny of majority*
으로부터의 안전판 역할을 하는데, 이는 사회적으로 지지를 받지 못하는
사람들이 보복을 당하거나 그들의 사상이 억압되는 것을 막도록 한다는
수정헌법 제1조의 취지를 담고 있다"고 판시하였다.[10] 계속해서 연방대
법원은 "사기성 있는 행위까지 보호하게 되는 경우 이는 분명 익명으로

---

10. 독립 전 미국의 제임스 메디슨James Madison, 알렉산더 제퍼슨Alexander
Jefferson, 존 제이John Jay 등이 퍼블리어스Publius라는 공동 필명으로 뉴욕
시의 신문에 기고하였는데, 이 글의 모음이 〈페더럴리스트 페이퍼*Federalist
Papers*〉였다.

남을 수 있는 권리가 남용된 것이다. 그러나 정치적인 표현이란 그 본질상 때로는 입맛에 맞지 않는*unpalatable* 결과를 낳을 수 있으며, 일반적으로 우리 사회는 남용될 위험성보다는 표현의 자유의 중요성에 더욱 큰 무게를 두고 있다"고 주장하였다(115 S.Ct. 1511 (1995)).

그러나 이러한 판결에 대해서 미국 연방대법원이 익명의 표현의 권리를 헌법적인 권리로서 명시적으로 판단하였다고까지 볼 수 없다는 입장도 있다. 예를 들어 A. 스칼리아A. Scalia 대법관은 이전 판례에서는 오히려 일반적인 익명 표현의 권리를 거부했었다는 해석을 내놓으며 익명의 권리는 오히려 부수적인 쟁점*collateral issue*에 불과하다고 보았다.

이에 따르면 매킨타이어 사건으로 인해 익명 표현권을 완전히 헌법적 권리로 볼 수 있느냐에 대한 논의가 있으나 적어도 수정헌법 제1조가 보호하는 표현이 대단히 중요한 요소라는 점은 분명해졌으며, 이후 나온 대법원 판례들에서 지속적으로 익명의 중요성을 강조하고 있어 익명으로 표현할 권리는 헌법적으로 보호받는 것이라고 보아도 무방할 것으로 판단된다.

우리나라 법원의 경우 아직까지 익명성의 사회적 성격에 대해서 정의한 바가 없다. 오히려 익명성을 인터넷 범죄의 핵심 요인으로 인식하는 경향이 있다. 이러한 분위기 속에서 실명제 도입을 추진하자는 논의가 정치권을 중심으로 있어 왔고, 이에 따라 먼저 공직선거법(제82조의6)에서 이를 부분적으로 도입하여 인터넷 사이트의 게시판, 대화방 등에 선거에 관한 의견을 게시할 수 있도록 하는 경우 인터넷 언론사는 의견 게시를 하고자 하는 자의 성명과 주민등록번호의 일치 여부를 확인한 후 의견 제시를 할 수 있도록 기술적 조치를 하도록 하였다.

또한 2007년 1월에는 정보통신망법을 개정하여 지방 자치 단체,

공기업, 그리고 민간이 운영하는 대형 인터넷 포털에 본인 확인 조치를 취하도록 의무화하여 실명확인제를 도입하였다. 여기서 인터넷 포털은 정보 통신 서비스의 유형별 일일 평균 이용자수 10만 명 이상이 되는 것으로 정하였다. 따라서 우리나라의 경우 부분적 실명제 입장을 취하고 있다고 할 수 있다. 그러나 국가가 개인의 신원을 밝힐 것을 법적으로 강제하여 실명제를 헌법상의 논의로 만들어 버리게 되었다는 지적이 있다(문재완, 2008). 그래서 인터넷 게시판 이용자들은 국가의 공권력이 자신의 기본권(언론의 자유)을 침해하였다고 주장할 수 있고 헌법재판소에서 그 여부를 판단해야 하는 상황에 이르게 되었다. 결국 실명제가 옳은 조치인가 그리고 실제로 의도하는 만큼의 효율성이 있는가 하는 점은 더 많은 논의가 요구된다.

익명성의 정당성 여부를 떠나서 인터넷에서는 사용자들 간의 솔직하고 빈번한 상호 작용적 커뮤니케이션을 원활하게 할 수 있지만 동시에 인격권 침해를 유발할 수도 있어, 현재 이러한 개인권 보호와 표현의 자유 보장이라는 두 명제가 서로 갈등하고 있음을 알 수 있다. 가장 큰 문제는 특정한 주제에 대해 같은 견해를 보이는 참여자들이 집단 이익을 위해서 이른바 사이버 훌리건이 되어 인격권 침해 행위를 하는 경우이다.[11] 더욱 최근에는 이른바 키보드 전사(keyboard warier)라고 불리는 네티즌들이 전혀 근거 없는 괴담을 만들거나, 중간에 매개하여 불특정 다수의 사람들에게 무차별적으로 전파하는 현상으로 인해 소문의

---

11. 예를 들어 2001년 8월 인천방송 인터넷 홈페이지 게시판에는 군 가산점 폐지를 지지한 전 여성 장관과 여성 국회의원에 대해 1000건이 넘는 인신 공격을 넘어 명예훼손적인 메시지가 게재되었다. 이에 대해 일일이 법적인 대응을 하는 것은 현실적으로 불가능하다.

대상이 된 사람의 인격권이 크게 침해 받을 가능성이 더욱 커지고 있다.

이러한 이유로 인터넷에서는 기존 미디어와는 다른 법적인 문제가 발생하는데, 미국의 경우 무엇보다 문제가 된 글의 종류와 고소인의 자격을 어떻게 구분해야 하는가 하는 점을 가장 복잡한 문제로 본다. 예를 들어 기존의 명예훼손법을 인터넷에 적용하려면 공인과 사인을 어떤 기준으로 구분할 것인가의 문제가 생길 수 있다. 이때 명예훼손 소송을 제기한 사람이 인터넷에 얼마나 접근이 용이한가 하는 접근성 *accessibility*에 주목한다. 일부 학자들은 컴퓨터를 통한 인격권을 침해하는 글에 응답할 수 있는 사람이라면 누구나 공인 *public figure*으로 간주되어야 한다고 주장한다(이재진, 1998). 인터넷의 쌍방향적인 미디어 특성상 누구나 반박 *counter speech*을 위한 수단을 지닌 것으로 보아야 하기 때문에 이용자들은 특정 언사에 대해 반박할 능력이 있는 것으로 간주하여 모두 공인으로 취급되어야 한다는 것이다. 그래서 사이버 공간에서 승소하기 위해서는 수정헌법 제1조가 요구하는 바대로 명예훼손상의 현실적 악의를 증명해야만 한다고 간주한다.12

12. 그러나 이러한 견해는 사이버 공간에서의 명예훼손 당사자들의 형평성의 문제를 간과한 것이라는 비판이 있다. 예를 들어, 명예훼손의 당사자가 경제적인 이유 등으로 인터넷에 접근하기 위한 수단을 구비하지 못하거나 수단이 있다고 하더라도 어떻게 대응해야 하는지 알지 못하는 경우 사이버 공간에 접근이 용이한 사람들과 어떻게 다르게 취급해야 할 것인가의 문제가 발생한다.

5. 인터넷에서의 검열

인터넷에서의 가장 핵심적인 쟁점의 하나는 온라인 서비스 제공자 (OSP)[13]의 책임 문제이다. 이에 대해서 2장 등에서 상세히 다루겠지만, 인터넷에서 다양하게 발생하는 불법 행위 등에 대해서 OSP가 어느 정도 책임을 지게 되는가는 분명하지 않다. 미국의 판례 경향은 최근에 다양한 판결이 나오고 있으나(김민정, 2008), 대체로 OSP가 편집자적인 역할을 하지 않는다면 완전히 면책된다(이재진, 2006).

한국의 경우에는 비교형량의 입장을 취하고 있다. 우리의 경우 비록 상시적인 모니터링의 주의 의무를 부과하면서도 문제 발생의 소지가 있다고 판단되는 경우 OSP는 임의적 임시 조치 등을 취할 수 있으며, 그것이 음란이나 청소년 유해 정보의 경우에는 약관 등에 명시한 기준을 근거로 삭제하도록 하고 있다. 그런데 만일 OSP의 권한이 커지는 경우에는 인터넷 이용자들이 올린 정보를 OSP의 권한에서 삭제 여부 등을 판단할 수 있어서 자칫 검열 *censorship*의 우려가 있다(박용상, 2008).

과연 OSP의 조치는 검열의 성격이 없는 것인가? 우리나라 법원의 판단은 이에 대해 부정적이다. 조리상의 작위의무를 부여받고 있는 OSP의 경우 이들의 적절한 조치는 인터넷에서 발생하는 불법적인 행위를 예방하고 그 피해를 최소화할 수 있는 방식이라고 인식한다. 그래

---

13. 온라인 서비스 제공자(Online service provider: OSP), 이는 인터넷 서비스 제공자(Internet Service Provider: ISP)와 같은 개념으로 이해할 수 있다. 미국에서는 ISP를 한국에서는 주로 OSP를 사용한다.

서 OSP의 삭제나 접근 차단과 같은 조치가, 비록 그것이 임시적인 것이라고 하더라도, 사전 검열인지 아닌지를 알기 위하여 전통적인 의미의 검열이 무엇인지 살펴보는 것이 필요하다.

전술한 바와 같이 언론·출판의 자유에 대한 초기의 규제 패러다임은 '사전 검열prior restrain이 없는 상태, 즉 검열을 받지 않고 자유롭게 의견을 표출할 수 있는 것'이었다. 출판물에 대한 사전 금지 개념은 언론·출판의 자유를 억압하는 어떠한 법도 제정하지 못하도록 명시한 1791년 미국의 수정헌법 제1조가 제정되기 이전 영국의 윌리엄 블랙스톤William Blackstone 대법관에 의해서 자리를 잡게 되었다.

블랙스톤 판사는 "출판의 자유란 출판 이후의 형사적 문제에 대한 검열로부터의 자유가 아니라, 출판에 대한 사전 억압이 없는 상태를 말하는 것이다. 모든 자유인은 공중 앞에서 자신의 즐거운 감정을 표출할 절대적인 권리를 누린다. 따라서 이를 억압하는 것은 출판의 자유를 파괴하는 것이다. 그러나 만일 개인이 부적절하거나, 장난스럽거나, 불법적인 것을 출판한다면, 그 사람은 자신의 무모한 행위의 결과에 대해 책임을 져야 한다"고 피력했다(Blackstone, 1765~1769).

블랙스톤 판사가 주장한 '사전 검열이 없는 상태'의 개념은 수정헌법 제1조가 도입될 때 가장 기본적인 원리로 수용되었으며(Levy, 1985), 1931년 니어 대 미네소타Near v. Minnesota 사건에서 재차 확인되었다. 니어 사건에서 당시 신문에 대한 사전 금지 명령을 허용한 미네소타주법은 언론에 대한 사전 검열을 허용하는 것이기 때문에 위헌으로 간주되었는데, 미국 연방대법원은 단지 군사 기밀에 대한 위협이 되는 표현, 음란한 표현, 그리고 치안 방해적 표현에 한해서만 사전 검열이 가능하다고 판시했다. 이 사건에서 E. 휴고E. Hughes 대법관은 "수정헌법 제1

조를 보장하는 주요 목적은 출판물에 대한 사전 검열을 금지하는 것"이
라고 보았다(283 U.S. 697 (1931)).

수정헌법 제1조에서 보호하고 있는 언론speech의 자유와 출판press
의 자유에서, 출판의 자유를 당시의 입법자들이 어떻게 고려했는지는
명확하지 않으나 오늘날 언론사의 자유라는 개념과는 다른 것이었다.
입법 당시의 상황이란 이것이 제도화된 언론사의 권리 개념이라기보다
는 '글(문자)로 된 표현'에 대한 권리라고 할 수 있다(Hopkins, 2007). 다시
말하면 개인이 자신의 견해와 사상을 글로써 표출할 수 있도록 보장하
는 것이며 이는 출판의 의미를 담고 있다는 것이다. 이와 같이 언론·
출판의 보장은 이후 지속적으로 논의되고 헌법적인 권리로 인정되었으
나 이는 주로 사전 검열이 없는 상태를 의미하였다.

실제로 이러한 언론·출판의 자유의 패러다임은 상당히 오랫동안
지속되었다. 즉 '~으로부터의 자유'라는 소극적인 기본권 개념이 오
랫동안 언론·출판의 자유의 본질로서 인식되어 왔다. 이러한 인식은
전술한 ≪아레오파지티카≫에서 나타난 존 밀턴의 출판허가제 반대와
맥을 같이하는 것이다. 밀턴은 사람들의 경우 더 많고 다양한 시각에
노출되면 시민으로서 역할을 더욱 잘하게 될 것이라고 주장했다. 이를
위해서 모든 정보를 국민에게 전달해야 하고 국민이 이를 판단하게 해
야 한다고 보았다. 그는 출판물에 대한 허가 없는 인쇄가 사회를 혼란
에 빠지게 할 것이라는 비판에 대해, 많은 시각들 속에는 진실과 오류
가 존재하는데 진실과 오류가 서로 충돌하게 하여 다투다 보면 결국
진실이 승리할 것이라고 반박했다.

비록 이러한 밀턴의 언론 자유관이, 당시 모든 사람에 적용되는
것은 아니었지만, 이는 당시의 시대적 패러다임이었던 '엄격한 검열

stringent censorship'로부터의 획기적인 변화를 이끌어 내는 것이었다. 궁극적으로 밀턴이 주장한 출판의 자유는 간단히 말하면 개인이나 단체 등이 자신의 견해나 사상 등을 인쇄, 배포할 수 있는 권리를 의미했다.

밀턴의 자유주의 사상은 17∼18세기 계몽주의자들에게 이어졌고 이들은 실제로 사상에 대한 검열을 폐지하는 데 기여하였다(Jensen, 1991). 더 나아가 이러한 견해는 T. 제퍼슨T. Jefferson과 J. S. 밀J. S. Mill에게 계승된다. 제퍼슨은 미국 독립 당시 언론 자유의 중요성을 강조하면서 언론은 자유롭게 취재·보도할 수 있어야 하며, 이것이 '지적 시민 *informed citizen*'을 형성하여 다수의 정치적 참여를 이끈다고 주장하였다. 한편, 밀은 ≪자유론≫에서 비록 당시에는 잘못된 것으로 보일 수 있는 소수의 견해도 절대로 억압해서는 안 된다고 주장하였다. 비록 한 사람이 모든 사람들과 다른 의견을 가졌다고 하더라도 그 사람의 의견이 진실을 내포할 수 있기 때문에 단 한 사람의 견해라 해서 이를 무시해서는 안 된다고 강조했다. 결과적으로 언론·출판의 자유는 모든 사람에게 다양하고 평등한 가치를 향유하게 하는 '열린 사회*open society*'를 위해서 필수적인 것이며(Smolla, 1992), 정책의 집행을 위해 여론을 수렴하는 가장 중요한 근거이다.

이러한 언론·출판의 자유의 의미는 현대로 오면서 언론사 또는 언론의 자유라는 인식으로 점차 변화하게 되었다. 그런데 개인의 언론·출판의 자유와는 달리 언론사나 언론의 자유라는 개념은 공익성과 밀접한 관련이 있다. 개인의 견해와 사상을 표출하는 것 이외의 공적인 기능을 한다는 것이다. 이러한 공익적 역할과 관련된 핵심적인 것이 정보의 전달과 권력의 감시·비판 기능이다. 특히 권력의 감시·비판 기능이 언론 자유의 중요한 근거가 되었다. 언론의 감시·비판 기능의 핵심은 정책 집행에 국가 권력이 남용되는 것을 예방하고, 잘못된 경우 이에 대해 호된 비판과 질책을 가하여, 부정적 여론을 형성하게 된다는 것을 의미한다.

같은 맥락에서 미국의 헌법학자 V. 블라시(Blasi, 1977)는 비록 언론이 상업적 폐해가 있다고 하나 최악이라고 할 수 있는 국가 권력의 남용보다는 덜하기 때문에 언론의 감시 가치는 언론·출판 자유 보장의 근거가 된다고 주장하였다. 그는 개인들이 누리는 언론 자유의 근거가 되는 '자치 이론self-government'이 비현실적이라는 점을 지적하면서 언론사나 언론에 대해 확장된 보호가 요구된다고 피력하였다. 그는 언론사 또는 언론이야말로 공적인 비리를 광범위한 조사와 보도를 통해 감시할 수 있는 공적 영역에 존재하는 유일한 사적 존재라고 강조하였다.

이러한 언론·출판의 자유는 전술한 바와 같이 미국에서 여타 다른 기본권에 비해 '우월적 지위preferred position'를 누리는 결과를 가져왔다(Schauer, 1980). 우리나라 헌법재판소도 "언론·출판의 자유는 민주국가의 존립과 발전을 위한 기초가 되기 때문에 특히 우월적 지위를 지니는 것이 현대 헌법의 특징"이라고 판시한 바 있다(1991.9.16. 선고 89헌마165 결정). 법적인 규정이나 판례들의 판결 경향을 두고 본다면 약간의 정도 차이는 있을지언정 언론·출판의 자유는 여타 다른 기본권에 우선하는 모습을 보인다고 할 수 있다.

이러한 측면에서 볼 때 사전 검열을 무엇으로 볼 것인가 하는 점이 명확하지 않으나, 넓은 의미의 사전 검열은 언론 자유가 가장 광범위하게 보장되는 미국의 경우에도 아직 남아 있다고 한다. 이는 '음란물에 대한 규제'에서부터, '학교 신문 발행의 편집권 행사'에 이르기까지 다양한 형태로 나타난다.

사전 검열의 역사는 인쇄술로 인한 대량 출판이 가능해진 15세기로 거슬러 올라간다. 1476년 영국에서 인쇄술에 의한 출판물이 나오기 시작하자 왕정과 교황청은 이를 통제하기 시작했다. 교황청은 1501년 모든 출판물은 발행 허가를 받도록 규정하였다(발행허가제 실시). 허가를 받지 않고 출판된 서적들은 불태워졌고 저작자들은 교회에서 추방당하고(형사적 처벌) 신자들의 독서는 금지되었다(구독／독서 금지). 그럼에도 불구하고 출판물에 대한 수요는 증대되었다.

1529년 헨리 3세는 교회가 세력이 약화되고 점차 물리적 검열이 어려워지자 최초로 금서 목록을 선포하였고 이를 어기고 서적을 읽는 자들을 처형하였으며(금서 지정), 1530년 최초로 교회 주체가 아닌 발행 허가제를 선포하였다. 이를 어기는 경우에는 처형, 벌금 그리고 투옥과 같은 징벌이 뒤따랐다(벌금형 추가). 또한 이러한 사전허가제를 이전의 종교적 출판물뿐만 아니라 모든 종류의 출판물에 확대 적용하였다. 그는 아울러 출판업자들에게 보증금을 선납하도록 하고 만일 선동적인 표현이나 왕정에 비판적인 내용이 출판되는 경우 이를 몰수하도록 하였다 (보증금 선납).

가장 핵심적인 사전 검열 방식이었던 발행허가제는 17세기까지 지속되었다. 발행허가제는 때로 성공적이기도 하고 때로 그렇지 못하기도 했는데, 그 성패는 정부가 얼마나 공격적으로 또는 엄격하게 관련 법을 적용하느냐에 달려 있었다. 용감한 출판인들은 이를 어기는 대가로 재산의 몰수, 투옥, 처형, 고문, 벌금 등을 감수해야 했다.

1643년 영국 의회는 왕권으로부터 발행허가제에 대한 통제권을 넘겨받았다. 그러나 검열의 기본 형태는 이전과 유사하게 지속되었다. 출판물은 방식만 달랐지 다양한 정부 규제, 치안 방해 선동이나 세제 비판에 대한 검찰권 발동 등으로 이전과 유사한 정도의 혹독한 처벌을 받았다.

궁극적으로 정부는 출판되기 이전에 모든 발행물에 대한 검열을 실시하는 발행허가제를 통하여 모든 출판물에 대한 통제권을 행사할 수 있었다. 그러나 발행 허가를 받지 못한 사람들로부터의 이의가 지속적으로 제기되었고 언론 자유의 철학과 가치가 형성되기 시작했다. 자유롭게 쓰고 말할 권리가 필요하다는 인식이 확대되었다. F. 시버트F. Siebert에 따르면 당시의 논쟁은 과거 영국인의 의회에 '탄원할 권리'가 '자유로운 언론에 대한 권리' 논쟁으로 전환된 것이었다.

최초의 언론 자유 항변서인 ≪아레오파지티카≫의 축약본이 1693년 출간되었지만, 1694년 하원이 '발행허가법Licensing Act'을 통과시키는 데 아무런 영향을 끼치지 못했다. 이후 존 로크John Locke가 발행허가법을 새로 제·개정해서는 안 되는 18가지의 이유를 피력하면서 발행허가제에 대한 논의가 다시 시작되었다. 그는 발행허가법이 그 검열의 기준이 모호하고, 자유로운 교역에 방해가 되며, 검열 체제가 실효성이 없다고 주장하였는데, 언론 자유의 철학에 근거한 반대 이유를 다양한 측면에서 피력했다. 이러한 로크의 주장이 제기된 지 150여 년이 지난 후에야 검열 제도는 영국에서 사라지게 된다.

요약하자면 사전 검열이란 출판 예정인 모든 간행물을 정부의 검열 당국에 제출하여 그 내용이 발행 가능한 것인지를 결정하게 하는 것이며, 이는 간행물이 출판되기 이전에 실시되는 것이다. 사전 검열은 엄격히 말하자면 '(오로지) 정부에 의한 억압suppression'이라고 할 수 있으며 역사적으로 사전 검열은 사람들의 언어speech에 대해서가 아니라 인쇄물 press에 대해서 취해졌다는 것을 알 수 있다.

사전 검열의 목적은 간행물이 출판되기 이전에 실제 출판물을 통제하는 데 있다. 따라서 출판을 금지하는 데 영향을 미칠 수 있고 출판을 사실상 막을 수 있는 정부의 여러 다른 조치들의 경우(예를 들어 뉴스 수집news gathering을 규제하거나 정보원을 밝히지 않고 은닉하는 데 따른 처벌 등과 같은 경우)에는 비록 이것이 출판 이전에 발생하지만 사전 검열이라고 할 수 없다. 이러한 정부의 조치들은 출판 자체를 막거나 특정한 간행물의 출판을 저지할 목적을 갖는 것은 아니기 때문이다(Hopkins, 2007).

미국 연방대법원은 창고에 보관된 음란한 잡지와 비디오테이프를 몰수한 것이 사전 검열인가의 여부를 다룬 알렉산더 대 검찰Alexander v. United States 사건(509 U.S. 544 (1993))에서 사전 검열이란 '어떠한 커뮤니케이션이 발생되기 이전에 커뮤니케이션이 발생되지 못하도록 명령하는 것'이라고 정의했다. 연방대법원의 윌리엄 렝퀴스트William Lenquist 대법관은 "단지 음란물 범죄에 대해서 처벌하는 것은 사전 검열이 아니며, 사전 검열은 본질적으로 말speech을 완전히, 그리고 영원히 못하도록 막는 것"이라고 피력하였다. 여기서 연방대법원은 당사자인 알렉산더가 당장 내일이라도 다시 음란물 가게를 열 수 있기 때문에 음란물에 대한 압수가 음란한 표현을 완전히 못하게 막는 것은 아니라고 판시했다. 연방대법원은 특히 정부가 범죄 행위와 관련된 재산을 압수하는 법적 규정에서 재산을 표현적 재산이냐 비표현적 재산이냐를 구분해서 적용하는 데 따른 실익이 없으므로 필요한 압수 행위는 사전 검열이 아니라고 보았다.

우리나라 헌법재판소는 검열이란 "행정권이 주체가 되어 사상, 의견 등이 발표되기 전에 예방적인 조치로서 그 내용을 심사·선별하여 발표를 사전에 억제하는, 허가받지 아니한 것의 발표를 금지하는 제도"

라고 정의하였다(2001.8.30. 선고 2000헌바36 결정). 이에 따르면 종종 문제가 되는 방송이나 배포 금지에 대한 가처분 결정은 검열이 아니라고 할 수 있는데, 헌법재판소는 "언론의 자유와 개인의 인격권이 충돌할 때 법원이 헌법상 언론 자유 보장을 참작해 엄격하고 명백한 요건하에서만 가처분을 받아들이는 점을 고려하면 가처분 결정은 헌법에 위배되지 않는다"고 판단했다. 이러한 판단에도 불구하고 언론을 완전히 막아버리는 것은 형평성의 원칙과 과잉 금지 원칙에 위배된다는 주장이 계속 제기되었다. 검열의 성격이 상하다는 것이다.

정부에 의한 것인가 아닌가에 상관없이 검열이냐 아니냐의 논의를 명확히 이해하기 위해서는 사전 검열의 논리적 타당성rationale을 살펴보아야 한다. 우선 사전 검열과 사후 처벌을 구분하는 것이 중요하다. 미국 연방대법원은 수정헌법 제1조가 일정 부분 사후 처벌도 금지하고 있다고 보았다. 연방대법원은 "사전 검열은 자유로운 언론에 대해 가장 가증스럽고 수인의 한도가 낮은 침해이다…… 그런데 사전 검열 원칙이 존중받던 시대를 지나서도 차별적인 처분이 정당화되고 있다…… 사후 처벌의 핵심 또한 사전에 언론을 억제하고자 하는 것과 같다…… 입법자들은 언론인을 감옥에 감금하는 것은 배제하였으나 언론 행위를 저지하는 법을 제정했고, 언론을 처벌하는 법들은 사전 검열과 큰 차이가 없다"고 피력했다. 이러한 연방대법원의 인식에 따라 정부 권력이 사전 검열을 하는 것이 사후 처벌에 비해 더 나쁜가에 대해 논란이 제기되었다.

이에 대해 토머스 에머슨(Thomas Emerson, 1955)은 그의 주요 에세이인 ≪사전 제약의 원칙The Doctrine of Prior Restraint≫에서 하나의 해답을 제시하고 있다. 그는 첫째, 사전 제약의 폭breadth을 지적했다. 그는 사전 검열의 경우 모든 출판물이 검열을 받아야 하기 때문에 특정한 개별적인 출판물이 사후 처벌되는 것보다 커뮤니케이션에 훨씬 더 많은 영향을 끼친다고 보았다. 둘째, 사전 검열과 사후 처벌 두 가지 형태의 규제에 내재된 일시적 측면을 강조하였다. 먼저, 사전 검열의 경우, 출판의 시기와 그 연기timing and delay의 여부가 정부에 달려 있는 반면, 사후 처벌의 경우, 적어도 출판물이 사상의 시장에 도달하게 되며, 출판 시기는 전적으로 발행자가 결정한다는 점에서 다르다고 지적한다. 그러나 그는 사후 처벌을 피하기 위한 사전 검토prior review는 편집 과정에서 명확한 장애가 되며, 단순히 출판 시기를 연기하는 것 또한 사전 검열에서 의도하는 것과 유사하게 출판물의 줄거리story가 갖는 효력을 축소시키게 된다.

셋째, 사전 검열 체계는 주로 기존 질서에 대한 반대 결정adverse decision에 적용되는 성향을 띤다. 출판 이후의 문제에 대한 판결을 얻으려면 아무리 관련 판례가 집적되었다고 하더라도, 단지 펜으로 한 획을 그어 버리는a simple stroke of the pen 사전 검열에 비해 대단히 번거로운 과정을 거쳐야 한다. 또한 사전 검열의 경우 일단 출판이 승인되고 그 내용이 정부에 도움이 된다면 출판인들은 실제적인 혜택advantage을 누리게 된다. 에머슨은 본질적으로 사전 검열 체계란 표현에 대해 쉽게 적용되고 억압적인 성격을 띨 수밖에 없는 것이라고 결론을 내린다.

넷째, 사전 검열에서 절차의 문제matter of procedure는 정부가 유리한 입장에 서게 한다. 사전 검열은 형사적 절차의 문제가 아니라 행정적 절차의 문제이다. 형사적 절차의 경우 무죄 추정의 원칙, 입증 책임의 문제, 증거 적용의 엄격성 등으로 인하여 행정적 절차보다 더욱 신중한 판단이 요구된다. 또한 배심원들의 심리 절차도 거치게 된다. 그러나 행정적 절차의 문제는 단지 하급직 관료들에 의해서 다루어지는 단순한 과정일 뿐이다.

다섯째, 사후 처벌은 공개 평가와 비판*public appraisal and criticism*을 위한 기회를 제공한다. 사전 검열과 관련된 행정적 절차는 공개적인 눈을 피할 수 있으나 사후 처벌 과정에서 법정의 심리는 공개되어야 하는데, 이러한 공개주의는 민주주의의 실현과 여론을 전파하는 목적과 일치하는 것이다.

여섯째, 사전 검열의 구조는 불합리하고 비상식적인 행정부가 언론과 출판의 운명을 미리 결정하는 것이나 다름없다. 흥미롭게도 에머슨은 검열관이 되고자 하는 사람의 특성이란 그 일에 지나치게 집착하는 것이라고 지적한다. 즉 검열관은 자신이 해야 할 '검열'이라는 일에 무던히도 충실하다는 것이다. 그런데 검열관이 하는 일은 표현의 증진과는 거리가 멀다. 그래서 출판이 허용되어야 할지 아닌지가 의심스러운 경우 더욱 검열에 충실하려는 경향을 보인다. 차후에 출판 불가가 될 수 있는 것을 검열관이 허용하는 경우 그 위험이 더욱 크다고 생각하기 때문이다. 그래서 에머슨은 역사적으로 볼 때 사전 검열 체계에 내재하는 개인적이고 제도적인 힘이란 항상 어리석고 불필요하고 극단적인 억압으로 점철되는 경우가 많았다고 지적한다.

일곱째, 유사하게 사전 검열의 체계는 위험을 감수하는 것보다는 명료함*certainty*을 선호한다. 학자들과 출판업자들은 발행허가제의 장점이란 만일 출판물이 사전 검토를 통과하여 승인을 받게 되면 그 출판물은 더 이상의 제재는 받지 않는 것이라고 지적한다. 그러나 사후 처벌 체계의 경우, 출판업자가 비록 법의 범주 안에 있더라도 어떤 처벌에 직면할 수 있는데, 출판업자는 법 해석에서 실수할 수 있고 이러한 실수로 인하여 처벌을 받을 수 있기 때문이다. 사전 검열은 이러한 위험성을 줄일 수 있다는 장점이 있다. 그러나 이러한 사전 검열 체계에 순응하는 것은 정부에서 허용하는 공식적 견해에 순응하는 것이며, 활기차고 건전한 이단적 표현이나 수용할 수 없는 의견에 대한 권리 주장은 위축될 수밖에 없음을 의미한다.

마지막으로, 사전 검열 체계는 이를 실시하는 데 있어 더 큰 효과를 발휘한다. 사전 검열을 집행하는 핵심은 출판이 사전 승인을 받을 수 있는가 아닌가 하는 점이다. 사람들은 이러한 사전 검열의 원리를 쉽게 이해한다. 사전 검열 체계의 미덕이란 단순 명료함이다. 출판업자들은 이 체계에 순응하거나 불응하면 되는데, 대개의 경우 순응하게 된다. 사전 검열은 정의*definition*에서뿐만 아니라 이론적인 측면에서도 사후 처벌과 구별된다. 이에 대해 에머슨은 "사전 검열 원칙을 단순히 역사적인 사건으로 인식하기보다는 수정헌법 제1조를 적용하는 데 여전히 가장 이성적으로 판단해야 할 원칙으로 보아야 한다"고 지적한다.

사전 검열을 어떻게 정의할 것인가의 문제와는 별개로 사전 검열은 정부의 헌법적 체계와 일치되지 않는다. 블라시는 밀턴의 ≪아레오파지티카≫를 긍정하면서, 사전 검열을 허용하는 법체계가 기초하는 세 가지 전제*premises*에 대해서 설명한 바 있다. 이는 ① 사전 검열은 개인이나 공중보다는 국가를 더욱 신뢰한다는 것을 의미하고, ② 말*speech*은 민주 사회에서 극히 위험하며, ③ 국가로부터 개인의 자치는 없다는 전제이다.

첫 번째 전제에서 블라시는 사전 검열과 관련된 국가 후견주의는 발화자*speaker*나 관객에 대한 불신을 의미하기 때문에, 검열이란 필자나 독자 모두에게 모욕적인 것이라고 피력한다. 국가가 전파될 내용 전체를 감독하고 승인해야 한다면, 국가는 음흉하고 전지전능한 가정교사의 역할을 하게 된다는 것이다. 그는 비록 어떠한 결과에 이르게 될지 모르지만 피지배자의 동의에 근거한 정치적 권위 시스템을 국가가 용인하지 않는다고 보았다. 정부의 권력은 사전 검열과 자유주의론적 이론의 상징이다. 현대의 자유 언론 이론가들은 정부에 대해 덜 회의적이고 발화자에 의한 권력의 행사로서 언론 자유를 판단하고 있다. 그들은 공중의 이성적인 능력에 대해 회의적이며 국가에 의한 적극적이고 절대적인 형태의 간섭의 필요성을 제안하기도 한다. 이러한 점에서 블라시는 수정헌법 제1조에서 얻을 수 있는 교훈은 시민들의 이성이 아니라 국가를 더 불신하는 것이라고 피력한다. 관객보다 검열관을 더 신뢰한다면 '최소 정부'의 핵심이라고 할 수 있는 국가와 시민 사이의 관계를 유지할 수 없다는 것이다.

사전 검열의 두 번째 복잡한 전제는 표현이란 검열을 당하거나 금지를 당할 수 있는 위험한 행위와 크게 다르지 않다는 것이다. 표현 행위는 상당한 위험이 따른다는 것이다. 그러나 발행허가제는 사회적 규범을 강제하는 하나의 방식에 불과하다. 아울러 자유로운 표현이란 본질상 이러한 규범을 따르지 않는다. 이러한 규범에 순응하게 되면 공적인 담론*public discourse*이 왜곡될 수 있다. 실제로 표현이란 민주주의처럼 어쩌면 위험한 것일 수 있다. 그러나 이 점이 미덕이기도 하다. 따라서 비록 말하는 사람이 문제를 일으킬 수 있으나, 공중의 검열은 이러한 사람들을 일반적인 사람으로 간주해야 하고, 이러한 경우에만 국가와 개인 간의 취약한 균형이 유지될 수 있는 것이다.

세 번째 그리고 아마도 사전 검열의 가장 명확한 전제는 '개인적 자치*autonomy*의 포기(상실)'이다. 블라시는 "발행허가제나 금지 명령과 같은 사전 검열은 화자들이 커뮤니케이션의 세부 사항과 타이밍(시의 적절함)에 대한 완전한 통제를 불가능하도록 강요하거나 회유한다. 그러나 이러한 규제 체계는 화자의 자치에 있어 필수적이라든가, 또는 그러한 자치가 존중받을 필요가 없다는 것을 의미한다"고 설명했다. 결국 법원이 정부의 규제를 사전 검열이라고 비난한 판례들은 사전 검열을 반대하는 자유주의적 원리를 잘 보여 주는데, 이것은 정부에 대한 불신, 언어 표현에 내재된 위험성의 수인, 그리고 정부로부터의 개인적 자치를 포함하는 것이다.

6. 적절한 비교형량

새로운 기술이 계속해서 발전하고 인터넷 이용자가 크게 늘면서 기존의 미디어와는 질적으로 다른 인터넷에서 과연 언론의 자유와 인격권을 어떻게 비교형량해야 하는가의 문제가 핵심적인 주제로 등장하였다. 최근 들어 유명 연예인들의 자살을 가져왔다고 비판받는 괴담과 악플 등의 문제 때문에 인터넷이라는 미디어를 규제하려는 경향이 커지고 있는데, 사이버 모욕죄 도입 논의는 이러한 선상에서 이해할 수 있을 것이다. 그러나 무조건적인 규제 강화는 인터넷의 문제를 근원적으로 해결할 수 없을 뿐만 아니라 인터넷이 이용자들에게 가져다 줄 수 있는 미덕을 억압할 위험이 있다.

이를 해결하기 위해서는 법 규정과 관련 판례가 필요하겠지만 가장 핵심은 기존 인식을 바꾸는 것이다. 그래서 궁극적으로는 언론의 자유와 인격권의 갈등을 어떠한 접점에서 해결해 나갈지를 정하는 것이다. 이는 다음과 같은 인식의 변화 속에서 가능할 것이다.

첫째, 비록 인터넷이 가장 표현 촉진적이고 개방된 시장임을 인정한다고 하더라도 기존 미디어와 마찬가지로 인터넷에서의 표현의 자유는 절대적일 수는 없다. 표현의 자유와 관련된 어떠한 이론적 시각에서도 표현의 자유가 여타 다른 기본권과 적절한 비교형량이 이루어져야 한다. 하지만 이러한 경우라도 정치적 표현은 국민 자치의 개념에 입각하여 최대한 보호를 받아야 한다.

둘째, 여타 인격권과의 갈등은 이를 기존의 미디어 특성론적 접근과 함께 기능적인 측면 또한 고려해야 한다. 즉 미디어가 어떤 특성을 갖는가에 대한 규제론은 인터넷의 성격상 너무 포괄적이므로 어떤 기능을 했는가에 대해서 규제 원리를 고려할 필요가 있다는 것이다. 아울러 인터넷에서의 표현의 자유가 어느 정도 보호되는가는 온라인 서비스 제공자들의 통제 권한과 책임 문제와 적절히 조화를 이루도록 해야 한다.

셋째, 인터넷상의 자유로운 소통을 위해서는 익명성에 대한 깊은 고려가 있어야 한다. 미국의 경우에는 익명성을 헌법적인 권리로서 인정하는 반면 우리나라의 경우 인터넷에서는 부분적으로 실명제를 이용하고 있고 점차 그 적용의 범위를 넓혀 가는 추세이다. 한국 법원은 익명성의 사회적 성격에 대해서 정의를 내리지 않고 있으며 오히려 익명성을 불법 행위의 원인으로 간주하는 경향이 있다. 그러나 익명성이 실제로 이러한 결과를 가져오는지에 대한 명확한 연구 결과는 아직 없으며 실명제가 불법 행위를 모두 해결할 수는 없다는 사실을 인식해야 한다.

넷째, 온라인 서비스 제공자의 법적 의무의 강화와 통제권 강화가 인터넷에 대한 사전 검열이 될 수 있다는 지적에 대해서도 고려해야 한다. 비록 정부 차원의 사전 검열에 해당하지 않지만 사후 불법 행위에 대한 처벌을 면하기 위한 사적 검열의 성격을 띠지 않을 수 없다. 그래서 각종 법을 통해 온라인 서비스 제공자의 책임성을 강하게 따질수록 인터넷 서비스 제공자의 사적 검열은 더욱 강화될 수밖에 없다. 관련 법 제·개정에는 이러한 본질적인 측면에 대한 고려가 있어야 한다.

결론적으로 언론의 자유와 인격권은 현대적 삶을 뒷받침하는 데 필수적인 기본권이지만 이들은 그 속성상 지속적으로 충돌할 수밖에 없다는 측면에서 과연 인터넷에서의 언론 자유의 의미는 무엇이며 인격권의 보호와는 어떻게 비교형량할 것인가는 지속적으로 풀어 나가야 할 문제로 여겨진다. 따라서 적절한 비교형량이 이루어질 수 있도록 법의 정비가 필요하며, 인터넷에서의 불법 행위를 단순히 범죄의 시각에서만 바라볼 것이 아니라 인터넷의 본질적인 측면에 대한 고려도 함께 해야 한다. 인터넷에서의 언론 자유와 인격권 침해의 문제를 해결하려면 그 중요성의 정도를 잘 판단해서 비교형량적으로 해결할 수 있는 기준을 마련하는 것이 그 핵심이다.

인터넷과 명예훼손

1. 인터넷상의 명예훼손이란 무엇인가

언론의 자유가 헌법적으로 보장되기 시작한 이후 신문이나 방송의 보도로 인하여 발생하는 개인의 명예에 대한 침해는 사법계의 핵심적인 쟁점이었다. 다시 말해 언론의 자유와 개인의 인격권이 충돌하는 경우 이를 어떻게 해결할 것인가 하는 것이 가장 논란이 되는 사법적 주제였다. 이러한 점은 인터넷에서도 예외가 아니다. 인터넷의 경우 특히 정보 전달의 광범위성과 신속성으로 인하여 개인의 명예에 대한 침해가 더욱 커질 수 있다는 점과 그 책임의 소재와 정도가 불분명한 점 그리고 피해구제 방식도 다르게 된다는 점 등이 문제로 지적되었다.

박용상(2008)에 따르면 인터넷상의 명예훼손 문제는 크게 세 가지로 구분할 수 있다. 첫째, 인터넷에서의 명예훼손 성립 요건 및 구제 방법에 대한 문제이다. 인터넷상에서 정보는 네트워크를 통해 순식간에 전파되므로 원래의 가해 행위자 이외에 이를 전파한 자가 어떠한 요건

하에서 어떠한 책임을 지는가의 문제이다. 아울러 인터넷에서 피해를 본 사람에게 필요하고 적절한 구제 수단을 어떻게 마련할 것인가도 어려운 법적 과제이다.

둘째, 인터넷이 국경을 초월하여 커뮤니케이션망을 이루고 있기 때문에 자칫 명예훼손 분쟁은 국제적인 관할 문제에 심각한 논란을 야기할 수 있다는 것이다. 또한 인터넷에서 익명의 게시자에 의해 명예훼손이 야기된 경우 피해자에게 구제를 베풀려면 익명의 행위자를 찾아내야 하는데, 이때 익명에 의한 표현의 자유를 보호하면서도 가해 표현 행위자를 찾아내는 방안이 실제로 어려운 문제이다.

셋째, 가장 어려운 문제는 인터넷 표현 행위에 수단과 방법을 제공하는 인터넷 중개자들Internet intermediaries이 개별 이용자들의 명예훼손 행위에 대해서 어떠한 책임을 어느 정도 부담하는가이다. 즉 온라인 서비스 제공자online service provider의 법적 지위 및 매개된 서비스에서 야기된 손해를 방지할 책임의 범위 등이 가장 복잡한 문제이다. 온라인 서비스 제공자에 대한 책임의 정도는 나라마다 다른데 주요한 것은 인터넷상의 위법 행위를 방지할 필요성과 인터넷의 자유로운 이용(표현의 자유) 간의 적절한 균형을 취해야 한다는 것이다.

이러한 세 가지 문제에 대한 해결 방식은 각 사회가 처해 있는 상황에 따라서 다르다. 즉 표현의 자유에 대한 범위와 한계에 대한 인식, 그리고 개인적 법익들이 충돌할 때의 그 해결 방식 등이 사회적 배경에 따라서 다를 수밖에 없는 것이다. 우리나라 대법원도 개인의 인격권과 언론의 자유가 충돌하는 경우 "……그 조정을 어떻게 할 것인지는 구체적인 경우에 사회적인 여러 가지 이익을 비교하여 표현의 자유로 얻어지는 이익, 가치와 인격권의 보호에 의하여 달성되는 가치

를 (비교)형량하여 그 규제의 폭과 방법을 정해야 한다······"고 판시한 바 있다.14

같은 맥락에서 개인적 명예가 침해되는 경우 각 사회는 다툼을 조화롭게 해결하기 위하여 사회가 처한 환경에 맞는 방안을 제공한다 (Lee, 2008; Lee, 1998, p.155). 좀더 구체적으로 말하자면 각 사회의 사법 제도는 문제 해결을 위하여 기존의 미디어 운영자의 책임을 정하고 이를 규제하기 위한 각 사회의 배경에 어울리는 메커니즘을 제공하게 된다(Vick & Macpherson, 1996, pp.923~955). 결국 각 사회는 이들이 처한 상황에 의해서 허용되는 사법적 방식을 통해서 개인의 명예와 표현의 자유 사이에서 어떤 법익이 공익의 실현을 위하여 더욱 중요한가에 대한 판단을 통하여 두 법익 사이의 조화를 추구하게 되는 것이다.

그런데 인터넷에서의 여러 쟁점들은 무엇보다도 인터넷의 기술적 특성에서 연유한다. 때문에 이 연구의 분석 대상 국가인 미국, 일본, 한국의 경우에도 각 국가의 법적인 틀로서 인터넷에서 발생하는 초국가적 문제를 다 해결할 수 없다. 예를 들어 미국에서 운영되는 게시판에 의해서 한국이나 일본의 이용자가 명예훼손되었을 때 이를 어떻게 대처할 것인가 하는 문제 등 복잡한 문제들이 발생하기 쉽다. 이러한 이해를 바탕으로 이 장에서는 최근 가장 중요한 화두가 된 인터넷에서 발생하는 인격권 침해와 관련한 쟁점들을 분석한다. 이 연구는 인터넷

---

14. 계속해서 대법원은 "······타인의 명예를 훼손하는 행위를 한 경우에도 그것이 공공의 이해에 관한 사항으로서 그 목적이 오로지 공공의 이익을 위한 것일 때에는 진실한 사실이라는 증명이 있으면 위 행위에 위법성이 없으며 또한 그 증명이 없더라도 행위자가 그것을 진실이라고 믿을 만한 상당한 이유가 있는 경우에는 위법성이 없다"고 보았다(대법 1988.10.11. 선고 85다카29 판결).

이라는 미디어에서 발생하는 언론의 자유와 개인의 명예 사이의 갈등 원인은 무엇이며 어떻게 해결되고 있는가를 탐구한다.[15]

2. 인터넷에서의 명예훼손 유형

1) 인터넷의 기술적인 특징과 문제점

인터넷은 누구나 용이하게 접근하여 특정 목적을 달성하기 위해 자신의 견해, 생각, 그리고 사상을 순간적이고 광범위하게 유포하고 타인의 그것을 획득할 수 있는 상호 작용적 커뮤니케이션 미디어이다. 이러한 이유로 인터넷 언론은 기존 미디어 체계의 영원한 숙제였던 '민주주의 실현'의 중요한 장場이 되며, 신속하게 필요한 정보를 교환할 수 있는 기술적 측면은 진리의 발견에 크게 기여할 것으로 기대되었다.[16]

15. 이 연구에서 가장 핵심적인 개념인 '인터넷 언론'에 대한 구체적인 정의는 아직 보이지 않으나 이는 좁은 의미로는 '인터넷을 통해 뉴스를 매개하는 조직 또는 기업'이라고 할 수 있으며, 넓은 의미로서의 인터넷 언론은 인터넷이라는 공간에서 여러 사람들이 모여서 인터넷을 매개로 벌이는 다양한 언론 활동을 지칭한다. 이재진, "인터넷 언론의 보도상의 특성과 법적 책임," <언론중재> 87, 2003 여름호, pp.22∼23.
16. 여기서의 언론의 자유와 표현의 자유는 서로 양립하는 의미라기보다는 서로 교환 가능한 의미를 담고 있다. 언론의 자유라고 할 때 이는 미디어상의 표현 및 미디어의 취재, 발행의 자유를 포함한다. 인터넷의 경우 자신이 자유롭게 창출한 생산물을 어떠한 형태의 제도적 검열도 받지 않고 서로 공유할 수 있다는 점에서 기존 미디어의 "전달*transmission* 이상의 공유, 참여, 결사, 또는 공동의 신념의 구현"을 가능하게 하는 특성을 가지고 있다. J. W. Carey,

그런데 인터넷은 개인이나 서비스 제공자들이 자유롭게 자신들의 견해를 표출할 수 있는 공간인 동시에 개인들의 명예나 사생활이 침해되지 않도록 보호가 요구되는 장소이기도 하다. 이러한 권익들 간의 갈등이나 다툼을 현재의 법체계 기준으로 해결할 수 있는가에 대해서 상당한 논의들이 많이 있어 왔으나 아직 명확한 진단이 나오지 않고 있는 실정이다(강경근, 2003, pp.4~6).

인격적 권리와 언론의 자유 사이의 갈등은 주어진 각 사회가 처해진 상황에 근거하여 독특한 문제 해결 양상을 보인다. 인격권과 표현의 자유 사이의 해결은 각 사회가 인격권의 중요성과 언론 자유의 중요성에 두는 사회적, 정치적 가치에 따라서 결정된다(Schauer, 1980). 실제로 영국과 미국의 명예훼손법에 대해 비교 고찰하면서 뿌리가 같은 보통법의 전통을 가진 영국과 미국의 경우에도 명예훼손법상의 법리가 상당히 이질적으로 발전해 왔음을 알 수 있다. 즉 미국의 경우 영국과는 달리 표현의 자유를 우월적인 권리로 보고 표현의 자유에 대한 침해는 개인의 명예에 대한 피해보다 더욱 심각한 것으로 이해하고 있다고 설명했다.

미국의 경우 표현의 자유가 여타 다른 개인적 기본권에 우선하기 때문에 비록 명예훼손적인 언사라고 하더라도 이를 허용하지 않는 것은 인간의 본질에 대한 침탈이라고 간주한다. 이와 같은 미국적인 전통을 가장 잘 보여 주는 것이 1964년 뉴욕 타임스 대 설리번 사건에서 제시된 '현실적 악의 원칙actual malice rule'이다. 이 사건에서 미국 연방대법원은 공직자들의 경우 언론에 의한 명예훼손에 승소하려면 언론의 현실적

Communication as Culture, Boston: Unwin Hyman, 1989.

악의를 증명해야 한다고 판시했다. 이에 반해 영국의 경우 현실적 악의 원칙은 도입되지 않았으며, 표현의 자유를 여러 개인적 법익과 유사한 차원에서 인식하고 이에 대한 비교형량적인 판단을 하고 있다고 보았다. 이는 미국과는 이질적인 영국적 발전 양식과 보통법적 언론 환경에서 발달해 온 법적인 적용이 이루어지고 있음을 말해 주는 것이다.

그런데 인터넷 언론은 기존의 언론과는 여러 측면에서 이질적이다. 인터넷 언론은 쌍방향성, 익명성, 접근 용이성, 강력한 정보 전파력 등 기존의 미디어와는 구조와 기능이 다르며 그 기술적 발전 속도가 엄청나게 빠르다는 측면에서도 기존 미디어와는 차이가 있다. 또한 현대의 사법적 틀*judicial framework*이 현재의 컴퓨터 통신 혁명을 예측할 수 있는 모델에 근거하지 않기 때문에 인터넷에서의 쟁점들은 현재의 법적 체제로서는 적확하게 설명될 수 없는 측면이 있다(박원경, 2002).

우리나라의 경우 최근 특히 정보통신망 이용촉진 및 정보보호 등에 관한 법률(이하 정보통신망법)이 제정된 2001년 이후 인터넷을 통한 불법 행위나 위법 행위가 증가하고 이를 법적으로 해결하려는 경향이 커지고 있다.[17] 이는 인터넷 이용자들, 시스템 운영자들, 인터넷 서비스

---

17. 언론중재위원회, <언론중재> 87, 2003 여름호, 162. 대전지법은 2003년 4월 22일 정보통신망 이용촉진 및 정보보호 등에 관한 법률(이하 정보통신망법)에 관한 법률 위반(명예훼손) 혐의로 기소된 김모 씨에 대해 벌금 70만 원을 선고했다. 김모 씨는 한나라당 사이버 대의원으로 활동하던 2002년 9월 18일 오전 7시 경 자신의 집에서 모 언론사 인터넷 홈페이지 게시판에 '민주당 천용택 의원이 김대업 씨와 공모해 거짓 병역 비리를 폭로했다'는 글을 게재, 천 의원을 비방한 혐의로 기소됐다. 대전지법은 또한 4월 21일 '젖소나 수입소 사골을 한우 사골로 속여 팔았다'는 내용의 글을 대전양돈축협 인터넷 홈페이지에 올려 대전양돈축협의 명예를 훼손한 혐의로 기소돼 1심에서 벌금 50만 원을 선고받은 이모 피고인의 항소를 기각했다.

제공자들 사이에서 표현의 자유와 인격권을 둘러싼 갈등이 외적으로 표출되고 있음을 보여 주는 것이며(이재진, 2003, p.86), 동시에 인터넷에서 발생하는 문제들의 해결을 위한 법적인 준거틀이 마련되어 가고 있음을 의미한다.

이런 점에 비추어 정보통신망법을 통해서 인터넷의 특징을 포괄하는 종합적인 법적 정비가 이루어져야 한다는 논의들이 최근 몇 년간 부쩍 늘어난 것은 당연한 일이다. 예를 들어 2003년 5월 28일 국회언론발선연구회가 '인터넷 미디어 법·제도 어떻게 마련할 것인가'를 주제로 개최한 토론회에서 참가자들은 인터넷에 걸맞는 종합적인 미디어 법이 나와야 한다고 입을 모았다. 그런데 토론회는 미디어 종류에 따른 규제 방식 대신 미디어의 기능에 따른 분류를 법제에 도입할 필요성이 있으며 여기에는 인터넷상에서 발생하는 여러 불법적, 위법적 문제의 해결을 위한 구체적인 조항도 포함되어야 한다고 지적하였다(<미디어오늘>, 2003. 6. 4).

문제는 헌법적으로 보장받고 있는 표현의 자유가 개인의 명예를 어떻게 조화롭게 비교형량되는가 하는 점이다. 에머슨(Emerson, 1967)이 지적한 바와 같이 표현의 자유(언론의 자유)는 인간적 가치를 실현하는 필연적인 권리이다. 이처럼 중요한 부분으로 인식되는 표현의 자유와 현대적 생활을 영위하기 위한 명예 간의 갈등과 다툼은 다원적인 가치의 실현이라는 헌법적 논의의 핵심적 위치를 차지해 왔다. 표현의 자유에 대한 보호도 중요하지만 사회 구조가 점차 복잡해지고 권리 의식이 증대되는 과정에서 개인적 권리와의 적절한 조화와 균형이 문제되고 있다.

미국의 경우 수정헌법 제1조의 영향으로 표현의 자유 또는 언론의 자유가 여타 다른 개인적 기본권에 비해 우월적인 지위를 누린다.18

그에 반해 한국의 경우(일본도 유사하다) 표현의 자유와 인격권은 그 우열을 가릴 수 있는 것이 아니며, 어떤 것에 좀더 무게를 두느냐 하는 것은 헌법 제37조에서 규정하는 바와 같이 과잉 금지 원칙이나 비례의 원칙 등에 입각하여 규범 조화적 해석에 따르고 있다(성낙인, 1999, p.20).

우리나라 법원의 경우 이 점에 대해 반복적으로 지적해 왔는데, 비록 언론이 자유롭게 숨 쉴 수 있는 공간이 필요하지만 이러한 권리는 기본권과 균형을 이루어야 한다는 점을 판결의 기본 원칙으로 삼고 있다.[19] 전술한 것처럼 인터넷에서 표현의 자유와 기본권의 균형 있는 조화를 이루는 것이 현실 공간에서보다 더욱 어렵다. 인터넷의 경우 익명으로 그리고 대면하지 않은 채로 불법적인 글이 올라와 개인의 인격권이 침해되는 경우 누구를 대상으로 소송을 제기할지 불명확하며,

18. 1964년 뉴욕 타임스 대 설리번 사건에서 미국 대법원은 언론이 정부와 정치인에 대해 자유롭게 비판을 할 수 있는 이른바 '숨 쉴 수 있는 공간'의 필요성을 강조하였다(376 U.S. 254). 이후 10년 뒤 거츠 대 웰치Gertz v. Welch 사건에서 대법원은 의견에 있어 잘못된(오류가 있는) 언사란 없으며 there is no such thing as false statements, 비록 사회적 비용social cost을 지불하는 경우가 있다고 하더라도 공직자는 물론 사회적 공인에 대해 비판할 수 있는 자유는 최대한 지켜져야 함을 밝혔다(418 U.S. 323 (1974)). 이에 대해서는 T. B. Carter, M. A. Franklin & J. B. Wright, *The First Amendment and the Fourth Estate.* New York: The Foundation Press 1994; R. A. Smolla, *Law of defamation,* New York: West Group, 2000; D. M. Gillmor, A. Barron, T. F. Simon & H. A. Terry, *Fundamentals of mass communication law,* St.Paul, MN: West Publishing, 1996 등을 참조하라.
19. 대법원 1998.9.4. 선고 96다11327 판결. 이러한 측면은 미국과 한국에서 명예훼손법상의 간극을 잘 보여 준다. 특히 한국의 대법원은 여러 차례에 걸쳐서 미국의 현실적 악의 원칙의 수용을 거부한 바 있다(대법 2000.12.27. 선고 2000가합16898 판결).

시스템 관리자(운영자 또는 온라인 서비스 제공자)들에게 어느 정도의 권한을 부여할 것인가에 대한 공감대가 형성되어 있지 않다는 점도 중요한 문제이다(이승희, 2003, p.38).

2) 행위자의 책임

형법상 일반적 명예훼손은 형법 제307조(명예훼손)에 의해서, 그리고 언론에 의한 것은 형법 제309조(출판물 등에 의한 명예훼손)에 규정되어 있다. 우리나라 형법은 명예훼손 행위에 대해 처벌을 규정하되 그 수단이나 방법에는 제한을 두고 있지 않기 때문에 기존의 형법상의 명예훼손죄 규정을 인터넷에 적용하는 데 큰 문제가 없었다.

그러나 대법원이 1998년 10월 9일 판결에서 일반적인 명예훼손(제307조)에 비해 가중 처벌을 가하고 있는 출판물 등에 의한 명예훼손(제309조) 조항을 인터넷에 적용할 수 없다고 판단하였다(97도158 판결). 대법원은 인터넷이 제309조에서 규정하는 '신문, 잡지 또는 라디오 기타 출판물'의 개념에 해당하지 아니한다고 해석하여 실제 출판물과 대등한 처벌을 인터넷에서의 명예훼손 행위에 부가하는 데 어려움이 있었다.[20] 또한 형법상의 규정은 직접적인 행위자의 책임을 규정한 것이므로 인터넷에서의 커뮤니케이션 중개자인 온라인 서비스 제공자에 대해서는 적용될 수 없었다.

이러한 문제를 해결하기 위해 2001년 정보통신망 이용촉진 및 정보보호 등에 관한 법률(이하 정보통신망법)에 별개의 규정을 신설하여 이를

20. 이 판례가 형법 제307조의 단순 명예훼손죄의 적용을 배제하는 것은 아니다.

입법적으로 해결하였다. 동법 제61조 제1항은 "사람을 비방할 목적으로 정보통신망을 통하여 공연히 허위의 사실을 적시하여 타인의 명예를 훼손 자는 7년 이하의 징역, 10년 이하의 자격 정지 또는 5000만 원 이하의 벌금에 처한다"고 규정하고 있다.

이는 인터넷 등 정보통신망을 통한 명예훼손에 대해 과중한 형을 부가하는 규정으로 해석할 수 있는데, 형법 제309조의 출판물 등에 의한 명예훼손죄와 마찬가지로 그 범죄의 성립에는 비방의 목적이 있어야 하며(목적범), 피해자의 명시한 의사에 반하여 처벌할 수 없는 형식(반의사불벌죄)으로 구성되었다(동조 제3항). 그런데 비록 정보통신망을 통한 명예훼손 행위라 하더라도 비방할 목적이 인정되지 아니하는 경우에는 형법 제307조가 적용되게 된다.

이처럼 정보통신망 제61조 규정은 인터넷에서 행해진 표현 행위에 대한 제재와 관련한 특별 규정이며, 명예훼손의 구성 요건 및 위법성이나 그 법적 효과 등 실제적 법리에 관해서는 기존의 법리가 적용된다.

3) 온라인 서비스 제공자의 법적 책임 문제

인터넷이 당면한 핵심적인 문제는 법원이 어떻게 인터넷 서비스 제공자 또는 온라인 서비스 제공자(Online Service Provider: OSP)와 이용자들의 조화로운 이익형량을 이룰 수 있는가 하는 것이다. 특히 정보 제공자의 책임을 인정하는 것은 일부 새로운 요소를 고려하면 기존의 미디어를 이용한 경우와 유사하게 보아도 가능하지만 정보를 중개한 OSP의 책임을 인정할 수 있는가의 문제는 판단이 쉽지 않다(성선제, 2002, p.248).

예를 들어 만일 인터넷에 게재된 글이 응답이나 대항적 수단을 통해 그 회복을 구하기 전에 돌이킬 수 없는 피해를 특정 개인에게 입혔을 때, 과연 OSP가 이를 미리 예방하고 가능한 자신들을 인격권 침해 소송으로부터 보호할 수 있도록 이들에게 인터넷에 대한 통제 권한을 부여해야 하는가 하는 문제가 제기된다. 이러한 문제는 인터넷에서의 이용자들의 전례 없는 표현의 자유라는 명제와 맞물려 논란을 빚고 있다(김재형, 2003).

이와 관련 온라인 서비스 제공자들은 헌법이 인터넷 이용자들이 자신의 견해를 모두 자유롭게 피력할 수 있는 권한을 보장하는 것은 아니라고 주장해 왔다. 이들은 인터넷에서의 서비스 공급자와 이용자의 책임 정도에 대한 법적인 기준을 제시하지 못한다면 기존의 명예훼손 법상의 과실 책임 기준standard of fault이 흔들리게 된다고 주장한다.

1996년 통신품위법이 제정되기 이전까지 미국 법원이 서비스 공급자들이 정보 배포자distributor인지 또는 편집자editor인지 또는 단순망 제공자common carrier인지에 대한 구체적인 기준 제시와 아울러 이용자들의 인터넷에서의 언론 자유에 대한 한계가 설정되지 않는다면 기존의 현실적 악의 원칙과 같은 법 원칙을 인터넷에 적용하는 데 혼란을 초래할 것으로 인식하였다. 이들은 법원이 이러한 문제들을 원칙적으로 적용하여 일관되게 해결하기보다는 사건마다 상황에 따라 개별적으로 해결하는 경향을 보였는데, 이러한 법원의 융통성은 기존의 법체계가 추구해 왔던 '안정성stability'에 위배되는 것이라는 비판을 가했다.

그러다가 1996년 통신품위법 제정 이후 제230조를 적용하여, 즉 인터넷 서비스 제공자들은 발화자가 아니라고 해석하면서 OSP들은 완전히 면책되는 판결 경향을 보였다.[21] 그래서 인터넷 서비스 제공자는 콘텐츠 제공자로서의 책임을 지기 위해서는 적극적으로 콘텐츠 형성에 적극적으로 관여해야 한다고 보았다. 그러나 완전 면책 결정은 이후 판례들에서 가끔씩 도전을 받아 왔는데, 예를 들어 콘텐츠의 의미를 변경한 것은 아니지만 단지 강조하는 한 마디의 단어를 삽입한 경우라도 완전 면책을 받을 수 없다거나, 발화자로서는 완전 면책되지만 전달자로서의 그렇지 않은 것으로 인식하거나, 해당 사업자가 콘텐츠를 검열하였는가의 여부를 따져서 보아야 한다거나, 비록 사업자가 직접 콘텐츠를 편집하지는 않았지만 이를 생산하는 데 기여했다거나 하는 경우에는 제230조의 면책 범위를 좁게 해석하려고 하는 판례들이 나타나고 있다(박용상, 2008; 김민정, 2008).

우리나라의 경우 구 전기통신사업법 제53조 제1항 제2호에 "사람을 비방할 목적으로 공연히 사실 또는 허위의 사실을 적시하여 타인의 명예를 훼손하는 내용의 전기통신"을 금지하는 불법 통신 규정이 있었다. 또한 구 정보통신망법 제44조는 정보 통신 서비스 제공자의 책임에 대하여 "정보통신망을 이용하여 일반에게 공개를 목적으로 제공된 정보로 인하여 법률상 이익이 침해된 자는 해당 정보를 취급한 정보 통신

---

21. 47 U.S.C. § 230(c). 이 법안에는 "Protection for 'Good Samaritan' blocking and screening of offensive material"라는 이름이 붙어 있는데 (c)(1)항에서는 "no provider or use of an interactive computer service shall be treated as the publisher or speaker of any information provided by another information content provider"라고 규정하고 있으며, (c)(3)항에서는 "헌법상 보호 여부와 관계없이 외설적이거나 음란적이거나 선정적이며 추악하거나 과도하게 폭력적이고 집요하게 괴롭히거나 기타 거부할 만한 것으로 생각되는 소재는 그 접속이나 이용을 선의로 차단하기 위하여 그들이 자발적으로 취한 일체의 조치에 대하여 민사적 책임을 부과하지 않는다"고 규정하고 있다.

서비스 제공자에게 당해 정보의 삭제 또는 반박 내용의 게재를 요청할 수 있고"(제1항), "정보 통신 서비스 제공자는 정보의 삭제 등의 요청을 받은 때에는 지체 없이 필요한 조치를 취하고 이를 즉시 신청인에게 통지하여야 한다"(제2항)고 규정하였다. 이러한 규정은 OSP가 개인 이용자들의 위법 행위에 대해서 어떠한 조치를 취할 것인가를 정한 것이었는데, 그 규정의 의미와 적용에 관해서는 논란이 컸다.

이처럼 기존의 인터넷상의 명예훼손에 관한 종전의 법률 규정은 기초적이고 대강의 법적 규율만을 정하고 있을 뿐이어서 여러 측면에서 입법적 개선을 요하는 사항이 많았다. 그래서 이러한 문제들을 모두 포괄적으로 해결하기 위한 방안에 대한 논의가 있어 왔으며 입법적 모색도 이루어졌다.

2007년 1월 26일 일부 개정된 정보통신망법은 피해구제의 실효성을 확보함으로써 보다 안전하고 신뢰할 수 있는 인터넷 이용 환경을 조성하기 위해 게시판 운영이 본인 확인의 의무를 포함하는 '제한적 본인확인제,' '사이버상 임시적 권리구제제도로서 정보차단제,' '온라인상 간편한 권리분쟁 조정제도'를 도입하였다.[22]

그러나 2007년 개정 정보통신망법이 담고 있는 새로운 규율은 인터넷에서 표현의 자유 보호라는 헌법적 쟁점뿐 아니라 인터넷상의 권리 침해 현상에 대하여 실효성 있는 구제 제도를 설정하려고 한다는 점에서 사법 절차적 쟁점을 포함하는 것이고, 그 때문에 헌법적 및 소송법적 관점에서 충분한 검토가 요청된다.

---

22. 가장 최근의 개정은 2008년 6월 13일에 있었고, 같은 해 12월 14일부터 시행되고 있다.

3. 관련 판례

1) 한국

인터넷의 편리함과 익명성을 매개로 한 명예훼손과 이에 따른 소송 그리고 실제 수사력의 한계와 모호한 법 적용 등은 여전히 복잡한 문제로 지적된다. 특히 앞서 언급한 대로 인터넷에서 발생한 명예훼손에 대해서 OSP는 어느 정도 책임을 지는가는 명확치가 않다. 적어도 OSP가 완전 면책되는 것은 아니라는 것이 판례 경향이다. 다시 말하자면 한국 법원은 인터넷 서비스 제공자에게 명예훼손에 대해서 어느 정도의 주의 의무를 부과하고 있다.

이는 이른바 가수 박지윤 사건에서 원고인 함모 씨가 피고인뿐만 아니라 온라인 서비스 제공자인 하이텔을 상대로 명예훼손에 대한 배상을 청구한 소송에서 엿볼 수 있다. 대법원은 2001년 9월 7일 전자게시판 운영자의 경우 일정 기간 문제가 된 내용을 삭제하거나 적절히 조치를 취하지 않고 그대로 방치하는 경우 발생한 피해에 대해서 어느 정도 책임이 있다는 하급심 판결을 확정하면서 상고를 기각하였다(대법 2001.9.7. 선고 2001다36801 판결). 원심에서 서울지법 동부지원은 피고 회사에 정보통신윤리위원회의 시정 조치 요구가 있었기 때문에 문제되는 글이 올라와 있었다는 사실을 충분히 알 수 있었음에도 적절한 조치를 취하지 않은 것은 원고에게 정신적 고통을 안겨 주었을 가능성이 크다고 보아 100만 원의 손해배상을 명하였다. 법원은 "전자게시판을 설치·운영하는 전기통신사업자는 이용자에 의해 타인의 명예를 훼손하는 글이 전자게시판에 올려진 것을 알았거나 알 수 있었던 경우에 이를 삭제하는 등의 적절한 조치를 취해야 할 의무가 있다"고 설명했다. 서비스 운영자인 하이텔이 '정관'에 따라 전자게시판에 올라와 있는 내용에 대해서 필요한 조치를 취할 수 있다고 보았다(<세계일보>, 2001. 5. 1, 31면). 그러나 법원은 인터넷 서비스 제공자들의 책임은 어느 정도인가에 대해서 명확한 기준을 제시하지 않았다.

이러한 인터넷 서비스 제공자들과 이용자들 사이의 문제와 아울러 명예훼손을 둘러싼 이용자들 간의 다툼의 경우에도 인터넷 언론의 기술적 특징으로 인해 그 해결이 쉽지 않아 보인다. 예를 들어 익명으로 게재된 의견에 의해 명예훼손이 발생하는 경우 그 실제 게시자를 찾아내는 일은 어려울 뿐 아니라, 이를 퍼간 이차적 전달자에게 어느 정도 책임을 부과할 것인가 하는 법적 문제들도 도사리고 있다. 그럼에도 인터넷을 이용하여 타인의 인격권을 침해하는 글이나 영상을 게재한 자나 정보 제공자의 책임에 관해서는 기본적으로 인격권에 관한 일반 이론이 적용된다. 일단 기존의 관련 법(형법 제309조 및 정보통신망법 제61조)이 인터넷에서도 아울러 적용되는 것이다.

일반적인 명예훼손의 경우 그 성립 여부를 ① 기사(글)의 객관적인 내용과 아울러 일반 독자가 기사를 접하는 통상적인 방법을 전제로, ② 기사(글)의 전체적인 흐름, ③ 사용된 어휘의 통상적인 의미, ④ 문구의 연결 방법, ⑤ 독자에게 주는 기사(글)의 인상, 그리고 ⑥ 기사(글) 내용에 대한 사회적 용인의 정도 등을 종합적으로 고려해서 판단해야 한다고 본다. 이때 만일 그 내용이 진실하고 오로지 공익을 목적으로 하였다고 인정되면 위법성이 조각된다. 진실의 경우 진실을 증명할 증거가 없다고 하더라도 이를 진실이라고 믿을 만한 상당한 이유가 있는 경우이면 위법성이 조각될 수 있다.

여기서 먼저 유의할 것은 인터넷상의 표현 행위를 공익적인 것으로 볼 수 있는가 하는 점이다. 즉 일반적 명예훼손의 면책 요건이 되는 공익성에 인터넷에서의 표현이 적용될 수 있는가를 따져 봐야 한다는 것이다. 이에 대해 우리 사법부는 인터넷을 표현 촉진적이고 참여적인 미디어로서 사상의 자유 시장의 가능성을 인정하고 있으며, 인터넷을 통해 사회의 투명성이 높아지고 있는 점을 감안하여 공익성의 요건을 넓게 인정하고 있는 것으로 판단된다.

예를 들어, 이른바 '상습 교통 법규 위반자 사건'에서 대구지방법원은 제1심 결과를 뒤집고 인터넷에서의 내용이 공익적이라고 보았다. 이 사건은 피의자가 시청 홈페이지에 자신이 목격한 시청 직원의 교통 법규 위반 사실을 알리고 적절한 조치를 취해 달라는 글을 게시하였는데, 이를 홈페이지 관리자가 삭제하자 그 삭제를 항의하면서 발생하였다. 점차 피의자의 글에 동조하는 글이 올라오자 피해자(시청 직원)는 수사 기관에 피고인들의 처벌을 요청하였고 검사는 정보통신망법 위반으로 기소하였다.

항소심에서 법원은 게시물이 상습적으로 교통 법규를 위반하여 위험한 운전을 막아 달라는 내용으로 공공의 이익에 관한 것으로 볼 수 있으며 게시 내용이 대체로 객관적인 사실에 부합하고 표현도 피해자를 비난하거나 욕하는 등의 표현을 자제하고 있으므로 사람을 비방하는 목적으로 게시된 것이라 보기 어렵다고 판시했다(대구지법 2003.7.18. 선고 2003노1218 판결).

또 다른 문제는 기존 미디어와 달리 인터넷의 미디어적 특성이라고 할 수 있는 '쌍방향성'이 위법성 조각사유에 속하는가 하는 점이다.

예를 들어 이용자들이 명예훼손적 글에 대해서 상호 응수할 수 있다는 점이 책임을 덜어 주는가 하는 것인데, 실제 이러한 논의는 아직 수용되고 있지 않은 것으로 보인다. 좀더 구체적으로 명예훼손 침해 등이 발생하는 경우 당사자가 온라인으로 대응할 수 있기 때문에 소송을 제기할 수 있는 자격을 제한하자는 논의도 있으나 이는 긍정되고 있지 않다. 특히 인터넷에 접근조차 용이하지 않은 사람들이 아직 많은 관계로 이러한 논리는 설득력이 없어 보인다(이재진, 2000).

이러한 점을 일부 고려한 초기의 사건인 이른바 '천리안 주제 토론실에서의 정치인 비방 사건'에서 대법원은 "쌍방향적인 컴퓨터 통신에 있어 다른 통신 가입자의 반박에 대한 대응"이라는 점을 어느 정도 참작하고 있는 것으로 보인다. 컴퓨터 통신이라는 것이 전체적인 토론 주제 범위 내에서 어떠한 의견을 통신문으로 게재하고 이에 대하여 반박이 있으면 그 반박에 대하여 다시 답변하면서 토론이 진행되고 이는 공개되어 있어 누구나 참여할 수 있다고 판단한 하급심 판례를 인정하였다. 구체적으로 살펴보면, 1996년 8월 22일 서울지방법원은 한 은행원이 1996년 2월경 PC 통신 천리안 '주제 토론실'란에 세 차례에 걸쳐 제15대 국회의원 출마 예정자인 박지원을 비방하였다는 이유로 공직선거 및 선거부정방지법(이하 선거법) 위반과 명예훼손 혐의로 기소된 사건에서 명예훼손죄에 대해서는 공소 기각을, 그리고 선거법 제251조(후보비방죄) 위반에 대해서는 벌금 100만 원을 선고하였다(96고합472 판결). 당시 법원은 비록 사건이 선거법상의 후보비방죄에 국한된 것이지만, 기존의 사건들과는 달리 인터넷에서의 명예훼손적 표현과 관련된 사건이어서 그 특수성이 존재함에도 불구하고, 인터넷의 특수성에 대한 고찰은 전혀 배제한 채 비방 행위의 목적, 구체적인 사실적시의 유무 등에만 한

정했다는 지적을 받았다.

그러나 서울고등법원은 1996년 10월 29일의 판결(96노1916)을 통해 비방 행위의 목적, 구체적인 사실적시의 유무 등에 법리 오해가 있었다는 이유로 무죄를 선고하면서도, "컴퓨터 통신은 전체적인 토론 주제 범위 내에서 어떠한 의견을 통신문으로 게재하고 이에 대하여 반박이 있으면 그 반박에 대하여 다시 답변하는 내용으로 토론이 진행되는데, 그 통신문은 통신 가입자에게는 모두 공개되어 있어 누구라도 그 토론의 주제에 참여하여 의견을 개진할 수 있다"라는 점을 사실 인정으로 전제하고 있다는 점에 주목할 만하다. 그리고 대법원도 컴퓨터 통신에 게재한 통신문의 내용에 사실의 적시 및 당선되지 못하게 할 목적이 없다고 보아 후보자 비방에 대하여 무죄를 선고한 원심 판결을 수긍하면서, 피고인이 이 사건 통신문을 게재하게 된 경위(쌍방향적인 컴퓨터 통신에서 다른 통신 가입자의 반박에 대한 대응)를 여러 사정 중의 하나로 참고하고 있다는 점에서 주목할 만하다(대법 1997.4.25. 선고 96도2910 판결).

그런데 쌍방향성을 어느 정도 인정한다 하더라도 사용된 표현이 '사회적 용인의 정도'를 벗어나는 경우에는 명예훼손이 성립된다. 이는 인터넷 게시판을 통한 이용자들 사이에서 발생한 명예훼손 사건인 이른바 '박지윤 팬클럽 사건'에서 엿볼 수 있는데, 이 사건에서 특정 가수에 대해서 심한 비방과 모욕을 하고 이를 저지하는 네티즌에게도 허위의 사실을 유포한 사람에게 불법 행위 책임을 인정하여 200만 원의 위자료 지급 결정을 내렸다. 원고는 가수 박지윤의 팬클럽 회장으로 피고가 박지윤과 원고에 대해서 비방하는 글을 게시하자 3000만 원의 손해배상을 요구하는 소송을 제기하였다. 판결문에서 법원은 "피고가 게시한 '박지윤에게 환장한 사람들,' '당신 같은 ×파리 팬들의 협박,'

'반미치광이 광적 상태' 등의 표현과 '기획사로부터 돈 먹고 한마디씩 거드는 사람 같다' 등 확인되지 않은 사실의 게시는 자유로운 의견 발표와 정보의 무한한 교류를 이상으로 하는 PC 통신에서 이뤄진 것임을 감안하더라도 표현의 자유 범주에 포함하기 어려운 만큼 위자료를 지급해야 한다"고 밝혔다. 법원은 인터넷에서 허위 사실을 유포하거나 익명성을 이용하여 표현의 자유를 벗어난 질 낮은 언어가 범람하는 등 그 역기능이 날로 더해지는 점을 감안할 때 일정한 제한을 가하지 않을 수 없다고 판시했다. 그러나 일정한 제한을 가할 필요성만을 확인했을 뿐 어느 정도의 표현은 허용되는지에 대해서는 구체적으로 언급하지 않았다(서울지법 동부지원 2000.5.25. 선고 99가단42644 판결).

쌍방향성 이외의 또 다른 문제는 익명성과 최초 게시자 이외의 문제된 글을 퍼나른 사람들에게 2차적 책임을 어느 정도까지 지울 수 있는가 하는 것이다. 한국의 경우 명예훼손이 성립하기 위해서는 형법 제307조 및 제309조에서 규정된 것처럼 사람을 출판물을 통해 '비방할 목적'으로 사실이나 허위의 사실을 공연히 적시해야 한다. 그런데 사이버 공간의 명예훼손은 현행법 적용의 예외적 상황이 발생하기 쉽다. 인터넷의 경우 비록 기사는 실명으로 게재된다고 하더라도 이에 대한 독자들의 의견은 대개 익명을 전제로 올라가게 된다. 이러한 익명 의견에 의해 명예훼손이 발생하는 경우 그 실제 게시자를 찾아내는 일은 어려울 뿐 아니라, 익명 게시물에 의한 인격권 침해 문제에 대해 인터넷이 어떤 책임을 지는지 명확치 않다. 또한, 인터넷의 경우 순식간에 다른 사이트나 페이지의 내용을 퍼서 올릴 수 있기 때문에 문제되는 기사나 내용을 퍼나른 이차적 전달자에게 어느 정도 책임을 부과할 것인가 하는 법적 문제들도 명확치 않다.

이러한 점은 1997년 대통령 선거의 특정 후보에 대한 비방죄로 한 통신 이용자가 구속된 사건에서 간접적으로 살펴볼 수 있다. 당시 이 사건으로 말미암아 통신 운동 단체, 검찰, 그리고 중앙선관위가 충돌하는 상황이 벌어지기도 하였다. 이 사건은 몇몇 통신 이용자들이 특정 후보에 대해 6·25 당시 공산군이었으며 동료를 배신한 기회주의자라는 글을 77차례, 특정 정당에 대한 욕설을 114차례, 후보자 간의 관계를 성관계에 비유한 글을 21차례 게재한 행위에 대해, 검찰이 선거법 위반 혐의를 적용함으로써 비롯되었다. 중앙선거관리위원회도 이들의 행동이 공정 선거 분위기를 해친다는 입장을 밝힘으로써 검찰의 통신 이용자들에게 행한 구속 조치에 동조하였다(서울지법 동부지원 2000.5.25. 선고 99가단42644 판결). 이 사건은 익명의 게재자나 제2차적 게재자라고 할 경우에도 명예훼손이 발생하면 형법적인 처벌의 대상이 될 수 있음을 보여 준다.

2000년 들어서는 법원이 인터넷을 이용한 명예훼손죄에 실형을 선고한 사건이 발생하기에 이르렀다(<한국일보>, 2000. 3. 14, 31면). 서울지방법원은 유명 여성 앵커 출신인 백○○의 명예를 훼손한 혐의로 기소된 <미주통일신문> 발행인 배○○ 씨에게 명예훼손죄를 적용 징역 1년의 실형을 선고했다. 피고는 1999년 국내 PC 통신 업체와 미주통일신문사라는 이름을 내건 인터넷 홈페이지에 '여성 앵커를 울린 남자는……,' '모 여성 앵커 이혼 사유가……?' 등의 제목으로 유명 여성 앵커의 아이가 전 남편의 아이가 아니라는 취지의 글을 계속 올렸다. 법원은 "피고인이 소문에 대한 검증 없이 인터넷에 글을 올려 깨끗한 이미지를 생명으로 하는 여성 앵커와 그의 가족들에게 치유할 수 없는 상처를 입힌 만큼 실형 선고가 불가피하다"고 판시했다. 판결문에 나타나 있듯이 이 판결은 "인터넷이나 PC 통신에서 거짓 소문 게재로 인한 피해가 늘어나고 있지만 이를 규제할 마땅한 법조문이 없어 '출판물에 의한 명예훼손죄' 중 '허위 사실 적시'에 준해 판단"한 것이 특징적이다.[23] 이후 백○○는 자신에게 해명할 기회를 준다는 명목으로 명예를 훼손한 <스포츠 투데이>와 기자를 상대로 민사 소송을 제기하여 1억 원의 손해배상 판결을 이끌어 냈다(서울고법 2001.5.31. 선고 2000나11081 판결).

그런데 흥미롭게도 2003년에 인터넷에서의 명예훼손과 관련된 서비스 제공자의 책임 문제에 조리상의 작위의무를 인정한 2001년 9월 대법원 판결과는 상반되는 판결이 나왔다. 대법원은 인터넷 게시판에 타인을 비방하는 글이 올라온 경우에 홈페이지 운영자가 이를 반드시 삭제해야만 하는 의무는 없기 때문에 이를 비록 장기간 방치했다고 하더라도 곧바로 명예훼손으로 인한 손해배상 책임을 인정해서는 안 된다고 밝히면서 원고 일부 승소 판결을 내린 원심을 파기하고 사건을 대구지법으로 되돌려 보냈다(대법 2003.7.3. 선고 2002다72194 판결).

판결문에서 법원은 "단지 홈페이지가 제공하는 게시판에 다른 사람에 의해 제3자의 명예를 훼손하는 글이 게시되고 운영자가 이를 알았거나 알 수 있었다는 사정만으로 항상 운영자가 그 글을 즉시 삭제할 의무를 지게 된다고 단정할 수 없다"고 밝혔다. "인터넷 홈페이지 운영자가 타인의 명예를 훼손하는 내용이 게재된 것을 방치한 경우 명예훼손으로 인한 손해배상 책임을 지게 하기 위해서는 운영자에게 게시물

---

23. 형법상(제309조) 허위 사실을 적시해 명예를 훼손한 자는 5년 이하의 징역이나 10년 이하의 자격 정지 또는 1000만 원 이하의 벌금형에 처하도록 하고 있다.

을 삭제할 의무가 있음에도 불구하고 정당한 사유 없이 이를 이행하지 않은 경우여야 한다"면서 "삭제 의무의 유무는 게시의 목적과 내용, 반론 또는 삭제 요구의 유무 등 쌍방의 대응 태도, 사이트의 성격 및 규모, 영리 목적의 유무 등을 종합하여 판단해야 한다"고 밝혔다. 법원은 피고의 경우 비영리적인데다 원고의 공식 삭제 요구가 있자 바로 삭제한 점 등으로 보아 손해배상 책임이 있다고 보기 어렵다고 설명했다. 또한 "게시물 내용이 순수한 의견이나 논평으로 인정된다"며 무죄를 선고한 원심을 확정했다.

면장인 박 씨는 2001년 4월 강원도 청도군 홈페이지 게시판에 '군의 의회장이 안하무인으로 마을 대표들을 유치원생 다루는 식으로 연설한다' 등의 내용을 게재하여 불구속 기소되었다. 그러자 박 씨는 자신이 청도군의 공무원으로 재직할 당시 자신에게 성추행과 금품 수수 의혹이 있다는 내용의 글이 홈페이지에 수차례 떴으나, 군이 이를 곧바로 삭제하지 않고 자신이 내용 증명으로 삭제를 요구하기 전까지 50일 가량 그대로 방치하여 자신의 명예를 훼손했다는 이유로 같은 해 8월 청도군을 상대로 손해배상 소송을 냈다. 1심에서 100만 원, 2심에서는 300만 원의 원고 일부 승소 판결을 받은 바 있다.[24]

더 최근에는 인터넷에서 연예인에 대한 허위 사실 게재가 사회적으로 큰 문제로 등장하였다. 대표적인 것이 2003년 7월 16일 발생한 '변ㅇㅇ 사망 소식' 사건이다. 이 사건에서 경찰은 인터넷을 통해 모델

---

24 . <법률신문>, 2003. 7. 3. 이 판결은 비록 그 결정이 문제된 글의 성격을 통해서 이루어졌지만 미국, 일본과 유사하게 점차 서비스 제공자들의 책임을 경감하는 경향을 보여 주는 사건이라고 할 수 있다.

출신 탤런트 변ㅇㅇ 씨가 교통 사고로 숨졌다는 허위 사실을 퍼뜨린 대학생 변모 씨를 정보통신망법 위반 혐의로 입건했다. 변모 씨는 미용 정보 인터넷 카페에 "탤런트 변 씨가 7월 15일 오전 충남 태안에서 승합차와 추돌 사고로 사망했다"는 기사 형식의 글을 올렸다. 비록 글은 금세 지워졌지만 네티즌들이 이 글을 퍼가 사진을 추가하여 이용자들이 많은 카페에 옮겨 유포시키면서 문제가 확대되었다. 유포시킨 사람들이 이후 사실 무근임을 알고 퍼간 글을 삭제했지만 사망설은 크게 퍼졌다. 변 씨는 허위 사실을 처음 올린 네티즌을 명예훼손죄로 고소했지만 후에 고소를 취하했다(<한국일보>, 2003. 7. 19, 7면).

같은 달 가수 문ㅇㅇ 씨가 대리인을 통해 네티즌 75명과 자신에 대한 안티사이트 3곳을 명예훼손으로 고소하였다(<대한매일>, 2003. 8. 11, 22면). 그런데 문 씨가 네티즌 등을 고소한 사실이 알려지자 네티즌들은 대리인 회사의 홈페이지를 다운시키는가 하면, 오프라인 대책 회의를 여는 등 조직적인 대응 방식을 보였다. 문 씨의 대리인은 안티사이트 등을 통해 반대 세력들이 무차별적으로 한 개인을 비방하는 것이 잘못됐다는 것을 깨닫게 하기 위해서 소송을 청구하게 되었다고 주장했다. 고소를 접수한 경찰은 피소된 75명의 네티즌 중 50여 명 정도는 IP 주소 추적이 불능인 상태이며 20여 명 남짓한 네티즌도 추적 가능성을 장담할 수 없는 상태라고 수사상의 어려움을 밝혔다. 또한 네티즌의 상당수가 미성년자라는 점에서 정보통신망법상의 명예훼손 규정을 적용하는 것이 쉽지 않다고 지적했다.

2006년 3월 9일 대법원의 판결은 내부 통신망을 통해 특정 개인이나 소수인에게 전자메일을 보내는 행위도 정보통신망법상의 공연성을 충족하는 것으로 보았다(대법 2006.3.9. 선고 <법률신문>, 2006. 3. 10 보도).

이는 한 대학 교수가 어떤 총장 후보를 "책임 의식이 결여되어 있고 무능하며 속이 좁다"고 비난하는 내용을 44명의 동료 교수들에게 보낸 이유로 정보통신망법상 명예훼손죄로 기소되면서 시작되었다. 대법원은 피고인에게 벌금 200만 원을 선고한 하급심을 지지하면서 피고인의 상고를 기각하였다. 대법원은 내부 통신망도 전기 통신 설비와 컴퓨터 기술을 활용해 정보를 수집·저장·송신하는 체제인 이상 정보통신망법이 규정한 정보통신망에 해당된다고 보았다.

아울러 법원은 이른바 수분양자 사이트 사건에서 관련 당사자들만이 회원으로 가입해서 의견을 나눌 수 있는 인터넷 사이트를 개설해서 여기서 토론을 하는 경우 비록 파급될 위험은 있으나 명예훼손이 되지 않을 수 있다는 판결을 내렸다(서울고법 2006.2.15. 선고 2005나62190 판결). 이 사건은 2002년 서울 시내에 대형 상가를 분양받는 업자들이 분양의 부당성을 지적하면서 상가운영위원회를 조직하고 인터넷 사이트를 개설하여 여기에다 비판적인 글을 게시하면서 시작되었다. 원고는 개인의 명예가 훼손되었다면서 3억 원의 손해배상 청구 소송을 제기하였으나 1심에서 패소하였다. 법원은 사이트에서 이와 같은 글은 수분양자가 아닌 개인에게 전파되기 힘들고 원고에 대한 명예훼손의 고의도 없다는 점에서 명예훼손이라고 보기 힘들다고 판시했다.

2) 미국

인터넷과 관련된 최초의 판례이자 온라인 서비스 제공자(Internet Service Provider: ISP)와 이용자들 사이의 다툼을 판단한 1991년 커비 대 컴퓨서브(Cubby v. CompuServe) 사건에서, 뉴욕주 남부 연방지방법원은 인터넷 서비스 제공자가 뉴스 배포자에 속한다고 보았다.[25] 이는 은행업을 하는 커비Cubby사가 온라인 서비스 제공자인 컴퓨서브CompuServe사를 명예 훼손의 2차적 책임을 들어 소송을 제기한 것이었다. 법원은 서점이나 또는 어떤 정보 배포자의 경우 논란이 되는 기사의 오류를 인지하지 못하였을 경우 명예훼손의 2차적 책임이 없다고 판시하면서 온라인 서비스 제공자에 배포자 모델을 적용하였다. 이때 컴퓨서브사에게는 일반적으로 사인*private figure*에 적용되는 거증책임 요건인 '부주의*negligence*'를 적용해야 한다고 보았다. 명예훼손법상 이러한 편집자 / 배포자 구분은 중요한데, 이에 따라 손해에 대한 책임의 정도가 결정되기 때문이다. 결론적으로 법원은 "컴퓨서브사는 공공 도서관, 서점, 또는 신문 가판점과 같이 기사의 출판에 어떠한 편집자적인 역할을 하지 못하였을 뿐만 아니라, 컴퓨서브사가, 다른 서비스 공급자에게도 마찬가지로, 서비스 제공 과정에서 전달하는 모든 명예훼손적 정보를 일일이 점검하는 것은 현실적으로 거의 불가능하다"고 판시하였다.

이러한 법원의 결정에 반대하는 입장의 학자들은 법원의 온라인 서비스 제공자와 전통적인 뉴스 배포자 사이의 구분에 대한 법원의 이론적인 근거는 잘못된 것이라고 일축하였다. 컴퓨서브는 서점과 같은 기존의 정보 배포자들이 갖지 못한 내용 통제를 위한 기술적인 권력 *technological power*을 가지고 있기 때문이라는 것이다. 그러나 판결에서 법원은 일단 컴퓨서브사와 같은 서비스 제공자가 전달할 정보를 결정하고 나면 정보의 내용을 통제할 힘을 갖지 못하며 전자게시판의 내용에 대해 어떠한 편집적 역할을 하지 않았기 때문에 컴퓨서브사를 전통

---

25. 776 F.Supp. 135 (S.D.N.Y. 1991).

적인 뉴스 배포자와 다르게 볼 이유가 없다는 점을 강조하였다.

그러나 법원은 4년 뒤에 발생한 스트라톤 오크몬트 대 프로디지 (Stratton Oakmont v. Prodigy) 사건은 정반대의 결론을 내린다. 이 사건은 증권 투자 회사인 스트라톤 오크몬트Stratton Oakmont사가 당시 거대 OSP 인 프로디지Prodigy사의 머니 토크Money Talk라는 전자게시판에 게재된 익명의 투고를 명예훼손으로 판단, 프로디지사를 고소하면서 발생하였 다. 이 판결에서 뉴욕 주 대법원은 커비Cubby 판결과는 대조적으로 프로 디지사를 편집 능력이 있는 주체로 판단하였다. 그러나 법원은 프로디 지사가 그 게재 내용에 대해 결정권을 가지고 있었고, 그러한 결정이 편집자적 통제에 해당된다는 점에 주목하였다.26

그런데 이러한 편집자 / 배포자 구분은 1997년 제란 대 아메리카 온라인(Zeran v. AOL) 사건으로 일단락된다. 이 사건은 1996년 통신품위법 (Communications Decency Act of 1996)상의 이른바 '선한 사마리아인Good Samaritan' 조항(제230조)을 적용하여 발화자는 불법행위법에서 말하는 발행 자뿐만 아니라 배포자도 포함되는 개념으로 정리하고, 쌍방향 서비스를 제공하는 네트워크의 정보중개자는 위 조항에 의하여 발화자로 인정되 지 않으므로 명예훼손에 관한 책임으로부터 면책된다고 판결하였다.27

이 사건은 피소자인 아메리카 온라인(AOL)사의 전자게시판에 누군 가 제소인의 이름을 도용하여 오클라호마 주 연방 건물 폭파 사건을 미화하는 글을 수일간에 걸쳐 반복해서 올렸기 때문에 협박성의 항의 전화가 원고에게 폭주했고, 이에 대해 원고는 AOL사의 책임을 물어

---

26. 23 Media L. Rep. (BNA) 1794 (N.Y. Sup.Ct., 1995).
27. 129 F.3d 327 (4th Cir., 1997).

소송을 제기하면서 시작되었다. AOL사는 통신품위법상의 '선한 사마리아인' 조항에 의해서 발행자는 물론 배포자로서의 책임도 면책된다고 주장하였다.

법원은 '선한 사마리아인' 조항의 취지는 네트워크상의 정보중개자의 불법 행위 책임을 면제하는 것으로 이는 인터넷에서 언론의 자유를 확보하고, 정보중개자에 의한 정보의 자율 규제를 촉진하기 위한 것이라고 해석하였다. 그리고 정보중개자는 '배포자'로서의 책임도 면책되는가 하는 점을 검토하면서 만일 책임이 추궁된다면 명예훼손적 표현이 있다는 통고를 받은 정보중개자는 책임을 회피하기 위하여 문제된 표현을 곧바로 삭제하게 될 가능성이 많아 언론의 자유로운 유통이 저해될 우려가 있다고 보았다. 나아가 정보중개자는 전자게시판을 자율적으로 모니터링하는 사이에 명예훼손 표현을 발견하면 인식이 있었던 것으로 되어 후에 책임지게 될 우려가 있으므로 자율 규제를 강제하게 된다고 주장하였다. 따라서 선한 사마리아인 조항은 정보중개자가 배포자로서의 책임에서도 면책됨을 인정하는 것이라고 판시하였다. 원고는 연방대법원에 상고했으나 이는 기각되었다.[28]

결국 관련 판례들에 따르면 제3자가 발신한 명예훼손 표현에 대하여 네트워크상의 정보중개자는 완전 면책되는 결과를 가져왔다. 즉 제란 판결은 이전의 판결을 모두 번복하는 셈이 되었는데, 궁극적으로는 통신품위법에 의해서 입법적으로 면책이 확립되는 결정적 역할을 하였다. 이후의 OSP 관련 명예훼손 판례들은 제란 판결의 결정을 따르는 경향을 보인다.[29] 이는 인격권과 표현의 자유 사이의 이익형량에 표현

28. cert. denied 118 S.Ct 2341(1998).

의 자유를 보다 중시하는 입장을 견지하는 것이라고 볼 수 있다.

그런데 통신품위법상의 선한 사마리아인 조항이 익명의 이용자들이 아닌 실명의 인터넷 서비스 제공자 또는 이와 계약을 맺고 있는 독립적인 운영자들이 내용을 게재한 경우에도 해당되는가 하는 문제가 발생한다. 이러한 쟁점을 다룬 것이 블루멘탈 대 드러지(Sidney Blumental v. Matt Drudge and AOL) 사건이다. <드러지 리포트*Drudge Report*>라는 게시판을 운영하여 유명해진 매트 드러지는 AOL사와 계약을 맺고 클린턴 대통령의 백악관 보좌관이었던 블루멘탈이 배우자를 학대했다는 내용을 게재하여 AOL의 이용자들에게 전파되었다. 블루멘탈은 <드러지 리포트>의 경우 수많은 익명의 이용자들이 임의적으로 올려놓는 글과는 달리 계약에 의해 고용된 유명인에 의해서 올려지는 것이며 이는 결과적으로 AOL의 책임 범위에 속하는 것이라고 주장하였다. 법원은 <드러지 리포트>와 계약을 한 AOL사는 단순한 배포자 역할 이상의 편집자적 역할을 하였다는 점을 일단 긍정하였다. 그러나 법원은 연방의회가 통신품위법에서 의도하는 바는 배포자인가 발행자인가의 구분이라기보다는 비록 문제되는 언사로 인하여 어떠한 명예훼손적 피해가 발생한다 하여도 인터넷 서비스 제공자는 이에 대해 어떠한 책임도 없다는 것을 의미한다고 판시하였다.[30]

이러한 점은 제공된 자료를 취사하여 편집한 경우라 하더라도 기본적 형태와 메시지를 유지한 경우에는 콘텐츠를 개발한 것으로 볼 수 없다고 한 제9연방항소법원의 판결에서도 확인되었다(Batzel v. Smith, 333

---

29. Lunney v. Prodigy Serv., N.Y. Ct. App., No.164, Dec. 12, 1999 등.
30. 992 F.Supp. 44 (D.D.C. April 22, 1998).

F.3d 1018 (9th Cir. 2003)).

그러나 인터넷 서비스 제공자의 자율 규제를 장려하기 위해 탄생한 면책 조항이 항상 적용된 것은 아니었다. 비록 이러한 면책 조항이 적용되었음에도 불구하고 인터넷 서비스 제공자가 패소한 경우가 2006년까지 약 8건이 있는 것으로 나타났다(김민정, 2008). 다시 말하자면 인터넷 서비스 제공자가 항상 면책이 되는 것은 아니라는 것을 의미하는데, 법원은 몇 가지 측면에서 면책 조항을 재해석하려는 움직임을 보였다. 무엇보다 제230조 조항이 발화자 / 발표자*speaker/publisher*로서는 면책이 된다고 보지만 배포자 / 분배자로서는 여전히 책임을 질 수 있다는 해석이다(Grace v. eBay, 120 Cal. App. 4th 984 (2004)).

또 다른 해석은 인터넷 서비스 제공자에 주어지는 면책은 OSP가 정보 콘텐츠 제공자가 아닐 때에만 적용된다고 보는 것이다. 이는 제230조의 문구 중 "다른 정보 콘텐츠 제공자에 의해 제공된 정보에 대해서" 책임을 묻지 않는다고 한 부분에 대한 해석인데, 다른 정보 콘텐츠 제공자를 어떻게 정의할 것인가와 밀접하게 관련이 있다. 이러한 해석에 따르면 면책을 받는 것은 이용자가 창출한 콘텐츠에 문제가 있어 이를 삭제한 경우에 해당하는 것이지 문제의 소지가 있는 내용물을 창출*creation*한 행위는 아니라는 것이다(Fair Housing Council of San Fernando Valley v. Roommates.com, 521 F.3d 1157(9th Cir. 2008)).

이러한 판례들은 더 이상 온라인 서비스 제공자들이 완전히 책임이 면제되는 것은 아니라는 점을 반증하고 있다. 그러나 이러한 판례들이 하나의 원칙으로 자리를 잡아갈 수 있는가에 대해서는 좀더 많은 판례들이 필요할 것이라 여겨진다.

3) 일본

　일본의 경우 2002년 이른바 프로바이더법이 제정되기 이전부터 네트워크 사회의 발전에 따라 새롭게 발생하는 사회 문제를 예상하여 이 문제들에 어떻게 대처할 것인가 하는 점과 관련하여 각종 연구 보고서와 학계에서의 해석론을 바탕으로 논의가 진행되어 왔다. 그 대표적인 경우가 바로 1997년에 발표된 "전기 통신 서비스에서 정보 통신에 관한 연구회 보고서: 인터넷상의 정보 유통에 관해서"이다. 이 보고서는 인터넷상의 정보 유통 원칙의 필요성, 제 외국에 있어서 정보 유통 원칙의 논의 상황, 정보 유통 원칙의 구체적 모습에 대한 설명을 포함하고 있는데, 인터넷 서비스 프로바이더의 책임 문제를 명확하게 하고 있다(Kim, 2002).

　보고서에서 일본 정부는 인터넷의 중요성을 인식하고 이에 대한 세 가지의 원칙을 도입하였다. 이는 ① 자기 책임의 원칙 *principle of self-responsibility*, ② 불법적 내용에 대한 기존 법의 적용 *application of existing laws against illegal content*, ③ 통신의 비밀 보호 *protection of secrecy of communication*이다(MPT Telecommunication Bureau, 1997). 이에 따르면 정부는 인터넷 서비스 제공자의 경우 인터넷 내용에 대해서 자발적인 조치를 취할 수 있게 하고 있다. 일본의 현재 통신사업법에 따르면 인터넷 서비스 제공자는 내용의 발행자에게 경고할 수 있으며, 그 내용을 삭제하거나 이용자의 서비스를 중단하거나 또는 계약을 취소할 수 있다.[31]

　이러한 정책은 최근에 나오기 시작한 일본 법원의 여러 판례에서

---

31. Telecommunications Business Law, arts. 3, 4, 7 & 34.

잘 찾아볼 수 있다. 이른바 '니프티서브 사건' 판결에서 동경지방법원은 비록 전자 포럼에 올려진 모든 진술의 내용을 항상 감시하고 명예훼손적인지의 여부를 탐지하고 문제성을 검토하는 의무까지는 없다고 하더라도 만일 명예훼손적인 글이 올랐다는 사실을 구체적으로 인지하는 경우에는 통신 운영자(SYSOP)의 지위와 권한에 비추어 명예가 훼손되지 않도록 조치를 취해야 하는 의무가 있음을 강조하였다.32 타인을 비방하는 경우 비방의 당사자, PC 통신 업체 그리고 대화방 운영자(시스템 오퍼레이터) 3자가 모두 책임이 있다는 것이다.

이 사건은 1990년 9월 도쿄 시내에 사는 한 번역직 여성이 일본 유수의 통신 네트워크 회사인 니프티서브가 설치한 전자회의실 "현대 사상 포럼"에 참여하면서 시작되었다. 그 여성은 여러 대화방 중의 하나인 페미니즘 회의실에 들러 가명을 사용하여 다른 회원들과 대화를 나눴다. 그렇게 몇 년간 대화방에 들르다가 회원들 사이의 의견 충돌이 발생하였으며 감정이 상한 사람도 생겨났다. 이러한 상황에서 1993년 11월 한 남자가 원고의 실명을 알아내 '성격이 비뚤어져 이혼하게 됐겠지'라며 비웃기 시작하였고 이후에도 게시판에 상대방 여성을 비아냥거리는 글을 게재했다.

이러한 상황에 직면하여 참다못한 이 여성은 허위의 사실을 게재하여 자신의 명예가 손상당했다며 대화방을 주재한 회사와 전자회의실 관리자 및 회원을 상대로 모두 1000만 엔에 달하는 손해배상 청구 소송을 제기했다. 동경지방법원은 원고 주장의 일부를 받아들여 비방 당사자가 40만 엔 그리고 비방 당사자, 네트워크 회사, 그리고 시스템

---

32. 東京地判 平成9(1997) 年5月26日 判時1610号22頁.

운영자가가 연대해서 10만 엔을 지불하라는 명령을 내렸다. 법원은 판결에서 "관리자는 타인의 명예가 부당하게 손상되지 않도록 필요한 조치를 취해야 할 의무가 있으며 회사는 관리자의 사용자로서 책임이 있다"고 판시했다. 또한 "불특정 다수가 지켜보는 컴퓨터 통신망에 타인의 명예를 훼손하는 내용이 게재될 경우 관리 업체와 회의실 운영자는 이를 즉각 삭제할 의무가 있다"고 덧붙였다.

이 판결로 인하여 인터넷 서비스 제공자들의 경우 명예훼손 등의 문제가 발생하면 일정한 책임을 지게 되었다. 이는 조리상의 작위의무를 서비스 제공자에게 부과한 것으로 볼 수 있다. 따라서 니프티서브사가 권고 요청할 수 있도록 하는 약관상의 금지 사항인 "타인 중상中傷," "성기를 지칭하는 발언 등 외설적인 내용," "반복적인 언어로 물건을 파는 등 영업 행위," "공공 질서와 양속에 반하는 행위"에 내용이 해당되는 경우 운영자는 발신자에게 문제가 있음을 알리고 자제나 삭제를 권고 요청해야 하며, 요청이 받아들여지지 않는 경우 회원 자격을 박탈하거나 정지하도록 하는 처분을 내릴 수도 있게 되었다.

그러나 이후 사건들에서 다양한 판결이 나오게 되는데, 니프티서브 사건과 상반되는 결론이 나는 경우도 없지 않았다. 무엇보다 2001년에 나온 니프티서브 사건의 항소심에서 동경고등법원은 원심의 판결을 뒤집었다.[33] 우선 고등법원은 PC 통신의 전자회의실에 게재된 내용이 해당 회원에 대해 명예훼손 및 모욕이 성립한다고 인정하였다. 그러나 게재된 내용을 방치함으로써 소송을 당한 전자회의실의 시스템 오퍼레이터, 시스템 오퍼레이터를 고용한 PC 통신 운영 회사의 책임은 부정되

---

33. 東京高判 平成13(2001) 年9月5日 判タ1088号94頁.

었다. 법원은 피해자가 자신을 구제할 수단을 가지지 않고 회원 등으로부터의 지적에 대책을 강구한다고 해도 효과적이지 않는 특별한 경우에만 관리자 등에게 삭제 의무가 발생한다고 보았고 명예훼손 발언을 '인식'한 것만으로는 삭제해야 할 조리상의 작위의무를 지지 않는다고 판단하였다. 즉 원심에서 부분적으로 인정한 운영자들에 대한 책임 부과를 부정하였다. 비록 법원에서 구체적인 기준을 제시하지는 않았으나 관리자가 일정한 방침으로 게시판을 운영하였고, 관리자가 지체 없이 발언자에게 주의 조치를 하였으며, 삭제 요청을 받고 이에 반응하여 삭제 절차에 대해 양해를 일단 구하였고 이후 원고 소송 대리인으로부터 내용 증명 우편으로 삭제 요청을 받고 삭제하였으며, 소가 제기된 이후에는 새로운 게시 내용을 모두 삭제한 것이 작위의무를 위반한 정도는 아니라고 보았다.

이른바 PC-VAN 사건에서는 동경지방법원이 PC 통신을 통해서 한 회원이 타 회원의 회원번호 부정 사용에 대한 의혹을 지적한 발언을 게재한 행위는 종전의 경험에 비추어 당해 회원의 사회적 평가를 저하시킨 것이라고는 볼 수 없다고 판시하면서 명예훼손의 성립을 부정하고, 프라이버시 침해 및 저작권 침해의 주장도 배척하였다.[34] 법원은 게시판에 게시된 내용은 구체적인 사실의 적시에 해당하지 아니하며, 불특정의 회원이 게시한 의혹 이외에 구체적인 내용에 새로운 사실을 부가하여 알 수 있는 것도 아니라고 보았다. 유사하게 또 다른 판례에서 동경지방법원은 PC 통신에 가입한 회원이 전자게시판상에 동 통신서비스 운영업자를 비판하는 글을 남기는 등의 행위를 하여 동 업자가

---

34. 東京地判 平成9(1997) 年12月22日 判時1637号66頁.

입회 계약을 해제한 사안에 대해 동 서비스의 제공을 중지시킬 중대한 사정이 존재하지 않는 한 해제는 무효라고 판시했다.[35]

PC 통신 관련 판례에서와 유사하게 본격적으로 인터넷에서도 정보 발신자와 네트워크 관리자의 책임이 쟁점이 된 사건이 발생하기 시작했는데, 최초의 판례가 이른바 도립대학都立大學 사건이다.[36] 이 사건은 도립대학에서 서로 대립 중인 그룹의 한쪽이 다른 한쪽을 비방하는 웹페이지web page를 도립대학의 전산 시스템을 사용하여 개설하였고, 이를 대학 운영자인 동경도東京都가 방치하였는바 원고들이 정보의 게재자와 동경도에 대해 손해배상 등을 청구하였다. 이에 대해 법원은 게재자의 책임은 인정하였지만 동경도의 책임은 부정하였다. 원고들은 동경도에 설치된 동경도립대학에 재학 중인 피고가 동 대학의 관리하에 있는 컴퓨터 시스템 내에 개설된 홈페이지에 게재한 문서가 원고들의 명예를 훼손하였다고 주장하고, 피고들에 손해배상 내지 명예회복 조치를 청구하였다. 법원은 피고에 대해서 손해배상 청구는 일부 인용했지만, 동경도에 대해서는 청구를 기각했다.

회원은 피고로부터 부여받는 ID, 비밀번호를 입력하고 자신이 사용하는 PC 통신 컴퓨터를 공중 전화선 등을 통해 피고가 관리 운용하는 호스트 컴퓨터에 접속하고 자신에 관한 정보를 특정 또는 불특정의

---

35. 東京地判 平成10(1998) 年12月21日 判時1684号79頁 ケイネット東京事件 第一審.
그런데 흥미롭게도 요코하마 지방법원에서는 이러한 계약의 해제는 유효라고 판시했다(橫浜地判 平成10年12月25日). 항소심에서도 동경고등법원은 신뢰 관계가 파괴되었음을 인정하고 해제를 유효한 것으로 판시하였다(東京高判平成11年9月8日 및 東京高判平成12年1月19日).
36. 東京地判 平成11(1999) 年9月24日 判時1707号139頁.

제3자의 열람에 함께하기 위해 호스트 컴퓨터에 로그인하는 것이 가능하였고 그 정보는 호스트 컴퓨터의 기억 미디어에 보존된다. 호스트 컴퓨터의 기억 미디어에 보존된 각종 정보로부터 임의의 정보를 선택해서 호스트 컴퓨터로부터 수신하여 이를 열람하게 된다. 피고는 리뉴얼リニューアル의 전자게시판인 '모든 이의 광장みんなの広場'에서 게이 네트워크의 운영에 관한 사안에 대해서 게재하는 것을 금지하고 이를 게재한 회원에 대해서는 게재한 글을 삭제해 줄 것을 권고하며, 피고가 지정하는 기한까지 자율적으로 삭제하지 않는 경우에는 피고측에서 삭제한다고 공시하였다. 원래 원고는 동 게시판에 새로운 시스템인 리뉴얼renewal의 문제점을 지적하는 글을 게재했다. 그것에 대해 피고는 후일 그 조치가 부당하다는 것을 인정하고 사죄 이외에 해당 조치를 철회하였다. 또 피고는 원고 이외에도 피고에 대한 비판적인 글쓰기에 대하여는 삭제 권고를 하고, 그것에 따르지 않는 자에 대해서는 글을 삭제하였다.

항소심에서 동경고등법원은 PC 통신에 동성애자들이 회원인 전자게시판에 동 통신 서비스 운영 사업자를 비판한 글을 남기는 등의 행위를 하여 동 회사가 입회 계약을 해제한 사안으로 중대한 사정이 없는 한 해제는 무효라는 원판결을 취소하고, 네트워크 운영은 회원의 의견과 비판에 귀를 기울이는 자세가 필요한바, 동 사업자에 불충분한 점이 있으며, 동 회원의 의견 표명은 모두가 회원 규약의 중대한 위반은 아니지만, 전체적으로 볼 때 네트워크 운영을 실제로 방해할 우려가 있고, 동 사업자와의 신뢰 관계를 현저하게 훼손시킴으로써 동 회원의 일부 승소 부분을 취소하고 계약을 해제한 조치는 적법한 것이라고 판시하였다.[37]

최근 들어 일본 정부는 인터넷 이용자의 권리 침해에 대한 인터넷 서비스 제공자의 책임 범위를 명확히 하여 정보의 유통을 촉진시키기 위하여 "특정전기통신역무제공자의 손해배상책임의 제한 및 발신자정보 개시에 관한 법률"(特定電氣通信役務提供者의 損害賠償責任의 制限 및 發信子情報의 開示에 관한 法律: 이른바 プロバイダ法(프로바이더법))을 제정하여 2002년 4월 1일부로 시행하고 있다. 이 법에 따르면 온라인 서비스 제공자는 ① 정보의 유통으로 인해 타인의 권리가 침해된 경우 송신을 방지하는 조치가 기술적으로 가능하고, 권리 침해를 알거나 알 수 있었다고 인정하기에 충분한 상당한 이유가 있을 때가 아닌 한 배상 책임을 지지 아니하고, ② 침해 정보의 송신을 방지하는 조치를 취한 경우 부당한 권리 침해를 믿기에 충분한 상당한 이유가 있거나 피침해 권리자로부터 송신 방지 신청이 있고 이에 대해 침해자가 7일 이내에 부동의 신청을 하지 않는 경우에도 배상 책임을 지지 않는다.[38] 즉 이 법에서 온라인 서비스 제공자의 책임 정도를 규정하고 있다.

이후 동법 조항을 적용한 인터넷 전자게시판에서의 명예훼손 판례들이 계속 나오기 시작하였다. 동경고등법원은 인터넷 전자게시판인 '제2채널2ちゃんねる'에 게재된 글을 명예훼손이라고 판단하였다.[39] 대

37. 東京高判 平成12(2000) 年1月19日 判時1748号125頁 ケイネット東京事件控訴審.

38. ≪新六法≫, 東京: 三省堂, 2004, p.1001.

39. 東京高判 平成14(2002) 年12月25日サイバー法判例解説 58頁. 같은 '제2채널'이 피고가 된 또 다른 사건에서 동경지방법원은 제2채널의 '부당해고スレッド'에 해당하는 글을 게재한 원고 회사로부터 명예를 훼손하는 불법행위에 해당하는 것으로서, 손해배상 청구를 용인하는 한편, 신원 보증 계약에 근거하는 책임에 대해서 청구를 기각하였다. 東京地判 平成14(2002) 年9月2

항 언론의 이론에 따르면 원심에서 피고인 공소인에게 명예훼손이 성립되지 않고, 이 건에서 각 발언의 공공성, 목적의 공익성, 내용의 진실성이 명확하지 않기 때문에 삭제 의무를 지지 않으며, 이 건에 인터넷 서비스 프로바이더 책임법プロバイダ法이 적용되고, 동법의 제정 경위 등에 비추어 볼 때 프로바이더는 직접적 명예훼손에 해당하는 발언을 했던 자가 아니며, 발언의 공공성, 목적의 공익성, 내용의 진실성을 판단하는 것이 가능하지 않으므로, 명예훼손에 대한 진실성 등의 존부에 의해서도 프로바이더의 책임을 추정하는 자가 주장을 입증할 책임을 지며, 익명의 발언도 표현의 자유의 일환으로서 보호되어야만 한다고 보았다. 부정한 액세스 금지법의 입법 과정에 대해 논의의 결과 접속 정보의 보존 의무가 부정된다고 하기 때문에 전자게시판에 의한 익명성은 삭제 의무의 근거로서는 되지 않는 등 항소인의 주장을 따라서 배척하였다.

'제2채널' 게시판이 문제된 또 다른 2003년 판결에서 법원은 제2 채널 게시판에 누군가가 올린 글로 인하여 명예가 훼손되었다고 주장한 텔레비전의 여성 프로그램인 <마작사麻雀士>에 대한 명예훼손이 성립한다고 보았고, 2채널 게시판 관리자에 대하여 남겨진 글에 대해서 삭제 청구 및 손해배상 청구가 인용된다고 판시하였다.[40] 잇달아 동년 7월 17일에 동경지방법원은 인터넷의 전자게시판에 의해서 명예 및 신용이 훼손되었다는 발언이 게재된 경우에 대하여, 전자게시판의 운영자 및 관리자에는 전술한 발언을 삭제할 수 있는 조리상의 의무条

ロサイバー法判例解説 48頁.

40. 東京地判 平成15(2003) 年6月25日.

理上の義務가 있고, 관리자 및 운영자의 손해배상 책임이 있음을 인정하였다.[41]

흥미롭게도 2004년에 들어서 동경고등법원이 고등법원에서는 최초로 인터넷 명예훼손에서 인터넷 서비스 제공자의 책임에 대한 구체적인 판결 기준을 제시했다. 2004년 1월 29일 동경고등법원은 인터넷 게시판에 글을 올린 사람의 주소, 이름을 밝히는 것을 접속 서비스를 중단한 인터넷 서비스 회사에 청구하는 것이 가능한가에 대한 판결에서 'DDI 포켓'(동경도 항구)의 항소심 청구를 기각하면서, 필요에 의해 게시판에 글을 올린 사람의 정보를 게시할 것을 명한 원심 판결을 확정하였다.[42] 판결에 따르면 원고측 변호사는 2002년 12월에서 2003년 1월 사이 인터넷 게시판에 '프로바이더를 협박해서 (발신자의 정보) 공개를 청구했다' 등 비방의 글을 남겼다. 법원은 '중계업자를 프로바이더법의 개시 청구 대상으로 인정하는 것이 법의 취지에 합당하다'고 판시했다. 이는 중계업자에게 인터넷 글을 게시한 사람의 신원을 밝히도록 청구할 수 있다고 인정한 최초의 고등법원 판례이다. 결국 명예훼손 사건의 경우 2002년 프로바이더법이 제정된 이후 서비스 제공자에게 절대적인 조리상의 의무를 부과하기보다는 사항에 따라서 다른 판단을 내릴 수 있도록 하여 판례가 어느 정도 혼재된 상태이다. 그러나 전체적으로 볼 때 점차 서비스 제공자의 책임을 덜어 주는 미국식 방향으로 가고 있는 것으로 판단할 수 있다.

41. 東京地判 平成15(2003) 年7月17日.
42. 東京高判 平成16(2004) 年1月29日.

4. 올바른 규제 모델 선정

인터넷은 기존 미디어들이 독점하던 편집 자율성이 이용자 쪽에 있다는 점에서 이용자들의 통제권이 증가하게 되었으며, 기존의 언론에 비해 수용자들의 접근성이 크게 높아졌고, 정보 유통의 형식적인 측면이나 내용적인 측면에서 다양하다는 특성이 있다. 이로 인해 인터넷이 진정한 언론의 자유를 실현하는 민주적인 장이 될 수 있을 것이라는 기대가 있어 왔다. 그러나 인터넷에서 개인의 인격권 침해를 둘러싼 소송들이 증가하면서 이러한 기대는 의미를 잃어가고 있는 것처럼 보인다. 인격권 침해의 가장 큰 원인은 익명성(비대면성)과 법적 미비 때문이라고 할 수 있다. 이로 인하여 발생하는 소송은 언론의 자유와 인격권 간의 이익형량의 결과라는 점에서 연구의 가치가 있다.

법학자들과 언론학자들은 그 관할 영역을 구분할 수 없는 인터넷에서의 법은 지리적 기반을 전제로 하는 현실의 법과는 달라야 하며(사법 관할권의 문제), 불법 행위 법리는 기술적으로 입증이 날로 어려워지는 상황에 처해 있고(거증 책임 엄격성의 문제), 인터넷에서는 명예훼손에 대한 반론이 용이한 점(공인 / 사인의 구분 문제) 등을 고려해 인터넷에서의 면책 기준은 기존의 면책 기준보다 넓게 적용되어야 하지만(면책 사유 적용 범위의 문제), 인터넷 서비스 제공자에 지나친 책임과 권한을 줄 경우 자유로운 정보 유통을 제약할 위험(표현의 자유와 검열의 문제)이 있다고 주장한다.

이 점을 토대로 미국과 일본 그리고 한국의 소송 사건들을 비교 분석해 보았다. 이러한 분석의 결과 다음과 같은 점들이 발견되었다.

첫째, 미국의 경우 법원이 인터넷 언론의 기술적 특수성에 맞는 규제 모델을 거의 마련하였다면 한국과 일본 법원은 아직 명확한 기준을 마련하지 못하고 있는 단계이다. 특히 소송에서 가장 복잡한 문제 중의 하나인 온라인 서비스 제공자에게 명예훼손에 대한 이차적 책임을 인정할 수 있는가의 문제에 대해 미국은 실정법상의 조항(이른바 선한 사마리아인 조항)에 근거하여 절대면책을 인정하고 있는 반면 일본과 한국 법원은 면책의 필요성에 대해 인식하면서도 완전한 면책은 인정하지 않고 있다. 그래서 조리상의 작위의무에 근거하여 일정한 책임을 부여하고 있으면서도 사안에 따라서는 판결 내용이 엇갈리는 등의 혼란이 있으나 최근의 판례들은 조금씩 서비스 제공자들의 책임을 경감해 주는 모습을 보이고 있다.

미국의 경우에도 인터넷에서 이루어지는 커뮤니케이션 유형들이 전자 신문과 같은 매스 미디어 유형에서부터 전자메일, 전자게시판에 이르기까지 다양하고, 디지털화된 커뮤니케이션 유통 과정에 다양한 이해 집단들, 즉 시스템 운영자와 정보 제공업자 그리고 이용자들이 서로 혼재되어 있으며 다양한 역할을 동일한 공간에서 동시에 수행할 수 있다는 점에서 아직 이들 모두를 포함하는 총체적인 규제 모델을 제시하지는 못하고 있다. 일본은 '프로바이더법'을 통해 한국의 경우에는 정보통신망법을 통해 부분적인 규제를 명시하고 있지만 법원이 명확하게 서비스 제공자가 어느 정도의 책임을 지게 되는가에 대해서는 구체적으로 언급하지 않았다.

둘째, 미국 법원은 인터넷 이용자들의 관련 법상의 지위와 거증책임의 정도에 대해 아직 명확하고 구체적인 기준의 제시가 없다. 그래서 1964년 설리번 사건 이후 오랜 동안 지켜져 온 현실적 악의 원칙이 더 이상 현실 공간의 기준에 의해서는 해결이 애매하거나 무의미하다는 사실에 대해서는 인정하고 있으나, 인터넷에서 발생하는 갈등은 이 것이 어떻게 해결되어야 하는가에 대한 구체적인 판시는 아직 나타나고 있지 않다. 반면 일본과 한국 법원은 원고의 지위 구분, 즉 공인/사인의 구분보다는 명예훼손이나 사생활 침해의 문제가 되는 표현이 어느 정도 사회적으로 허용되는가 하는 표현의 사회적 '용인성' 정도에 대해서 보다 집중하는 경향이 있다. 그러나 일반적으로 허용되는 표현의 범위가 어느 정도인지, 그리고 접근할 수 있는 사람만 접근이 용이한 미디어인 인터넷 언론에서의 표현 징도가 기존의 미디어와 어느 정도 다르게 허용되는지에 대한 기준 설정은 아직 이루어지지 않고 있다.

셋째, 미국 법원은 인격권 침해 발생 요인으로서의 익명성의 사회적 의미와 필요성에 대한 법적인 판단을 내리고 있는 반면 일본과 한국 법원은 익명성에 대한 법적인 논의는 아직 많지 않은 실정이다. 미국 법원은 비록 익명성이나 비대면성이 개인권 침해의 가능성을 내포하고 있으나 익명이 갖는 역사적이고 전통적인 의미를 충분히 고려하고 있기 때문에 실명을 강제할 수 없다고 보고 있다. 한국과 일본 법원의 경우 대개 미국과 비슷한 인식을 하면서도 아직까지는 익명성의 합헌성 여부에 대해서는 판단하지 않고 있다. 그럼에도 익명성은 명예훼손이나 사생활에 대한 피해를 주장하는 사람이 누구인지 잘 모르는 경우, 즉 미디어에 의해서 실명이 거명되지 않거나 이에 대해 알기 어려운 경우에도 문제가 발생한다. 기존의 명예훼손법에 따르면 피해 당사자가 특정되는 경우에만 명예훼손이 성립되기 때문이다. 따라서 미국과 일본 그리고 한국 공히 익명성을 인터넷에서의 면책사유로 인정하고 있지 않은 것으로 볼 수 있다.

넷째, 미국과 일본 그리고 한국 법원이 모두 인터넷에서의 언론 자유 문제를 헌법으로 보호되는 개인적 기본권의 틀 속에서 이해하고 있는 것으로 보인다. 미국의 경우 선례 구속력이 강한 판례법적 전통이 오랫동안 지속되어 왔지만, 이익형량을 기본 원칙으로 하는 일본이나 한국 법원은 인터넷 이용이 늘어나면서 판례에서 개별적인 형태의 판단보다는 법적인 적용의 안정성을 유지하기 위해 상급 법원의 판결 결과에 따르는 경향이 커지고 있음을 알 수 있다. 또한 인터넷 언론에 대한 헌법상의 '최소한의 규제 원칙'을 지키자는 공감대가 형성되어 가고 있는 것으로 보인다. 다양한 기술적 양태를 가진 인터넷 언론에 기존의 언론에 적용되는 법적인 잣대를 그대로 들이대어서는 안 된다는 인식이 나타나고 있다.

결론적으로 각 국가들의 판례에서 나타나는 다양한 차이에 근거해 볼 때 현재까지의 인터넷에서의 관련 판례들을 통해 표현의 자유와 인격권 간의 문제가 어떻게 해결될 것인가를 정확히 진단하기는 쉽지 않다. 특히 익명성이 강조되는 인터넷에서 이용자들이 특정된 사람이 아닌 집단적 공동체를 형성하여 명예훼손 현상이 발생하는 경우는 규제나 처벌이 힘들고, 발생한 피해가 어느 정도인지를 측정하기 힘들며, 서비스 제공자들의 개입 여부에 대한 법적인 판단도 쉽지 않다는 여러 가지 어려움이 존재한다.

관련 판례의 분석을 통해서 현재 확실한 것은 인터넷 언론이 기존의 미디어와는 다른 특성을 지니기 때문에 — 비록 인터넷 언론의 기술적 발전 속도가 너무나 빨라서 이에 대응하는 입법 활동이 쉽지는 않지만 — 이에 걸맞은 법이 만들어지거나 현재의 관련 법이 대폭 개정되어야 한다는 것이다. 새로운 종합법이 나온다면 비록 인터넷에서의 보편성이나 개방성으로 모든 사람들이 참여한다는 의미에서, 네티즌 사이에서 벌이지는 것은 네티즌 스스로 자율적으로 해결하는 것을 최우선으로 할 필요가 있지만 꼭 필요한 경우 최소한의 규제 원칙에 근거하여 법적인 해결을 도모해야 한다는 공통의 목표가 담겨질 것으로 보인다. 결국 기존의 미디어에 적용되었던 지역적 규제의 발전 양상은 지역적 한계를 넘어서는 미디어적 특성과 최소한의 규제 원칙의 적용으로 인해 미국과 일본 그리고 한국의 관련 법이 점차로 유사한 규제 방식으로 발전해 갈 것으로 예상할 수 있다.

다시 말하자면 비록 현재는 관련 법에 근거한 규제의 정도와 폭, 그리고 형사적 처벌의 유무와 범위 등에는 국가에 따라 적용의 틀이 약간은 다르지만, 적어도 인터넷에서의 자유로운 커뮤니케이션에 대한 기대, 그리고 누구나 이용할 수 있다는 보편성과 개방성의 측면에서 최소한의 규제를 근거로 한 법적인 토대는 유사할 것으로 보인다. 이러한 점은 인터넷에서의 규제가 이전의 미디어적 특성에 근거한 기존의 법체계를 통해서는 불가능하며, 동시에 지역성을 반영하던 기존법의 규제 논리 또한 더 이상 유효하지 않다는 점을 시사하는 것이다. 따라서 인터넷의 특성을 살리며 동시에 개인의 인격권을 보호할 수 있는 법개정이 계속되는 것은 불가피할 것으로 판단된다.

제3장

인터넷 모욕죄

1. 사이버 모욕죄 왜 문제인가

2008년 7월 법무부가 사이버 모욕죄의 신설을 검토하겠다고 밝히고 10월에는 방송통신위원장이 현행 정보통신망법을 개정하여 사이버 모욕죄를 도입하겠다고 국회에 보고함에 따라 인터넷상의 모욕죄가 중요한 쟁점으로 등장하였다. 아울러 11월 초 여당에서 관련된 법률 입법안을 제출하자 사이버 모욕죄는 중요한 논제가 되었다. 이에 대한 반응은 대체로 양분되는 양상을 보였다. 이를 적극적으로 지지하는 쪽에서는 인터넷상의 불법 행위의 만연, 특히 악성 댓글을 규제하기 위한 필수적인 조치라고 환영한 반면(<동아일보>, 2008. 8. 2), 이를 반대하는 측에서는 이미 형법상의 모욕죄 규정이 있기 때문에 법개정은 불필요한 규제를 가져올 수 있으며, 아울러 이러한 법개정이 정치적인 목적으로 이루어져서는 안 된다고 주장하였다. 법개정을 추진하고자 하는 쪽에서는 친고죄인 모욕죄를 반의사불벌죄로 만들어 필요한 경우 검찰이나 경찰이 피해자의 고소 없이도 수사를 할 수 있도록 해야 한다는 의견도 제시하였다. 그러나 진보적인 시민 단체 등은 인터넷에서의 모욕죄 도입은 인터넷에서의 표현의 자유를 극히 제한할 수 있다고 주장하였다.

이러한 점은 인터넷의 역기능에 대한 규제의 인식이 점차 커지고 있음을 보여 주는 것이다.[43] 다시 말하자면 인터넷에서의 자유로운 소통도 중요하지만 개인의 인격권을 훼손해서는 안 된다는 공감대가 사회적으로 증가하고 있다는 것이다. 인터넷의 위력은 강력해지면서 규제를 강화할 가능성도 커졌는데, 이미 부분적으로 실시되는 인터넷 실명제가 이를 반증하고 있다. 그러나 인터넷 공간에서의 상호 작용성과 익명의 자유를 보장하기 위해서는 이를 일률적으로 실시해서는 안 되며 오히려 과다한 규제로 인하여 불필요한 소송이 발생하게 되는 부작용을 불러일으킬 수도 있다는 우려도 적지 않다(이양수, 2007).

예를 들어 실명제(제한적 본인 확인제)가 2007년 7월부터 본격적으로 실시된 이후 민형사상 소송을 위해 가해자에 대한 정보 제공 청구가 급증하며 관련 소송이 본격화된다는 전망(<한겨레>, 2007. 8. 26)은 실명제 실시가 인터넷에서의 불법 행위 예방에 기여할 것이라는 본래 취지에 부합하지 못함을 보여 준다. 구 정보통신윤리위원회에 따르면 실명제 실시 전후 한 달간 발생한 사이버 폭력 상담 건수는 큰 차이를 보이지 않았다.[44]

---

43. 구 정보통신윤리위원회 사이버 명예훼손 상담 통계를 보면 2001년도 278건 이던 것이 2004년 말에는 2285건으로 최근 4년 동안 7배 이상 증가하는 추세를 보였으며, 내용 분야별로 보면 비방성 1697건, 폭로 92건, 사생활 침해 104건, 초상권 106건, 사칭·도용 83건, 기타 203건으로 나타났다.

44. www.kiscom.or.kr을 참조하라.

인터넷에서 발생하는 수많은 불법적인 행위나 언사들과 관련한 가장 큰 문제들 중의 하나가 바로 인터넷 게시판에서의 '악플'이다. 악플이란 악성 리플(악성 댓글reply)의 줄임말이다. 실제로 댓글을 다는 문화가 상당히 한국적인 현상임을 감안한다면, 악플 문화 또한 한국적인 현상이라고 할 수 있다. 그러나 악플의 사회적 해악이 크기 때문에 이를 어떻게 다루어야 할 것인가에 대해서는 많은 논의가 필요하다.[45]

가수 유니, 영화 배우 이은주 그리고 최진실 등과 같은 연예인들이 악플로 인한 정신적 피해에 시달리다가 자살하는 일이 있었다. 연예인뿐만 아니라 일반인들도 악플에 시달리는 경우가 허다하다. 한 사례로 몸무게를 많이 감량한 일로 언론에 알려져 유명해진 한 여고생이 자살한 사건을 꼽을 수 있다(<중앙일보>, 2007. 5. 16). 그 여고생의 경우 중학교 때 알던 남자 친구가 몸무게 감량할 때 다이어트와 운동을 한 것이 아니라 지방 흡입 등을 했다는 허위 사실을 퍼트리면서 문제가 확대되었다. 이러한 사례들에서도 알 수 있듯이 잘못된 댓글의 폐해는 사람들을 극단적인 죽음을 선택하도록 몰아붙일 정도로 대단히 심각한 것이 사실이다.[46]

45. 악플을 쉽게 접할 수 있는 곳은 주요 포털 사이트의 뉴스 게시판이다. 코리안 클릭의 조사 자료에 따르면 포털 사이트 내 뉴스 게시판, 6대 신문사와 3대 방송사 사이트의 뉴스 게시판 방문자는 하루 2200만 명을 돌파했다. 또 인터넷 뉴스 이용자의 90% 이상이 포털 사이트 뉴스를 이용하는 것으로 나타났다. 많은 사람이 포털 사이트 뉴스를 이용하는 상황에서 포털 사이트 측은 뉴스 게시판의 악플에 대해 소극적인 조치를 취해 왔으나 최근 좀더 강화하는 모습을 보이고 있다.

46. 일부 시민 단체들의 경우, 악플 문제를 예방하기 위해 '선플' 달기 운동과 같은 정화 운동을 전개하고 있다(<한국경제>, 2007. 5. 23).

그런데 악플에 실린 내용이 대부분 부정적이고 때론 악질적인 감정적 표출에 불과한 경우가 많지만 이 또한 '표현'이라는 점이 고려되어야 한다. 다시 말하자면 대부분의 사람들이 공감하는 바와 같이 악플의 내용이 단순히 악의적 감정의 표출에 불과할지라도 이를 규제하는 경우 헌법에서 보장하는 표현의 자유 영역에 대한 고려도 필요하다는 것이다. 특히 어떤 내용이 보호를 받고 어떤 내용이 보호를 받지 못하는가 하는 것은 전적으로 법원의 판단에 따르게 되므로 표현의 보호 정도에 대해서 적절한 비교형량이 요구된다. 즉 사회적으로 용인될 수 있는 표현의 정도는 어떠한가(수인한도)에 대한 판결에서 나타난 판사들의 주관적 판단이 비교형량의 기준이 된다.

실제로 악플로 달린 글의 내용이 특정인에 대한 사실이나 허위의 사실을 적시하는 경우에는 모욕죄보다는 명예훼손죄가 성립된다. 이러한 경우 현재 정보통신망법 제70조 등의 조항에 근거하여 처벌을 받게 된다.[47] 그런데 문제된 글의 내용이 비록 명예훼손적이라 하더라도 이에 대한 진실성(상당성)과 공익성이 입증되면 그 위법성이 조각된다. 진실하거나 진실이라고 믿을 만한 상황이었는지, 그리고 내용이 오로지

---

47. 제70조 (벌칙)
① 사람을 비방할 목적으로 정보통신망을 통하여 공공연하게 사실을 드러내어, 다른 사람의 명예를 훼손한 자는 3년 이하의 징역이나 금고 또는 2000만원 이하의 벌금에 처한다.
② 사람을 비방할 목적으로 정보통신망을 통하여 공공연하게 거짓의 사실을 드러내어 다른 사람의 명예를 훼손한 자는 7년 이하의 징역, 10년 이하의 자격정지 또는 5000만원 이하의 벌금에 처한다.
③ 제1항과 제2항의 죄는 피해자가 구체적으로 밝힌 의사에 반하여 공소를 제기할 수 없다.

공익을 목적으로 한 것이라고 판단되는 경우 당사자와 인터넷 서비스 제공자는 면책될 수 있다(권영성, 2006; 박용상, 2003; 이재진, 2002).

댓글이 사실이나 허위 사실의 적시가 아니라 욕설과 같은 단순한 감정적 표출의 경우에는 명예훼손죄가 아닌 모욕죄가 적용된다. 즉 특정인에 대한 어떤 감정의 표출로 인하여 당사자의 내적 명예를 훼손하는 경우에 이는 모욕죄가 성립된다. 모욕죄가 성립하는 경우 현재 형법에 근거한 사법적 조치가 취해진다. 문제는 모욕죄가 '명예 감정'을 상하는 경우에도 해당하기 때문에 모욕죄에 해당하는 표현들과 그렇지 않은 단순한 부정적 표현 사이에 어떤 구별선을 긋는다는 것이 쉽지 않음에도 불구하고 이른바 악성으로 단정할 수 있는 거의 모든 표현들(대부분의 경우 욕설)이 모욕죄에 해당할 수 있다는 것이다.

이런 점에 근거하여 이 장에서는 인터넷에서의 모욕죄 적용의 실태와 문제점을 살펴보고자 한다. 구체적으로 첫째, 인터넷에서의 모욕죄 성립의 구성 요소는 무엇인가, 둘째, 모욕죄 적용상의 위법성조각사유는 어떠한가, 셋째, 사법부는 판결에서 인격권 보호와 표현의 자유 보호를 비교형량하는 데 인터넷의 특성을 어떻게 이해하고 있는가를 살펴본다.

2. 모욕죄의 법적 구조

1) 구성 요건

일반적으로 모욕은 사회적 평판을 깎아내리는 가치 판단을 다른 사람을 지목해서 함으로써 이루어지는 범죄이다(김성천·김형준, 2001, p.303). 우리나라 형법 제311조에 "공연히 사람을 모욕한 자는 1년 이하의 징역이나 금고 또는 200만 원 이하의 벌금에 처한다"는 모욕죄 규정이 있다. 이에 따르면 '공연히 사람을 모욕'한 것이 모욕죄의 구성 요소가 된다. 우선, 모욕죄가 성립하기 위해서는 '공연성'이 요구된다. 여기서 공연성이란 '명예훼손과 같이 불특정 또는 다수인이 직접 인식할 수 있는 상태'를 의미한다(오영근, 2006, p.225). 형법 제311조상의 불특정 다수란 의미를 대법원은 '2인 이상의 불특정인'이라고 판시한 바 있으나(대법 1956.12.7. 선고 4286형상280 판결), 이는 현재 수용되고 있지 않고 특정 소수인 앞에서 모욕하는 경우에는 모욕죄가 성립하지 않는다고 보아야 한다는 견해가 다수설이다(오영근, 2006, p.225). 모욕죄의 경우 사실이나 허위 사실의 적시가 없기 때문에 전파 가능성이 없다는 특징이 있기 때문이다.

그러나 모욕죄의 구성 요건은 실제로 명예에 관한 죄 전체의 일반적 포괄 규정에 해당하기 때문에 공연성의 의미도 명예훼손의 그것보다 더 넓게 이해해야 한다(김일수·서보학, 2007, p.207). 따라서 밀접한 친구 사이, 일정한 사람만이 모이는 국무회의, 이사회 석상이라고 하여도 한 사람이 다른 사람에게 그 형식이나 행위 상황으로 보아 순전히 모욕적인 언사를 표출하였을 때는 공연성이 인정된다. 또한 모욕의 성립은 표시 당시에 제3자가 이를 인식할 수 있는 상태에 있으면 되고, 반드시 제3자가 인식함을 요하지 않으며 피해자가 그 장소에 있을 것을 요하지도 않고 피해자가 이를 인식하였음을 요하지 않는다(대법 2004.6.25. 선고 2003도4934 판결).

좀더 구체적으로 말하자면 모욕은 사실의 적시 없이 피해자의 '도덕성'에 관해 가지는 추상적 판단이나 경멸적인 감정 표현이 주로 해당된다(대법 1987.5.12. 선고 87도739 판결). 또한 사실을 적시하였다고 하더라도 '구체성이 없는 경우'에는 명예훼손죄가 될 수 없으며 모욕죄가 된다(대법 1994.10.25. 선고 94도1770 판결). 한편, 모욕은 '농담, 무례, 불친절, 건방진 표현'과 구분된다. 문제된 글이나 말의 내용이 모욕인가 아니면 무례하거나 건방진 표현에 속하는 것인가는 사회 통념에 따라서 객관적으로 결정된다(오영근, 2006). 농담, 무례, 불친절, 건방진 표현들은 사회적으로 수인될 수 있는 반면, 모욕적 표현의 경우 형법상의 범죄가 된다.

예들 들어 사법부의 판결에 따르면 다음과 같은 표현들은 모욕에 속한다고 판단하고 있다.

'도둑놈, 죽일 놈'(대법 1961.2.24. 선고 60도864 판결), '빨갱이 계집년, 만신, 첩년'(대법 1981.11.24. 선고 81도2280 판결), '개 같은 잡년, 시집을 열두 번을 간 년아, 자식도 못 낳은 창녀 같은 년'(대법 1985.10.22. 선고 85도1629 판결), '늙은 화냥년의 간나, 너가 화냥질을 했잖아'(대법 1987.5.12. 선고 97도 739 판결), '아무 것도 아닌 똥꼬다리 같은 놈'(대법 1989.3.14. 선고 88도 1397 판결), '망할 년'(대법 1990.9.25. 선고 90도873 판결), '애꾸눈, 병신'(대법 1994.10.25. 선고 94도1770 판결).

위와 같은 표현들이 이른바 사회상규에 어긋나는 것이라고 할 수 있다. 그 표현을 살펴보면 대체로 범죄, 성적 비하, 장애, 가정 불화나 비윤리적 행위를 빗대는 것이 대부분이다. 이러한 표현들이 우리 사회의 정서적 측면에서 볼 때 수치심과 분노를 야기할 수 있는 것이라고 판단할 수 있다. 그러나 모욕죄가 성립하는 표현들이 사회상규에 저촉되는가 아닌가는 그 절대적인 기준을 찾기는 쉽지 않으며, 여전히 어떠한 표현의 수인 한도가 어느 정도인지는 사법부의 판단이 결정적이다.

아울러 위와 같은 표현에 모욕죄가 성립하려면 고의가 있어야 하는데, 미필적 고의로도 족한 것으로 판단하고 있다. 이때 고의는 행위자가 "타인에게 공연히 그의 인격적 가치와 명예를 무시, 경멸하는 의사 표시를 한다"는 점에 대한 인식과 의사를 필요로 한다(김일수·서보학, 2007).

모욕죄의 구성 요건에 해당하는 행위의 경우 일반적 위법성조각사유가 있는 경우 위법성이 조각될 수 있는데, 예컨대 형법 제20조상의 정당 행위(신평, 2004) 또는 '경미한 모욕'의 경우 사회상규에 위배되지 않기 때문에 위법성이 조각될 수 있다고 본다(오영근, 2006; 박상기, p.187, 배종대, p.236; 이재상, 2000, p.183). 아울러, 명예훼손에 부수된 또는 일부 인정된 경우 제310조가 적용될 수 있다. 소수설의 경우 '정치·학문·예술 등의 분야에서 종종 행해지는 비판 내지 논평에는 어느 정도의 무가치 판단의 표시'를 피할 수 없으므로, 만일 무가치 판단에도 불구하고 비판과 논평이 공익성을 띠는 경우에는 형법 제310조를 유추 적용해야 한다고 주장한다(이재상, 2000, pp.194~195).

2) 명예훼손과의 차이

모욕은 명예훼손과 유사한 모습을 보이나 다음과 같은 몇 가지 측면에서 구분될 수 있다(대법 2003.11.28. 선고 2003도3972 판결; 대법 2004.6.25. 선고 2003도4934 판결).

첫째, 명예훼손과 모욕죄는 양자 모두 타인의 가치에 대한 사회적 평가를 보호법익으로 하는 점은 동일하나 명예훼손은 사회적 평가를 깎아내릴 만한 구체적인 사실의 적시가 있는 경우에 성립하고 구체적인 사실의 적시까지는 가지 못하고 단순히 추상적인 판단이나 경멸적 감정 표현으로서의 사회적 평가를 저하시키는 행위에는 모욕죄가 성립한다. 명예훼손의 경우에는 내적 명예의 훼손만으로는 성립되지 않고 외적 명예의 손상이 구성 요건이 된다. 그래서 단순히 자신의 기분이 상했다는 이유만으로 명예훼손으로 인한 책임을 물을 수 없다. 이러한 경우에는 대부분 모욕죄가 성립된다.

둘째, 모욕죄는 명예훼손과 위법성조각사유에서 다르다. 일반적인 모욕죄의 위법성조각사유에 대해서는 그 논의가 나뉘어져 있으나, 다수설이나 판례(대법 1959.12.23. 선고 4291형상539 판결)는 모욕죄에 대한 형법 제310조의 적용을 부정하고 있다. 형법 제310조는 "제307조 제1항의 행위가 진실한 사실로서 오로지 공공의 이익에 관한 때에는 처벌하지 아니 한다"고 규정하고 있다. 명예훼손의 경우 진실성(상당성)과 공익성 요건이 만족되면 면책되는 데 반해, 모욕죄의 경우 대개 이러한 요건들이 고려되지 않는다. 전술한 바와 같이 모욕죄의 경우 형법 제20조상의 정당 행위가 위법성조각사유로 적용될 수 있다.

셋째, 명예의 주체가 되는 것은 자연인 이외에 법인과 법인격 없는 단체를 포함하는 것은 서로 유사하나, 자연인에는 젖먹이나 정신병자, 백치도 포함되지만, 살아 있는 사람에 국한되므로 사자死者에 대한 모욕죄는 성립될 수 없다.

넷째, 형법상 모욕죄는 친고죄인 반면 명예훼손죄는 반의사불벌죄로서 성격이 다르다. 모욕죄의 경우 피해자가 고소, 고발을 해야만 사법적 처벌이 가능하고, 반면 명예훼손의 경우에는 피해자의 의사가 없는 경우에는 처벌할 수 없다.[48]

3) 발생 요인 및 해결 방향

이렇게 명예훼손과는 다른 모욕죄가 최근 증가하고 있는 원인은 몇 가지로 볼 수 있다. 박형상(2007, p.13)은 무엇보다 인터넷 사이트를 통해 댓글, 악플을 달 기회가 많아지고, 안티카페가 늘어난 점, 녹취·녹음 기술의 발달 등으로 모욕적 언사를 쉽게 채증할 수 있게 된 점을 들었다. 아울러 전통적 상하 관계와 남녀 관계가 민주화되고, 진보, 보수 진영 간의 대립이 심각해진 요인, 그리고 외모 지상주의가 심해지면서 신체 용모에 대한 비방이 늘어난 것이 그 원인으로 분석했다. 다시 말하자면 인터넷이 급속히 보급되고 이로 인한 사회적 변화 속에서 타인에 대한 비방이 늘어나고 이를 쉽게 얻을 수 있다는 점도 모욕죄가 늘어나는 요인으로 보았다.

---

48. 제312조 (고소와 피해자의 의사) ① 제308조와 제311조의 죄는 고소가 있어야 공소를 제기할 수 있다. ② 제307조와 제309조의 죄는 피해자의 명시한 의사에 반하여 공소를 제기할 수 있다.

인터넷에서 타인을 모욕하는 행위는 우리 형법에서 범죄로 규정하고 있으며 이론적으로 현재 발전하는 과정에 있다고 할 수 있다. 그러나 최근에 인터넷에서의 모욕죄 관련 판례들이 나오기 이전까지는 모욕죄에 대해 세부적이고 심도 있는 논의들이 별로 없었으며 논의되는 경우에도 사이버 모욕죄를 둘러싼 피상적 찬반 논란에 머물렀다(백광훈, 2003; 홍승희, 2006). 그러나 관련 판례들이 집적되면서 인터넷에서의 모욕죄를 어떻게 규제해야 하는가의 본격적 논의가 시작되는 단계에 접어들고 있다. 더욱 중요한 것은 모욕죄와 명예훼손죄가 어떻게 다른가에 대한 명확한 인식이 필요하며 아울러 인터넷의 미디어적 특수성을 반영해야 하는 것이라 보인다.

3. 미디어로서의 인터넷

1) 댓글의 본질

기존의 미디어는 정보를 효율적으로 제공하고 자신의 의견이나 사상을 표현하고 싶은 화자들은 미디어에 대한 접근이 어려웠던 반면, 인터넷은 진입을 가로막는 법적 장치가 없을 뿐만 아니라 다양한 경로 및 저렴한 비용으로 정보를 교환하고 자신의 의견이나 사상을 표현할 수 있다. 또한 인터넷에서는 여러 차원의 다양한 내용이 담겨 있어 이에 대해 쉽게 접근하기도 하며(Van der Wurff & Van Cuilenburg, 2001) 댓글을 다는 등의 반응을 할 수도 있다. 댓글은 정보의 다양한 공급원으로 인하여 다양한 아이디어를 제공해 특정인이나 특정 집단의 독선으로부터 사회와 시민을 지키는 기능을 하기도 한다(임정수, 2007). 이러한 측면에서 인터넷이야말로 가장 참여적인 미디어이며 표현 촉진적인 미디어라고 규정한 헌법재판소의 결정은 의미가 크다.[49]

전술한 바와 같이 기존 언론과 인터넷 언론이 여러 측면에서 차이를 보이지만 이를 가장 극명하게 드러나게 해주는 것이 바로 전자게시판에서의 댓글reply이라고 할 수 있다. 댓글은 상호 작용성을 근거로 한다. 네티즌들은 인터넷에서의 소통의 쌍방향성에 기초하여, '일 대 일' 형태의 소통뿐만 아니라 '일 대 다수'의 소통이 가능하다.

댓글의 경우 다양한 상호 작용 기제로 인하여 네티즌들 사이의 활발한 상호 작용 커뮤니케이션을 통해 공공 토론을 유도하는 역할을 할 수 있으나(김은미 · 선유화, 2006), 상호 작용이 항상 긍정적인 결과로 이어지는 것도 아니며, 오히려 인신 공격이나 논점이 어긋난 비판으로 흐르거나 사안의 본질을 흐리게도 하고(성동규, 2007), 욕설이나 비방으로 이어지는 경우가 빈번히 발생한다(최영, 2006).

또한 댓글을 읽고 다는 과정을 거치면서 쟁점에 대한 정보를 획득하고 타인들의 의견을 살펴 여론 동향을 지각하게 되므로(정일권 · 김영석, 2006; 한혜경, 2003) 쌍방향적 과정에 참여를 함으로써 여론 동향을 읽어내는 힘을 기를 수 있어 진정한 숙의 민주주의 달성의 기본이 된다는 시각도 있다. 그러나 댓글을 통해 획득하는 쟁점 관련 정보의 경우 그 내용의 진실성에 따라 긍정적인 방향 혹은 부정적인 방향으로 개인의 판단과 의견에 영향을 미칠 수 있다는 측면에서 부정적인 시각도 만만치 않다.

49. 헌재 2002.6.27. 선고 99헌마480 결정.

2) 댓글에 대한 찬반 논란

이처럼 댓글에의 참여가 복잡한 쟁점들을 낳기 때문에 미국 인터넷 미디어들은 중재자가 없는 경우 댓글을 권하지 않는 경우가 많다. 비록 2007년 7월부터 인터넷 실명제가 본격적으로 시작되면서 댓글로 인한 피해가 많이 줄어들 것으로 예상하고 있지만, 실명제 실시에 대한 찬반 논란도 여전히 계속되고 있다. 특히 댓글에서 불법 행위가 발생하는 경우 어떤 방식으로, 어느 정도의 처벌을 해야 하는가에 대해서는 여전히 논란이 되고 있다. 이러한 쟁점들은 댓글을 바라보는 시각에 따라서 구분될 수 있다.

무엇보다 불법적 댓글에 대한 처벌을 강화해야 한다는 측에서는 댓글이 개인의 생명을 앗아갈 정도의 큰 피해를 낳는다고 주장한다. 댓글의 특수성으로 인하여 명예훼손이나 모욕 등의 문제가 빈번히 발생하는데 피해가 크기 때문에 규제가 강화되어야 한다는 것이다. 이들은 대개의 경우 다음과 같은 요인을 댓글에서의 모욕죄 발생 원인으로 인식하고 있다.

무엇보다 언어의 무규범성을 지적한다. 댓글 내용을 분석한 연구들에 따르면 댓글에 사용된 언어들이 대부분 언어 규범을 지키고 있지 않은 것으로 나타났다. 맞춤법에 어긋하거나 오용하는 정도도 높았지만, 일상적으로 잘 사용하지 않는 비속어를 남용하는 경우가 많은 것으로 나타났다. 더욱 심각한 문제는 댓글에서 인신 공격적(비방적) 의미, 폭력적 의미가 각각 상당히 높은 비율을 차지하는 것으로 나타났다(유지현, 2005). 또한 비논리적이고 폭력적인 댓글이 많아질수록 참여자들이 양질의 댓글을 쓰는 것을 주저하고 기사나 다른 사람의 댓글에 감정적으로 반응할 가능성이 있는 것으로 드러났는데(강양구, 2004), 이러한 반응은 궁극적으로 사회상규를 벗어나는 표현이 될 수 있다.

같은 맥락에서 익명성에 근거한 편견 및 감정적 표출은 불법적 행위로 발전하기 쉽다. 특히 글을 쓴다는 행위는 일반적으로 자신의 의견을 이성적이고 합리적으로 표현하면서 자신의 의견에 대해 책임을 지는 행위인데, 익명성에 근거한 인터넷 댓글에서는 서로 간에 정보의 신뢰성이나 이용자의 책임감 정도를 약화(최영·이종민·한혜경, 2005; 강양구, 2004)시키는 것은 물론이고 자신의 표현에 대해 책임을 지지 않거나 타인의 의견을 존중하지 않는 경우에도 그에 따른 불이익이 현실 공간에 비해 상대적으로 작기 때문에 사람들의 명예를 훼손하거나 모욕하는 결과를 낳을 수 있다는 것이다(한혜경, 2005, p.635). 토론의 내용도 합리성에 기초한 합의를 모색하기보다는 개인적 혹은 집단적 의견이 즉흥적이고 비이성적인 언쟁, 무분별하게 분출된 갈등으로 점철되기도 하며 자신들의 견해를 일관적이고 지속적으로 되풀이함으로써 타협의 여지를 남기지 않고 반목하는 현상을 보인다(윤영철, 1997; 김은미·이준웅, 2005; 정일권·김영석, 2006).

댓글로 인한 불법 행위에 대해서 규제가 필수적이라는 논리가 설득력을 얻고 있지만 한편으로 무조건적인 처벌이 바람직한 것은 아니라는 지적도 있다. 신동준·이명진(2006)은 명예훼손 등 사이버 범죄에 대해 어느 정도의 법적인 제재는 필수적이겠지만, 일정 수준 이상의 법 제재는 사이버 공간의 자체적인 발전을 저해함으로써 사이버 공간 자체 내에서의 규범 확립을 오히려 저해할 수 있다고 피력한다. 유사하게 황성기(2005)도 향후 인터넷 내용 규제 정책의 규범적 목표를 미디어 규제의 합리화, 공동 규제 시스템 구축, 자율 규제 강화로 설정하면서 정부가 이에 맞춘 정책을 펼쳐야 한다고 주장한다.

이러한 무조건적인 처벌 또는 처벌의 강화를 반대하는 입장의 연구자들은 댓글이 중요한 공익적 역할을 한다고 주장한다. 무엇보다 댓글은 저널리즘적 기능을 한다고 본다. 댓글이 소수에 의해서 편향될 수도 있고(정일권·김영석, 2006, p.633) 단순히 의견이나 사상의 대립된 비생산적 대립의 장이 될 가능성도 높지만(한혜경, 2003), 댓글은 다양한 형태의 저널리즘 기능을 하기도 한다. 성동규(2007)에 따르면 댓글은 게재된 뉴스의 정확성에 영향을 미치고, 의제 설정 기능을 수행하며, 읽는 사람들에 대한 설득 및 태도 변화에도 영향을 미칠 수 있으며, 그 과정을 통해 여론을 형성하기도 하고, 댓글 자체가 원문 기사의 일부로 기능하기도 한다. 아울러 인터넷 언론이 제공하는 기사에 대한 평가와 함께 인터넷 뉴스 기사가 잘못 전달하는 정보에 대한 정정의 기회를 제공한다. 댓글의 숫자와 댓글의 조회 숫자 역시 인터넷 언론이 가지고 있는 특징 중의 하나인데, 이러한 정보가 해당 쟁점이 사회적 의제로 발전할 수 있는가를 가늠하는 잣대가 될 수 있다(정일권·김영석, 2006, p.631).

같은 맥락에서 댓글은 새로운 또는 변형된 공론장으로서의 역할을 한다는 연구들이 있다. 이에 따르면 인터넷에서 교류되는 다양한 대화와 담론들이 항상 이성적일 수 없으며, 비록 토론 과정을 거친다고 해서 반드시 합의에 이르는 것도 아니라는 측면에서 본다면 비방이나 욕설이 다소간 섞여 있다고 해서 바람직하지 못하다고 재단하는 것은 타당하지 않다고 본다(김경년·김재영, 2005, pp.35~37). 결국 댓글은 여전히 사회적으로 민감한 문제를 토론하는 장으로서의 역할을 하며(유지현, 2005, p.3), 수동적 위치에 머물러 왔던 일반 시민으로 하여금 공공 문제의 토론에 적극 참여토록 하는 기능을 한다고 본다(김병철, 2004, pp.148~149).

반대론자들은 또한 익명성이 불법 행위의 요인이 되는 것이 아니라 이를 어떻게 활용하는가에 따라서 궁극적으로 좀더 인터넷의 목적이 지향하는 바를 달성할 수 있을 것이라 본다. 연구에 따르면 익명성은 독자 의견의 유형과 성격에 부분적으로만 영향을 미친다고 한다. 비방성 언어의 비율이 등록 회원 게시판에서 더 낮게 나타났지만, 그 차이는 매우 근소하였고, 속어를 제외한 욕설의 사용은 등록 회원 게시판에서 오히려 더 많은 것으로 조사되었다. 이는 익명성하에서 비방적 언어를 더 많이 사용할 것이라는 일반적 예상이 사실과 다를 수 있으며, 동시에 익명성으로 인해 비방성 언어가 증가하고 이에 따라 독자 의견란의 공론적 성격이 퇴색하는 것이 아니라는 점을 보여 주는 것이라고 주장한다(김경년 · 김재영, 2005, pp.34~36).

궁극적으로 인터넷의 미디어적 특수성이 불법적인 행위를 유발하는 요인도 되지만 여전히 자유로운 소통에 중요한 역할을 하고 있다는 점을 간과해서는 안 된다. 댓글의 경우에도 타인의 명예를 훼손하거나 모욕하는 결과를 가져올 수 있는 단순한 감정 표출에만 그치는 것이 아니라 여론을 형성하고 진정한 참여를 이끌어 낼 수 있는 장의 역할도 하고 있다는 점을 고려해야 한다. 따라서 법적인 판단에도 개인의 인격권을 보호하는 것과 함께 댓글의 공적 역할에 대한 인식도 요구된다. 개인적 이익과 공적인 이익을 서로 조화하고 상호 제고할 수 있는 방법을 추구해야 할 것이다. 댓글의 불법성을 판단하는 데 있어 이를 엄격하게 그 책임을 묻기보다는 적절히 비교형량할 수 있는 판단 기준이 필요할 것이다.

4. 관련 판례

1) 판례 수집 및 판결 경향

인터넷에서 발생한 모욕죄로 인한 법원 판례는 현재까지 8건이 수집되었다(표 3-1 참조). 관련 판례를 수집하기 위하여 대법원 도서관에 발행하는 법고을 DVD, 언론재단에서 발행하는 언론관련판례집(1~14권, 1981~2007) 그리고 대법원 사이트의 종합 법률 정보를 중심으로 살펴보았다(www.scourt.go.kr). 이러한 방법을 통해 논의에 직접적으로 관련되는 판례들을 수집하였다. 이를 통해서 수집되지 않은 경우에는 언론에 보도된 관련 기사들을 살펴서 해당 판례를 선택하였다.

표 3-1에서 나타난 것과 같이 인터넷에서의 모욕죄 관련 판례는 2001년부터 나온 것으로 판단되며, 8건(대법원의 경우 1, 2심 제외)의 판례 중에서 대법원 판례가 4건이나 나온 점이 흥미롭다. 이는 모욕죄에 대한 법원의 판단 비중이 커지고 있다는 것을 의미하기도 하며 모욕죄를 쉽게 해결할 수 있는 판단 기준이 아직 마련되어 있지 않다는 점을 시사하기도 한다.

사건이 발생하게 된 이유는 대개 인터넷 전자게시판에서의 악플로 인한 것으로 나타났다(8건 중 6건). 이러한 점은 모욕죄의 경우 네티즌들이 직접 참여하는 악플로 인하여 주로 발생하게 된다는 것을 보여 준다. 기타 인터넷 신문과 메신저 대화명의 경우가 각 1건씩인 것으로 나타났다. 원고가 패소한 경우는 3건으로 나타났고, 인용된 경우 실형이 아닌 벌금형에 선고되었다. 벌금은 30만 원에서 법정 최고액인 200만 원까

표 3-1. 인터넷에서의 모욕죄 관련 판례

재판부 / 심급	원고	미디어	판결 요지	결과	출처 (사건 번호)
2001. 8. 8	서울지법 형사항소 5부 / 항소심	유모 씨	전자게시판	김정일 위원장은 독재자 등 부정적인 이미지를 갖고 있어 특정인을 그에게 비교하는 것은 사회 통념상 경멸로 받아들여진다. 정상 회담 전 김정일 위원장에 비유한 것은 모욕죄로 인정	인용 (원심 확정) 벌금형	2001노4296 <법률신문>, 2001. 8. 13.
2003. 11. 28	대법 / 상고심	A씨 (교사)	전자게시판	사실 관계나 이를 둘러싼 문제에 관한 자신의 판단, 이러한 경우에 피해자가 취한 태도와 주장한 내용이 합당한가 하는 점에 대하여 자신의 의견을 개진하고, 피해자에게 자신의 의견에 대한 반박이나 반론을 구하면서, 자신의 판단과 의견의 타당함을 강조하는 과정에서 부분적으로 그와 같은 표현을 사용한 것으로서 사회상규에 위배되지 않음	원고 패소 무죄	2003도3972
2004. 6. 25	대법 / 상고심		전자게시판	모욕의 경우 형법 제310조에 의해서 위법성이 조각될 여지가 없다. 읽는 다수의 사람에게 피해자의 비리를 밝혀 더 이상의 피해자가 나오지 않도록 하자는 공익적인 측면보다는 단순히 피해자들을 비방하려는 목적이 더 강하다고 보이는 점 및 피고인들 간의 관계, 인터넷 게시판에 공소 사실 기재와 같은 글을 게시하게 된 동기 및 경위, 게시한 이후의 정황 등과 기록을 비추어, 정당 행위에 해당하지 않음	인용 벌금형	2003도4934
2004. 10. 29	서울지법 형사5부 / 1심	김모 씨 (초등교장)	전자게시판	'조직원이 아니면 예의범절을 모르는 인간,' '꼴통에 가깝게 화를 내며 교육밖에 모르는 더러운 인간,' '승진을 하기 위해 노력을 아끼지 않는 몹쓸 인간' 등의 표현으로 비방하는 글을 올렸다가 모욕죄가 적용	인용 벌금형	<중앙일보>, 2004. 10. 30.
2005. 5. 18	대법 / 상고심	A씨 (전 회사원)	메신저 대화명	메신저 등에 이용하는 대화명, 즉 개인의 ID의 경우에도 타인을 모욕할 수 있음. 타인에게 쉽게 보일 수 있게 방치하면 공연성 성립	원고 패소 (원심 확정) 벌금형	2004도8351 <동아닷컴>, 2005. 5. 23.

2006. 2. 4	청주지법 / 1심	충북 B일보	인터넷 신문	인터넷 신문 등에 게재한 글이 공익과 관련 됐다거나, 단순한 의견이나 논평에 불과하 더라도 피해자에게 감정적이고 노골적으로 경멸적 표현을 사용했다면 모욕죄에 해당	인용 벌금형	<오마이뉴스>, 2006. 2. 5
2006. 3. 10	서울중앙 지법 / 1심	임수경	전자게시판	'통일의 꽃 임수경 씨 9살 아들 필리핀서 익사'라는 제목의 기사를 읽고 댓글란에 피 고인들이 통일의 꽃 운운하면서 반미주의 자가 아들을 유학시킨다면서 죽어도 마땅 하다는 등의 글을 올려서 이에 법원은 각각 벌금형에 처함	인용 벌금형	2006고정885
2007. 6. 28	대법 / 상고심	서모 씨	전자게시판	제3자가 댓글을 보든 안 보든 다수의 사람 이 보는 인터넷 사이트에 모욕하는 글을 일 단 게재한 것으로도 모욕죄가 성립	원고 패소 (원심 확정) 벌금형	2007도3438

지 걸쳐 선고되었다.

표 3-1의 판결 요지에서 알 수 있는 바와 같이 판결에서 법원은 댓글에 실린 표현의 '공익성'이나 댓글을 통한 소통의 공익성에 대해서 거의 고려하고 있지 않은 것으로 나타났다. 고려하는 경우에도 공익성 의 요건을 대단히 좁게 정하고 있어 실제로는 사회상규에 벗어나는 표 현에 대해서는 공익성을 인정하지 않으려는 경향을 보인다.

2) 원고가 패소한 경우

모욕죄로 소를 제기한 원고가 패소한 경우는 수집된 8건의 판례 중 3건으로 나타났다. 그러나 이 판례는 인터넷 모욕죄와 관련한 최초 의 대법원 판례(2003.11.28. 선고 2003도3972 판결)라는 점에서 의미가 있다. 판결문에서 대법원은 피고인(댓글 작성자)이 방송국 시사 프로그램을 시청 한 후 방송국 홈페이지의 시청자 의견란에 작성·게시한 글 중 일부의 표현이 그 출연자인 피해자에 대한 사회적 평가를 훼손할 만한 모욕적 언사라고 인정하였으나, 사실 관계나 이를 둘러싼 문제에 관한 자신의 판단과 이러한 경우에 피해자가 취한 태도와 주장한 내용이 합당한가 하는 점에 대하여 자신의 의견을 개진하고, 피해자에게 자신의 의견에 대한 반박이나 반론을 구하면서, 자신의 판단과 의견의 타당함을 강조하는 과정에서 부분적으로 그와 같은 표현을 사용한 것은 형법 제20조의 사회상규에 위배되지는 않는 행위로서 위법성이 조각된다고 보았다.

　　이 판결은 원래 2003년 춘천지법 강릉지원에서 심리하였다(2003.6. 26. 선고 2003노136 판결). 이 사건은 강릉에 거주하는 피고인이 2002년 2월 21일 호프집에서 MBC <우리시대>라는 프로그램에 대한 시청자 의견란에 게시된 글이 피해자를 모욕했다는 이유로 시작되었다. 이날 방송은 '엄마의 외로운 싸움'이라는 제목으로 피해자(교사)의 이야기가 방영되었는데, 이 방송 내용이 피해자측의 입장을 편드는 방식으로 방송되었다고 판단한 피고가 컴퓨터를 이용, MBC 홈페이지(www.imbc.com)에 접속하여 <우리시대> 시청자 의견란에 불특정 다수인이 볼 수 있도록 "오선생님 대단하십니다," "학교 선생님이 불법 주차에 그렇게 소중한 자식을 두고 내리시다니…… 그렇게 소중한 자식을 범법 행위의 방패로 쓰시다니 정말 대단하십니다. 한 가지 더 견인을 우려해 아이를 두고 내리신 건 아닌지……"라는 글을 작성 게시하였다.

　　원심에서는 피고인이 게시판에 올린 글을 전체적인 맥락에서 파악하면, '엄마의 외로운 싸움'이라는 프로그램을 시청한 후 그에 대한 느낌과 방송사 및 피해자와의 가치관이나 판단의 차이에 따른 자신의 의견을 개진하고 피해자에게 자신의 의견에 대한 반박이나 반론을 구하는 것으로, 그 의견의 표현이 부분적으로 부적절하고 과도한 표현을 사용한 것에 불과하며 이로써 곧 사회 통념상 피해자의 사회적 평가를 저하시키는 내용의 경멸적 판단을 표시한 것으로 인정하기 어렵다는 이유로 무죄를 선고했다. 이러한 선고는 항소심에서 유지되었다.

대법원은 하급심의 이러한 결정에 손을 들어 주었다. 우선 대법원은 모욕죄에서 말하는 모욕이란 "사실을 적시하지 아니하고 사람의 사회적 평가를 저하시킬 만한 추상적 판단이나 경멸적 감정을 표현하는 것"인바, 피고인이 게시한 글 중 특히 "그렇게 소중한 자식을 범법 행위의 변명의 방패로 쓰시다니……" 등의 표현은 그 게시글 전체를 두고 보더라도 교사인 피해자에 대한 사회적 평가를 훼손할 만한 모욕적 언사라고 판단했다.

그러나 대법원은 '기록에 비추어' 살펴볼 때, 피고인이 게시판에 글을 올리게 된 동기나 경위 및 그 배경에 관하여, 그 방송 프로그램을 시청한 후 그에 대한 느낌과 이를 방송한 방송사와 피해자와의 가치관이나 판단의 차이에 따른 자신의 의견을 개진하고, 피해자에게 자신의 의견에 대한 반박이나 반론을 구하는 것이라고 본 원심의 판단이 옳다고 보았다. 대법원은 글의 전체적인 내용이 원심에서 지적하는 대로 불법 주차와 아이를 차에 두고 내린 어머니로서의 과실이라는 근본적인 원인 제공을 피해자가 하였으며 그 방송 내용은 개인적인 사정인데, 그런 피해자는 자신의 잘못은 생각하지 않고 견인 업체 등의 잘못을 탓하며 자신의 범법 행위를 변명하고 있다는 취지로 판단해야 한다고 주장했다.

아울러 "그렇게 소중한 자식을 범법 행위의 변명의 방패로 쓰시다니 정말 대단하십니다"라는 표현은 상당히 모욕적인 언사이기는 하나, 그 글 전체에서 차지하는 비중이 크다고는 할 수 없고, 그 글의 전체 내용에 관련성이 있는 것으로 판단했다. 이러한 글은 그 전제한 객관적 사실 관계는 이미 방송한 프로그램의 내용에 기초한 것이며 이러한 의견 또는 판단 자체가 합당한 것인지 여부는 차치하고 전혀 터무니없는 것이라고까지 할 수 없으며, 방송 후에 충주 시청 홈페이지와 MBC 홈페이지에 그 프로그램의 방영 취지나 피해자의 주장에 찬성하는 글과 함께 피고인의 글과 유사한 취지의 글이 적지 않게 게시된 점도 이를 뒷받침한다고 보았다.

이 판결에서 대법원은 모욕죄를 판단하는 데 있어 몇 가지 기준을 제시하고 있다는 점을 알 수 있다. 요약하면 문제된 글의 사회상규 적합성 여부를 게재 동기, 문제된 내용의 전체 글에서의 비중과 연관성, 객관적 사실 관계의 근거, 유사한 내용의 글의 존재 여부를 통해서 판단하려고 했다. 위법성조각의 여부를 글의 공익성이나 인터넷의 미디어적 특성을 고려하여 판단하기보다는 이러한 표현이 게시된 원인과 과정 그리고 이에 대한 반응의 정도를 통해서 판단하려고 했다는 점에서 비교형량의 근거를 제시하고 있다.

3) 원고가 승소한 경우

인터넷에서의 모욕죄 관련 판결은 2001년 북한의 '김정일'에 빗대 특정인을 비방한 사건이 최초이다. 이 사건에서 서울지방법원은 8월 8일 연주회 평가를 두고 음대 교수와 재벌 총수 사이에서 벌어진 사이버 논쟁과 관련, 재벌 총수를 "정상 회담 전 김정일"이라고 빗댄 글을 인터넷 전자게시판에 게재한 혐의로 기소된 유모 씨에 대한 항소심(2001노4296)에서 모욕죄에 대해 유죄를 인정, 벌금 200만 원을 선고한 1심 판결을 인용했다.

법원은 "일반인이 북한의 '김정일'에 대해 독재자 등의 부정적인 이미지를 가지고 있어 특정인을 '김정일'과 같이 표현한 것은 경멸로 받아들여지는 것이 사회 통념"이며 "금호그룹 회장 박성용 씨가 음대 교수 배은환 씨의 연주회에 대해 혹평을 한 것을 두고, 피고인이 박성용 회장을 '정상 회담 전 북한의 김정일'에 비유한 것은 피해자에 대한 경멸의 의사를 표시한 것으로 봄이 상당하다"고 판시했다. 배은환 교수에게 온라인으로 바이올린 연주법을 교습 받는 모임의 회원인 유 씨는 2000년 6월 배 교수와 금호그룹 박성용 회장 사이에 벌어졌던 연주회 혹평에 대한 사이버 논쟁과 관련 박 회장이 운영하는 문화재단 홈페이지 전자게시판에 박 회장을 "정상 회담 전의 김정일"에 빗대 '독재자'라고 표현하였다. 이 판결에서 법원은 문제된 표현 내용이 '사회적 통념'의 범주에 속하는가에 대한 판단을 하고 있다. 그러나 모욕죄가 성립하기 위한 요건에 대해서만 고려했으며 다른 구성 요인이나 위법성 조각사유에 대한 고려는 보이지 않는다.

그러다가 2004년 6월 25일에 나온 대법원 판례에서 모욕죄를 좀 더 종합적이고 구체적으로 다루게 된다(2003도4934 판결). 이 판결은 인터넷에서의 명예훼손, 폭행, 그리고 모욕에 대해서 한꺼번에 다루고 있다는 점에서 명예훼손과의 차이점도 파악할 수 있다. 대법원은 모욕죄와 관련 특히 '인터넷 게시판에 타인을 비방하는 글을 게시한 행위'가 모욕죄에 해당한다고 보았다. 이 판례에서의 모욕죄 관련 쟁점은 피고인이 동요 관련 사이트의 게시판에 '동요인'이라는 가명으로 글을 게시하면서 발생하였다.

판결에서 대법원은 모욕의 경우 형법 제310조에 의해서 위법성이 조각될 여지가 없다는 점을 다시 확인했다. 대법원은 또한 피고인이 글을 게시한 인터넷 게시판이 피해자의 직업과 관련이 있는 동요 관련 사이트에 개설되어 있던 게시판인 점, 인터넷 게시판의 속성 자체가 익명성의 보장으로 인한 무책임성과 강력한 전파력을 갖고 있다는 점, 피고인이 인터넷 게시판에 '동요인'이라는 가명으로 글을 게시하였고 게시한 글의 내용 자체로도 이를 읽는 다수의 사람에게 피해자의 비리를 밝혀 더 이상의 피해자가 나오지 않도록 하자는 공익적인 측면보다는 단순히 피해자들을 비방하려는 목적이 더 강하다고 보이는 점 및 피고인들 간의 관계, 인터넷 게시판에 공소 사실 기재와 같은 글을 게시하게 된 동기 및 경위, 게시한 이후의 정황 등과 기록을 비추어, 형법 제20조의 정당 행위에 해당하지 않는다고 보았다.

　　대법원은 여기서 모욕죄에 대해서 다시 한 번 더 정의를 내림과 동시에 인터넷의 속성에 대해서도 고려하고 있다. 대법원은 모욕죄가 사람의 외부적 명예를 저하시킬 만한 추상적 판단을 공연히 표시하는 것으로 족하므로 표시 당시에 제3자가 이를 인식할 수 있는 상태에 있으면 되고 반드시 제3자가 인식함을 요하지 않으며, 피해자는 그 장소에 있을 것을 요하지도 않으며 피해자가 이를 인식하였음을 요하지도 않으므로, 행위자가 피해자를 대면할 때만 모욕죄가 성립하는 것은 아니라고 판시했다. 타인이 인터넷에 접속해서 보지 않는다고 하더라도 게재한 사실 자체로 모욕죄가 성립된다고 하였다.

　　아울러 형법 제20조의 '사회상규에 위배되지 아니하는 행위'란 법질서 전체의 정신이나 그 배후에 놓여 있는 사회 윤리 내지 사회 통념에 비추어 용인될 수 있는 행위를 말하는데, 어떠한 행위가 사회상규에 위배되지 아니하는 정당한 행위로서 위법성이 조각되는 것인지는 구체적인 사정 아래서 합목적적, 합리적으로 고찰하여 개별적으로 판단되어야 한다고 보았다. 대법원은 이전의 2003도3000 판결(2003년 9월 26일 선고)을 인용하면서 이와 같은 정당 행위가 인정되려면, 첫째 그 행위의 동기나 목적의 정당성, 둘째 행위의 수단이나 방법의 상당성, 셋째 보호 이익과 침해 이익의 법익 균형성, 넷째 긴급성, 다섯째 그 행위 이외의 다른 수단이나 방법이 없다는 보충성 등의 요건을 갖추어야 한다고 보았다. 같은 맥락에서 대법원은 형법 제21조의 소정의 정당방위가 성립하려면 침해 행위에 의하여 침해되는 법익의 종류, 정도, 침해의 방법, 침해 행위의 완급과 방위 행위에 의하여 침해될 법익의 종류, 정도 등 일체의 구체적 사정들을 참작하여 방위 행위가 사회적으로 상당한 것이어야 한다고 밝혔다(대법 1992.12.22. 선고 92도2540 판결).

이러한 대법원 판례가 나온 이후에도 인터넷 게시판에 타인을 비방하거나 모욕하는 사건들이 이어졌다. 특히 상호 간의 갈등 관계에 있거나 첨예하게 대립하는 주체들이 상대를 비방하는 사건이 많이 발생하였는데 이중 소송 사건으로 간 것이 전교조 교사들이 타 교사들을 비방한 사건이다. 서울지방법원은 2004년 10월 29일 J초등학교 앞에서 1인 시위를 벌이다 다른 교직원들을 비방한 혐의로 정모 씨(B초교 교사)에게는 정보통신망법상의 비방 혐의로 그리고 다른 김모 씨(E초교 교사)에게는 모욕죄를 적용하여 각각 벌금 100만 원과 70만 원을 선고했다. 정모 교사의 경우 1인 시위를 벌이던 중 동료 교사들의 제지를 받자 다른 교사들을 '멍멍이,' '그 교장에 그 부장,' '조직원이 아니면 악이요. 적이다'라는 비난의 글을 올렸다가 검찰에 기소됐으며, 김모 교사의 경우 1인 시위에 항의하는 J초교 교장 김모 씨에 대해 '조직원이 아니면 예의범절을 모르는 인간,' '꼴통에 가깝게 화를 내며 교육밖에 모르는 더러운 인간,' '승진을 하기 위해 노력을 아끼지 않는 몹쓸 인간' 등의 표현으로 비방하는 글을 올렸다가 모욕죄가 적용되었다(<중앙일보>, 2004. 10. 30).

당시 J초등학교는 2003년 6월 교육행정정보시스템(NEIS) 도입에 반대하는 전교조 교사들이 연가 투쟁을 벌이는 과정에서 학내 갈등을 빚었다. 당시 전교조 초등 서부지회 소속 교사들은 J초등학교 앞에서 번갈아가며 1인 시위를 벌였다. 법원은 두 사람에 대해 한꺼번에 심리하면서도 각각 다른 법적 적용을 하고 있다. 그러나 두 판례 모두 대법원에서 고려하는 모욕죄 성립의 요건에 대한 논의는 이루어지지 않았다.

모욕죄의 적용 범위와 관련하여 흥미로운 점은 대법원이 특정인에 대한 욕설이 담긴 메신저 ID는 모욕죄에 해당한다고 판단한 것이다 (2004도8351). 이 사건에서 대법원은 인터넷으로 메신저나 전자메일 등을 할 때 임의의 대화명(ID)을 이용할 수 있지만, 이때 ID에 타인을 비방하는 표현이 포함된다면 이는 모욕죄가 될 수 있다고 판단했다. 이 사건은 2003년경 한 컴퓨터 관련 회사를 다니다 해고당한 한 회사원이 자신이 해고된 회사의 사장 이름을 따서 "○○○ 사장 ×× 새끼 ××× 새끼"라는 대화명으로 메신저를 하다가 이를 알게 된 사장이 고소하면서 시작되었다. 피고인은 모욕죄로 불구속 기소되었고 1, 2심에서 각각 벌금 100만 원을 선고받았다.

인터넷에서 많이 이용되는 MSN 메신저는 메신저 화면을 켜자마자 대화 상대방의 메신저 로그인과 무관하게 대화명이 화면에 올라오게 된다. 대법원은 비록 피고가 대화명을 직장 동료들의 컴퓨터에 나타나게 할 의사가 없었다고 항변하였으나, 메신저 대화 상대방들이 쉽게 볼 수 있는 상태에 놓아 둔 행위만으로도 '공연성'이 인정돼 모욕죄에 해당한다고 보았다. 대법원은 아울러 사람을 비방할 목적이 있는지의 여부는 표현된 사실의 내용과 성질, 당해 사실의 공표가 이루어진 상대방의 범위, 표현 방법 등 표현 자체에 관한 제반 사정을 감안함과 동시에 그 표현에 의해 훼손되거나 훼손될 수 있는 명예의 침해 정도 등을 비교해서 결정해야 한다고 판시했다. 이 판결은 모욕죄의 적용 범위를 게시판 등의 제목이나 댓글뿐만 아니라 ID에까지 적용하고 있으며 공연성의 의미를 확장해서 적용하고 있다.

이러한 대법원 판례에도 불구하고 인터넷에서의 모욕죄를 명확히 어떻게 다루어야 할 것인가에 대한 구체적인 판단 기준은 제시되지 않았다. 그러다가 인터넷 모욕의 경우에도 사법 처리를 할 수 있다는 점을 명백하게 하는 사건이 2006년에 나왔다. 2006년 2월 4일 청주지방법원은 부당해고 당사자로 지목된 지역 일간지 사주 등을 경멸적인 표현으로 비판하는 내용을 인터넷 신문 등에 게재한 글이 공익과 관련됐다거나, 단순한 의견이나 논평에 불과하더라도 피해자에게 감정적이고 노골적으로 경멸적 표현을 사용했다면 모욕죄에 해당한다고 보았다 (<오마이뉴스>, 2006. 2. 5).

이 사건에서 A씨(대학 교수)는 노사 분규로 파업과 직장 폐쇄로 대치하고 있던 충북의 B일보가 편집국장 등 3명을 제외한 전 직원을 정리해고하자 노조 활동을 와해시키기 위한 위장 폐업이라고 판단, 2004년 11월부터 다섯 차례에 걸쳐 사측을 비판하는 글을 인터넷 신문 등에 실은 행위로 기소되어 벌금 200만 원을 선고받았다. 당시 A씨는 사주와 대표이사, 전무에 대해 "잘못이 있는 사주와 편집국장 등 역시 개과천선하지 않으면 언젠가는 그대들도 철철철 피를 흘릴 날이 올 것이다," "모리배들의 작란이다…… 사주와 그 괴뢰 노릇을 하는 모사꾼들의 미래는 비참할 것이니 경거망동하지 마라" 등의 표현을 사용했다. 또한 2005년 1월에도 C협회 회원들을 상대로 "아첨가들, 낙오자들, 정신이상자들, 더러운 사기꾼들, 사업가 행세를 하는 삼류 장사꾼들" 등의 표현을 사용한 것에 대해 모욕 혐의로 기소됐다.

흥미로운 점은 이 판결에서 법원이 위법성이 조각될 수 있는 조건에 대해서 밝히고 있다는 것이다. 법원은 모욕 행위라 할지라도 ① 모욕적 표현이 담긴 글을 게재하게 된 배경이나 동기, ② 글의 진실성 정도 및 전체적인 성격, ③ 표현의 노골적인 정도와 수법 등을 종합해 볼 때 그런 표현이 언론의 자유가 보장되는 정도와 일반인의 사회상규에 위배되지 않을 때 위법성이 조각될 수 있다고 보았다. 법원은 글의 배경이나 동기, 진실성 및 전체성, 그리고 노골적인 정도와 수법 등의 조건을 종합적으로 고려하여 사회상규를 위반했는지 안 했는지 판단해야 한다고 보았다. 이는 2003년 대법원 판결에서 밝힌 위법성조각사유와 유사한 것으로 모욕죄 판단에서 상급심 법원의 위법성조각의 요건을 처음 적용한 하급심 판결이다.

그러나 법원은 이 사건에서 문제가 된 "피고인의 글은 객관적 사실을 바탕으로 한 분석적·평가적인 성격의 것들이라기보다는 피해자들에게 갖게 된 감정을 별다른 여과 없이 그대로 옮겨 놓은 주관적·감정적 성격의 글들로 보이고, 사용된 표현들의 노골적인 정도나 수법 등을 고려할 때 사회상규에 위배된다"고 덧붙였다. 법원은 기록과 내용이 포함된 모욕과 그렇지 않은 단순한 표현에 불과한 모욕을 구분해서 접근하는 방식을 보인다.

법원은 피고의 직업과 언론에의 접근성 여부도 관련 있음을 밝혔다. 법원은 "피고인이 대학 교수로서 언론에 글을 기고한 경험이 많음에도, 표현이 정제되지 못하고 정도를 넘은 점과 이런 글을 파급력이 큰 인터넷에 반복해 게재한 점 등에 비춰 볼 때 죄질이 가볍지 않다"면서 "다만, 범행이 피고인의 개인적인 이해 관계에서 비롯된 것이 아니고 B일보 사태에 대한 학자로서 의견을 개진하는 과정에서 이뤄진 점을 참작해 벌금형을 선고한다"고 밝혔다.

이러한 청주지방법원의 판결과 유사한 판결이 서울중앙지법에서 2006년 3월 10일 나왔다(2006고정885 판결). 이 사건은 한때 세간의 주목을 받은 바 있는 임수경 씨의 외아들이 필리핀으로 영어 캠프에 참가했다가 참변을 당한 사실과 관련된다. 일부의 네티즌들이 이에 대해 모욕적인 악성 댓글을 달았으며 이중 25명이 소환되었고 4명에게는 벌금형이 부과되었다.

판결에서 법원은 피고인들이 인터넷 신문인 <조선닷컴>에 "통일의 꽃 임수경 씨 9살 아들 필리핀서 익사"라는 제목의 기사를 읽고 댓글란에 "통일, 통일하지 마라! 통일에 책임지지도 못할 빨갱이들이 미국이니 통일이니 입에 붙이고 다닌다. 임수경의 경우 사고 체계가 왜곡되어 있으니 정상적인 결혼 생활이 가능할 수 없다……," "인과응보, 사필귀정," "ㅋ 이혼한 여자가 통일의 꽃? 통일의 하이에나겠지, ㅋ 죽은 애는 안 되었지만 수경이한테는 인과응보, ㅋ 미국을 웬쑤로 여기더니 영어연수는 왜? …… 하여튼 수경이한테 고소하다. 얼굴은 지금도 그때처럼 표독스럽다. 에고 소름끼쳐……," "애 잘 죽었다. 존경하고 우리의 안보를 책임지고 있는 미국 싫다고 미군 철수하라 하고 어린 것이 북한에서 돌아올 때 미국 나가라고 구호 외치는 꼴을 우리는 보지 않았는가, 조국을 등진 채 행복을 모르더니 이혼도 김정일 찬양하고 남편에게 잘난 체하니까 무서워서 남편이 도망갔을 것이다……"

등의 글을 게재하여 공연히 피해자 임수경을 모욕하였다고 판시했다.[50] 법원은 이러한 내용들이 그 자체로 명확히 사회 통념상의 수인의 범위를 벗어난 것으로 판단했다.

2007년 6월 28일 나온 대법원 판례에서는 비록 '사이버 모욕죄'가 법 구문으로 존재하지는 않지만 인터넷에서의 모욕죄가 어떠한 것인가에 대해서 확인하고 있다. 이 사건은 2005년 11월 최모 씨가 한 인터넷 사이트에 보수 진영의 문제점을 지적하는 글을 '알거지'라는 필명으로 올리면서 시작되었다. 필명이지만 자신의 글에서 나이와 실명을 밝혔다. 문제는 다른 네티즌인 서모 씨가 최모 씨를 비방하는 댓글을 달면서 불거졌다. 서모 씨는 최모 씨에게 '꼬맹이,' '추접스러운,' '한심스러운,' '거지 같은 심보' 등의 표현을 이용하여 비방했다. 최모 씨는 서모 씨에게 법적 대응을 할 수 있다고 경고했으나 서모 씨가 이를 무시하고 계속 비방의 글을 올리자 최모 씨는 서모 씨를 경찰에 고소했다.

대법원은 "서모 씨는 인터넷 사이트상에서 '알거지'라는 필명을 사용하는 사람이 피해자 최 씨라는 사실을 알면서도 모욕적인 표현을 했다"고 하면서 서모 씨가 인터넷 게시판에 올린 글은 상대방의 인격적 가치를 떨어뜨리는 모욕죄에 해당한다고 판시했다. 대법원은 모욕죄는 사람의 외부적 명예를 저하시킬 만한 추상적 판단을 공공연하게 표시하는 것으로 성립하는데 "제3자가 이를 인식하든 안 하든 다수의 사람들

---

50. 포털 사이트 '다음'에 따르면 임수경 사건 전후 미디어다음 통계를 분석한 결과 1월 대비 2월 10%, 3월 13% 정도 악플이 줄어든 것으로 나타났다. (http://www.ewhadew.com/news/read.php?idxno = 1300)

이 보게 되는 인터넷 사이트에 피해자를 모욕하는 글을 게재한 행위 자체로 모욕죄가 된다"고 보았다. 이 판례는 인터넷에서의 인격적인 비방에 대해서 처벌이 가능함을 보여 주는 동시에 현실 공간에서보다 모욕죄의 처벌 기준이 강화되었다는 점을 보여 준다. 인터넷에 일단 오르면 네티즌들이 이를 접촉했을 가능성에 무게를 두고, 현실 세계에 서는 가벼운 모욕에 속할 수도 있는 표현에 대해서 모욕죄를 묻고 있기 때문이다. 판례에서 나타난 사법부의 사이버상의 명예훼손과 모욕죄 적용에 구분점이 명확하지 않다. 모욕죄의 경우 형법 제310조의 위법성 조각사유가 적용되지 않는다고 하면서도 위법성조각사유의 적용에는 소극적인 면을 보이고 있다. 오히려 모욕죄의 적용을 제목과 내용은 물론이고 이용자들의 ID에까지 확대하고 있으며 공연성의 의미 해석을 광범위하게 하고 있고, 사회상규에 어긋나는 표현의 방식이나 정도에 대해서 구체적인 설명을 덧붙이지 않아서 부정적인 내용의 글의 경우 대개가 모욕죄에 해당할 수 있는 위험성이 있다.

그러나 최근까지의 대법원 판례들은 법원이 모욕죄 판결의 중요성을 점차 인식하고 있으며 그 판단의 기준을 만들어 가고 있는 것으로 이해할 수 있다. 하급심 법원도 이를 수용하려는 경향이 나타나고 있다. 무엇보다 문제된 글의 게재 배경이나 동기, 전체와의 연관성, 그리고 표현의 노골성의 정도는 인터넷에서의 모욕죄 판단 기준으로 점차 수용되고 있다고 하겠다. 아울러 인터넷의 상호 작용성 역할이나 기능에 대한 고려, 또는 게재된 글의 공익성 여부에 대한 논의가 거의 없으며 인터넷의 위력을 감안하여 엄격하게 처벌하려는 법원의 경향 또한 엿보인다.

5. 올바른 문제 해결 방안

헌법재판소는 오늘날 가장 주요한 표현 미디어의 하나로 자리 잡은 인터넷에서의 표현에 대하여 질서 위주의 사고만으로 규제하려고 할 경우 표현의 자유의 발전에 큰 장애를 초래할 수 있다고 피력한 바 있다. 즉 인터넷 정보의 신속한 유통을 고려한다면 내용을 이유로 함부로 표현물을 규제하거나 억압해서는 안 되며, 유해성에 대한 막연한 의심이나 유해의 가능성만으로 표현물의 내용을 광범위하게 규제하는 것은 표현의 자유와 조화할 수 없다는 점을 밝히고 있다.[51]

따라서 인터넷이 비록 불법의 바다로 변질되어 가고 있다고 하더라도 인터넷은 여전히 사회적 쟁점들을 서로 교환할 수 있는 일종의 공론장으로서의 역할을 하고 있다는 점이 고려되어야 할 것이다. 댓글의 경우에도 이는 마찬가지이다. 그런데 인터넷상의 명예훼손이나 사생활 침해 관련 연구들이 많이 이루어져 있는 반면에 모욕죄의 적용과 관련한 연구들은 실제로 거의 눈에 띄지 않았다. 이러한 측면에서 인터넷상의 모욕죄 관련 판례를 통해서 문제점이 무엇인가에 대해 논의가 필요할 것이라 판단된다.

관련 판례들의 분석을 통해서 몇 가지 쟁점들을 발견하였다. 첫째, 인터넷 모욕죄의 구성 요건은 일반적 모욕죄 적용의 구성 요건과 유사하나 인터넷의 미디어 특성으로 인하여 고려되어야 할 부분이 있는 것으로 나타났다(신평, 2004). 따라서 인터넷 모욕죄의 경우 형법상의 모욕

---

51. 헌법재판소 2002.6.27. 선고 99헌마480 결정.

죄의 구성 요건만으로 이에 대한 제재가 가능한 것으로 판단할 수 있으나 당사자 특정의 요건에서, 인터넷상의 ID를 통해 특정한 본인을 인식할 수 있는 경우에는 모욕죄가 해당되나, 불특정 ID를 사용하는 자에 대한 모욕죄 성립 여부는 불투명한 것으로 보인다. 아울러 공연성 요건에서 쪽지 보내기, 전자메일, 일 대 일 채팅 등이 그 요건을 충족시킬 수 있는지는 판례가 없어서 명확치 않다.

둘째, 인터넷에서의 모욕죄 적용의 경우 명예훼손의 경우보다 위법성조각사유가 불분명하다. 이는 모욕죄의 적용이 명예훼손의 경우보다 쉽다는 것이다. 그래서 문제되는 표현의 배경이나 사실적 근거가 명확하지 않은 경우의 표현은 모욕죄가 성립되기 쉽다. 이러한 이유로 말미암아 일시적인 잘못된 판단이나 가벼운 모욕적 표현 등도 사회상규에 어긋나는 것으로 인식되어 적절한 비교형량이 이루어지지 못할 수가 있다. 비록 대법원이 동기나 목적의 정당성, 내용의 전체성, 표현의 노골성 등 정당 행위가 인정되기 위한 요건들을 제시하고 있으나 이를 구체적으로 적용시키는 것은 쉽지 않다. 또한 공익성이 있고 단순한 의견이나 논평에 속하더라도 피해가 인정되면 면책되기 힘들다.

셋째, 인터넷 모욕죄의 판단에는 일반적 모욕죄와 달리 인터넷의 위력을 고려하고 있는 것으로 나타났다. 일반적인 모욕의 경우 언론에 나오지 않고 대개 개인의 입에서 발생하는 반면 인터넷의 경우 입으로 전달된 욕설이 글로 남게 되는 결과가 되어 수많은 사람들에게 알려질 가능성이 있다. 일반적 모욕의 경우 엄청나게 많은 불특정 다수에게 내용이 전파될 수 있는 가능성에 대해서는 걱정하지 않아도 되지만, 인터넷의 경우 모욕이 광범위하게 전파될 수 있다는 점에서 일반적 모욕죄보다 처벌 수위를 높이는 결과를 초래할 수 있다. 다시 말하자면 공연성과 전파성을 근거로 사법부는 불필요하게 엄격한 규제를 초래할 수 있다는 것이다.

전술한 바와 같이 최근 방송통신위원회는 사이버 모욕죄를 처벌하는 법률의 제정을 검토하고 있다. 이는 형법상의 규정이 있음에도 불구하고 정보통신망법에서 사이버 명예훼손죄를 두는 것과 같은 논리로 보인다. 이러한 논리는 인터넷에서의 폭력이 상당히 위험 수위에 달하고 있다는 데 근거하고 있다. 법률 제정을 통하여 벌금 액수를 높이거나 형법상의 친고죄를 폐지하고 사이버 모욕죄를 피해자의 신고 없이도 처벌이 가능하도록 하는 방식을 도입하려는 논의가 이루어지고 있다. 인터넷에서의 모욕을 현행 형법으로만 해결하기 어려운 법적 미비를 보완하려는 측면에서는 사이버 모욕죄의 입법은 필요한 것처럼 보인다.

그러나 이러한 규제의 강화는 자칫 처벌 만능주의로 빠져 네티즌 전체를 잠재적 범죄자로 만들 수 있다. 사이버 모욕죄가 법률적으로 도입되는 경우에 보호 법익과 피해 법익 사이의 올바른 균형을 이루기 위해서는 관련 판례들에서 나타난 문제점들이 해결되어야 할 것이다. 그렇지 않으면 과잉 규제를 초래할 수 있을 것이다. 그래서 전술한 바와 같이 사이버 모욕죄에 대한 위법성조각사유가 보완되어야 할 것이며, 인터넷의 위력에 대한 고려와 아울러 인터넷의 상호 작용성에 따른 사회적 역할과 기능에 대한 고려도 포함되어야 할 것이다.

위법성조각사유에는 무엇보다 기존 판례에서 제시된 판결 기준과 아울러 학문적, 이론적, 예술적 측면에서의 비판적 표현의 경우 형법 제310조를 유추·적용하도록 하는 것도 타당할 것으로 보인다. 입법에 있어서 헌법재판소가 지적한 바와 같이 인터넷이 소통 촉진적 미디어라는 점을 감안해야 할 것이다. 이를 해결하기 위해서는 비록 판결문에서는 언급되어 있지 않으나 댓글과 함께 패러디 등도 모욕죄가 성립될 수 있는데, 이 경우 정치인 등 공인은 참고 견뎌야 할 범위가 사인에 비해 훨씬 넓다(김옥조, 2005)는 점도 고려되어야 할 것이다. 명예훼손의 경우에서와 같이 모욕죄의 경우에도 그 대상이 공인인가 사인인가 하는 점도 고려되어야 할 것으로 보인다.

2007년 7월부터 실시되고 있는 실명제로 인하여 예전에 비해 불필요한 악플은 상당히 줄어들 것으로 판단된다. 그러나 실명제가 댓글의 문제를 근원적으로 해결할 수는 없을 것이다. 만일 사이버 모욕죄를 도입한다면 도입하되 이는 최소한의 규제에 그쳐야 하며 장기적으로는 인터넷 참여자들의 자발적인 정화 작용을 통해서 문제가 해결될 수 있도록 유도해 나가야 할 것이다. 인터넷에서 발생하는 모욕적 표현은 개인의 인격권과 표현의 자유를 비교형량하는 데 발생하는 일종의 사회적 비용으로 판단하고, 이를 법적 규제의 수위를 높여서 짧은 기간 내에 해결하려 들지 말고 점차로 사회적 비용을 줄여 나가는 방향으로 규제의 가닥을 잡아야 한다.

인터넷에서의
프라이버시 침해

1. 프라이버시권이란 무엇인가

인터넷이 발달하면서 개인의 프라이버시 보호는 가장 핵심적 쟁점으로 부각되었다. 우리나라의 경우 헌법 제17조에서 사생활의 비밀과 자유를 천명하고 있으나, 인터넷상에서는 개인의 사생활의 노출과 함께 개인 정보가 남용되는 것이 가장 큰 문제였다. 그래서 프라이버시 보호를 위한 여러 가지 조치들이 시도되어 왔다. 예를 들어 법제도, 정부의 정책, 산업의 자율 규제, 기술적 해결 방안, 계약적 접근 방법 등이 인터넷에서의 프라이버시 보호를 위한 적절한 방법으로서 제안되었고, 최근에는 정부와 기업, 이용자 및 국제 기구 간의 적절한 책임 범위와 역할에 대한 논의가 진행 중에 있다.

그러나 프라이버시 보호를 위해서는 인터넷 이전 시대의 프라이버시 개념은 다소 수정되어야 할 것으로 보인다. 1890년 새뮤얼 워렌과 루이스 브랜다이스(Warren & Brandeis, 1890)가 프라이버시 개념으로

'홀로 있을 권리*the right to be let alone*'를 제안한 이후, 프라이버시 권리는 발전해 가면서도 이를 도덕적, 법적 권리로서 개념화하는 데는 상당한 어려움을 겪어 왔다(Miller, 1971; 서정우, 1983, p.16). 연구자들의 주장대로 프라이버시 개념은 상당히 모호하고 정의를 내리기 어려울 뿐 아니라, 역사적·사회적·경제적 상황과 깊이 연관이 되어 있기 때문이다. 특히 미디어의 발전이나 정보 기술의 발전과 밀접한 연관성을 가지고 있다(변재옥, 1991). 따라서 인터넷이 현재와 같이 발전한 상황에서는 고전적인 프라이버시 개념은 바뀔 수밖에 없다.

실제로 언론에 의한 인격권 침해는 일찍이 미국에서 1830년대 언론 미디어가 대중화되고, 1890년대 황색 저널리즘 시대로 들어가면서 이전에는 소수의 교육받은 계층이 즐겨 찾았던 어렵고 복잡한 정치, 경제, 철학적인 내용이나 주의 주장보다는 사람*people*에 대한 일상적인 이야기가 '뉴스 가치*newsworthiness*'를 얻기 시작하면서 빈번해졌다(Sigal, 1986, p.13). 자연스럽게 사람들의 일상적 이야기란 사건, 사고 소식에서 뜬소문에 이르기까지 지극히 개인적인 정보와 관련된 것들이었다. 다시 말하자면 일반인들이 쉽게 이해할 수 있는 사람에 대한 이야기는 사건이나 사고 또는 개인 정보를 들추어내는 데 근거하는 것이며 이러한 이유로 개인들이 원하지 않음에도 사생활 정보와 사적 비밀이 광범위하게 확산되는 등 피해가 점차 커지게 되었다.

오늘날 인터넷이 보편적으로 이용되는 시기에 프라이버시의 개념은 더욱 복잡한 형태를 띤다. 이는 무엇보다도 홀로 있을 권리라는 소극적인 측면에서 자신의 정보를 통제할 수 있는 권리라는 적극적인 측면으로 변화하고 있다고 할 수 있다. 특히 인터넷에 참여하기 위해서는 개인의 각종 정보를 제공하지 않으면 안 되는 현 상황을 고려한다면 개인의 프라이버시 보호의 한계는 어디인가에 대해서 자연스럽게 의문을 갖게 된다. 이러한 면은 개인들의 이중적 자세에도 귀인하는 것인데, 개인들은 자신의 정보 유출에 대해서는 대단히 민감하게 반응하면서도 약간의 유인가가 작용하면 의심치 않고 개인 정보를 제공하는 모순을 보이기도 한다.

또한 많은 사람들은 자신이 이용하는 웹사이트가 어떠한 프라이버시 보호 정책을 가지고 있는지를 잘 모르거나 자신의 정보를 보호하기 위해서는 어떻게 해야 하는지 잘 모르는 것으로 나타났다(Turow, 2003). 이러한 점은 결국 정보화 사회에 들어서면서 대단히 적극적인 방식으로 개인의 사생활을 보호하지 않는다면 큰 문제가 발생할 수밖에 없음을 반영한다.

이러한 점에 근거하여 이 장에서는 프라이버시가 어떻게 발전해왔고, 인터넷에서의 프라이버시의 의미는 무엇이며, 관련 판례의 판결 경향은 어떠하며, 개인의 프라이버시를 보호하기 위해서는 어떻게 해야 하는가에 대해서 다룬다.

2. 프라이버시권의 발전 과정

1) 고전적 프라이버시권

프라이버시권에 대한 고전적 정의는 19세기 말 토머스 쿨리의 책 ≪불법 행위에 관한 연구*A Treaties on the Law of Torts*≫에서 처음으로 등장하는데, 방해받지 아니하고 홀로 있을 권리*right to be let alone*라고 언급하고 있다(Cooley, 1888). 그러나 이 권리가 하나의 통일적인 법적 권리 개념으로서 명확하게 등장한 것은 그로부터 2년 후인 1890년 워렌과 브랜다이스(Warren & Brandeis, 1890)가 "프라이버시권*Right to Privacy*"이라는 제목의 논문에서 "홀로 있을 권리*right to be let alone*"를 프라이버시로서 개념화한 이후이다(이구현, 1998).

워렌과 브랜다이스(Warren & Brandeis, 1890, p.196)는 "언론은 모든 방면에서 그 우위성*priority*과 품격*decency*의 한계를 넘어서고 있다. 가십*gossip*은 더 이상 게으르고 사악한 사람들만의 전유물이 아니며, 이는 철면피*effrontery*는 물론이고 언론에 의해서도 추구되고 있다……… 문명이 발달하고 삶이 복잡하고 힘들어지면서 어떤 이는 세상으로부터 은거하려고 하게 되고, 문화의 은밀한 영향력 아래서 인간은 점점 더 세상에 알려지는 것에 대해 민감해져 간다 [……] 그래서 혼자 있을 수 있는 것과 개인 생활의 영위는 개인들에게 더욱 필요한 것이다. 그러나 작금의 기업들과 발명품은 개인의 사생활을 침해하면서 인간을 육체적인 피해보다 더 심각한 정신적 고통이나 고뇌에 빠지게 한다"고 갈파하며 언론에 의한 개인들의 사생활 피해가 심각함을 경고하였다.

이러한 워렌과 브랜다이스의 프라이버시 권리 이론이 미국 법원과 의회에서 즉각적이며 신속하게 수용되지는 않았으나, 1905년 미국 뉴욕 주 의회는 프라이버시법을 제정하여 불법 행위*tort*로서의 프라이버시 권리를 인정하였으며, 1960년에 이르러서는 대부분의 미국 주법원에서 이를 수용하였고 1960년대 산아 제한에 대한 법원의 판결 등 여러 판례를 통해 프라이버시권이 헌법상 권리로 인정되었다(조지형, 2004). 그리스월드 대 코네티컷*Griswold v. Connecticut* 사건에서 연방대법원은 산아 제한에 대한 부부의 프라이버시 권리를 헌법상의 권리로 인정하고 코네티컷 주의 기혼자에 대한 피임금지법을 7 대 2로 위헌으로 판결했다 (381 U.S. 479 (1965)).

프라이버시 개념의 출현은 당시의 많은 복잡한 상황과 연관되어 있으나 특히 언론 보도상의 기술적인 발전은 프라이버시를 중요한 사회적 가치로서 인정하게 되는 추진력으로 작동하였다(DeCew, 1997, p.13). 특히 더욱 발전하는 인쇄 기술은 정보의 빠르고 광범위한 유통과 전파를 가능하게 하였고, 결과적으로 발달한 미디어로 인한 언론 보도의 결과로 발생하는 프라이버시의 침해에 대해 많은 사람들이 걱정하게 되었다.

실제로 프라이버시권의 법적 권리 개념이 나오게 된 중요한 동기가 된 것은 워렌의 부인과 딸의 사생활이 신문에 보도되는 것에 대한 스트레스와 불편함 때문이었다는 지적이 있다(DeCew, 1997, p.15). 이들은 신문과 보도 기관들이 개인의 사적이고 일상적인 삶을 침해했다고 주장하였고 또한 신성불가침의 개인inviolate personality을 보호하는 권리가 존재해야 한다는 주장을 내세웠으며(Warren & Brandeis, 1890, pp.193, 195~196), 미국은 이 논문을 시발점으로 프라이버시권을 하나의 이론으로 정립하게 되었다.

이처럼 근대적 의미에서의 프라이버시 개념은 개인의 삶을 침해하는 정부와 언론 기관으로부터 자유로울 권리에 초점을 두게 되었다. 이러한 입장은 프라이버시 제도에 반영되어 주로 정부와 언론 기관의 활동을 통제하는 데 초점이 주어졌다. 프라이버시권을 부여함으로써 개인들이 자신의 자주성과 자기 표현력에 대한 통제권을 가질 수 있도록 상대적인 권력을 부여하는 것이라고 믿었던 것이다(DeCew, 1997).

이러한 프라이버시 개념의 출현은 인쇄 기술의 산물인 것만은 아니고 19세기 말엽에 만연되기 시작한 개인주의의 발생과 뒤이은 프라이버시 가치에 대한 인식의 결과이기도 하다(Katsh, 1989). 인쇄술을 기반으로 한 미디어들의 저널리즘적 활동이 프라이버시를 침해한다는 비난이 있었지만, 한편으로는 이러한 인쇄 기술로 인해 서적이 많이 보급되기 시작하면서 많은 사람들은 독서를 사적인 행위로서 경험하기 시작하였다. 이러한 의미에서 사람들이 사회적 가치로서 프라이버시를 인식하게 되면서 프라이버시에 대한 경험과 갈망은 점점 더 증가한 것이다. 그러므로 프라이버시는 다른 사람이나 외부의 사회적 통제로부터 개인을 보호하는 일종의 완충 장치counterbalance로서 제안된 측면이 강했다 (DeCew, 1997, pp.70~71).

이렇게 19세기 당시의 상황은 외부로부터의 침해에 대항하여 개인의 사적 영역에 대한 통제권을 지키고자 하는 방향으로 프라이버시 개념을 이루게 하였다. 특히 개인과 기관과의 관계에 중점을 둘 수밖에 없었기 때문에 다소 수동적인 자유라고 할 수 있는 '홀로 있을 권리'가 중요한 프라이버시 개념으로 부각되게 된 것이다.

다시 말하자면 개인들이 권력 기관에 대응할 수 있는 방법이나 기회가 거의 없었다는 점이 프라이버시권 개념의 설정 이유였다. 특히 언론 기관의 취재와 보도를 통제할 수 있는 개인들의 권한은 대단히 제한적이었다. 언론은 개인보다 훨씬 강력한 권력을 가지고 있었을 뿐만 아니라, 그 일방향적인 특성 때문에 잘못된 정보가 보도된 경우 이에 대한 적절한 방책이 마련되어 있지 않았다. 따라서 사람들이 자신의 존엄성과 자주성을 보호하고 유지하기 위해서 유일하게 할 수 있는 선택이 개인적 권리의 개념이 근대 프라이버시 개념의 근간이 되었다.

이러한 소극적 성격의 권리로서의 프라이버시 개념은 점차 자기 정보 통제의 중요성을 강조하는 경향으로 변하기 시작한다. 이러한 점은 한 연방법원의 판결문에서 잘 드러난다. 법원은 "프라이버시권의 중요한 요소로서 일반적으로 '홀로 있을 권리right to be left alone'를 들 수 있다. 이는 생활의 행복을 추구하기 위한 묵상 또는 다른 목적들을 위해 평온함의 수단을 성취하는 데 있어 타인에 의해 통제되지 않는 것, 지속적이고 세속적인 공격으로부터 자유를 누릴 수 있는 것, 공적인 주시(注目)로부터 개인적이고 사적인 특성과 행동이 보호받는 것, 사적인 일私事의 범위에 대한 것을 포함하는 개념이다. 그 이론적 근거는 비합법적인 정보 수집 행위로부터 개인의 사생활에 대한 보호까지 포함된다. 그러나 인간과 기계에 의한 정보의 비합법적인 탐색, 수집, 저장, 분배 및 전파 등의 현상은 프라이버시권이 '자유·인격 및 자존심을 침해하는 인격을 상실케 하는 행위를 금지한다는 것을 의미한다"고 밝혔다(Galella v. Onassis, 353 F.Supp. 196 (S.D.N.Y. 1972)).

2) 정보화 사회에서의 프라이버시권

프라이버시의 개념은 점차 사상의 자유, 자신의 신체에 대한 통제권, 집에서 홀로 고독을 즐길 권리, 자신의 정보에 대한 통제권, 감시로부터의 자유, 명예의 보호, 수색과 조사로부터의 자유 등 상당히 광범위한 권리들을 포괄하는 방식으로 발전하였다(Solove, 2002). 학자들은 이를 몇 가지 프라이버시와 관련한 권리들로 정리하였는데, 정보 프라이버시, 액세스 프라이버시, 표현 프라이버시로 나누거나(DeCew, 1997), 실질적 공간에 대한 프라이버시, 선택 관련 프라이버시, 개인 정보의 흐름과 관련한 프라이버시로 나누거나(Kang, 1998), 정보 프라이버시, 공간에 대한 프라이버시, 개인적 프라이버시, 결정에 대한 프라이버시, 관계에 대한 프라이버시(Resseler, 2004) 등으로 구분하였다.

특히 인터넷 기술과 디지털 미디어가 개인에 대한 정보의 수집, 저장, 가공 및 전파의 능력을 증대시키고 정부뿐만 아니라 사적인 기관들 역시 많은 개인 정보를 보유하게 되면서 개인의 홀로 있을 권리는 정보 프라이버시의 개념으로 발전하게 된다. 실제로 조그만 동네의 비디오 가게에서부터 다양한 웹사이트에 이르기까지 개인들이 접촉하는 모든 곳에서 개인에 대한 정보는 수집되고 있다. 이처럼 상황이 변화하면서 프라이버시 이론들은 프라이버시권을 정보에 대한 개인의 통제권이라는 개념을 중심으로 하여 발전하였다.

연구자들도 프라이버시권을 "자신에 관한 정보의 흐름을 통제할 수 있는 권리(the right of individual to control information about himself"(Miller, 1971, p.226)로 보거나, "개인·단체·기관이 자신에 관한 정보를 언제, 어떻게 그리고 어느 정도로 타인에게 유통시키느냐를 본인 스스로 결정할 수 있는 권리"(Westin, 1967, p.7) 또는 "우린 자신들에 관한 정보의 부재를 의미하는 것이 아니라, 우리 자신에 관한 정보를 우리 스스로 제어하는 권리"(Fried, 1968, p.482)라고 정의하였다.

이러한 개인 정보 통제와 관련된 프라이버시권의 개념은 디지털 기술이 발전하면서 더욱 중요한 의미를 갖는다. 이에 대해 연구자들과 정책가들이 이러한 정보 프라이버시의 개념에 중점을 둔 논의를 계속해 오고 있다. 이에 따라 대다수의 프라이버시 정책들이 개인 정보의 수집과 이용에 대한 통제를 근본으로 하는 개인 정보 보호에 관한 법률과 이와 관련한 자율 규제 및 기술적 해결 방안 등에 집중되는 실정이다.

미국의 경우 입법적 · 통제적 방법보다는 자율 규제적 방법을 통해 프라이버시를 보호하려고 하고 있는데, 주로 사업자들의 윤리 강령이나 기술적 해결 방안 등을 통해 개인의 정보 보호를 꾀하려 하고 있다. 그러나 1974년부터 "프라이버시법(Privacy Act of 1974)"을 제정하여 개인 정보의 공개, 개인의 접근, 개인의 참여, 수집 제한, 사용 제한, 제공 제한, 정보 관리, 책임의 원칙을 정한 후 각각의 상황에 따라 법적인 조치를 하도록 하고 있으며,52 프라이버시 보호를 위한 계약적 방법을 선호하여, 일반 이용자와 인터넷 사업자 간에 약관 등을 통하여 이용자가 정보 이전에 동의하는 경우 이를 문제 삼지 않고 있다. 사전적인 정보 통제보다는 정보의 흐름을 원활하게 하면서 개인 정보의 사용으로 인해 프라이버시 침해가 일어났을 경우 개인이 이를 소송 등을 통해 해결하도록 한다는 것이다.

한편 유럽의 경우 1996년 유럽연합정보보호지침European Community Directive on Data Protection을 채택하여 개인 정보에 대한 사전적 통제의 필요성과 이러한 통제를 위한 정부의 역할 및 입법의 필요성 등을 강조하고 있다. 유럽연합의 약 15개국이 이 지침(1998년 시행)을 수용하고 있는 것으로 보이는데, 지침에 따르면 회원국 국민들은 자신에 관한 정보에 접근할 권리, 잘못된 정보를 수정할 권리, 정보 침해에 대해 청원할 권리, 허락 없이는 마케팅의 목적으로 정보가 사용되는 것을 금할 수 있는 권리를 갖도록 되어 있다. 이러한 지침은 또한 개인뿐만 아니라

---

52. 예를 들어 전자커뮤니케이션프라이버시법Electronic Communications Privacy Act을 통해 인터넷 이용자들을 모니터하지 못하도록 제한하고 있는데, 예외 조항이 상당히 많아서 인터넷 사업자(ISP)들의 권리가 충분히 보호되고 있는 측면이 강하다.

정부와 민간 부문의 DB에 대해서도 같은 기준을 정하고, 유럽연합과 비슷한 수준의 개인 정보 보호 정책을 제도화하지 않는 국가에게는 정보의 이전을 금지하도록 하고 있다.

한국의 경우 1980년 제정된 제5공화국 헌법에서 사생활의 비밀과 자유에 대한 보장을 규정하여 헌법상으로 프라이버시를 권리로서 인정하고 있으나, 아직 판례상으로는 이를 독립된 권리로서 인정하는지 불분명한 것으로 보인다. 그러나 공공기관의 개인정보보호에 관한 법률을 통해 공공 기관에 의한 개인 정보의 수집 및 사용을 제한하고 있다. 이는 1994년에 제정되고 1995년부터 시행되고 있으며, 국민의 개인 정보를 이 법의 예외 조항에 의하지 않고 유출한 공무원은 3년 이하의 징역 또는 1000만 원 이하의 벌금에 처하고 있다.

또한 전자 미디어를 통한 개인 정보의 수집과 사용은 정보통신망 법을 통하여 제한하여 사적 기관들에도 OECD 프라이버시 지침을 적용하고자 하고 있다. 이는 2001년부터 시행되고 있으며 이 법을 위반한 사업자는 5년 이하의 징역, 5000만 원 이하의 벌금에 처하고 있다. 이밖에 신용정보의 이용에 관한 법률 등 개별 법률 및 스팸메일, 위장 정보 등 새로운 개인 정보 이용 사례에 따른 지침들을 만들어 적용하고 있다. 또한 민간 부문에 대한 개인 정보 통제를 위해 '민간부문의 개인 정보 보호에 관한 법률'이나 '개인정보보호기본법' 등의 제정을 정부와 의회가 추진하고 있다. 이러한 점은 미국이나 유럽의 경우와 유사하게 우리나라의 경우에도 프라이버시의 개념이 점차 자기정보통제권의 개념으로 변화하고 있음을 알 수 있다.

연구자들은 고전적인 프라이버시 개념에 비해 "자기 정보에 대한 통제권"의 개념을 보다 적극적인 권리 개념으로 평가하고 있다(Yoo, 2005).

그러나 과연 실제 환경에서 이러한 정보 프라이버시 개념과 이에 기반한 현재의 프라이버시 제도가 개인의 프라이버시를 더 많이, 또는 더 적절하게 보호하게 되는지에 대해서는 체계적으로 논의된 바가 많지 않다.

3) 한국에서의 프라이버시권 논의

프라이버시 권리는 인간의 생존에 가장 기본적인 권리임에도 우리의 경우 비교적 최근에 이르러 인정된 권리이다(박용상, 2008). 우리 헌법 제10조는 "모든 국민은 인간으로서의 존엄과 가치를 가지며 행복을 추구할 권리를 가진다. 국가는 개인이 가지는 불가침의 기본적 인권을 확인하고 이를 보장할 의무를 진다"고 규정하여 인간의 존엄을 헌법상 최고의 가치로 규정하고 있다. 또 사생활의 비밀과 자유(제17조)와 통신의 비밀(제18조) 규정을 통하여 프라이버시를 보장하고 있다.

헌법재판소도 "헌법 제10조는 '모든 국민은 인간으로서의 존엄과 가치를 가지며, 행복을 추구할 권리를 가진다……'라고 규정하여 모든 기본권 보장의 종국적 목적(기본 이념)이라고 할 수 있는 인간의 본질이며 고유한 가치인 개인의 인격권과 행복추구권을 보장하고 있다"고 판시한 바 있다(헌재 1990.9.10. 선고 89헌마82 결정). 이러한 근거를 갖는 프라이버시권에 관하여 이를 2005년 언론중재법을 통하여 보장하게 되었다. 인격권을 명문으로 규정한 것은 인격 가치 일반의 법적 보호를 가능하게 하는 일반 조항을 의미하는 것이고 동시에 프라이버시를 비롯한 다양한 인격 가치를 개별적인 인격권으로 보호할 수 있음을 의미한다.

실제로 우리나라의 경우 프라이버시와 언론 자유와의 조화로운 균형의 필요성은 정보화가 급속히 진행된 지난 10여 년 동안 크게 요구되어 왔다. 법원 또한 이 점을 부분적으로 이해하고 있는 것으로 보이며, 이에 대한 학술적 연구들도 나오기 시작했다. 그러나 연구들의 경우 언론학적 입장에서 언론의 프라이버시 침해와 관련된 판례를 분석하고 면책사유의 적용성에 대해 다룬 연구들은 아직 많지 않다.

예를 들어 변재옥(1999)은 프라이버시권의 쟁점과 관련된 자신의 책에서 정보 사회의 도래에 있어서의 프라이버시권 개념을 소개하고 미국에서의 프라이버시권의 발전 과정에 대한 전체적 조망을 통해서 한국의 경우에도 프라이버시권의 개념이 중요한 법적 쟁점이 될 것이라고 지적했다. 양창수(1991), 방석호(1995), 강경근(1999)의 연구들도 역시 정보화 사회에서의 프라이버시권 문제를 다루면서 프라이버시 침해 관련 국내 판결의 경향이 어떻게 나타나고 있는가를 분석하고 있다. 안경환(1988)과 염규호(1994)는 주로 미국의 프라이버시 관련 법제와 언론 자유의 문제에 대해 연구하였다.

2005년 이전의 연구들에 따르면 한국에서 프라이버시가 '권리'인가 아니면 '법적 이익'에 속하는가 하는 점에 대해 미국과 마찬가지로 학설상의 대립이 있었다(한위수, 1999; 한병구, 2000). 그런데 만일 프라이버시권이 법적 이익에 불과하다면 사생활 침해에 대한 손해배상을 청구할 수는 있으나, 미래의 사생활 침해를 예방하기 위한 금지 가처분 청구는 불가능하다.

우리나라 대법원은 프라이버시권을 "사람이 자신의 사생활의 비밀에 관한 사항을 함부로 타인에게 공개 당하지 아니할 법적 이익"으로 판시하여, 비록 프라이버시를 권리로서 명시적으로 승인한 적이 아직 없으나 사생활의 비밀과 자유 또는 사생활의 평온이나 은밀함에 대한 침해를 이유로 한 가처분 등을 인용함으로써 간접적으로 권리성을 인정하였다(한위수, 1999, p.49). 다시 말하자면 2005년 이전에도 비록 프라이버시라는 용어는 사용하지 않았으나 이를 하나의 개인적 기본권으로 판단하고 있었다고 할 수 있다.

그럼에도 프라이버시를 명예훼손과 엄격하게 구분하지 않았던 탓에 인터넷에서의 프라이버시에 대한 침해가 발생하는 경우 우리나라 법원은 일단 명예훼손에서와 같이 형법 제310조상의 진실성과 공익성의 위법성조각사유를 적용하게 될 가능성이 크다. 따라서 비록 진실성 요건이 사생활 침해에 적용되는 것은 아니라고 하더라도, 공익성은 면책사유로서의 실질적 효력을 갖는다. 문제는 이러한 면책사유가 인터넷에서도 적용될 수 있는가 하는 점이다. 인터넷에서는 기존의 미디어보다 좀더 복잡한 판단 절차가 필요할 것으로 보인다.

예를 들어 인터넷의 전자게시판의 경우 기존의 출판물과 다르게 이용자들의 표현을 보장하는 공개장으로서의 인식과 함께 이로 인한 개인들의 자유로운 사생활과 비밀에 대해 발생할 수 있는 피해를 동시에 고려해야만 한다(박선영, 2002). 또한 사이버 공간은 쌍방향적 속성, 이용자들의 편집 자율성 증가, 정보 유통의 속도와 범위의 확대라는 측면에서 이용자들의 표현의 영역이 넓어졌지만, 한편으로는 익명성이 강하다는 점, 신뢰성이 떨어진다는 특성으로 개인의 사생활과 비밀을 침해할 가능성이 더욱 커졌다는 점이 모두 고려되어야 한다.

특히 인터넷상의 익명성은 명예훼손의 문제와 함께 지속적으로 뜨거운 논쟁의 대상이 되고 있다(Long, 1994; Froomkin, 1999). 우리나라에서는 2003년 정보통신부에서 신분 확인의 절차를 거쳐야만 공공 기관의 게시판을 이용할 수 있도록 하는 인터넷 실명제를 제안하여 논쟁을 일으킨 바 있었고, 미국에서는 발신자의 위치나 신분을 숨기고 전자메일을 보낼 수 있는 익명 메일러anonymous mailer의 출현이 논쟁을 촉발시켰다 (Tien, 1996). 익명적 커뮤니케이션에 대해 반대하는 입장은 대부분은 명예훼손적 메시지나 위협, 욕설과 같은 극단적인 경우에 초점을 두고 있다(Tien, 1996). 그러나 익명성의 비용 분석을 바탕으로 한 연구에 따르면, 익명성은 가치 있는 결과와 해로운 결과를 모두 가져올 수 있다 (Froomkin, 1996). 익명적 커뮤니케이션을 허용할 때 일어나는 비용으로서 가장 많이 언급되는 것은 불법적이거나 비윤리적인 활동을 적발하는 데 효율성이 떨어진다는 점이다(Froomkin, 1996).

핵심적인 것은 정보화 사회로 진입하면서 개인들의 프라이버시에 대한 침해의 가능성과 정도가 커지고 있다는 점이다. 특히 개인 정보의 생산과 통제의 중요성이 커지게 되는데, 이에 대해서 서울고등법원은 한 판결에서 "사생활의 비밀과 자유의 불가침은 사생활의 내용을 공개 당하지 않을 권리, 자신에 관한 정보를 스스로 관리, 통제할 수 있는 권리 등을 내용으로 하는 인격권으로서 오늘날 정보 사회가 급속히 진행되면서 그 보호가 절실한 권리"라고 판시한 바 있다(서울고법 94구39262 판결; 한국언론재단, 2002, p.316에서 재인용).

현재까지 인터넷에서의 프라이버시 침해를 다룬 독립된 판례는 소수에 불과하지만 실제로 현실 공간의 경우에도 프라이버시 침해가 본격적인 사법 문제로 논의되기 시작한 것은 1990년대에 들어서이다(한위수, 1999). 전술한 바와 같이 헌법적으로는 제17조에 규정된 '사생활의 비밀과 자유' 조항을 통하여 프라이버시권이 보호되는데, 개인의 의사에 반하여 사생활에 관련된 정보가 타인에게 알려지지 않고 개인 자신이 간직할 수 있도록 외부적 간섭을 받지 않을 권리로 인정하고 있다.

이때 사생활의 비밀이란 사생활의 부당한 공개로부터의 자유를 말하는 것이고, 사생활의 자유란 개인의 사적인 생활을 영위할 수 있는 자유를 말한다(강영호 외, 2002, p.1275). 비록 초상권 침해와 관련된 판결의 경우에는 1990년 이전에도 존재했지만(박용상, 1997; 1995) 판례상으로 프라이버시 개념은 전통적으로 크게 인식되지 못했다. 이는 미디어에 의한 '프라이버시 침해'를 오랫동안 미디어에 의한 '명예훼손과 구분' 없이 다루어 왔다는 점에서 잘 나타나 있다(박선영, 2002b).

그러나 인터넷이 급속히 보급되고 프라이버시에 대한 우려와 관심이 고조되면서 헌법 제10조에서 규정하는 '인간 존엄성'과 '행복 추구'를 위한 기본 권리로서의 인식이 점차 커지기 시작하였다(박용상, 1997). 예를 들어 형법 제126조는 공판 청구 전에 범죄 수사자가 피의 사실을 공표하지 못하도록 규정하였으며, 1994년 제정된 '공공기관의 개인정보보호에 관한 법률'(개인정보보호법)은 공공 기관이 컴퓨터로 개인의 정보를 처리하면서 발생하는 사생활의 불이익을 막고자 하였고, 또한 형법 제316조의 경우에도 개인의 비밀이 담긴 편지 또는 특수 미디어 기록을 보호하도록 규정하고 있는데, 이는 모두 프라이버시 보호의 인식에 근거한 것이라고 할 수 있다.

3. 관련 판례

1) 미국

인터넷에서 프라이버시의 중요성은 점점 더 크게 인식되고 있다. 전술한 바와 같이 개인의 정보를 본인의 동의 없이 남용하는 경우가 가장 큰 문제로 등장하였다. 인터넷에서의 표현 자유와 프라이버시 사이의 갈등을 처음 살핀 판례는 1995년 하워드 스턴 대 델파이 서비스 사Howard Stern v. Delphi Service Corporation 사건이다. 이는 인터넷 전자게시판을 통하여 게임, 뉴스, 주식 시세, 참고물, 양방향 회담, 그리고 전자게시판 메시지 서비스를 10만 이상의 유료 가입자에게 제공하는 회사가 사생활 침해로 피소되면서 시작되었다.

당시 작가이자 라디오 토크쇼 호스트이며 예비 정치인인 하워드 스턴Howard Stern은 뉴욕 주지사에 입후보하겠다고 공개적으로 선언하였고 피고 회사는 원고의 입후보 사실에 대하여 회원들이 참여하여 논쟁을 하도록 전자게시판을 개설하였다. 전자게시판에서의 논쟁을 홍보하기 위해 피고 회사는 전자게시판과 함께 <뉴욕 매거진New York Magazine>과 <뉴욕 포스트New York Post>에 한 면 전체에 광고를 게재하였는데, 이때 원고의 사진을 당사자의 '동의' 없이 이용하였다. 그 사진에서 원고는 가죽으로 된 바지를 입었는데, 그의 둔부가 노출되어 우스꽝스럽게 묘사되었다. 이에 원고는 비록 그가 사진을 위해 포즈를 취하기는 하였지만 그는 사진의 외설적 묘사보다는 자신의 동의를 받지 않았다는 사실을 문제 삼아 자신의 사생활이 침해되었다며 발행 금지 가처분 신청과 함께 손해배상을 청구하였다. 당시 뉴욕주법에 따르면 개인의 허가 없이 성명이나 초상을 상업적으로 이용하는 것은 금지되었다.

법원은 이 사건에서 제일 먼저 전자게시판을 뉴스 배포자로 보아야 하는지, 일시적인 이용 금지 조치가 가능한지, 그리고 피고가 수정헌법상 보호의 자격이 있는지에 논의의 초점을 두었다. 법원은 먼저 피고 회사의 온라인 서비스를 독자가 정보를 얻기 위해서 돈을 지불해야 하는 뉴스 공급자나 서점, 또는 신문에 실리는 독자 칼럼과 유사한 것으로 판단하였다. 또한 원고의 성명이나 초상이 원고의 입후보에 대하여 대중적인 논쟁을 이끌어 내기 위해서 사용되었기 때문에 뉴스 가치가 있는 내용을 널리 알리는 뉴스 배포자가 전통적으로 누려 온 보호를 받을 자격이 있다고 보았다.

법원은 전자게시판을 이용하는 것은 뉴스 배포자들이 뉴스를 알리고 자신의 정보를 공개하는 것이 헌법적 보호를 받는 것과 같은 맥락이며, 원고의 입후보는 이른바 선거 정치라는 측면에서 공공의 관심사로 간주될 수 있다고 보았다. 그래서 피고 회사가 (제공되는 서비스의 본질상) 공중에게 정보를 전달하지 못하게 하는 것은 위헌이라고 판단했다. 또한 법원은 원고가 사진을 위해 둔부가 노출되는 것처럼 특이하게 포즈를 취한 것은 원래 자신이 주지사로 입후보자임을 홍보하기 위한 것이었고 원고가 피고 회사를 침묵하게 만들어 구할 수 있는 이익이 없다고 판시했다. 또한 광고의 목적은 피고 회사의 인터넷 서비스를 홍보하려는 목적이었다고 하지만 전자게시판에 캡션과 함께 스턴의 사진을 게재한 것은 게시판의 목적과 부합한다고 보았다(165 Misc.2d 21(N.Y.Sup.Ct. 1995)).

전자게시판으로 인한 인격권 침해와 더불어 전자메일로 인한 프라이버시 침해도 증가 추세에 있다. 이는 정보화의 역기능으로 인한 개인들의 사생활 침해에 대한 공포와 의심이 증가했다는 점을 의미한다. 미국의 경우 전자메일과 관련된 법적 문제를 다루는 연방법은 1986년 제정된 전자통신프라이버시법The Electronic Communications Privacy Act이다. 이 법은 공중 전화 시스템의 사생활의 비밀은 물론 공적인 전자메일 시스템에서의 사적 커뮤니케이션도 보호하고 있다. 그래서 의도적으로 유선, 무선의 커뮤니케이션을 도청하는 것은 범죄를 구성한다. 만일 불법적으로 타인의 전자메일을 편취하거나 이를 공개하는 경우 징역 5년의 처벌을 받도록 규정되어 있다(Rosenoer, 1996).

전자메일에 의한 사생활 침해 문제를 본격적으로 다룬 판례는 1996년 마이클 스미스 대 필즈베리사Michael A. Smyth v. Phillsbury Company 사건이다. 당시 필즈베리사의 임시 직원이었던 원고는 그의 상사로부터 회사의 전자메일 시스템을 통해 집 컴퓨터로 전달된 메일을 받는다. 그리고 며칠 후 완전히 비밀 보장을 하겠다는 것과 달리, 피고 회사는 원고의 전자메일을 중간에 가로챈다. 메일의 내용은 판매부장에 대한 비난과 관련된 것으로 "그 나쁜 배신자 놈을 죽이겠다"는 말이 담겨 있으며, 회사의 계획된 휴일 파티를 '짐 존스 눈치보기 행사Jim Jones koolaid affair'라고 비아냥거리고 있다. 결과적으로 원고는 전문가로서 부적절한 언사로 간주되는 내용을 회사의 메일 시스템을 통해서 유포한 이유로 해고되었다. 법원은 원고가 자신에게 어떤 보상이 주어져야 하는가 입증하는 데 실패했다고 보았다. 회사 내부의 시스템을 통한 전자메일 통신에 프라이버시를 바라는 것은 지나친 기대이며, 통신을 회사 경영진이 중간에 가로채지 않을 것이라고 보장한 것도 아니었기 때문이다.

중요한 것은 회사의 피고용인도 나름대로 프라이버시를 가진다고 할 것이나 피고 회사가 원고에게 개인 정보(예를 들면 소변 검사 기록 등)를 밝히라고 요구한 것도 아니며 고용인의 개인적 체면을 상하게 한 것도 아니라는 사실이라고 법원은 밝혔다. 오히려 원고는 자발적으로 회사의 전자메일 시스템을 이용하여 문제되는 언사를 유포하였기 때문에 프라이버시권의 이익이 침해되었다고 볼 수 없다고 법원은 설명하였다. 더욱이 전자메일 시스템상의 부적절한 사용이나 불법적인 행위를 규제함으로써 발생하는 회사의 이익은 피고용인의 사적 이익에 앞서는 것이라고 봄이 바람직하다고 보았다(914 F.Supp 97 (E.D. Pa., 1996)).

이 사건은 1993년 보르크 대 닛산자동차(Bourke v. Nissan Motors 사건 결과와 유사한 모습을 보인다. 여기서는 닛산자동차의 직원이 교육 기간 동안 자신들의 전자메일을 모니터링한 회사를 상대로 소송을 제기하였다. 법원은 고용인이 회사 내에서 개인 전자메일을 읽는 것은 고용 계약시 서명한 컴퓨터 약관 등에 의해서, 그리고 회사가 메일을 감시하고 있음을 고지한 점을 통해 프라이버시의 침해가 아니라고 밝혔다(한국언론재단, 2001, p.201).

이러한 사생활 문제는 4년 뒤의 미국 대 시몬스(United States v. Simons 사건에서 프라이버시 문제가 다시 논의되었다(206 F.2d 392 (4th Cir. 2000)). 시몬스는 CIA 계열의 FBIS 사무소에서 근무하는 전기 기술자였다. 그런데 FBIS는 공무와 관련되지 않은 경우에는 인터넷을 사용하지 말라는 내부 정책이 있었다. 정책에는 FBIS가 이용자가 정책에 따르는가를 살피기 위해서 전자적인 점검을 시행한다는 경고를 포함하고 있다. FBIS는 한 기업과 방화벽을 설치하기로 계약을 맺었다. 그런데 방화벽 테스트에서 'sex'라는 단어를 입력하자 시몬스의 컴퓨터에서 상당한 조회수가 발견되었다. 이는 즉시 상부에 보고되었고 심도 깊은 조사가 벌어졌다. 그러자 유아 포르노를 비롯한 포르노그래피 이미지들이 경찰 조사 결과 발견되었다. 경찰은 컴퓨터에 대한 수색 영장을 발급받고 유아 포르노를 포함한 포르노그래피를 알면서 소지한 죄로 시몬스를 체포하였다.

여기서의 쟁점은 최초의 수색 영장 없는 수색이 피소자의 불법적인 압수 수색을 금지하는 수정헌법 제4조의 권리를 침해한 것은 아닌가 하는 것이다. 법원은 압수 수색이 불법적인 것이 아니라고 판시했다. 실제로 시몬스가 압수 수색된 곳에서 자신에게 프라이버시가 인정되어야 한다는 객관적인 기대를 증명해야만 한다. 이를 증명하기 위해서는 프라이버시에 대한 주관적인 기대가 사회에서 객관적으로 믿을 만한 것이어야 한다. 정부의 피고용인들은 그들의 사무실이나 그들의 책상이나 파일 캐비닛의 이용에 프라이버시가 정당하게 보장될 것이라 기대한다. 그러나 정부의 행정, 절차, 규정 등의 경우 기대의 정도가 낮아지게 되면 FBIS의 인터넷 정책에 비추어 볼 때 시몬스는 프라이버시의 정당한 기대를 갖는 것은 아니었다. 시몬스의 주관적인 프라이버시에 대한 기대는 일단 FBIS가 피고용자들에게 인터넷 이용을 감독하고 있다는 것을 고시한 이상 유효하지 않다고 법원은 판시했다.

또 다른 전자메일 관련 판례인 맥베이 대 코헨McVeigh v. Cohen et al. 사건은 인터넷을 통한 잘못된 내용의 유포가 사생활 침해를 가져온다는 것을 보여 준다. 이 사건에서 원고 맥베이는 성적 정향성의 이유로 미국 해군에서 강제로 전역 당하면서, 그가 동성애자라는 사실이 인터넷 서비스 업체인 AOL을 통해서 드러났다는 것을 알았다. 이 사건은 AOL사가 강제 전역의 부당성을 알리는 익명의 전자메일을 보낸 사람이 원고인 것으로 판단하고 그가 동성애자라는 사실을 동성애자 회원 주소록을 통해 파악한 다음 원고의 성적 정향성*sexual orientation*을 공개하면서 발생하였다. 맥베이는 AOL이 자신의 동의 없이 사적 사실을 공표하여 자신의 프라이버시권을 침해하였으며 동성애자라는 이유로 자신이 강제 전역 당하는 것은 부당하다는 소송을 제기하였다. 항소심 법원은 해군에게 강제 전역 금지 가처분 명령을 내리면서 해군이 사적인 문제에 대한 사실의 공개를 금지하는 이른바 "Ask, Don't Tell" 정책을 위반하였다고 판시하였다. 동시에 법원은 맥베이와 그의 전자메일에 대한 정보를 의도적으로 공개한 AOL사가 궁극적으로 1986년 전자통신프라이버시법The Electronic Communications Privacy Act을 위반한 것이라고 판단했다(983 F.Supp.215 (D.D.C., 1998)).

전자메일로 인한 사생활 침해는 전자메일을 통해서 전파되는 스팸메일에서도 발생하는데, 사이버 프로모션사 대 아메리카 온라인Cyber Promotions, Inc. v. America Online, Inc. 사건이 이와 관련 있다. 이 사건에서 펜실베이니아 주 항소심 법원은 AOL사의 회원들에게 원치 않는 스팸메일을 유포한 사이버 프로모션사의 행위가 사생활 침해인가를 다루고 있다. AOL사는 자신들의 전자메일 시스템을 통해서 회원들에게 광고를 보내지 말 것을 통보했으나 사이버 프로모션사가 계속적으로 스팸메일을 보내자 AOL사는 대량의 스팸메일이 자동적으로 반송되도록 하는 '폭탄bombing' 조치를 했다. 사이버 프로모션사는 스팸메일이 자사가 거래하던 ISP에게 되돌려 보내져 서비스가 거의 불능 상태에 빠지게 되었고 이로 인해 기존에 거래하던 인터넷 서비스 제공자와 관계를 끊게 되었다고 주장하면서 컴퓨터 사기 및 남용에 관한 법Computer Fraud & Abuse Act 위반으로 소송을 제기했다. 이에 대해 AOL사는 사이버 프

로모션사를 상대로 전자통신프라이버시법 위반으로 맞고소했다. AOL
사는 요금도 지불하지 않고 수백만 통의 전자메일을 AOL 인터넷 서버
를 통해서 전달하여 자신들의 서버에 과부하를 일으키게 되었다고 주
장했다. 반면 사이버 프로모션사는 AOL사의 전자메일 서비스는 대중
들에게 공개된 것이라고 주장하였다. 그러나 법원은 AOL이 개인 소유
의 회사이며 정부와 관련된 어떠한 행위도 하지 않기 때문에 사이버
프로모션사의 주장과 달리 사이버 프로모션사는 AOL사의 회원들에게
원치 않는 전자메일을 보낼 헌법상의 어떠한 권리도 갖지 못한다고 판
시하였다(Cyber Promotions, Inc. v. America Online, Inc., 948 F.Supp. 436 (E.D.Pa.
1996)). 이 사건은 동의를 받지 않는 메일을 보내는 것은 이용자들의
사생활 침해라는 사실을 명확히 하였으며, 동시에 스팸메일을 금지하는
인터넷 서비스 제공자들의 행위는 일부 정당한 것임을 확인하였다.

2) 일본

일본의 경우 인터넷에서 이용자의 프라이버시를 침해한 사건은 소
수에 불과하다. 그러나 프라이버시 침해가 어떻게 발생하는가에 대해서
나름대로의 구체적 기준을 설정하고 있다는 점이 주목할 만하다. 프라
이버시와 관련된 대표 판례로 고베지방법원의 판결이 있다(神戸地判 平成
11年6月23日 判時1700号99頁). 이 판결에서 법원은 PC 통신의 게시판에 타
회원의 연락처 등의 개인 정보를 무단으로 게재한 행위가 프라이버시
권을 침해하는 것이라고 판시했다. 이 사건은 안과 의사인 원고의 개인
정보를 피고가 PC 통신의 전자게시판에 게재함으로써 발생하였다. 원
고는 이후 괴롭힘을 당했다고 주장하는데, 예를 들어 피고는 아무 말도

없이 끊는 전화를 수차례 거는 등의 혐의를 받았으며, 또 진료를 방해하는 등의 행위로 인하여 고의적으로 원고의 프라이버시를 침해하여 불법 행위를 구성하기 때문에 피고에 손해배상 책임이 인정되었다.

한편 동경지방법원은 시스템 오퍼레이터 및 이를 고용한 사람인 PC 통신 운영 회사의 책임을 부정하는 판결을 내렸다(東京地判 平成 13(2001) 年8月27日 判時1778号90頁). PC 통신에 가입해 있던 원고는 1998년에 니프티서브가 운영하는 전자게시판인 "책과 잡지의 포럼"에 타 회원과 용어의 한자 표기법과 관련된 논쟁을 벌었다. 원고는 다른 회원이 '당신의 망상특급의 뜨거움에는 정말 감복하였다' 등의 비방적인 글을 쓰자 원고는 자신의 명예를 손상당했다며 전자회의실을 운영하는 니프티서브를 상대로 회원 정보 공개로 인한 100만 엔의 손해배상 청구 소송을 제기했다. 원고는 니프티서브를 관리 운영하는 피고가 다른 회원의 불법 행위에 대하여 적절한 조치를 취하지 않았기 때문에 정신적 피해를 입었다고 주장하였다.

또한 피고가 합리적 이유 없이 동 회원의 계약 정보를 은닉, 은폐하고, 원고의 명예회복을 방해하며, 인격권 보호를 위한 금지 청구권 및 불법 행위를 통한 방해 배제 청구권에 근거해서 글을 올린 회원의 성명, 주소의 정보의 공개를 추구하지만 이는 수용될 수 없다고 보았다. 결국 재판에서 게시판에 올라온 글의 내용이 명예를 훼손했는지 아닌지 하는 것과 글을 올린 회원의 개인 정보를 니프티서브가 거부하는 것이 타당한가 하는 것이 쟁점이 되었다. 법원은 "언론에 의한 침해에 대하여 언론으로 대항하는 것은 표현의 자유의 기본 원리이다. PC 통신은 필요하면 충분한 반론이 용이한 매체이다. 대항 언론으로서 위법성이 조각되는가 아닌가를 검토해야 한다"고 밝히면서 게시판에 오른

양자 간의 글을 검토하였으며 글을 올린 회원의 불법 행위 책임이 없다고 판단하고 원고의 청구를 기각하였다.

인터넷이 본격적으로 이용되면서 전자메일과 관련된 프라이버시 침해 소송도 나오기 시작하였다. 동경지방법원은 전자메일을 무단으로 모니터링하는 것은 프라이버시 침해라고 판시하였다(東京地判 平成13(2001)年12月3日 勞判826号76頁 · NBL734号6頁). 이 사건은 사용자가 직원의 전자메일을 무단으로 모니터링하면서 발생하였는데, 법원은 회사의 직원에 대한 프라이버시권 침해의 책임을 인정하지 않았다. 이는 회사의 사업부장인 피고인 부서에 직속된 여성 비서가 자신과 남편이 사내 네트워크 시스템을 이용해서 송수신을 했던 사적인 전자메일을 피고가 감시하고 허가 없이 검열하였다며 불법 행위를 근거로 손해배상을 청구한 사안이다. 법원은 전자메일을 사적으로 사용하는 것에 전혀 프라이버시권이 없다고 말하기는 힘들지만, 사내 네트워크 시스템이므로 보호의 범위는 통상의 전화 장치의 경우보다도 상당 정도 떨어지고, 사회 통념상 상당한 범위를 벗어난 감시의 경우에 한하여 프라이버시권 침해가 인정되므로 이 사건에서는 원고들의 사적 사용의 정도가 허용 한계를 초과하는 것 등을 이유로 감시 행위가 전술한 범위를 벗어났다고 말할 수 없다고 하여 청구를 기각하였다. 이는 사내 비밀 보호 등의 목적으로 조직 내 네트워크 사용에 프라이버시 보호를 받지 못한다는 미국의 판례와 유사한 결정이다.

3) 한국

언론중재법에 인격권 관련 조항이 있으나 현재까지 사생활 침해에 대한 사이버 공간에서의 법리 적용은 대개의 경우 명예훼손에서와 같이 기존법의 법리 적용과 크게 다르지는 않은 것으로 보인다. 예를 들어 서울고등법원은 적법 절차를 갖춘 사람 이외에는 출입이 금지된 개인적 영역에 들어가 본인의 동의를 받지 않고 사진을 촬영해 인터넷 게시판이나 전자메일에 유포하는 등의 행위는 명백한 프라이버시권 침해 및 초상권 침해에 해당한다고 판시하였다(서울고법 2001.1.11. 선고 99나 66474 판결). 또한 사이버 공간에서 사생활의 공개가 불법 행위가 되기 위해서는 "일반인들에게 아직 알려지지 아니한 사항이고, 일반인의 감수성을 기준으로 해서 당해 사인의 입장에 선 경우 공개를 바라지 않을 것이라고 인정되는 사항"이라고 하는 대법원의 해석이 여전히 유효할 것으로 보인다(대법 1998.9.4. 선고 96다11327 판결).

더욱이 사이버 공간의 경우에도 기존의 관련 판결들에서 나타난 바와 같이 잘 알려진 유명인의 경우 어느 정도의 사생활이 침해되는 것을 용인해야 하는 것으로 보인다. 예를 들어 김진명의 소설 ≪무궁화 꽃이 피었습니다≫의 주인공 물리학자 고 이휘소 박사의 가족들이 제기한 소송에서 법원은 "이휘소는 뛰어난 물리학자로서 우리나라 국민들에게 많은 귀감이 될 수 있는 사람으로서 공적 인물이 되었다 할 것인데, 이러한 경우 이휘소와 유족들은 그들의 생활상이 공표되는 것을 어느 정도 수인하여야 할 것이므로 유족들의 인격권 또는 프라이버시가 침해되었다고 볼 수 없다"고 판시하였다(서울지법 1995.6.23. 선고 94카 9230 판결).

유사하게 ≪김우중, 신화는 있다≫라는 책이 문제된 사건에서, 원고는 뛰어난 기업인으로서 국민들에게 많은 귀감이 될 수 있는 사람으로 이미 우리 사회의 공적 인물이 된 사람이며 이처럼 공적 인물이 되었다고 볼 수 있는 경우 그 사람은 자신의 사진, 성명, 가족들의 생활상이 공표되는 것을 어느 정도 용인해야 한다고 판시하였다(서울지법 1995.9.27. 선고 95카합3438 판결).

그럼에도 허위의 사실을 유포하거나 잘못된 인상을 심어 주는 경우에는 사생활 침해가 인정될 것이다. 예를 들어 유명 여배우였던 원고의 동생과 관련하여 동생이 마치 원고의 숨겨진 딸인 것 같은 인상을 주도록 허위로 보도한 데 대해 원고의 프라이버시 침해를 인정하였다(서울지법 1997.2.26. 선고 96가합31227 판결). 또한 과거에 유명해진 사람의 전처 이야기는 공적 관심사가 아니며, 마치 원고가 자발적으로 인터뷰에 응하고 이를 바탕으로 전모 씨의 과거와 이혼 사유를 밝힌 것처럼 허위 보도한 것은 사생활 침해라고 법원은 판시하였다(서울민사지법 1993.12.7. 선고 93가합25344 판결).

현행법에서 살펴보면 2001년 7월 1일부터 시행되고 있는 정보통신망법에서 간접적으로 사생활 침해와 관련된 내용을 엿볼 수 있다. 예를 들어 제4장 제1절 개인 정보의 수집·이용 및 제공 등에 관련된 조항은 개인의 사생활의 자유와 비밀이라는 헌법적인 보호와 일치하는 점이 많다. 그러나 이는 이용자들 간의 사생활 침해 문제에 대한 규정은 아니며, 명예훼손 사건과 같이 벌칙에 대한 법 규정이 명백하지 않기 때문에 어떠한 법적 논리가 적용되는지 아는 것은 쉽지 않다.

앞서 언급한 2000년 5월 PC 통신 이용자가 상대방 이용자에 대해 '저속한 표현을 쓰고 확인되지 않은 사실을 유포'하여 손해배상 책임을 인정한 판결에서 법원은 "사이버 공간이 최근 허위 사실 유포에 따른 명예훼손과 익명성을 이용한 질 낮은 언어가 범람하는 등 역기능이 더해 가고 있는 점을 감안할 때 일정한 제한을 가하지 않을 수 없다"고 판시하면서 비록 사이버 공간이 자유로운 의견 발표와 정보 교류를 그 이상*ideal*으로 한다는 점에 대해 인정하면서도 일정한 제한의 필요성이 있다는 점을 강조했다. 흥미롭게도 이 사건은 만일 개인들의 프라이버시권을 침해할 수 있는 언사가 전자게시판에 게재되어 문제가 되는 경우 기존에 적용되었던 명예훼손에서의 면책사유가 디 이상 인정되지 않을 것이라는 점을 암시하고 있다.

인터넷 게시판 등에 특정 상대방의 사생활에 대한 글을 올린 경우 당사자의 요청이 있으면 경찰이나 검찰 등 수사 기관은 즉시 수사에 착수하여 필요한 경우 형법적 처벌을 하는 경우도 가능하다. 예를 들어 2002년 4월 서울지검은 직원의 전자메일을 불법 감청한 뒤 감청한 내용을 근거로 그 직원을 해고한 한국디지털위성방송의 모 부장을 구속하고 감사팀장 유모 씨 등 2명을 불구속 입건했다. 당시 구속된 이 부장은 2001년 11월 이 회사 소속의 직원이 회사에 불리한 내용을 언론에 유출했다고 판단, 다른 직원들을 시켜 여덟 차례에 걸쳐 그 직원의 전자메일 등을 불법 열람케 하고 컴퓨터 본체와 하드디스크를 떼어 가는 등 '통신비밀보호법'을 위반했다. 이는 '회사가 지급한 컴퓨터라 할지라도 그 내용에 대해 본인의 동의 없이 도청하는 행위'가 명백한 불법임을 밝힌 것으로, 오늘날 기업 등의 조직에서 공공연히 이루어지는 컴퓨터에 대한 감시로서 논란이 되고 있다(<문화일보>, 2002. 4. 22, 6면; <동아일보>, 2002. 10. 27, 42면).

이 사건은 전자메일 불법 열람을 최초로 형사 처벌한 것이었기에 사생활 침해와 관련하여 사회적 관심을 불러 일으켰다.[53] 동시에 한국의 경우 아직 개인 정보 보호 문제나 프라이버시권 문제, 그리고 작업장 감시 문제 등에 관해 문제 의식이 낮은 수준이며 기존의 법적·제도적 보호 장치도 부실하다는 비판이 제기되었다. 그러나 사이버 공간에서의 자유로운 표현이 사법 처리의 대상이 된다면 진정한 표현의 자유란 결코 존재하지 못한다는 우려의 목소리도 만만치 않다(이재진, 2002). 그래서 무조건적인 사이버 공간에서의 표현의 자유도 바람직하지 않지만 익명성이 보장되는 표현의 자유도 확보할 수 있는 방법을 찾아야 한다. 사이버 공간에서도 타인의 인격권을 보호해야 하는 것은 필요하지만 특히 정치적 표현의 경우는 그 보호를 광범위하게 인정해야 할 것으로 보인다(박선영, 2002a).

법원이 안티사이트를 상대로 한 손해배상 소송에서 "공익적 주제를 다룬 안티사이트에는 다른 언론보다 폭넓은 비평이 허용된다"며 원고의 청구를 기각했다. 서울지법은 19일 모 스포츠 신문이 안티사이트 운영자 이모 씨를 상대로 낸 7500만 원의 손해배상 청구 소송에서 원고 패소 판결했다. 법원은 "이 씨가 원고 신문을 '음란화의 일등공신'이라거나 '반기독교적인 사탄과 같은 신문'으로 규정한 것은 명예훼손에 해당하지만 이는 종교적 관점에서 사실을 근거로 공익을 위해 신문의

---

53. PC 통신과 관련해서는 1996년 12월 PC 통신 하이텔 영어동호회 회장 선거에서 후보로 출마했다가 낙선한 A씨는 회장 선거에서 자신을 비난하는 글을 게재한 B씨의 홈페이지에 들어가 "B씨는 홈뱅킹을 통해 돈을 빼돌리고 임신 중인 내 아내를 성폭행했으며, 한총련 주동자로서 안기부의 수배를 받고 있다"는 거짓 내용의 글을 1996년 12월부터 8개월 동안 9차례에 거쳐 A씨를 모욕하거나 비방한 혐의로 지난 1998년 3월에 검찰에 구속 기소되었다(<동아일보>, 1998. 3. 18, 23면).

음란성과 선정성을 지적한 행위로 손해배상 책임이 없다"고 밝혔다.

또한 법원은 "이 씨가 운영하는 안티사이트에 다소 과격한 표현이 존재하더라도 이곳에 접속한 네티즌들이 이를 그대로 받아들이지 않을 것으로 보인다"며 "누구나 인터넷에서 의견 및 주장을 자유롭게 표현할 권리가 있고 공공의 사안에 관해 공정한 평론일 경우에는 다른 언론의 기사보다 폭넓은 비평이 허용된다고 볼 수 있다"고 덧붙였다. 이 신문은 이 씨가 2000년 7월 자사 신문에 대한 안티사이트를 개설하고 기사의 선정성 등을 비판하는 내용의 글과 기사를 잇달아 게재하자 "신문사의 명예를 훼손했다"며 소송을 냈다(<오마이뉴스>, 2001. 9. 19).

우리나라에서 사이버 공간에서의 전형적인 사생활 침해 사건은 이른바 '여자 탤런트 수의 사진 유포 사건'이다. 2003년 5월 27일 서울지법은 미스코리아 출신 탤런트 성○○ 씨가 수의囚衣를 입은 자신의 사진을 인터넷을 통해 유포한 교도소 경비교도원 정모 씨와 국가를 상대로 낸 손해배상 청구 소송에서 "정 씨와 국가는 성 씨에게 각각 2000만 원과 1000만 원을 지급하고 정 씨는 성 씨에게 반성문도 제출하라"며 강제 조정 결정을 내렸다. 성 씨의 변호인은 "성 씨가 심각한 사생활 침해를 당한 점 등을 고려할 때 배상액 3000만 원은 너무 적다"며 이의 신청을 제기했다(<동아일보>, 2003. 5. 28, 31면).

가장 최근의 사생활 침해 관련 판례는 사망자에 대한 정보 보호 여부, 공인의 사생활 문제, 그리고 인터넷 홈페이지 공개 수배의 사생활 침해 여부의 문제를 다루고 있다. 무엇보다 이른바 '사망자 정보의 보호' 판결에서 대법원은 "누구든지 정보통신망에 의하여 처리·보관 또는 전송되는 타인의 정보를 훼손하거나 타인의 비밀을 침해·도용 또는 누설하여서는 아니 된다"는 정보통신망 이용촉진 및 정보보호 등에 관한 법률 제49조를 통해서 사생활 침해 문제를 규정하고 있다. 문제는 규정에서 말하는 '타인'에 이미 사망한 자가 포함되는지 여부다. 대법원은 사망자 정보의 보호법익을 개인 정보의 보호가 아닌 정보통신망의 안정성 및 정보의 신뢰성에서 찾고 있다.

이미 사망한 자의 정보나 비밀이라고 하더라도, 그것이 정보통신망에 의하여 처리·보관 또는 전송되는 중 다른 사람에 의하여 함부로 훼손되거나 침해·도용·누설되는 경우에는 정보통신망의 안정성 및 정보의 신뢰성을 해칠 우려가 있는 점 등에 비추어 볼 때, 위 법 규정에는 '타인'에는 생존하는 개인뿐만 아니라 이미 사망한 자도 포함된다는 것이다(대법 2007.6.14. 선고 2007도2162 판결). 이 결정은 프라이버시권을 일신전속권으로 인정하여 사인死人에는 인정하지 않았던 기존의 경향과 다소 차이가 나는 것이라 주목된다.

또 다른 판결은 한때 '공인'이었던 사람에 대한 최근의 사생활 보도가 당사자의 인격권을 침해하게 되었는가 하는 것이다. 이는 비록 인터넷이 아니라 월간지에 관련된 판결이지만 이는 인터넷에서도 충분히 차용될 수 있다는 점에서 분석에 포함하였다. 한때 텔레비전 드라마에 출연하여 세간의 관심을 끌었으나 1988년 결혼한 이후 평범한 주부로 살고 있는 한 여자 연예인에 대해 본인이 인터뷰를 거절하였음에도, 연예인 시절 힘들었으나 지금은 행복하게 살고 있다는 내용 및 남편의 직업, 실명, 성격 등을 포함한 가족 관계에 관련된 사생활을 보도한 여성 월간지에 대해서 원고의 사생활을 침해하였다고 판결했다(서울중앙지법 2007.1.24. 선고 2006가합24129 판결).

판결에서 피고는 원고가 공적 인물이고 이 사건 기사는 공중의 정당한 관심사이므로 위법성이 조각된다고 주장했으나, "한때는 공적

인물이었거나 유명 사건과 관련된 사인의 사생활이라도 시간의 경과에 따라 공중의 정당한 관심사가 되지 아니할 수 있다"며 "원고는 더 이상 공적 인물이 아니라 할 것이고, 공적 인물이 아닌 원고의 사생활에 대하여 대중의 관심이 갑자기 많아졌다는 이유만으로 공중의 정당한 관심사라고 볼 수도 없다"고 판시했다. 원심에서 법원은 명예훼손에 대한 주장은 받아들이지 않았으나 사생활 침해에 대해서는 긍정하였다.

마지막으로 상당히 흥미롭고 앞으로 논의가 이루어질 수 있는 것이 이른바 '공개 수배 사건'이다. 이 사건은 경찰이 체포 영장을 발부받고 지명 수배하면서 원고의 사진, 주거, 본적, 주민등록번호가 기재된 수배 전단 3만 부를 제작해 전국 경찰서 등에 게시하면서, 경찰청의 인터넷 홈페이지에도 위 수배 전단을 게시하자, 원고가 주민등록번호의 공개 등으로 명예권, 프라이버시권 등 인격권이 침해되었다고 주장한 사건이다.

이에 대해 서울고법은 "일반인들이 피수배자의 주민등록번호를 통하여 피수배자의 신원을 식별한 후 수사 기관에 신고할 수 있는 가능성이 많으므로, 공개 수배시에 주민등록번호를 적시하는 것이 수사 목적의 달성을 위해 유용한 조치인 것으로 보이고, 이 사건의 사정에 비추어 보면, 그로 인해 발생하는 인격권 등에 관한 제한이 수사 목적을 달성하기 위해 반드시 필요한 범위를 벗어나 과도하다거나 또는 그것이 수사 기관에게 부여된 재량권의 범위를 벗어났다거나 재량권을 남용한 것이어서 위법한 것이라고까지 할 수는 없다"며 원고 청구를 기각했다(서울고법 2007.3.30. 선고 2006나31964 판결).

4. 인터넷에서의 프라이버시권 보호

　프라이버시권은 19세기 말에 권리 개념이 형성된 이후 개인과 외부 환경과의 권력 관계를 조절하는 기제로서 다양한 모습으로 발전해 왔다(DeCew, 1997). 전술한 바와 같이 근대적 의미에서의 프라이버시에 관한 전통적인 개념은 "홀로 있을 권리"에 바탕을 두고 있는데, 이러한 개념은 외부에 대해서 자신의 독립성을 강조하는 정서를 상징하고 있으며, 이는 주로 권력과 권한을 가진 공적 기관 및 사적 기관으로부터의 격리를 의미하였다.

　그런데 인터넷의 발달로 개인 정보 수집의 주체가 다양화되고 그 범위가 넓어짐에 따라 개인의 자기 정보에 대한 통제권을 통해 외부 환경과의 관계를 조정하려는 시도가 있어 왔다. 인터넷에서 기존 미디어들이 독점하던 편집 자율성이 수용자에게 있다는 점에서 이용자의 통제권이 커지게 되었으며, 기존 미디어에 비해 접근성이 크게 높아졌고, 정보 유통의 형식적인 측면이나 내용적인 측면에서 대단히 다양하다는 특성을 가지고 있으나, 인터넷 이용자들이 자신의 정보 통제권을 쉽게 포기하는 현상이 발생하면서 개인의 프라이버시권 침해는 알게 모르게 커져 가고 있는 추세이다. 이처럼 인터넷에서의 프라이버시권 침해 현상이 개인의 안위의 영역에서 정보 통제의 영역으로 확대되어 가면서 문제가 더욱 복잡한 양상을 보이고 있다.

　이러한 문제들을 해결하기 위해서 이에 맞는 법적 근거가 마련되어야 한다는 지적이 있다. 무엇보다 연구자들은 그 관할 영역을 구분할 수 없는 인터넷에서의 법은 지리적 기반을 전제로 하는 현실의 법과는 달라야 하며, 불법 행위 법리는 기술적으로 입증이 날로 어려워지는 상황에 처해 있고, 사이버 공간에서는 공격에 대한 반론이 용이한 점 등을 고려해 사이버 공간에서의 면책 기준은 현실 공간에서의 면책 기준보다 넓게 적용되어야 하지만, 온라인 서비스 제공자에게 지나친 책임과 권한을 줄 경우 자유로운 정보 유통을 제약할 위험이 있다고 간파하고 있다.

이러한 점을 토대로 외국(특히 미국)과 한국에서의 소송 사건들을 중심으로 인터넷에서의 인격권 관련 법은 기존 미디어의 관련 법과 유사한 발전 형태를 보이는가를 분석한 결과 다음과 같은 점이 발견되었다.

첫째, 미국의 경우 법원이 인터넷의 기술적 특수성에 맞는 법 규제의 모델을 거의 마련하였다면 한국 법원은 아직 단순한 논의 단계에 머물러 있는 상태이다. 소송에서 무엇보다 온라인 서비스 제공자에게도 명예훼손에 대한 이차적 책임을 인정할 수 있는가의 문제에 대해 미국은 실정법상의 조항(CDA 제230조)에 근거하여 발화자의 경우 절대면책을 인정하고 있는 반면 한국 법원은 면책의 필요성에 대해 인식하면서도 완전한 면책은 인정하지 않고 있다.

그러나 미국의 경우에도 사이버 공간에서 이루어지는 커뮤니케이션의 유형들이 전자 신문과 같은 매스 미디어 유형에서부터 전자메일, 전자게시판에 이르기까지 다양하다. 또한 미국은 디지털화된 커뮤니케이션 유통 과정에 다양한 이해 집단들, 즉 시스템 운영자와 정보 제공업자 그리고 이용자들이 서로 혼재되어 있으며 다양한 역할을 동일한 공간에서 동시에 수행할 수 있다는 점에서 아직 총체적인 규제 모델을 제시하지는 못하고 있다고 하겠다. 한국은 부분적 면책의 경우 온라인 서비스 제공자가 어느 정도의 책임을 지게 되는가에 대해서 아직 명확치 않으며, 일본은 이른바 프로바이더법을 만들어 이를 규제하고 있음을 알 수 있다.

둘째, 미국 법원은 사이버 공간 이용자들의 관련 법상의 지위와 거증 책임의 정도에 대해 아직 명확하고 구체적인 기준의 제시가 없다. 그래서 1964년 설리번 사건 이후 오랫동안 지켜져 온 현실적 악의 원칙이 더 이상 현실 공간의 기준에 의해서는 해결이 애매하거나 무의미하다는 사실에 대해서는 인정하고 있으나, 사이버 공간에서 발생하는 갈등에서 이것이 어떻게 해결되어야 하는가에 대한 구체적인 판시는 아직 나타나고 있지 않다. 반면 한국 법원은 원고의 지위, 즉 공인/사인의 구분보다는 명예훼손이나 사생활 침해의 문제가 되는 표현이 어느 정도 사회적으로 허용되는가 하는 표현의 사회적 용인성 정도에 대해서 보다 집중하는 경향이 있다. 그러나 일반적으로 허용되는 표현의 범위가 어느 정도인지, 그리고 접근할 수 있는 사람만 접근이 용이한 미디어인 사이버 공간에서 표현의 정도가 어느 정도인지에 대한 기준 설정은 아직 이루어지지 않았다.

셋째, 미국 법원은 익명성의 사회적 의미와 필요성에 대한 법적인 판단을 내리고 있는 반면 한국 법원은 익명성에 대한 법적인 논의가 많지 않다. 미국 법원은 비록 익명성이나 비대면성이 개인권 침해의 가능성을 내포하고 있으나 익명이 갖는 역사적이고 전통적인 의미를 충분히 고려하고 있기 때문에 실명을 강제할 수 없다고 보고 있다. 한국 법원의 경우 대개 미국과 비슷한 인식을 하면서도 아직까지는 익명성의 합헌성 여부에 대해서는 판단하지 않고 있다. 그럼에도 익명성은 명예훼손이나 사생활에 대한 피해를 주장하는 사람이 누구인지 잘 모르는 경우, 즉 미디어에서 실명이 거명되지 않거나 이에 대해 알기 어려운 경우에도 문제가 발생한다. 기존의 명예훼손법에 따르면 피해 당사자가 특정되는 경우에만 명예훼손이 성립되기 때문이다. 따라서 미국과 한국 공히 익명성을 사이버 공간에서의 면책사유로 인정하고 있지 않은 것으로 간주할 수 있다.

넷째, 미국 법원이든 한국 법원이든 사이버 공간에서의 언론 자유 문제를 헌법으로 보호되는 개인적 기본권의 틀*frame* 속에서 이해하고 있는 것으로 보인다. 한국 법원의 경우를 보면 사이버 공간의 이용이 늘어나면서 판례에서 개별적인 형태의 판단보나는 법적인 적용의 안정성을 유지하기 위해서 상급 법원의 판결 결과에 따르는 경향이 커지고 있다. 특히 헌법상의 '최소한의 규제' 원칙을 지키자는 공감대가 형성되고 있는 것으로 보인다. 이러한 경우 다양한 기술적 양태를 가진 사이버 공간에 기존 미디어에 해당하는 기준을 적용해서는 안 될 것으로 보인다.

다섯째, 전체적으로 볼 때 미국이나 한국의 경우 기존의 프라이버시권 관련 판례에서 발전해 온 면책사유를 사이버 공간에 그대로 적용하는 데 어려움을 겪고 있는 것으로 보인다. 비록 인터넷의 전자게시판을 간행물로 인정하여 이를 토대로 기존의 면책사유를 적용한 판례도 보이지만 이는 일반적인 것이라기보다는 예외적인 것이라고 할 수 있다. 특히 전자메일과 관련된 사생활 침해의 경우에는 판결이 혼재된 양상을 보이는 것으로 나타났다. 전자메일과 관련된 내용이 공개되거나 감시당하거나 편취되었을 경우에도 이용자가 이에 동의하는 경우에는 사생활 침해에 대해 인정하지 않으려는 경향을 보인다.

결론적으로 현재까지의 사이버 공간의 프라이버시 판례들을 통해서 표현의 자유와 인격권 간의 문제가 어떻게 해결될 것인가를 정확히 판단하는 것은 힘들다. 최근 한국의 법조계는 피해자가 인격권 침해 등으로 신고하면 발신자를 추적해 밝혀낸다는 방침을 수립했다. 그러나 사이버 공간에서의 명예훼손적 글과 관련한 수사의 성공 확률은 60~70% 정도에 불과하고 더욱이 익명성이 강조되는 사이버 공간에서 네티즌들이 특정인이 아닌 집단적 공동체를 형성하여 인격권 침해 현상이 발생하는 경우는 규제나 처벌이 불가능해진다. 또한 피해가 어느 정도인지를 측정하기 힘들며 서비스 제공자들의 개입 여부에 대한 법적인 판단도 쉽지 않다는 어려움이 있다.

현 시점에서 확실한 것은 사이버 공간이 기존의 미디어와는 다른 특성을 지니기 때문에 이에 걸맞는 법이 만들어져야 한다는 것이다. 비록 사이버 공간의 보편성이나 개방성으로 모든 사람들이 참여한다는 의미에서 네티즌 사이에서 벌이지는 것은 네티즌 스스로 자율적으로 해결하는 것을 최우선으로 할 필요가 있지만 꼭 필요한 경우 최소한의 규제 원칙에 근거하여 법적인 해결을 도모해야 한다는 공통의 목표를 갖는다. 결국 기존의 미디어에 적용되었던 지역적 규제의 발전 양상은 지역적 한계를 넘어서는 미디어적 특성과 최소한의 규제 원칙의 적용으로 인해 관련 법이 유사한 규제 방식으로 발전해 갈 것으로 예상할 수 있다.

다시 말하자면 비록 규제의 정도와 폭, 그리고 형사적 처벌의 형태의 유무와 범위 등에는 국가에 따라 기존의 법적인 틀이 다르게 적용될 것이지만, 적어도 사이버 공간에서의 자유로운 커뮤니케이션에 대한 기대, 그리고 누구나 이용할 수 있다는 보편성과 개방성의 측면에서 최소한의 규제를 근거로 한 법적인 토대는 유사할 것으로 보인다. 이러한 점은 사이버 공간에서의 규제가 이전의 미디어적 특성에 근거한 기존의 법체계를 통해서는 불가능하며, 동시에 지역적 특성을 반영하던 규제 논리의 발전 또한 더 이상 유효하지 않다는 점을 시사하는 것이다.

인터넷과 스팸메일

1. 인터넷 스팸메일 왜 문제인가

한 인터넷 보안 업체의 조사에 따르면 2008년 10월 현재 우리나라의 스팸메일 발송이 세계에서 네 번째로 많은 나라로 드러났다. 엄청난 스팸메일의 홍수 속에서 더욱 큰 문제는 스팸메일을 타고 들어오는 악성 코드와 바이러스가 컴퓨터를 감염시켜 오작동을 일으키거나 개인 정보가 유출될 수 있는 점이다. 이러한 문제에 대한 인식은 커지고 있으나 현재까지 이를 원천적으로 해결할 수 있는 방법은 없다. 정부는 정부대로 스팸메일 관리에 대한 정책을 추진하고 있다. 예를 들어 2008년에 '전자메일 스팸 트랩' 300여 개를 설치하고 다른 국가와의 스팸 대응 공조도 추진되고 있다. 그럼에도 불구하고 점차 심각해지는 스팸메일에 대해 발 빠르게 대응하지 못한다는 비판을 받고 있다. 국정감사에서도 방송통신위원회가 인터넷 스팸메일에 대해 제대로 된 정책을 수립하지 못하고 있다는 질타를 받았다.

물론 네티즌들은 이런 인터넷 스팸메일에 익숙해져서 더 이상 신뢰하고 있지 않지만 이를 처리하는 데 여전히 많은 비용이 들고 있다. 한 조사에 따르면, 우리나라의 경우 2005년 한 해 스팸메일로 인해 약 2조 원 이상의 사회·경제적 피해가 발생했다고 한다. 스팸메일의 경우 많은 부분이 음란 스팸이나 사기 스팸으로 채워져 있다. 음란 스팸은 점차 줄어드는 추세에 있는 반면 개인의 정보를 빼내기 위한 불법 스팸이 늘어나고 있다. 이러한 점은 인터넷이 더 이상 정보의 바다만은 아님을 반증하는 것이다.

　　이러한 이유로 인터넷에서의 규제 정책의 필요성이 오래전부터 제기되어 왔는데, 오늘날 가장 중요한 문제는 "인터넷을 규제할 것이냐 말 것이냐가 아니라 '어떠한 종류의 규제'를 택할 것이냐" 하는 것이다 (Sunstein, 2001, p.128). 인터넷을 바라보는 규제의 패러다임은 규제 / 비규제의 이분법적 시각에서 어떠한 규제를 해야 할 것인가로 변해 왔다. 따라서 세계 각국에서는 각각의 사회·문화적 환경에 따른 고유한 방식으로 인터넷 규제를 추진하면서 가장 효과적이고 합리적인 규제 모델을 모색하는 중이라고 할 수 있다(김유승, 2006, p.87). 인터넷 스팸메일도 여기서 예외일 수는 없다.

　　지난 몇 년 동안 구 정보통신부는 전화와 팩스에 적용된 이른바 옵트인opt-in 규제 방식을 인터넷 메일에도 적용하는 것을 고려하겠다고 밝혀 왔다. 이는 불법 성인 광고 등이 전화 대신 인터넷으로 우회하는 것을 우려하는 동시에, 전화·팩스에 대한 옵트인 제도 실시로 불법 광고가 상당히 줄어든 데 따른 것이었다. 그동안 관련 법 입안을 위한 논의도 활발하게 전개되었고, 악성 전자메일에 대한 부정적 인식이 강했기 때문에 이러한 옵트인제의 도입 가능성이 높은 것처럼 보였다.

그러나 이에 대한 반론도 만만치 않다. 반론의 핵심적 요지는 인터넷에 대한 옵트인 방식의 도입은 전화나 팩스와는 달리 여러 차원에서 개인적 기본권을 침해할 가능성이 크기 때문이다(황성기, 2006).

스팸메일에 대한 규제 방식을 둘러싼 논란의 핵심은 무엇보다 인터넷 스팸메일로 발생하는 피해가 꽤 심각하다는 데 있다. 그래서 스팸메일 피해의 심각성은 전자통신망이 발달한 국가 어디에서나 공감하는 문제이다. 궁극적으로 비록 스팸메일을 차단하는 기술적 발전이 계속되고 있음에도, 여전히 그 손실은 줄어들지 않는 것이 아마도 규제에 매달리게 하는 요인으로 작용하고 있는 것으로 보인다.

실제로 최근 상당수의 국가들이 스팸메일 규제법을 입안하거나 또는 규제 모델을 도출해 내기 위해서 동분서주 움직여 왔다. 그 가장 대표적인 예가 바로 2002년 유럽연합이 제정한 Directive 2002 / 58 / EC와 2004년 미국이 제정한 캔-스팸 법안CAN-SPAM Act이라고 할 수 있다. 그런데 이들 법은 그 규제 방식이 이질적이다. 유럽의 법이 옵트인 방식에 근거하고 있다면 미국법은 옵트아웃Opt-Out 방식을 고수하고 있다. 다시 말하자면 스팸메일을 같은 규제의 대상으로 바라보되 규제의 방식과 정도에서 상반된다는 것이다. 이는 스팸메일에 대한 법적 보호 정도에 대한 시각차에 따른 것으로 보인다. 비록 그 방식이 다르지만 공통적인 것은 스팸메일에 대한 규제가 강화되고 있다는 것이다.

스팸메일에 대한 규제의 강화는 우리나라의 경우에도 예외가 아니어서 2006년 3월 24일에 개정된 '정보통신망 이용촉진 및 정보보호 등에 대한 법률'(이하 정보통신망법)에 스팸메일을 규제하는 조항을 삽입하였고, 이로 인해 앞으로 어떠한 방식으로 규제가 이루어질 것인가에 대해서 관심이 고조되고 있다. 정보통신망법 개정과 관련하여 가장 특기할 만한 것이 바로 스팸메일에 대한 규제와 허용의 범위와 한계를 법적으로 명확히 한 것이다. 이번 법개정으로 인해 수신자의 의사를 거부하고 메일을 발송하는 것을 규제할 수 있는 최초의 법적인 기준이 마련되었다. 그러나 구체적으로 어떤 형태의 규제 모델이 적용되어야 할 것인가에 대해서는 아직 논란의 여지가 많이 남아 있다.

그런데 스팸메일로 인한 사회 경제적 손실은 어쩌면 표현의 자유가 확대되고 새로운 미디어 기술이 정착되면서 치러야 할 필수적인 비용일 수 있다. 역사적 측면을 고려한다면 이러한 사회적 비용을 완전히 청산하기는 불가능해 보인다. 오히려 그 비용을 최소화할 수 있는 방법은 무엇인가를 찾는 것이 해답일 것이다. 예를 들어, 2004년 1월 다보스 포럼에서 빌 게이츠가 2006년까지 스팸메일을 없애겠다고 장담했으나 이러한 정도의 강력한 소프트웨어가 만들어지는 데는 상당한 시간이 걸릴 것으로 보인다. 결국 현재로서는 불법적인 스팸메일을 다 걸러내기는 현실적으로 불가능했음을 보여 주었다.

비록 스팸메일이 개인의 프라이버시에 대한 침해가 될 수 있으나 개인의 프라이버시권은 인터넷에서 수신자의 알권리, 광고로서의 표현의 자유, 영업의 자유 등의 쟁점들과 갈등하게 된다. 즉 스팸메일에는 여러 형태의 제반 이익들이 서로 경합하고 있다고 할 수 있는데, 이러한 이유로 누군가의 손을 들어주어야 하는 정책적 수립이 용이하지 않다는 어려움이 있다. 물론 표현으로서 광고의 보호 정도는 명예훼손적 표현보다 덜 보호를 받는다는 점에서 스팸메일에 대한 일정 정도의 제한은 위헌이 아닐 것이다(Van Alstyne, 1984; 이재진, 2006).

이러한 스팸메일은 단순히 국내에 국한되는 것이 아니라 국제적인 문제가 된다. 국경을 넘나드는 수많은 스팸메일을 어떠한 방식으로 규제할까 하는 것은 비단 일개 국가의 문제가 아니라 국제적인 공통의 관심사이다. 실제로 스팸메일이 인터넷을 통해 국경을 초월하는 한, 한 국가나 사회의 법적인 테두리에서의 규제만으로는 부족하며, 자칫 스팸메일에 대한 엄격한 규제가 헌법적 권리에 대한 침해가 될 수 있다는 위험성이 항존하고 있다. 이는 인터넷에서의 음란이나 혐오 언론*hate speech*의 경우와 같이 양립하기 힘든 규제가 적용되고 있다는 점에서 알 수 있다.

결국 스팸메일과 관련한 해결책은 사회적 비용을 최소화하고 상충하는 제반 이익들을 적절히 형량할 수 있는 규제 제도를 정착시키는 것이다. 이러한 이해에 근거하여 이 장에서는 최근의 스팸메일 규제법 제정 이후 규제 정책들이 어떻게 나타나고 있는가를 살펴보고자 한다. 이를 위해 구체적으로 기존 연구에서의 논의들을 중심으로 그 핵심적 내용을 정리하고, 스팸메일과 관련된 판결에 나타난 사법부의 판단과 그 함의가 무엇인지를 살펴본다.[54] 실제로 이전까지의 연구들은 스팸메일에 대한 이론적 논의가 대부분이었고, 스팸메일 관련 판례를 적극적으로 분석하지는 않았다. 여기서는 판례를 분석하고 그 함의를 통해서 현재의 스팸 규제 정책의 어떠한 부분이 보충되어야 할 것인가에 대해 제언하고자 한다.

---

54. 이 연구에서 이용된 한국 판례의 경우는 대법원 도서관에서 발생하는 법고을 DVD 2006과 대법원의 '종합법률정보사이트'(www.scourt.go.kr), 한국언론재단에서 발행하는 '언론관계판례집'(1∼14집)과 언론 보도, 한국정보보호진흥원과 인터넷진흥원 등의 자료실에 게재된 판례를 중심으로 수집되었다. 외국 판례의 경우 대개 2차적 자료를 통해서 수집되었으나 그 존재 여부와 내용을 인터넷 리서치를 통해서 확인하였다(www.westlaw.com).

2. 스팸메일

스팸메일의 어원에 대해서는 명확하지는 않지만 스팸Spam이란 원래 1920년대에 미국인의 식생활의 큰 비중을 차지하던 싸구려 햄 통조림을 지칭하는 것으로, 호멜 푸드Hormel Foods사가 상품의 판매를 위해 사람들을 귀찮고 짜증나게 할 정도로 엄청난 물량의 광고를 퍼붓자 이 때부터 사람들을 귀찮게 하거나 괴롭히는 광고를 스팸이라 불렀다고 하는데서 유래했다고 한다(한상암 · 김정규, 2006). 이러한 스팸에서 가장 문제가 된 것이 바로 인터넷 스팸메일이다. 인터넷을 통하여 싼값으로, 순식간에, 그리고 광범위하게 메일을 보낼 수 있기 때문이다. 결국 인터넷 스팸메일은 전자메일을 통하여 대량으로 살포되는 원치 않는 상업적 광고unsolicited commercial e-mail라고 정의할 수 있다(강달천, 2003). 인터넷 스팸메일이 마케팅 수단으로 사용되기 시작한 것은 약 10여 년 전부터로 알려져 있으나 최근 4~5년 사이에 스팸메일이 인터넷에 범람하고 이들 중 많은 부분이 불법적인 것으로 드러나면서, 이들에 대한 법적 규제가 중요 쟁점으로 대두되었다(유의선, 2002).

전술한 바와 같이 스팸메일은 기존의 우편 제도와 달리 인터넷의 광범위한 정보 배포 기술을 이용하여 누구나 거의 비용을 들이지 않고 자신이 원하는 상대방에게 광고 메시지를 보낼 수 있는 장점이 있다. 스팸메일에 대해서는 특히 기업의 경우 관심이 많은데, 현재는 인터넷 기술의 발전이 상당한 수준에 이르러 기업들이 전자메일을 통하여 적은 비용으로 빠른 시간 내에 자사의 가입자 또는 이용자들에게 상품 정보나 서비스를 홍보하는 등 스팸메일을 마케팅의 중요한 수단으로

활용하고 있다.[55]

인터넷 스팸은 인터넷을 통한 상업적 마케팅의 성공으로 인한 잘못된 파생물이라고 할 수 있는데, 대개 스팸에 대해 부정적으로 인식하고 있음에도 불구하고 여전히 일정한 성공을 거두고 있다는 점에서 문제는 더 심각하다고 하겠다. 궁극적으로 스팸메일의 광범위한 확산은 정보 기반Information Infrastructure에 부담을 주는 사회적 병폐를 낳고 있다. 즉 스팸메일은 인터넷 서비스 제공자 및 운영자, 개인 이용자 및 회사, 비영리 단체뿐만 아니라 전자메일 마케팅업자들에게도 상당한 피해를 주고 있다.

기존의 스팸메일 관련 연구들은 스팸메일에 대한 쟁점들을 중심으로 논의해 왔다. 최근 관련 법규의 개정에서의 특징은 스팸메일 발신자에 대한 처벌의 범위와 수준이 점차 높아지고 있다는 것이다. 이는 스팸메일에 대한 부정적인 시각이 강하다는 점을 잘 보여 준다. 이러한 부정적 시각에는 다음과 같은 쟁점들이 존재한다(황성기, 2005).

첫째, 스팸메일은 무엇보다도 사회적 자원의 손실을 야기한다. 인터넷 이용자들은 불필요한 광고 메일 수신으로 인해서 이를 확인하고 삭제하는 과정에서 엄청난 시간 낭비를 하게 되며, 개인적 메일과 스팸메일을 구분하여 스팸메일을 삭제하는 경우에 업무상의 손실을 야기할 수 있다. 또한 전자메일 서비스를 제공하는 업체들은 스팸메일로 인한 과부하 현상을 해결하기 위해 자신들의 네트워크 시스템을 보수 · 증강하는 과정에서 불필요한 비용을 낭비하게 되며 이는 결국 인터넷 서비

---

55. 이러한 기술적 특징 때문에 전 세계적으로는 하루 약 54억 통 이상의 스팸 메일이 유통되는 것으로 추정되고 있다.

스 제공자의 생산성 저하로 연결된다. 인터넷 마케팅업자도 스팸메일로 인해 손해를 보게 된다. 스팸메일의 범람은 전자메일 이용자들로 하여금 광고 메일에 대한 신뢰도에 현저한 손상을 일으키며 결국 인터넷을 이용한 마케팅의 효과는 그만큼 저하되기 때문이다.

둘째, 스팸메일은 인터넷 정보 교환의 안전성에 대한 위협이 될 수 있다. 예를 들어 보안이 허술한 중소기업체 또는 학교의 메일 서버를 이용한 부당한 스팸 릴레이는 전달 대역*bandwidth*과 저장 용량을 과잉으로 소모하여 성능을 저하시키거나 시스템 고장의 결과를 초래할 수 있다. 이러한 현상은 스팸메일 발송자들이 자신의 신원을 감추거나 이용자의 수신 거부를 회피하기 위하여, 또는 발송할 수 있는 스팸메일의 양을 증대시키기 위하여 일어난다. 경우에 따라서는 이용자가 일단 클릭을 하여 메일의 내용을 확인하면 그 순간 원하지 않는 소리와 영상이 튀어나오게 되고 나아가서는 바이러스까지 퍼지게도 한다. 최근에는 스팸메일의 형태 자체가 진화하여 클릭을 하지 않았음에도 예고 없이 컴퓨터 모니터상에 불쑥 스팸메일이 뜨기도 한다. 결과적으로 컴퓨터 이용자는 메일 수신권과 정보 열람 결정권까지 위협을 받게 되었다.

셋째, 스팸메일의 대부분이 프라이버시를 침해하거나 음란성 광고여서 불쾌하다는 것이다. 무엇보다 스팸메일은 발송자가 어떻게 개인 정보를 수집하였는지 의심을 유발하며, 개인 정보 누출에 따른 위험이 파급되어 보이지 않는 또 다른 위험에 노출될 수 있다는 불안감이 커지게 된다. 최근 들어서는 이러한 문제가 더욱 심각해져서 국제적인 문제로 번지고 있는데, 미국의 인터넷 서비스 제공자들은 한국에서 전송되어 오는 스팸메일이 너무 많기 때문에 이를 제한하는 조치들을 시행하고 있다고 한다. 예를 들어 한국에서 발송되는 메일 중에서 일정 도메인으로 들어오는 메일을 차단하는 등의 조치를 취하는 것으로 알려졌다. 이러한 조치로 인하여 자칫 규제되어서는 안 될 커뮤니케이션의 본질적인 측면을 규제하는 일이 발생할 수도 있다. 스팸메일 중 40% 이상이 음란성 메일이라는 점도 규제의 강화를 부추기는 요인이라고 할 수 있다.

넷째, 스팸메일은 인터넷의 전달 대역을 줄여 급기야는 인터넷을 막아 버리는 문제가 발생한다. 이 때문에 관련 입법이 이루어지기 전에 이미 인터넷 서비스 공급자들이 먼저 나름의 방식으로 스팸메일의 규제에 나섰고 비교적 성공을 거두었다. 예를 들어 인터넷 서비스 공급자들은 '인터넷 우표제'를 시행하거나 발송 메일을 원래 서버로 되돌려 보내는 이른바 '폭격bombing'이라는 필터링을 사용한다거나 하여 자신들의 메일 주소를 임의적으로 이용하는 메일을 규제하려 해왔다. 법률도 인터넷 서비스 제공자에게 호의적인 방향으로 제정되어 왔다. 그러나 이로 인하여 인터넷 서비스업자들의 영향력이 비대해지기도 하였다.

다섯째, 스팸메일의 수신자가 문제되는 스팸메일에 대응하기가 쉽지 않다는 점이다. 수신자들은 불법 메일에 대해서 관련 부서에 신고하거나 손해배상을 청구하는 소송을 제기하기보다는 스팸메일을 단순히 지워버리는 데 그치는 경우가 대부분이다. 이러한 이유로 스팸메일과 관련된 판례는 소수에 불과하다. 이용자들이 적극적으로 불법적 스팸메일에 대응할 수 있도록 하는 근본적인 제도 수립이 요구된다.

여섯째, 스팸메일에 대한 규제는 그 폐해에도 불구하고 스팸메일이 헌법의 부분적 보호를 받는 상업적 표현(정보)이라는 측면에서 표현 자유의 문제와 직결될 수 있다. 특히 그 표현이 허위이거나 과장되거나 음란적인 것이 아니라면 이를 함부로 규제하는 것은 바로 소비자들의 정보를 받을 권리를 부정하는 것이 된다. 스팸메일을 완전히 차단하는 제도를 도입하는 것은 위헌성 논의가 일 것으로 예상된다. 예를 들어 현재 옵트아웃 방식에서 옵트인 방식 등으로 전환하여 소비자들이 필요한 광고만 받아 볼 수 있게 해야 한다는 주장도 제기되었는데, 이는 헌법상 과잉 금지 원칙의 위반이라고 반대하는 목소리도 있다(이재진, 2004).

3. 옵트인과 옵트아웃

1) 옵트인 방식

(1) 수신자 손실

수신자는 스팸메일을 삭제하는 시간 동안 업무에 지장을 초래하게 되어 사회적 비용의 손실이 크다. 구체적으로 수신자는 흥미 없는 메일 혹은 불유쾌한 메일 수신으로 인한 심리적 부담, 불필요한 메일과 스팸메일을 선별하기 위한 시간적, 심리적 피해, 불필요한 메일로 인한 서버나 PC의 장애, 불필요한 메일을 다운로드하기 위하여 필요한 시간적, 금전적 피해, 바이러스 감염에 의한 시스템, 데이터, 응용 프로그램의 사용 불능에 따른 손해 등을 입게 된다. 실제로 수신자의 손실을 조치하는 데 비용을 산정하는 공식(유의선, 2002)에 따르면, 스팸메일 때문에 한국이 2005년 한 해 부담하는 사회적 · 경제적 피해에 대한 추정액이 약 2조 6451억 원에 달하는 것으로 나타났다. 미국의 경우 2003년 조사에 따르면 18억 달러의 손실이 발생한 것으로 집계되었다.

(2) 사회적 손해

스팸메일 가운데 음란물이 차지하는 비중도 적지 않은데 이러한 스팸메일이 무차별적으로 전송되어 청소년들이 심각한 피해를 입을 수 있다. 청소년들은 다른 어떤 연령대보다도 인터넷을 더욱 많이 이용하는데, 이들이 스팸메일을 통해 음란물에 자주 접촉하게 된다면 정신적으로나 육체적으로 해로운 일이다. 아울러 OSP들의 경우에는 과도한 스팸메일이 OSP 서버 용량을 많이 차지하여 보유 서버에 대한 기회비용을 감소시키는 문제도 생긴다. OSP는 스팸메일을 통제하기 위한 인력 및 이용자 서비스 인력에 대한 비용을 더 지불하게 된다. (최근에는 피싱*phishing*이라는 신종 금융 사기 수법이 스팸메일을 통해 이루어지고 있어 이에 대한 예방이 요구된다.)

(3) 프라이버시 침해

옵트인 제도 도입에 찬성하는 많은 사람들은 스팸메일이 개인의 프라이버시를 심대하게 침해한다는 데 동의한다. 프라이버시권은 물론 더 나아가 개인의 재산권에 대한 침해도 심각하다고 본다. 이들은 스팸메일 규제가 표현의 자유를 제한한다는 지적에 대해서는 스팸메일은 광고로서 그 규제가 크게 문제가 되지 않는 것으로 본다. 또한 스팸메일의 경우 수신자의 동의를 얻는 경우에만 표현의 자유에 의해서 보호될 수 있다고 피력한다. 단지, 옵트인 방식의 도입이 일정 부분 인터넷 시장에 충격을 미칠 것을 감안하여 점진적으로 도입해야 한다고 주장한다. 이 경우 어린이 전용 사이트에 대해서는 옵트인 방식을 우선적으로 도입해야 한다고 주장하기도 한다.

(4) 옵트아웃 규제의 비효율성

스팸메일을 받으면 광고 뒤에 꼭 붙는 문구가 있다. '다시 메일을 받고 싶지 않으시면 [수신 거부] 단추를 누르세요'라고 친절하게 써놓았다. 하지만 이 [수신 거부]를 누르면 안 된다. 스팸메일 발송 업체에서는 그 전자메일 계정이 실제로 사용되는지 확인하지 않은 채 무작위로 보내는데 [수신 거부]를 눌러 회신을 하면 자신의 전자메일 계정이 매일 쓰이는 것임을 확인해 주는 것이기 때문이다. 수신 거부는 일종의 함정이다. 결국 사용된 주소가 정확하고 유용하다는 것을 알려주는 역할을 하기 때문에, 그 자체로 수집할 가치가 있는 요인이 되고 전자메일 목록에 등재되는 결과를 초래하기도 한다(최승렬, 2002). 이러한 시각에 근거하자면 현재 전화, 팩스를 이용한 영리 목적의 광고성 정보 전송 행위에 대해서는 옵트인 방식을 취하고 있으므로 실질적으로 전자메일의 경우에도 옵트인 방식이 적절하다고 인식한다.

2002년부터 정부는 수신 거부 메일을 등록할 수 있는 사이트를 운영하고 있다. 그래서 사업자들은 공정거래위원회가 운영 중인 '노스팸(www.nospam.go.kr)' 사이트에서 소비자의 수신 거부 여부를 확인해야 하며 거부 의사를 밝힌 소비자에게는 광고 메일을 보내지 못하도록 하였다. 이는 부분적으로 옵트인 제도를 도입했다는 것을 보여 준다. 이를 어기면 최고 3000만 원의 과태료와 시정 명령을 받게 되고 상습적인 법 위반 업체에 대해서는 형사 처벌도 가능하다.

2) 옵트아웃 방식

(1) 영업의 자유

옵트인 방식을 도입하면 기업의 영업을 제한하게 될 소지가 높다는 주장이 있다. 특히 거대 기업보다는 중소 기업의 인터넷을 통한 마케팅 기회가 차단될 수 있다. 현재 인터넷만큼 저렴한 비용으로 효율적인 마케팅을 할 수 있는 미디어가 없다는 점에서 옵트인 방식을 채택하면 소상공인들에게 주어지는 좋은 기회를 박탈할 여지가 크다는 것이다. 옵트인 방식이 도입되면 기존의 인터넷 마케팅의 가치를 높여 비용이 크게 상승할 것이라고 예견하고 있다.

(2) 알권리

사용자들의 알권리 차원에서도 옵트인 방식은 적절한 이익형량을 위한 방식이 되지 못한다는 시각이 있다. 여기서의 알권리는 주로 개인들이 원하는 정보를 자유롭게 수집할 수 있는 권리를 의미한다. 옵트인 방식으로 하는 경우 개인들의 알권리를 과도하게 침해할 수 있다는 것이다(김명주, 2002). 실제로 처음부터 표현할 기회를 봉쇄하는 경우에는 이를 이용할 수도 있는 수용자들의 알권리를 박탈할 가능성도 배제할 수 없다.

(3) 현실적 문제

옵트인 방식이 되면 인터넷 서비스 제공자가 이용자들이 메일을 읽어 보기 전에 모든 전자메일을 필터링하게 되므로 오히려 개인 정보가 검열되는 셈이 되어 바람직하지 않다는 주장도 있다. 다시 말하면 옵트인 방식의 도입으로 관리자의 영향력이 증대되면서 개인 정보의 안전성이 위협받을 가능성이 있다는 것이다. 또한 스팸 업체들의 경우 수신자의 사전 동의를 어떤 방식으로 신청하고 얻어내며, 사전 동의를 위하여 발송하는 메일에 포함되는 광고는 어떻게 규제할 것인지 합의 도출이 쉽지 않을 것으로 보인다. 더 나아가 인터넷 실명제를 통한 스팸메일 규제 의견도 있는데, 전면적인 실명제의 도입은 인터넷의 본질적 속성과 맞지 않아 네티즌의 저항에 부딪히게 될 것으로 보인다.

(4) 표현의 자유

비록 영리적인 목적이기는 하지만 스팸메일도 일정한 정도 표현의 자유를 누린다. 따라서 옵트인 방식은 과도하게 광고 표현의 자유를 제한할 위험이 있다. 특히 인쇄나 방송의 경우 광고성 정보나 방문 및 통신 판매, 전화 권유 판매 등에 대해서는 정보 수신자의 사전 동의 없이 전송할 수 있다. 아울러 옵트인 방식을 택하는 유럽의 경우에도 스팸메일이 오히려 늘어나는 것은 옵트인 방식의 채택이 가장 효과적인 규제 방식이 아님을 반증한다고 주장한다. 표현의 자유와 소통의 자유가 일맥상통한다는 점에서 소통의 자유는 발송의 자유를 포함한다고 보아야 한다. 그래서 발송할 수 있는 자유를 원천 봉쇄하는 것은 표현의 자유에 대한 위반이다.

4. 국가별 스팸메일 규제

1) 한국

우리나라에서는 아직 스팸메일에 대한 법률적 정의가 보이지 않는다. 실제로 2008년 6월 13일에 개정된 정보통신망법 제50조 영리목적의 광고성 정보전송의 제한 조항 중 '수신자의 명시적인 수신 거부 의사(제50조 제1항)에 반하는 영리목적의 정보제공'이라는 조항과 '광고표기 등 명기의무 위반'(제50조 제5항) 조항을 고려하면 스팸메일이란 전자메일을 통해 전달되는 상업적인 메일을 모두 포함하는 것으로 이해할 수 있다.[56]

동시에 이러한 법조항들은 광고의 정보 전송에 제한(이른바 라벨링)을 두고 이를 위반한 경우에는 과태료 부과 등 형사적 조치를 취할 수 있도록 하였다. 여기에는 무엇보다 광고 메일을 전송할 때 발신자가 전송 정보의 유형 및 주요 내용, 전송자의 명칭 및 연락처, 전자메일 주소를 수집한 출처, 수신 거부의 의사 표시를 쉽게 할 수 있는 조치 및 방법에 관한 사항이 포함되어야 한다. 개정법은 광고성 메일의 발송을 원천적으로 봉쇄하는 방법을 취하지 않고, 광고성 메일의 자유로운 발송과 수신을 인정하는 근간을 유지하면서 스팸메일을 불법적으로 발

---

56. 제50조 제2항
수신자의 전화·모사전송기에 영리목적의 광고성 정보를 전송하려면 그 수신자의 사전 동의를 받아야 한다. 다만 다음 각 호의 어느 하나에 해당하는 경우에는 사전 동의를 받지 아니한다.

송하는 경우에만 규제를 하고 있다. 수신자의 수신 거부 의사를 접수받고도 계속 광고 메일을 보내거나, 스팸메일 제목에 (광고) 또는 (성인광고) 표시를 하지 않아 시정 명령을 받은 뒤에도 계속해서 표시 없이 스팸메일을 전송한 경우 형사 처벌을 받게 되는 옵트아웃 방식을 취하고 있다.

규제 대상은 단순히 전자메일에 머무르지 않고 전화, 팩스, 전자적 전송 미디어로 그 범위를 확대하였다. 전화의 경우 이미 옵트인 제도를 도입하고 있는데 최근 국회는 정보통신망법을 개정하여 현행 3000만 원의 과태료를 더 높은 수준으로 인상하고자 하는 움직임을 보이고 있다. 스팸메일의 경우에도 옵트인 제도를 법제화하려는 노력도 나타나고 있다. 옵트인 방식으로 전환하는 경우 소비자의 사전 동의 없이 광고 메일을 발송하면 불법으로 규정돼 처벌받는다.

그러나 인터넷상의 스팸메일이 일종의 정보라는 측면에서 부분적으로 표현의 자유가 인정되므로 이를 형사적으로 엄벌하기에는 인터넷의 개방과 자유의 정신에 비추어 볼 때 지나친 감이 있다. 그래서 피해를 입은 개인은 형사적 처벌보다는 민사 소송을 통하여 그 손해를 배상받아야 한다는 주장이 있다. 민사상으로는 불법적인 스팸메일의 경우 인격권을 침해한 불법 행위가 인정될 수 있으므로 위자료 청구가 가능할 것으로 보인다. 그러나 스팸메일 사건을 소송으로 해결하는 데 어려운 점이 없지 않다.

더 큰 문제는 비록 정보통신망법에 청소년에게 음란메일을 발송하다가 적발되는 경우 최고 징역 2년 또는 1000만 원 이하의 벌금형을 규정하고 있으나 이를 두려워하여 스팸메일 전송에 몸을 사리는 사업자들이 거의 없다는 것이다. 형사 처벌이 불가피함을 보여 준다. 궁극적으로 스팸메일에 대한 민사적 피해구제는 집단적 소송을 통해서 이루어지게 될 것이며 여전히 형사적 처벌을 통한 규제와 피해 예방은 계속될 것으로 보인다.

2) 미국

실제로 인터넷 스팸메일은 1978년 미국에서 최초로 발생한 것으로 알려져 있는데, 당시 "컴퓨터 팝니다"라는 제목의 상업 광고용 전자메일이 미 서부 지역의 아르파넷(ARPANET) 이용자들에게 잘못 발송되어 똑같은 내용이 수십 통씩 배달된 것이 스팸메일의 시초라고 한다. 실제로 미국의 경우 스팸메일 문제는 1991년 제정된 전화이용자보호법Telephone Consumer Protection Act에 의한 전화와 팩스의 광고 규제까지 거슬러 간다. 이 법은 전화를 통해 광고할 때는 시간time, 장소place, 방법manner 원칙을 적용하도록 규정하고 있다. 전화의 경우에는 텔레마케팅 발신자가 자신의 신원을 꼭 밝히도록 규정하였다. 이 법에 따르면 광고 메시지를 팩스로 대량 전달하는 것은 불법이다. 그런데 이러한 전화의 경우 실제로 인터넷과 같은 쌍방향적인 미디어가 아니어서 규제 문제는 단순한 편이었다.

인터넷의 경우 기존 미디어보다 더욱 자유롭고 쌍방향적인 특징을 지니며 그 효과도 상당하여 인터넷을 통한 마케팅은 포기할 수 없는 부분이다. 그래서 옵트인 / 아웃 제도가 도입되었다. 전술한 바와 같이 옵트인의 경우에는 광고를 받는 수용자가 자신들이 받고자 하는 광고 정보를 제외한 모든 다른 광고를 걸러내는 것을 말하고, 옵트아웃의 경우는 들어온 광고에서 자신이 수신 거부를 하여 이것이 다시 들어오지 못하도록 하는 체제이다.

어떠한 규제 방식을 채택할 것인가에 대해 논의가 있어 왔으나 옵트인 방식을 이용한다면 이는 표현의 자유를 침해한다는 반론에 대한 인식이 강하게 작용했다. 스팸메일이 수정헌법 제1조에서 금지하고 있는 광고에 대한 내용 규제content regulation가 될 수 있기 때문이다. 실제로 광고에 대한 규제가 위헌인가 아닌가 하는 결정은 1980년 센트럴 허드슨 가스·전기회사 대 뉴욕공공서비스위원회Central Hudson Gas & Electric Corp. v. Public Service Commission of New York 사건에서 제시한 네 가지 원칙four part test을 모두 만족하는가에 달려 있다.

이는 ① 광고의 내용이 허위나 기만적인 것이 아닌가, ② 광고의 규제를 통해 추구하고자 하는 시급한 이익이 존재하는가, ③ 광고의 규제가 실제로 이러한 이익의 실현에 기여하는가, ④ 광고의 규제가 여타 다른 규제 방법에 대한 고려를 거친 최소한의 규제 형태인가 하는 것이다. 그런데 만일 옵트인 방식과 같은 규제 방법을 택하는 경우에는 스팸메일에 대한 '최소한의 규제' 원칙을 어기게 될 수 있다.

이 때문에 발생한 것이 바로 주노 온라인 서비스 대 뉴욕공공서비스위원회Juno Online Services v. Public Service Commission of New York 사건이다. 여기서는 미국의 연방법The Public Law 제15절 제1125조에 근거하여 세계에서 두 번째로 규모가 큰 온라인 서비스 제공자인 주노 온라인 서비스가 스팸 업체들을 상대로 500만 달러에 달하는 손해배상을 요구하는 소송을 제기하였다. 법원은 미국 연방법이 "인터넷에서 의심스러운 상업적 제안이나 금전적 구걸을 하는 메시지"를 금지하고 있는데도 불구하고 이들 스팸 업체들이 juno.com의 도메인을 이용하여 메일을 보냄으로써 주노 온라인 서비스의 명성을 해쳤을 뿐만 아니라 상호의 도용, 사기, 그리고 잘못된 인상을 심어준 데 대한 책임이 있다고 판시했다.

스팸메일과 관련된 또 다른 판례는 아메리카 온라인(AOL)사 대 사이버 프로모션사AOL v. Cyber Promotions, Inc.(948 F.Supp 436 (1996)) 사건이다. 이 사건은 최대 인터넷 서비스 공급자인 아메리카 온라인사가 자사의 서버를 무단으로 이용하여 스팸메일을 발송하는 사이버 프로모션사에 대해 '폭격bombing 장치를 이용했고, 이에 사이버 프로모션사는 AOL의 '폭격'이 자신들이 발송한 스팸메일을 반송하여 결국 자신들의 서버를 다운시켰고 그 결과 큰 피해를 입었다고 주장하면서 시작되었다. 미국의 제9 연방항소심법원은 사이버 프로모션사가 AOL사와 상의도 하지 않고 AOL 고객들에게 무단으로 메일을 발송할 권리는 없다고 판시했다. 그러나 동시에 AOL사는 스팸메일을 규제하는 주법state act을 집행할 권리를 갖는 것은 아니기 때문에 사이버 프로모션사가 AOL사의 시사 토론장인 퍼블릭 포럼Public Forum이라는 전자게시판에 완전히 접근하지 못하는 것은 아니라고 보았다.

사이버 프로모션사 판결이 나오고 나서 AOL사와 같은 인터넷 서비스 제공자들이 특정 인터넷 서비스 업체의 전자메일 계정을 통해 스팸메일을 발송하는 것을 중지하라는 판결들이 나왔다. 1998년 아메리카 온라인사 대 오버 더 에어 이큅먼트American Online v. Over the Air Equipment 사건에서 버지니아 주 연방법원은 버지니아 주의 '컴퓨터 사기와 남용에 관한 법'에 근거하여 오버 더 에어 이큅먼트사가 스팸메일을 반송 주소를 지운 채 전송하면서, 성인용 웹페이지로 하이퍼링크되도록 하였으며, 메일이 마치 AOL사의 'aol.com' 도메인에서 만들어져 발송된 것처럼 보이도록 했기 때문에 스팸메일 전송을 중단해야 한다고 판시했다.

이러한 판결들이 나온 이후 스팸메일의 양이 다소 줄어들었지만 스팸메일을 배포하는 기법은 더욱 기만적이고 교묘해졌다. 예를 들어 이들은 폭격과 항의 등을 두려워해 반송 주소로 자신들의 주소를 이용하기보다는 가짜 주소를 이용하거나 제3자의 메일 주소를 이용하는 등 다양한 방법을 이용하였다. 이러한 이유로 미국은 2005년 들어 스팸메일에 대한 규제를 더욱 강화하였다. 미국 연방통신위원회(FCC)는 휴대 전화 · PDA · 호출기(삐삐) 등 무선 통신 단말기에 보내는 무차별 문자 우편에 대처하기 위해 수신자가 허락할 경우에만 상업적 메시지를 보내도록 하는 이른바 '옵트인' 방식을 채택했다. 이에 따르면 수신자에게 먼저 허락을 받지 않고 상업적인 쪽지를 보낼 경우 최대 600만 달러(약 69억 원)의 벌금 또는 1년의 징역에 처해진다.

이는 이전의 '캔 - 스팸 법안CAN-spam Act'의 내용보다 한 단계 더 강화된 조치라고 할 수 있다. 2004년 발효된 캔 - 스팸 법안은 스팸메일 수신자가 수신 거부 의사를 밝히기 전까지는 계속 메시지를 보낼 수 있는 '옵트아웃' 방식을 채택한 데 반해서 휴대 전화에 대해서는 '옵트인'을 채택하기로 했기 때문이다. 연방통신위원회는 전자메일 홍수보다 휴대 전화를 통한 광고 쪽지가 소비자들을 더 피곤하게 만들고 삭제하는 데 시간이 더 많이 드는 등 피해가 크다고 설명했다.

미국이 이런 초강력 규제를 통과시킨 것은 옵트아웃 방식을 채택하고 있는 캔 - 스팸 법안이 예상보다 효과가 미미한 데다, 2003년 10월부터 광고 전화를 받지 않겠다고 등록한 소비자들에게 광고 전화를 할 경우 최대 1만 1000달러의 벌금을 물리는 텔레마케팅 규제법이 큰 효과를 보고 있기 때문인 것으로 보인다.

최근 들어 미국 법원이 성인 웹사이트를 소개하는 스팸메일을 무단 발송한 스팸메일 발송 업체에 700만 달러 상당의 피해 보상 판결을 내렸다. 버지니아 주 알렉산드리아 지방법원은 이날 세계 최대 미디어 그룹 AOL타임워너의 자회사 아메리카 온라인이 자사 서비스 가입자에게 성인 웹사이트를 소개하는 스팸메일을 무단 발송한 일명 '스팸 일당Spam Ring'을 상대로 낸 피해 보상 청구 소송에서 이와 같은 판결을 내렸다.

AOL은 지난 수년 동안 스팸메일 발송 업체 'CN 프로덕션' 등을 상대로 20여 건의 피해 보상 청구 소송을 제기해 왔으며 이번에 소송 사상 최대 액수의 피해 보상 판결을 이끌어 냈다. AOL 부사장이자 법률 고문인 랜들 보Randal Boe는 이날 성명을 통해 "이번 판결은 스팸메일과의 싸움에서 거둔 중요한 법적 승리"라며 "이번 판결로 스팸메일 발송자들에게 명확하고 분명한 메시지를 전달했다"고 평가했다.

하나의 예로서, 미국 법원은 스패머를 상대로 한 인터넷 서비스 업체의 소송에서 적당한 청구 원인을 찾을 수 없어 고민하던 중 결국 오랫동안 잊혀진 보통법common law상의 법리인 동산 불법 점유trespass to chattels(이는 우리나라법상의 동산 점유 방해 금지 청구와 유사한 것으로서 인터넷 업체가 점유하고 있는 시스템 자원을 스패머가 함부로 사용하여 그 기능을 저하시켰다는 점에 착안한 것임)를 유추 적용함으로써 인터넷 서비스 업체를 승소하게 하였고, 현재까지도 이보다 더 나은 대안을 찾지 못하고 있다. 하지만 이 청구 원인 문제에 대해서는 캔 - 스팸 법안이 명시적인 청구 원인을 마련하였고, 더 나아가 손해를 입증하지 못하는 경우에도 손해를 의제하는Statutory damage 규정을 마련함으로써 스패머를 상대로 한 손해배상 소송을 용이하게 하였다.

2003년의 경우에는 LA 법원은 스팸메일을 발송한 컴퓨터 전문가에게 실형을 선고했다. 미국 로스앤젤레스 연방지법 루디스 베어드 판사는 25일 토네이도 디벨럽먼트사의 전 시스템 운영자로, 인터넷 ID '시크릿 스퀴럴Secret Squirrel'을 사용하는 피고에게 1년 4월의 실형을 선고했다. 피고는 자신의 전 직장 고객들에게 한꺼번에 수천 건의 스팸메일을 발송해 전산망을 일시적으로 정지시킨 혐의로 기소되었다. 법원은 네티즌에게 불법으로 스팸메일을 발송해 특정 기업에 피해를 입힌 사실이 인정된다며 지난해 그를 컴퓨터 사기 및 남용방지법 위반 혐의로 기소한 검찰의 편을 들어줬다.

또한 2006년 9월 5일 대량의 UCE(Unsolicited Commercial E-mail)를 살포한 악성 스패머에 대한 항소심에서 원심의 유죄 판결을 확정하였다. 피고인 제레미 제이네스Jeremy Jaynes는 AOL 가입자의 주소가 기록되어 있는 데이터베이스를 절취한 후 발신지를 위조하여 이들에 대해서 벌크 메일을 보낸 혐의로 2004년 11월 9년 징역형을 선고 받은 바 있다. 제이너스의 스팸메일은 실제로 노스캐롤라이나에서 발송되었는데, 피의자는 이를 발송하기 위해 버지니아 주에 소재하는 AOL 서버를 이용하였다. 이에 버지니아 법원의 사법관할권 문제가 제기되었으나 이는 법원에서 수용되지 않았다. 제이네스는 체포 당시 스팸 감시 단체인 스팸하우스Spamhous 선정 8위의 악성 스패머였다. 이에 대해 미국자유인권협회The American Civil Liberties Union와 루터포드연구소Rutherford Institute 등의 시민 단체들은 항소를 지지하는 법정 조언자friend-of-the-court의 소견서를 제출하였다. 항소심에서 법원은 범행으로 인해 피고가 발생한 장소에서 범인을 고발할 수 있는 버지니아의 권리를 뒷받침하는 과거 판례들을 제시하였으나 이러한 주장은 일축되었다. 버지니아 주는 스팸방지법안을 제정해서 신원 정보 절도 행위 및 사이버 범죄를 처벌하도록 규정하고 있다.

3) 유럽

유럽의 경우 전형적인 옵트인 방식을 도입해 왔다. 그런데 유럽에서는 대부분 옵트인을 채택했음에도 불구하고 오히려 스팸메일이 늘어나고 있다. 이러한 점은 전술한 바와 같이 스팸메일이라는 사회적 비용을 완전히 없애는 것은 불가능하다는 것을 반증한다.

무엇보다 영국은 미국과는 달리 스팸메일을 발송하는 행위를 위법 행위로 간주하여 형사법으로 취급하려는 경향을 보인다. 그래서 스팸메일 무단 발송자에게는 최고 8000달러에 달하는 벌금을 부과하도록 하고 있다. 2002년 12월 제정한 '안티스팸법'에 따르면 스팸메일 발송자는 치안 판사의 법정에서 벌금이 부과되거나 상응하는 처벌을 받는데, 징역형을 선고받지는 않는다. 이 법은 최근 스팸메일이 인터넷상에서 교환되는 전체 전자메일 중 절반 이상을 차지하게 되면서 이용자들이 정보 통신 기술을 이용하면서 느끼는 안전감을 해치고 있다는 인식에 근거해서 제정되었다. 이 법에서 영국 정부는 불필요한 전자메일과 휴대 전화 문자 메시지를 받아야 하는 번거로움을 없앰으로써, 개인 정보를 이용할 수 있는 사람들에 대해 소비자들이 더 많은 발언권을 갖도록 법적 권리를 명시하고 있다. 이를 위해 법은 기업들이 전자메일이나 문자 메시지를 보내기 전에 이를 받는 개인으로부터 허가를 받도록 하는 옵트인 방식을 도입하고 있다. 그런데 영국은 스팸 건수가 오히려 50%까지 증가하는 등 스팸메일이 사회 문제로 부상하고 있으나 2003년 안티스팸 법안을 제정한 이후 단 한 건도 처벌하지 못한 것으로 나타났다.

유사하게 EU의 경우 2002년 이용자의 사전 동의하에 광고 메일 발송을 허용하는 회원국 입법 정비를 의무화한 '프라이버시 보호 지침'을 제정한 바 있으며, 덴마크 및 오스트리아는 이전에 이미 그러한 내용의 법제를 채택 시행하고 있다. 프랑스, 호주에서도 이와 유사한 입법을 추진하고 있거나 추진을 검토 중이다. 네덜란드 통신 감시 기구 OPTA는 지난해 스팸메일을 전송한 3개 회사에 6만 유로의 벌금을 부과하여 강도 높은 조치로 스팸메일 건수가 85% 줄어들었으며, 핀란드 역시 전체 전자메일에서 차지하는 스팸메일 비중이 2004년 80%에서 2006년 30%로 떨어진 것으로 보고되었다.

4) 일본

일본의 스팸메일 상담 센터에 따르면 컴퓨터로 송신되는 스팸메일 보고 건수는 2007년 상반기에 약 3만 2000건이며, 해외에서의 송신이 90%를 넘었다. 인터넷과 휴대 전화의 스팸메일로 일본 기업들이 받는 경제적인 손실이 연간 약 7000억 엔에 달하는 것으로 조사되었다. 이처럼 일본의 경우에도 스팸메일의 피해는 사회 문제로 인식되고 있다.

2008년 2월 일본 총무성의 스팸메일을 규제하는 "특정 전자메일 송신의 적정화 등에 관한 법률(이하 특정 전자메일법)" 개정안이 국회를 통과해서 시행되고 있다. 이 개정안은 2007년 7월 총무성이 법개정을 위한 연구회를 발족하면서 이루어졌다. 일본의 경우 스팸메일은 2000년부터 '만남 계열 사이트'를 운영하는 업자 등이 대량 송신을 하면서 사회적 문제로 등장하게 되었으며 이를 단속하기 위한 법 정비를 해왔다. 2002년 4월에 제정되고 7월부터 시행 중인 '특정 전자메일의 송신의 적정화 전자메일법'에서는 광고와 선전 메일에는 '승낙 광고'라고 표시하고, 송신자의 이름과 주소를 명기하도록 의무화하였다. 2005년 개정에서는 송신자의 정보를 허위로 기재하는 경우에 형사 처벌하도록 대책을 강화했지만, 발신자의 소재 파악이 어려워 실효성은 거의 없었다.

2008년 개정안의 특징은 통신 회사에 악질업자의 정보 제공을 요구할 수 있도록 하는 것이다. 수신자의 동의를 얻지 않고 광고·선전 목적의 메일은 스팸메일로 간주하여 처벌의 대상으로 한다. 위반업자에 대해서 개선 명령을 내린 뒤 따르지 않을 경우 처벌하도록 하고 있다. 또한 현행법에서의 규제 대상이 아닌 해외발 스팸메일에 대해서도 일본 내에서의 메일과 같이 엄벌할 수 있게 된다. 바이러스에 감염된 PC가 스팸메일을 보낼 경우 통신 회사가 메일 서비스를 원천적으로 거부할 수 있도록 하고 있다. 또한 일본 내의 사람이 해외의 사람에게 위탁하여 스팸메일을 송신하는 경우도 총무성이 출입 검사를 실시하여 업무 정지를 명할 수 있게 되었다. 또 메일 발신 기지 국가의 인터넷 사이트 소재지 등의 정보를 일본 측에 제공하여 국제적인 단속을 가능하게 한다. 개정 후의 벌칙 금액은 최고 3000만 엔으로, 현재 100만 엔에서 30배로 끌어올려 스팸메일 대책을 한층 강화하였다.

스팸메일과 관련하여 휴대 전화 이용자에게 대량의 스팸메일을 보낸 혐의로 도쿄의 인터넷 서비스 회사에 656만 엔(7000여 만 원)의 벌금형이 선고됐다. 도쿄 지방법원은 "수신처가 명확치 않은 스팸메일을 대량 발송한 경우에도 정상적인 메일을 보낸 것과 동일 요금을 지불해야 한다"고 판결했다. 이 업자는 2007년 4월부터 50일에 걸쳐 약 400만

통의 스팸메일을 발송한 혐의를 받고 있으며, 휴대 전화 전자메일 서비스를 운영 중인 i모드 측은 "수신자가 내야 하는 메일 이용 요금을 대신 지불하라"며 이 업자를 상대로 소송을 제기했다.

5. 관련 판례

표 5-1에서 알 수 있는 바와 같이 비록 스팸메일로 인해 발생한 피해를 법적인 판단에 의해 해결하고자 하는 의식이 생겨난 것은 얼마 되지 않으나(한국의 경우 관련 판례가 2002년에 와서 처음 나왔음), 최근 정보통신망법의 개정과 일련의 판례들은 스팸메일로 인한 불법 행위 발생시 법적으로 처벌한다는 법리를 명확히 하고 있다.

스팸메일에 관련된 판례의 대부분이 바로 스패머들에 대한 처벌과 관련된다. 외국의 경우와 유사하게 한국에서도 무작위의 네티즌들에게 대량의 메일을 살포하여 처벌을 받은 형사 항소심 판례가 나왔다. 이는 이른바 '김하나' 사건이라는 것인데, 김하나라는 가명으로 인터넷에서 스팸메일을 대량으로 발송한 사람이 항소심에서 집행유예가 선고된 사건이다. 2007년 6월 27일 서울지방법원 형사 항소 2부는 익명의 타인들에게 대량의 스팸메일을 발송하고 정보 이용자들의 개인 정보를 전송받아 이를 대출 알선업자 등에게 판매한 혐의(정보통신망법 위반)로 구속된 산업 기능 요원인 박모 씨와 권모 씨에게 징역 8월에 집행유예 2년 그리고 사회 봉사 80시간을 선고했다.

박모 씨는 고등학생이던 2003년부터 김하나라는 가명을 이용하여

표 5-1. 스팸메일 관련 우리나라 판결례

재판부 / 심결	원고 / 신청인	피고 / 피소인	요지	결과	사건 출처
2002. 1. 20 서울지법 동부지원	조모 씨	H사 등 광고 메일 발송 업체	수신 거절 의사를 분명히 나타냈는데도 다시 메일을 보낸 것은 인격권 침해임. 발신 전용 메일 주소를 사용하고 있어 수신 거부 의사 표시를 보낸 것을 수령하지 못했다는 주장은 타당치 않음. 그러나 수신 거부 의사 표시 이전에 발송된 메일에 대해서는 피해를 인정할 수 없음	인용 (스팸 관련 최초 판례)	연합뉴스 2002. 1. 20
2004. 11. 17 서울중앙지법	다음커뮤니케이션	A사(음란 메일 발송 업체)	피고가 원고 회원들에게 발송한 스팸메일은 유료 회원 확보와 광고 유치를 위한 것으로 정보 가치 등은 거의 없어 불쾌감을 갖게 되는 것은 물론 원고 회원들이 메일 서비스 이용을 중단하는 등 피해가 발생한 점이 인정됨	인용	연합뉴스 2004. 11. 17
2006. 5. 3 대전지법	불명		건강 관련 인터넷 홈페이지에 개설된 커뮤니티에 접속하여 커뮤니티 회원들에게 공개된 전자메일 주소록에서 블록 설정 및 복사하기 기능을 이용하여 그곳 회원들의 전자메일 주소를 복사한 후 전자메일 주소창에 붙여넣기 기능을 이용하여 전자메일을 보낸 행위가 구 정보통신망 이용촉진 및 정보보호 등에 관한 법률 제50조의2에서 말하는 기술적 장치를 이용한 전자메일 주소의 수집 행위에 해당하지 않는다	무죄	2006고정209 판결
2006. 6. 23 서울중앙지법 형사 단독	박모 씨 (이른바 김하나 사건)		인터넷 P2P(개인 대 개인) 사이트에서 내려받은 60여 명의 인적 사항을 이용해 인터넷 사이트에 회원으로 가입하는 등 다른 사람의 권리·의무에 대한 특수 미디어 기록 위조	인용 (징역 8개월)	
2007. 6. 27 서울중앙지법 형사항소	박모 씨 (이른바 김하나 사건)		범죄 전력이 없는 점, 범행의 피해가 사기 대출 등으로까지 커지지 않은 점, 범행을 깊이 뉘우치고 있는 점, 자신의 기술을 좋은 일에 쓰겠다고 다짐하고 있는 점 등을 참작해 보면 원심의 형이 무거워 부당하다고 인정된다	집행유예, 사회 봉사 60시간	연합뉴스 2007. 6. 27

스팸메일을 보내는 프로그램을 제작, 수조 건이 넘는 스팸메일을 보내면서 악명을 떨쳤고 병역 특례 산업 기능 요원으로 일하면서 권모 씨와 이를 계속하다가 구속되었다. 실제로 하급심인 1심에서는 징역 8개월의 실형이 선고되었는데, 형 집행을 실행하지 않고 처벌 수위를 낮춘 것이 특징적이다.

실제로 한국에서 스팸메일과 관련된 최초의 판례는 2002년 나오기 시작했다. 2002년 1월 21일에는 서울지방법원 동부지원은 조모 씨가 H사 등 광고 메일 발송 업체 4개 회사를 상대로 낸 손해배상 청구 소송에서 원고 일부 승소 판결을 내렸다. 이 판결은 스팸메일과 관련된 첫 번째 판결이며 동시에 스팸메일로 인해 개인이 입은 정신적 피해를 인정하고 이에 대한 배상을 승인하는 중요한 판결이다. 법원은 원고가 수신 거부 의사를 분명히 했는데도 계속 메일을 보낸 것은 원고에 대한 인격권 침해에 해당된다고 보았다.

원고 조씨는 2001년 11월 자신의 전자메일 주소로 5~8건의 광고성 메일을 보낸 4개 회사에 대해 전자메일 수신 거부 의사를 표시하고 이를 정보통신부에 신고했지만 메일이 계속 들어오자 이들 업체를 상대로 소송을 냈다. 재판부는 수신 거부 의사를 밝혔는데도 계속 메일을 보낸 것은 인격권 침해에 해당한다며 관련 업체에 78만 원을 배상하라고 명했다. 재판부는 다만 수신 거부 의사 표시 이전에 발송된 메일에 대해서는 피해를 인정할 수 없다고 판시하면서 광고 메일 발송 업체 4개 회사에 배상을 인정했다. 재판부는 일부 업체의 경우 발송 전용 메일 주소를 사용하고 있으며 원고가 수신 거부 의사 표시를 보낸 것을 수령하지 못했다는 주장을 받아들이지 않고 이에 대해서 업체 측도 책임을 져야 한다고 보았다.

그런데 이 판결의 결과 스팸메일 발송자를 상대로 소송을 제기하여 위자료를 지급받을 수 있을 것으로 보이나, 실무상 정신적인 피해에 대한 위자료 배상 금액이 크지 않고, 소송 비용이 만만치 않으며, 더욱이 실제 스팸메일을 만들어 전송한 사람을 찾아내기 쉽지 않다는 문제가 있다. 다시 말하자면 인터넷상에 표시된 전송자의 명칭이나 연락처가 실제 발송한 자와 맞지 않아 연락이 되지 않는 것은 물론이고, 실제 발송자는 메일 발송 전문 업체인 경우가 많은데, 이들은 대개 유령 회사이거나 정체가 불분명한 회사여서 이를 상대로 소송을 제기하는 것이 쉽지 않을 것으로 보인다.

전술한 김하나 사건과 유사한 사건이 2006년 6월 23일 나왔다. 서울중앙지법 형사11 단독 재판부는 다른 사람의 인적 사항을 이용해 4만 6000여 통의 스팸메일을 발송하다 인터넷 업체 N사의 서버를 마비시킨 대학생 박모 씨에게 벌금 200만 원을 선고했다. 재판부는 판결문에서 "박 씨가 영리 목적의 광고 메일을 세 차례에 걸쳐 모두 4만 6000여 통을 보내다 인터넷 업체 서버를 다운시켜 이 업체의 전자메일 기능을 마비시키는 등 정보 처리에 장애를 발생시킨 책임이 인정된다"고 밝혔다. 재판부는 또 "박 씨가 인터넷 P2P(개인 대 개인) 사이트에서 내려 받은 60여 명의 인적 사항을 이용해 인터넷 사이트에 회원으로 가입하는 등 다른 사람의 권리·의무에 대한 특수 매체 기록도 위조했다"고 덧붙였다.

또한 포털 사이트를 통해 개인의 승낙 없이 이용자들의 메일 주소를 관련 업체에 넘겨 원치 않는 메일을 계속 받도록 하는 경우 위자료를 지급하도록 한 결정이 법원에서 수용되었다. 2004년 11월 17일 서울중앙지법은 다음커뮤니케이션이 스팸메일로 사이트 운영에 피해가 발생했다며 성인 사이트 운영 업체 A사를 상대로 낸 650만 원의 손해 배상 청구 소송에서 A사는 456만 원을 지급하라고 원고 일부 승소 판결했다.

법원은 판결문에서 "피고가 원고 회원들에게 발송한 스팸메일은 유료 회원 확보와 광고 유치를 위한 것으로 정보 가치 등이 거의 없어 불쾌감을 갖게 되는 것은 물론 원고 회원들이 메일 서비스 이용을 중단하는 등 피해가 발생한 점이 인정된다"고 밝혔다. 계속해서 재판부는 "사전에 여러 차례 발송 중단을 경고하고 종전 IP를 차단했는데도 이를 무시한 채 다른 IP를 통해 스팸메일을 발송한 것은 전자메일 서비스 업체의 영업과 신용을 침해한 위법 행위"라고 덧붙였다. 재판부는 손해 배상 금액과 관련, A사가 발송한 298만여 통의 스팸메일을 처리하는 데 든 비용 156만 원 외에 무형의 손해에 대한 위자료 300만 원을 지급하라고 판시했다.

비록 엄청난 양의 메일 발송은 아니라고 하더라도 일정한 커뮤니티에 속한 회원의 공개된 전자메일 주소를 토대로 메일을 발송하는 경우에도 제재를 받을 수 있다. 대전지법은 2006년 5월 3일 건강 관련 인터넷 홈페이지에 개설된 커뮤니티에 접속하여 커뮤니티 회원들에게 공개된 전자메일 주소록에서 블록 설정 및 복사하기 기능을 이용하여 그곳 회원들의 전자메일 주소를 복사한 후 전자메일 주소창에 붙여넣기 기능을 이용하여 전자메일을 보낸 행위가 당시 정보통신망법 제50조의 2[57]에서 말하는 기술적 장치를 이용한 전자메일 주소의 수집 행위에

---

57. 제50조의2 (전자메일 주소의 무단 수집 행위 등 금지)
　① 누구든지 인터넷 홈페이지 운영자 또는 관리자의 사전 동의 없이 인터넷

해당하지 않는다고 하였다(2006고정209 판결).

피고인은 화상 채팅 홈페이지에 개설된 '성' 커뮤니티에 접속하여 커뮤니티 회원들에게 공개된 전자메일 주소록에서, 블록 설정 및 복사하기 기능을 이용하여 그곳 회원의 전자메일 주소를 복사한 후 그곳 홈페이지에서 제공하는 전자메일 솔루션인 '친구에게 보내기' 창의 '받는이'란에 '선생님'이라고 쓰고, 전자메일 주소란에 복사한 회원 전자메일 주소를 붙인 후 전자메일을 보냈을 뿐, 어떠한 기술적 장치를 이용하여 전자메일 주소를 수집한 것이 아니라고 주장하였다. 피고인은 화상 채팅 사이트를 광고하는 스팸메일을 그 주소록에 기재된 사람들에게 약 12시간 동안 약 5000건을 송부함으로써 이를 정보 전송에 이용하였다.

실제로 정보통신망법 제65조의2 제3호,[58] 제50조의2 제1항의 규정에 의하여 처벌을 하기 위해서는, 우선 인터넷 홈페이지 또는 관리자의 사전 동의 없이 전자메일 주소를 수집하여야 하고, 나아가 인터넷 홈페이지에서 자동으로 전자메일 주소를 수집하는 프로그램이나 그 밖의 기술적 장치를 이용하여 전자메일 주소를 수집하여야 한다. 검사는

홈페이지에서 자동으로 전자우편 주소를 수집하는 프로그램 그 밖의 기술적 장치를 이용하여 전자우편 주소를 수집하여서는 아니 된다.

② 누구든지 제1항의 규정을 위반하여 수집된 전자우편 주소를 판매·유통하여서는 아니 된다.

③ 누구든지 제1항 및 제2항의 규정에 의하여 수집·판매 및 유통이 금지된 전자우편 주소임을 알고 이를 정보 전송에 이용하여서는 아니 된다.

58. (2008년 개정 이전) 제65조의2 (벌칙) 다음 각 호의 1에 해당하는 자는 1000만 원 이하의 벌금에 처한다.

3. 제50조의2의 규정을 위반하여 전자우편 주소를 수집·판매·유통 또는 정보 전송에 이용한 자

마우스를 이용하여 전자메일 주소를 블록 설정하여 복사하고, 메일 주소창에 붙여넣기 기능을 이용하여 전자메일을 보낸 행위도 기술적 장치를 이용하여 전자메일 주소를 수집하고, 수집한 전자메일 주소를 이용한 것에 해당된다는 취지로 주장하였다.

그러나 법원은 발송된 전자메일의 양으로 보아 피고인이 기술적 장치를 이용하였을 가능성을 배제할 수 없으나, 형사 재판에서 공소가 제기된 범죄 사실은 검사가 입증하여야 하고, 법관은 합리적인 의심을 할 여지가 없을 정도로 공소 사실이 진실한 것이라고 확신하게 하는 증명력 있는 증거를 가지고 유죄로 인정하여야 하므로, 그와 같은 증거가 없다면 설령 피고인에게 유죄의 의심이 간다고 하더라도 피고인의 이익으로 판단할 수밖에 없는바, 그 발송된 전자메일이 다수라 하더라도 그 점만으로 피고인에게 불리한 판단을 할 수는 없다고 판시했다.

이는 특정 인터넷 홈페이지에 개설된 커뮤니티에 접속하여 커뮤니티 회원들에게 공개된 전자메일 주소록에서 블록 설정 및 복사하기 기능을 이용하여 그곳 회원들의 전자메일 주소를 복사한 후 전자메일 주소창에 붙여넣기 기능으로 전자메일을 보낸 행위가 정보통신망법 제50조의2에서 말하는 기술적 장치를 이용한 전자메일 주소의 수집 행위에 해당하지 않는다고 한 사례이다.

또 다른 판례에서 소비자 J는 1999년 11월 인터넷 검색 포털 업체인 N사가 S사 등의 제휴 회사와 함께 개설한 인터넷 서비스 사이트에 회원으로 가입했다. J는 회원 가입 신청을 하면서 신청서에 자신의 성명·주민등록번호·주소·직업·전자메일 주소·비밀번호 등을 입력했는데, 서비스 안내문과 회원 가입 신청서에는 회원으로 등록되면 회원의 비밀번호와 전자메일 주소는 제휴 회사에 제공되지 않는다고

되어 있었다. 이용 약관에도 이용자의 사전 동의 없이는 개인 정보를 공개하지 않는다고 돼 있었다. 그런데 N사는 J 등 회원의 동의를 받지 않은 채 전자메일 주소를 S사에 전송했고, S사는 J 등 회원의 동의를 받지 않은 채 N사로부터 전송 받은 J 등의 전자메일 주소로 자사의 제품을 광고하고 판매를 촉진하기 위한 영리 목적의 광고성 전자메일을 전송했다. 이에 J는 개인 정보를 유출해 광고성 전자메일을 받아 손해를 봤다며 N사와 S사를 상대로 손해배상 청구 소송을 제기했다.

서울지방법원은 "J와의 약정과 정보통신망법 소정의 정보 통신 서비스 제공자의 개인 정보 보호 의무를 위반해 N사는 J의 동의 없이 J의 전자메일 주소를 S사에게 제공하고, S사는 J의 동의 없이 J에게 광고성 메일을 전송함으로써 정보 통신 서비스 이용자인 J의 사생활의 비밀과 자유의 침해 위험 등이 발생함에 따라 J가 상당한 정신적 고통을 받은 것이 경험칙상 분명하므로 N사와 S사는 각자 이를 금전으로 위자할 의무가 있다"고 판시했다. J에게 지급해야 할 위자료 액수는 개인 정보 보호에 대한 고도의 신뢰성, 개인 정보 유출로 인한 이용자의 사생활 비밀 및 자유의 침해 가능성, 광고성 메일의 유해성 등을 고려해 각각 100만 원으로 정했다.

이는 인터넷 포털 업체가 네티즌의 전자메일 주소 등 개인 정보를 제휴 업체에 알려줘 광고성 전자메일을 받게 했다면 손해배상 책임을 져야 한다고 인정한 첫 판례이다(<소비자시대>, 2003. 7, p.15).

6. 올바른 문제 해결 방향

전술한 바와 같이 인터넷 스팸메일은 우리가 멀티미디어 시대를 살아가는 대가로 발생하는 사회적 비용이다. 어떠한 방식의 규제가 도입되더라도 궁극적으로 발생하는 사회적 비용을 완전히 제거하기는 불가능할 것이다. 스팸메일은 표현의 영역에서 일정 부분 보호를 받고 있으며 이에 대한 새로운 규제가 나오면 이를 피해 가는 새로운 스팸의 출현을 막을 수 없기 때문이다. 이러한 점은 옵트인 제도를 실시하고 있는 유럽에서 오히려 스팸메일이 줄기보다는 늘었다는 결과에서도 보여진다. 결국 우리가 겪는 사회적 비용을 최소화하는 규제 방안이 요구된다.

한국의 경우 스팸메일이 상당히 악성인 경우가 많은데도 규제의 정도는 미국보다 미흡하다는 지적이 있어 왔다. 미국과 같은 옵트아웃제를 실시하고 있는 우리의 경우 유의선(2004), 황성기(2005), 이재진 (2004) 등의 논의에서 살펴본 것과 같이 옵트아웃 방식에 다른 규제 방식의 활용을 통해서 사회적 비용을 낮출 수 있을 것으로 본다.

현재까지의 논의들과 판례들의 분석을 통해서 살펴보건대 인터넷 스팸메일에 대한 규제는 점차 강화되어 가는 양상을 보이는 듯하다.

표 5-2. 스팸메일 규제 스펙트럼

	규제 방식	세부 내용	주요 처벌 방식
미국	옵트아웃 / 라벨링	OSP 보호를 통한 기술적 규제 및 징벌적 손해배상 제도	법원의 배상
유럽	옵트인	위법적 발송에 대한 과태료 부과	법원의 배상 / 형사 처벌
한국	옵트아웃 / 라벨링	공정거래법 / 정보통신망법상의 과태료, 벌금, 징역	형사 처벌 / 법원의 배상

비록 우리나라의 경우에 미국식의 옵트아웃을 기본으로 하고 여기에 라벨링을 더하는 방식으로 규제를 하고 있으나 정부에서는 더욱 엄격한 규제를 구상하고 있는 것으로 판단할 수 있다. 그러나 옵트인 방식으로 진행하는 것은 전술한 논의에서 알 수 있듯이 여러 가지 측면에서 위헌적 요소들이 내포되어 있다.

요약하면 옵트아웃 원칙의 규제 모델을 유지하되 이를 다차원적 방식으로 실시하는 규제 시스템이 필요하다고 생각된다. 다시 말하자면 옵트아웃 방식의 규제를 1차적으로 기술적·표시적 측면에서 실시하고 이것이 가능하지 않으면 2차적으로 징벌적·소송적 측면에서 규제를 실시하는 '단계적 옵트아웃제' 또는 '다차원적 옵트아웃 규제'가 되도록 해야 할 것이다.

우선, 기술적 측면의 경우 가장 선호될 수 있는데, 스팸을 예방하거나 간단히 삭제할 수 있는 소프트웨어를 통하여 스팸메일을 규제하는 것이다. 미국의 경우에는 OSP를 보호하는 차원에서 원천적으로 기술적 규제를 법으로 규정하고 있으나 우리의 경우 법적으로 정해져 있지는 않다. 유사하게 스팸 방지 유틸리티를 통하여 강력하게 스팸을 좀더 효과적으로 차단할 수 있을 것이다. 현재까지 나온 방식으로는 전자메일이 기계에 의해서 자동으로 발송되는 것보다 오로지 사람만이 이를 보낼 수 있게 하는 기법(예를 들면 주소록에 등재되지 않는 사람에게 전자메일을 보낼 때는 사람만이 해결할 수 있는 문제를 송신자에게 보내어 이를 푸는 경우에만 전자메일을 보낼 수 있게 함으로써 컴퓨터에 의한 자동화된 메일 송신을 불가능하게 함), 소량의 전자메일만 쉽게 보낼 수 있고 대량 송신을 할 경우 비용을 지불하게 하는 기법, 일단 전자메일을 보내게 하고 수신자가 이를 스팸메일로 확인할 경우 송신자에게 추가 비용을 부담시키는 기법 등이 여기에 포함될 수 있다고 한다. 여기에 스팸메일 방지 방안으로 광고 메일의 제목 끝부분에 @ 표시를 의무화해 쉽게 광고성 메일을 분별할 수 있도록 하려는 것도 설득력 있는 방안(백강진, 2004)이 될 수 있을 것이다.

징벌적 측면의 경우에는 소송에 있어서의 손해배상액과 정보통신망법의 벌금을 현재 수준에서 현실적으로 높이는 것이다. 특히 벌금의 경우 공정거래법상의 과태료 수준을 현재 1000만 원에서 정보통신망법에서 정하고 있는 벌금인 3000만 원 수준으로 대폭 확대하는 한편, 악성 스팸의 경우에는 그 상한선을 폐지하여 실제 불법적 발송으로 인해 발행한 피해 액수의 일정 부분을 징벌적인 성격이 강한 벌금으로 책정하는 것이다. 이러한 경우에 과태료/벌금상한선제 폐지로 인한 억지 효과가 상당히 있을 것으로 판단된다. 가능한 악성 메일에 대해서만 이러한 징벌적인 규정을 적용하는 것이 상당하며 이때 서버를 빌려주는 형태의 ISP에 대해서는 만일 메일 주소가 불법적으로 전달된 것이 아니라면 책임을 묻지 않는 것이 좋을 것이다.

소송적 측면의 경우에는 불법적인 스팸메일 발송이 이루어지는 경우 소송을 간소화하거나 집단 소송을 가능하게 할 수 있다. 그런데 개별 소송의 경우에는 실제 개개인의 손해액이 크지 않으므로 손해배상의 소를 제기하는 것이 비경제적이며 현실적으로는 거의 불가능한 일이다. 따라서 악성 스팸메일 발송자의 경우에는 집단 소송을 확대하는 것이 필요할 것이다. 아울러 스팸 수신자가 국가 기관에 신고를 하도록 하여 일정 수 이상이 되면 이들이 자동적으로 손해배상의 집단 소송으로 가도록 하는 방법도 고려할 수 있다.

우리나라 법원의 판결례를 통해 볼 때 몇 가지 시사점이 드러난다. 첫째, 법원의 판례 건수가 아직 많지 않다는 것이다. 현재까지 수집된 판례는 6건에 불과하다. 아마도 판례가 좀더 집적되면 판결 원칙이 명확해지고 스팸메일 규제 방식이 좀더 구체화될 것으로 보인다.

둘째, 판결의 경우 사회적 손실에 비해서 대개 관대한 처분이 내려지고 있다. 처벌의 수위가 현재까지는 상당히 낮다는 것이다. 벌금의 경우에도 개인에게는 소액의 배상액이 책정되는 등 처벌의 수위가 상당히 낮다고 할 수 있다. 법원의 경우 처벌의 수위는 무엇보다 발송된 불법 스팸메일의 양과 내용을 판단해서 결정하고 있는 것으로 보이나 메일 발송의 이유나 개인적 사정에 대해서 상당히 많은 배려를 하는 것으로 판단된다. 스팸메일 규제와 관련하여 일관되게 적용하는 원칙은 아직 드러나지 않았으나 스팸메일에 대한 법원의 판결은 대개 징역이나 구금을 통한 신체형을 최대한 지양하고 최대한 처벌의 수위를 낮추고 있는 것으로 판단된다.

셋째, 어느 정도의 스팸메일을 발송해야 피해에 대한 책임이 발생하는가에 대해서도 명확치 않다. 이러한 점을 좀더 구체적으로 판단할 수 있도록 하는 법 규정이 필요할 것으로 보인다. 이는 기존의 정보통신망법의 개정을 통해서도 가능하나 미국의 경우 적절한 스팸메일의 규제가 인터넷의 발전에 대단히 중요하다는 인식하에 캔-스팸 법안을 제정한 것처럼 여러 관련 규정을 모아서 특별법을 제정하는 것도 좋을 것이라 판단된다.

넷째, 법원의 판단은 기술적인 측면에 너무 치우쳐져 있어 스팸의 본질적 특성에 대한 고려가 많지 않다는 점이다. 스팸이 어떤 기술적 방식으로 수많은 불특정 다수에게 전파되었으며 이를 규제하기 위한 기술적 발전이 어느 정도 이루어져 있는가, 그리고 이러한 부분이 실제로 적용 가능한가 등에 그 논의가 치우쳐져 있어 깊은 논의가 잘 이루어지지 못하고 있는 것으로 보인다. 이는 궁극적으로 헌법학자 샤우어가 말하는 '미끄러운 경사slippery slope'에 빠질 위험을 배제할 수 없다.[59]

스팸메일과 관련해 가장 먼저 취해야 할 조치는 무조건적 규제에 대한 편견을 버리는 것이다. 규제를 위한 규제는 스팸메일이 갖는 본질적 측면, 즉 경제적·표현적 활동의 자유를 고려하지 못하게 된다. 다시 말하자면 비록 스팸메일이 개인들의 사생활 및 경제적 피해를 가져온다고 해도 이를 무조건 규제하려는 발상은 위험하다는 것이다. 오히려 스팸메일에 대한 규제는 인터넷상의 자유로운 커뮤니케이션의 본질에 대한 침해를 최소화해야 한다는 근거에 기초해야 한다. 이를 위해서는 두 가지 요건이 갖추어져야 할 것으로 보인다.

무엇보다 스팸메일을 주관하는 등록 기관을 법정 기관으로 설치하고, 모든 스팸메일은 여기에 등록하게 한다. 그 다음은 옵트아웃 방식으로 소비자들에게 전달하게 한 후 소비자들이 수신을 거부하거나 거부하였는데도 다시 보내는 경우 이 기관에서 바로 등록을 취소하도록 조치해야 한다. 더욱 중요한 일은 사회적 법익을 침해하는 범죄를 구성하는 스팸메일과 그렇지 않은 스팸메일을 구분할 수 있도록 해야 한다는 것이다. 그래서 음란성 광고, 범죄 행위를 부추기는 광고, 바이러스 유포를 의도한 스팸메일, 금융 사기성 광고 스팸 등의 경우 형사법적인 불법 행위로 간주하여 이를 형사법과 함께 원하는 경우 민사법적으로 손해배상을 청구하도록 하는 것이 필요하다.

---

59. 표현의 자유를 보호하는 데는 예외 규정을 만들수록 본질적으로 보호되어야 할 부분이 침해될 위험성이 존재한다는 것이다.

6장

인터넷과 음란성 판단

1. 음란물이란 무엇인가

인터넷에서의 음란물이 청소년들에 미치는 영향은 적지 않을 것이다. 현재 미국이나 일본 등 외국에서 개설하여 음란물을 생산하거나 게시하는 음란 사이트는 2만 개 이상으로 추산된다. 하루에도 수없이 많은 음란물이 생산되고 있는데, 이를 완전히 규제하는 것은 불가능하다. 외국의 사이트를 우리나라 법원이 규제할 수 없기 때문에 필터링 등 다양한 방식을 통해서 이를 규제하려는 노력이 이루어지고 있다.

인터넷의 영향력으로 음란물에 대한 우려는 더욱 커지고 있다. 그래서 이를 오프라인보다 더 엄격하게 규제하려는 경향이 나타나고 있다. 사회적인 쟁점이 되는 사건이 발생한 이후에는 특히 그러하다. 예를 들어 2007년 3월 야후 코리아, 다음, 네이버 등 거대 포털 사이트에 음란물 동영상과 사진 등이 게재되어 몇 시간씩 방치된 사건이 있었는데, 당시 여론은 포털의 음란 콘텐츠 관리 대책이 시급하다고 보았다.

흥미로운 점은 음란 표현물의 경우 일단 규제의 대상으로 바라보고 있으며 어떠한 성 표현물이 음란물로 규제되는가는 제대로 논의가 이루어지고 있지 않다는 것이다. 일정 이상의 성 표현물은 모두 다 음란물로 보고 인터넷의 사회적 위력을 고려하여 무조건적으로 처벌하려는 것은 표현의 자유를 침해할 가능성이 있다. 그런데 인터넷에서의 음란물에 대한 법적 적용은 오프라인의 음란물에 대한 법 적용과 크게 다르지 않다. 오프라인의 음란물에 대한 법원의 인식과 판결 결과는 온라인에 적용될 것이며 오히려 규제가 더욱 강화될 수 있다. 음란물에 대한 정의가 시대에 따라 다른 점을 고려한다면 이러한 경향이 옳은 것인지, 법적인 문제는 없는지 판단하기 쉽지 않아 보인다.

　　이번 장에서는 인터넷에서 문제가 되는 음란물을 법원이 어떻게 판단하는지를 중점적으로 다루고자 한다. 오프라인에서의 음란물 기준이 인터넷에서의 음란물에도 크게 다르지 않게 적용될 수 있다는 점에 비추어 볼 때 우리 법원이 음란물 문제를 어떻게 다루고 있는지 살펴볼 필요가 있을 것이다. 특히 이 장은 대법원 판결의 내용과 문제점을 실증적으로 분석하는 데 초점을 두고 있다.

　　무엇보다 음란에 대한 정의 문제가 있다. 음란하다는 것은 무엇인가, 한 성性 표현물이 음란하다고 할 때는 어떤 경우를 두고 말하는가? 성에 대한 호기심과 표현은 인간의 원초적인 본능으로(Winkler, 2000; 박선영, 2002, p.20 재인용) 인류 역사상 거의 모든 시대와 문화에서 성 표현물이 무수히 발견되고 있다. 이러한 성 표현물 중에는 이른바 노골적이며 자극적인 성적 묘사로 음란물의 영역 안에 포함되는 것도 있다.

　　음란물이란 일반적으로 사회적 해악을 이유로 규제의 대상이 되는 특정 성 표현물을 말한다. 역사적으로 성 표현물은 근대 이후 반종교적 혹은 사회 교란적인 차원에서 규제되기 시작했으며 계몽주의 시대 이후에는 법과 도덕이 구별되면서 국가의 법적 제도권으로 포섭되었다. 특히 19세기 중반 이후부터는 국가의 엄격한 사법적인 감시하에 특정한 유형의 성 표현물들은 음란 혹은 외설[60]이라는 이유로 금지되었다(김영환·이경재, 1992, p.14). 현재까지 음란물은 그 해악과 규제 방식에 관하여 수많은 논의[61]가 진행되고 있지만 그와는 별개로 각국에서는 특정한 성 표현물을 규제하기 위한 일정한 노력들이 지속되고 있다.

이처럼 규제의 대상이 되는 음란물에서 가장 중요하고도 근본적인 문제는 이러한 음란물을 어떤 기준으로 판단하는가이다. 어떠한 성 표현물을 음란물의 영역 안에 포함시킬지를 판단하는 기준은 무엇인가?[62] 이는 더욱이 성 표현물도 하나의 표현 수단으로서 민주주의의

60. 일반적으로 성 표현물의 개념과 규제와 관련해서는 음란, 포르노그래피, 저속이라는 용어가 구분되어 사용된다. 포르노그래피*pornography*는 우리의 입법에서는 사용되지 않지만 외국에서는 음란*obscenity*과 구별하여 사용되며 음란보다 훨씬 더 노골적인 성행위의 표현이나 성행위의 재현을 나타낸다 (Samoriski, 2002, p.266). 저속*indecency*이란 반드시 음란하지는 않지만 그 표현이 외설스러워 청소년 보호를 위해 미디어의 특성에 따라 그 표현과 유통을 제한하는 성 표현물을 말한다. 저속은 음란보다는 상당히 넓은 개념을 나타낸다(박선영, 2002, pp.24~27).

61. 성 표현물에 대한 입장은 크게 노골적인 성 표현물은 개인과 사회의 도덕성 보호를 위해 당연히 법으로 금지시켜야 한다는 입장(보수주의), 자연스러운 인간의 본능적 욕구라는 점에서 성 표현 또한 존중되어야 한다는 입장(자유주의), 이외 음란물을 여성주의 시각에서 그 해악을 논의하자는 주장도 있으며 이는 다시 보수주의적 규제론과 자유주의적 보장론으로 나뉜다. 또한 원칙적으로는 성 표현의 자유를 보장하되 아직은 인격 형성 중에 있는 청소년의 접근만 제한하자는 주장(청소년 보호)도 있다(박선영, 2002, pp.20~21).

62. 음란 및 성 표현물에 대한 일반적인 설명은 문재완(2008)의 《언론법》 5장에서 자세히 다루고 있다. 따라서 이 장에서는 성 표현물 규제의 일반을

기본권인 표현의 자유라는 헌법적 보호의 대상[63]에 해당되므로 그 표현의 자유의 제한[64]이라는 측면에서 더욱 신중한 접근이 요구된다. 다시 말해, 음란성 판단의 기준은 표현의 자유 혹은 표현의 자유의 한계를 설정하는 중요하고도 본질적인 문제로 더욱 엄밀하고 엄격해야만 한다.

하지만 무엇이 음란인가는 수세기를 두고 논란을 거듭해 왔지만 아직까지도 논쟁의 대상이 되고 있다. 무언가를 정의하려면 뚜렷하고 본질적인 특성을 드러내어야 하는데, 음란성은 정확한 측정이나 일치가 불가능한 인간의 경험을 — 궁극적으로는 도덕적 경험을 — 기초로 하기 때문에 결론을 내리기 쉽지 않은 문제이다. 결국 음란성은 개인의 가치관에 따른 개별적인 차이와 시대와 사회의 가치관이나 도덕적 기준까

다루기보다는 특정 성 표현물이 규제 대상이 되는 음란물로 판단이 되는 법원의 판단 과정에 초점을 둠으로써 인터넷에서의 음란물 규제의 방향을 살피고자 한다.

63. 우리 헌법 제21조가 규정하는 표현의 자유는 전통적으로 "사상 또는 의견의 자유로운 표명(발표의 자유)과 그것을 전파할 자유(전달의 자유)를 의미하는 것"으로 인식되고 그 의사 표현의 매개체는 어떠한 형태든 제한이 없다.

64. 헌법은 제21조에서 언론의 자유와 제22조에서 학문 및 예술의 자유를 널리 보장하고 있다. 반면, 이러한 기본권도 타인의 권리나 명예, 공중 도덕 및 사회 윤리가 존중되는 가운데 보장될 수 있고(헌법 제21조 제4항), 나아가 모든 기본권은 안전 보장과 질서 유지, 공공 복리를 위하여 필요 최소한의 범위 내에서 제한이 가능하다(헌법 제37조 2항). 바로 이러한 표현의 자유에 대한 제한 가능성을 근거로 음란물 규제의 정당성이 부여된다(대법 2000.10.27. 선고 98도 679 판결). 문제는 규제 형태와 정도로, 표현의 자유와 음란 행위 등에 대한 규제 요구라는 양 이익을 조정하는 문제이다(권창국, 2002, p.236; 임지봉, 2005, p.11). 한편, 음란 표현에 대해 그 유통을 전면 금지시키는 형사 처벌로서의 헌법적 정당성은 헌법재판소에 의해 인정된 바 있다. 헌법재판소는 출판 및 인쇄소의 등록에 관한 법률 제5조의 위헌법률심판(헌재 1998.4.30. 선고 95헌가16 결정)에서 '저속 표현'은 헌법 제21조의 언론 자유 조항의 보호 영역에 속하지만, '음란 표현'은 헌법의 보호를 받지 않는다고 판시하였다.

지 작용하는 규범적 성질을 지닌 추상적이고 가변적인 개념으로서, 그 기준을 명확하게 하기란 쉽지 않다. 따라서 이러한 어려움 때문에 1964년 미국 대법관 포터 스튜어트Potter Stewart는 "음란을 한 마디로 정의하기란 대단히 어려운 일이다. 하지만 그것을 보는 순간 나는 그것이 음란하다는 것을 안다"라는 말을 남기기도 하였다(이상민 옮김, 2001, p.8).

이러한 음란성의 특성으로 인해, 그 개념이나 판단 기준은 대개 법률에 구체적으로 규정[65]되지 못하고 법원의 해석에 맡겨져 있다. 다시 말하면, 대부분이 법원의 판례를 통해 형성되고 있는 것이다. 우리나라 역시 음란성에 관한 법률이 다수 있으나 어떤 법률에서도 음란성의 개념에 대해 밝히지 않고 있으며 법원 판결을 통해 그 정의가 시도되고 있다. 나아가 판결에서는 음란성을 검토하여 그 여부를 결정하는 과정에서 음란성 판단의 구체적인 기준들을 제시하게 된다. 결국 법적 규제가 따른 제도적인 차원에서 — 그 시대의 사회 윤리적인 맥락에서의 음란성에 대한 해석 차원과는 별개로, 물론 이러한 해석 차원과 상호 밀접하게 관련되어 있지만 — 현재 그 시대와 문화에 적용되는 음란성 개념과 그 판단 기준은 전적으로 각국 법원의 몫이 되고 있다.

이상의 논의를 통해 살펴본 바와 같이 표현의 자유를 제한 당하며 규제의 대상이 되는 음란물과 관련하여 근본적으로 해결해야 할 가장 핵심 문제는 그 판단 기준을 정확하게 이해하는 것이고 이는 각국의

---

65. 미국의 경우 과거 연방이나 주의 많은 법률에서는 음란한 표현이라고만 하였지만 1973년 밀러 판결(Miller v. California, 413 U.S. 15.)에서 연방대법원은 음란물의 개념을 각 법률에서 명확히 정의하도록 요구하고 있으며(김종서, 2003, pp.210~220), 또한 영국의 '음란출판물법(The Obscene Publication Act: OPA)'과 같이 음란성의 개념을 입법적으로 정의하고 있는 나라도 있다.

판례를 통해서만 가능하게 된다. 다시 말해, 각국의 판례를 대상으로 그 사회에서 적용되는 음란성 판단 기준을 살펴보는 것은 성 표현물 규제와 표현의 자유에서 가장 우선적으로 해결되어야 하는 기본적인 연구 문제이다.

하지만 우리나라의 음란에 대한 규제의 역사는 1953년 형법이 제정된 이후 반세기가 넘었지만, 이에 대한 연구는 활발히 이루어지지 않고 있다. 더군다나 기존 연구들에서 음란성 판단 기준만을 중점적으로 다룬 경우는 거의 없으며 대개는 형법 차원에서의 음란물 규제에 관한 고찰, 즉 법적 적용의 문제점과 방안 등을 다루면서 일부 영역으로만 취급할 뿐이다. 더욱이 연구들은 단순히 법원 판례에서 분명하게 명시하고 있는 음란성 개념만을 다루거나 기술적인 접근 방법으로 주요 개별 판례에 대한 단편적인 설명과 견해만을 제시하고 있다.

물론 대개의 판례 분석이 개별 판례를 대상으로 연구자의 이성적이고 사유적인 논지를 근거로 한 신중하고 냉철한 해석으로 접근하는 것이 용이하고, 더욱이 음란성 개념 자체가 지극히 주관적이고 가치 내포적인 성격을 지니고 있어 질적 접근의 필요성을 어느 정도 인정하지 않을 수 없다. 하지만, 개별 사건의 본질을 파헤치려는 미시적 접근 방법과는 구별하여 관련된 모든 판례에 대한 실증적이고 경험적인 분석 역시 반드시 필요하다. 이러한 분석을 통해서만이 음란성 판단 기준에 대한 객관적이고 종합적인 설명이 가능하기 때문이다.

이러한 접근 방식은 우리나라 법원이 성 표현의 자유와 사회 이익의 침해를 어떻게 조정하는지 보여 주는 동시에 성 표현물과 관련된 각종 연구의 기본 토대를 마련해 줄 것이다.[66] 또한 보다 현실적인 측면에서, 우리 사회 일반의 성 표현물에 대한 제작·유통시 그 추상성과 애매함으로 인해 어려움을 겪었던 음란성 판단에 보다 구체적이고 실질적인 가이드라인을 제시해 줄 수 있을 것이다. 더욱이 현대는 사회의 개방화 속도가 빠르고 인터넷을 통해 온갖 종류의 성 표현물들이 넘치고 있어 이러한 현실 속에서 음란성 판단 기준에 대한 보다 정확하고 구체적인 이해는 큰 의미를 지닌다.

2. 인터넷에서의 음란물

음란성[66]은 전형적인 규범적 개념으로 시대와 장소, 문화에 따라 그 의미가 다르므로 그에 대한 보편 타당한 정의를 도출해 내는 것은 사실상 거의 불가능하다. 제도적인 측면에서 보면, 음란성은 법원에 의하여 그 인정 여부가 결정되며 일단 음란물로 인정되면 헌법상의 보호를 받지 못하고 규제의 대상이 된다. 따라서 각 법률과 법원에서는 음란성을 판단하기 위한 기본적인 기준으로 볼 수 있는 음란성의 개념과

66. 1960년대 미국 연방대법원장을 지낸 E. 워렌E. Warren은 일찍이 음란성을 미국 연방대법원이 다룬 이슈들 가운데 가장 어려운 문제였다고 고백했다. 음란성 여부를 심판하기 위해 법원은 두 개의 헌법상 권리를 이익형량해야 하기 때문이라고 했다. 그는 주정부와 연방정부는 점잖은decent 사회를 유지할 권리가 있는 반면, 미합중국 국민들은 수정헌법 제1조상의 권리를 가지는 것이라고 했고, 음란성에 관한 사건들은 점잖은 사회를 유지할 정부의 권리를 침해함이 없이 미국 수정헌법 제1조의 권리가 어느 정도까지 보호될 수 있느냐의 문제를 야기시킨다고 말했다(M. Landsberg, 1969; 임지봉, 2000에서 재인용).
67. 음란의 사전적 의미는 '사람이 또는 그 행동이 성에 대해 삼가지 않고 난잡한 경우나 책·그림·사진·영화 등이 그 내용에서 성을 노골적으로 다루고 있어 난잡한 것'을 말한다(권창국, 2002, p.238).

그에 따른 세부적인 판단 기준을 제시할 필요가 있다. 하지만 음란성의 가변적이고 추상적인 규범적 성격으로 인해 각국의 입법과 판례 또는 학설에서 이에 대한 통일된 정의를 발견하기는 쉽지 않다(김영환·이경재, 1992, p.86).

전 세계적으로 음란성 개념 및 판단 기준과 관련하여 미 연방대법원이 밀러 판결(Miller v. California, 413 U.S. 15 (1973))에서 내린 '그 시대의 평균인 기준'이 가장 많이 사용되며, 우리의 대법원이나 헌법재판소도 이와 같은 입장이다(박선영, 2002, p.23). 이는 평균인을 기준으로 음란성을 판단한다는 것으로 이와 대조되는 입장으로는 특정한 독자층을 중심으로 판단한다는 것이다.

여기에서의 평균인이란 정상적 성 관념을 지닌 일반 성인을 지칭한 것으로, 미국 연방 모범형법전(Model Penal Code 251.4)에 규정된 것처럼 통상의 성인*ordinary adults*을 말한다. 우리 대법원도 "음란성을 판단할 때 법관이 자신의 정서가 아닌 일반 보통인의 정서를 규준으로 하여 이를 판단하면 족하다"고 판시한다(대법 1995.2.10. 선고 94도2266 판결). 일본 판례에서도 영문 서적의 음란성은 영어를 읽을 수 있는 일본인 및 재일 외국인의 보통인, 평균인을 기준으로 하여 판단해야 한다고 언급한다(나 국현, 2001, p.40 재인용).[68] 하지만 음란성 판단에 일반 보통인의 정서를 기준으로 하더라도 이는 법관의 일정한 가치 판단에 따른 규범적인 개념(대법 1995.2.10. 선고 94도2266 판결)이므로 결국 그 최종적인 판단의 주체는 법관이 될 수밖에 없다(박선영, 2002, p.24).

이외의 음란성 판단 기준으로는 '객관적 판단'(대 주관적 판단), '전체적

---

68. 日最高判 昭和 42.7.7.

판단'(대 부분적 판단) 등이 학설과 판례를 통해 제시된다. '객관적 판단'이란 제작자나 행위자의 주관적 의도와는 무관하게 사회 통념에 따라 객관적으로 판단한다는 것을 말한다. 작가는 전적으로 예술적 관점에서 제작하였지만 그것의 객관적 묘사가 지나치게 노골적이어서 음란의 소지가 있다면 이에 해당된다. 한국과 일본의 판례도 대부분 이러한 '객관설'의 입장을 취한다. 다음으로는, 음란성의 판단이 해당 표현물의 일부만을 보는지 아니면 전부를 대상으로 하는지의 문제로서 대개의 판례에서는 부분적인 고찰에서 전체적인 고찰 방법으로 변화해 갔다. 그 일부만을 떼어내 판단하는 것이 아니라 전체적인 관련성을 고려해야 한다는 것이다. 이는 부분적으로는 음란성이 있더라도 전제적으로 보아 문학적·학문적·예술적 가치가 있어 음란성이 완화되어 부정되는 경우가 그 예이다. 영국의 음란출판물법(The Obscene Publication Act: OPA) 제1조 제1항도 '전체적으로as a whole'라는 표현을 사용함으로써 이를 명백히 하고 있다 (김영환·이경재, 1992, pp.112~117; 나국현, 2001, pp.741~742).

1) 영국 및 미국의 음란성 판단 기준

영미권에서 음란성의 개념 정의는 약 100여 년 전 영국 법원에서 시작되었다. 그후 미국에서는 영국의 보통법을 받아들여 발전시키고 수많은 판결을 거쳐 1970년대 이후에 거의 확립시켰다(김영환·이경재, 1992, p.88; 성동규·김왕석, 1997, p.232). 영국에서는 음란성을 '사람을 부패시키고 타락시키는 경향'이라고 파악하는데, 음란성에 대하여 최초로 영향력 있는 정의를 내린 것은 1868년의 히클링 판결이다.69 영국 법원은 특정 작품 중의 발췌된 부분에 음란성만 있어도 그 음란성을 인정하였고, 음란하다고 지적된 도서 등의 물건이 부도덕한 영향을 받기 쉬운 사람들의 수중에 들어갔을 때 그들을 부패·타락시킬 만한 영향이 있는지의 여부가 음란성을 판가름하는 기준이 된다고 하였다.

이후 이러한 히클링 판례의 영향을 받은 1959년 음란출판물법(OPA)[70] 제1조 제1항에서는 "어떤 물건의 그 효과 또는 그 물건이 둘 이상의 부분으로 이루어질 경우 구성된 부분의 효과가 전체적으로 보아 그 내용을 읽거나 보거나 듣게 될 사람을 부패·타락하게 하는 경향이 있다면 이는 음란하다"고 규정한다(김영환·이경재, 1992; 이건호, 2001).

미국의 경우 초기에는 영국의 히클링 원칙을 그대로 받아들였으나, 그 원칙은 ① 주관적으로 감수성이 예민하고 건전하고 지적인 판단을 할 수 없는 자를 기준으로 하며, ② 대상 표현 미디어 중 문제되는 부분만을 판단 대상으로 하는 점, ③ 부패·타락이라는 의미는 성적 표현물에 한정한 것이 아니어서 경우에 따라서는 직접적인 성적 표현이 없는 경우에도 적용될 수 있는 점 등이 비판을 받았다.

이 판결 이후 미국 연방대법원이 음란성 문제를 본격적으로 다루는데, 음란성 기준에 큰 변화를 가져온 판결은 1957년의 '로스 음란물 우송 사건'에 의한 로스 판결이다.[71] 이 판례에서는 "보통 사람에게

---

69. Regina v. Hicklin, LR 3 Q.B. 360 (1868). 히클링이 음란 간행물을 배포했다는 혐의로 기소되어, 소지했던 252권의 도서를 파기하라는 판결을 받은 사건이다(성동규·김왕석, 1997, p.232).

70. 이 법은 1964년 외설출판법에 의해 보충되었고, 1977년 영국 헌법에 의해 개정되었다(Cross, Jones & Card, 1988, p.487).

71. Roth v. United States, 354 U.S. 476 (1957). 사건은 '음란하거나, 음탕하거나, 욕정적이거나, 기타 추악한 성격을 가진 출판물'의 우송을 금지한 우편법을 위반하여 음란한 서적과 광고물을 우송한 로스에 대해 처벌한 사건이다

그 시대의 지역 사회의 기준을 적용하여 볼 때 전체적인 주된 내용이 호색적 흥미에 호소하는지의 여부"에 따라 판단한다고 하였다. 즉 '평균인,' '당대 지역 사회의 기준,' '호색적인 흥미에의 호소'로 음란성이 구성되어 있다고 볼 수 있다. 이후 1962년 '매뉴얼 엔터프라이즈Manual Enterprises' 사건[72]에서는 핵심 요소로서 '현저한 노골성'을 내세웠으며 1966년 소설 ≪쾌락의 여인에 대한 존 클러랜드의 회고록Memoirs of a Woman of Pleasure≫의 주인공의 이름을 붙인 '패니 힐Fanny Hill' 사건(일명 메모와Memoirs 판결)[73]에서는 "보충할 만한 사회적 가치가 전혀 없을 것"을 추가하여 음란성의 개념을 재정리하고 한층 완성시켰다.

이러한 로스-메모와Roth-Memoirs 판례의 음란성 정의는 1973년 밀러 판결[74]을 통해 보다 구체화되고 중대한 수정을 겪게 된다. 이 판결에서는 음란한 행위 등은 수정헌법 제1조로 보호받지 못한다고 명시하

(윤명선 · 박영철, 1995, p.41; 나국현, 2001, p.37; Clor, 1974, p.14; Copp & Wendell, p.333).

72. Manual Enterprises v. Days, 370 U.S. 478 (1962).

73. A Book Named "John Cleland's Memoirs of a Woman of Pleasure" v. Attorney General of Massachusetts(1966), 383 U.S. 413. 이 책 (Memoirs of a Woman of Pleasure)은 1750년 영국에서 처음 출판된 책으로 영국의 시골에 살고 있는 패니 힐Fanny Hill이라는 여자가 런던에 진출하면서 겪게 되는 일들을 그린 작품이다. 1963년 미국에서 다시 출판되었는데, 매사추세츠 대법원은 음란한 서적이라고 판결하였다(Joel Feinberg, 1985, pp.128~129; 김영환 · 이경재, 1992, p.94에서 재인용).

74. Miller v. California(1973), 413 U.S. 15. 밀러가 성인 잡지의 판매를 광고하기 위해 대량의 우편 판매 촉진 운동을 벌인 사건이다. 이 광고는 그 성인 잡지를 신청하지 않은 사람들에게까지 배달되었으며 이에 밀러는 알면서 음란한 표현물을 유포하는 것을 금지하는 캘리포니아주법의 위반을 이유로 유죄 판결을 받았다(나국현, 2001, p.38; 윤명선 · 박영철, 1995, p.45).

면서, ① 현재의 커뮤니티 기준을 적용해야 하는데,[75] ② 표현물이 평균인에게 호색적 흥미를 자극하고, ③ 노골적 성행위를 극단적으로 묘사하며, ④ 또한 그 표현물이 신중한 문학적·예술적·정치적·과학적 가치를 내포하지 않을 경우 음란물이라고 정의하였다.[76] ⑤ 이때 성 표현을 독립된 상황에서 볼 것이 아니라 전체 맥락에서 보아야 한다는 것이다(김경호, 2002, pp.38~39; 권창국, 2002, p.244). 이러한 밀러 판결은 음란성의 본질로서 '노골성'에 '혐오감'을 부가하는 한편 음란물과 예술적인 성 표현물을 구분하고 있다(성동규·김왕석, 1997, p.235).

이러한 판례들을 통한 영미의 음란성 개념은 ① 도덕적인 개념에서 헌법적인 개념으로, ② 추상적인 개념에서 구체적인 개념으로, ③ 규범적인 개념에서 기술적인 개념으로, ④ 예술성과의 병존에서 서로 배척하는 개념으로 세분화되어 갔다고 볼 수 있다(김영환·이경재, 1992, p.96). 그러나 밀러 판결 이후 각급 법원의 판례는 일관된 태도를 보여주지 못하고 있으며, 몇몇 주대법원은 연방대법원의 위와 같은 판례를 벗어나는 취지의 판결을 선고하는 사례도 나오게 되었다. 1987년 오레곤 주 대법원은 음란한 표현도 주 헌법상 보호 범위 내에 있음을 인정하고, 이를 규제하려면 구체적 규제 이익으로서 원치 않은 사람이나

75. 이 판결에서 재판장 W. 버거W. Berger는 다양한 특성을 내포하고 있는 50개의 주로 이루어진 나라에서 하나의 통일된 기준을 적용한다는 것은 불합리하다고 지적했다. 미시시피 주와 같은 보수적인 곳의 음란 기준은 라스베이거스나 할리우드와 같은 도시의 기준과 분명히 다르기 때문에 각각의 커뮤니티 기준을 적용하는 것이 적합하다고 판시했다(김경호, 2002, p.39).
76. 밀러 판결에서 음란성 판단의 기준으로 작품이 전체적으로 보아 진지한 문학적·예술적·정치적·과학적 가치를 가지는지를 이른바 LAPS 기준(serious Literary, Artistic, Political or Scientific value)이라고도 지칭한다.

간힌 청중 및 청소년을 보호하는 이익의 존재를 필요로 한다고 하였다
(이철호, 2006, pp.89~90).[77]

2) 독일 및 일본의 음란성 판단 기준

독일의 음란성에 관한 개념 정의는 크게 세 단계를 거쳐 발전했다
(김영환·이경재, 1992, pp.97~98). 첫 번째 단계는 1879년 독일제국 법원의
판결[78]에 근거한 것으로 "성 분야에 있어서 일반인의 성적 수치심 내지
는 도덕적인 정서를 해치는 것"이라고 정의한다. 그러나 '성적 수치심'
이나 '윤리 감정'은 그 개념의 모호성과 가변성으로 헌법이 요구하는
명확성의 원칙에 반한다는 비판을 받았다(헌법재판소, 2002, p.61).

그후 두 번째로 음란성 개념의 모호성을 극복하기 위하여 1969년
독일 연방대법원은 독일어판 소설 '패니 힐 사건'[79]에서 "노골적으로
천박하거나 혹은 호색적이어서 공동 사회의 중요성을 침해하거나 혹은
심각하거나 위태롭게 만드는 경우가 아닌 한 음란하지 않다"고 판시하
고 있다. "성행위 과정을 노골적으로 왜곡시키고, 비현실적으로 묘사하
거나, 또는 탈선과 변태를 신성화하거나, 더 나아가 외설적인 표현 방식
을 사용하는 것" 등이 음란성을 판단하는 기준이 된다는 것이다. 이
시기를 통해 독일연방대법원은 음란성과 예술성을 구별하고 보다 합리
적인 방법의 접근을 시도하였지만 여전히 명확성의 원칙을 충족하는

77. State v. Henry, 302 Or. 510, 732 P.2d 9 (1987).
78. RGSt 1, 140.
79. BGHSt 23, 40.

데는 부족하다는 비판을 받았다(이철호, 2006, p.91).

이에 세 번째로 1973년 제4차 독일 형법 개정으로 음란성을 포르노그래피로 대체하고 처벌 대상을 하드코어 포르노그래피에 한정하였다. 현행 독일 형법 제184조에서는 18세 미만의 청소년에게 포르노그래피를 유통하는 것과, 폭력적 포르노그래피, 아동 포르노그래피나 동물과 인간의 성적 행위를 대상으로 하는 포르노그래피 등을 처벌 대상으로 한정한다(박미숙, 2001, p.30). 이러한 일련의 과정을 통해 독일의 판례와 학설에 의한 음란성 개념은 ① 규범적인 요소에서 기술적인 요소로 세분화되고, ② 형법 개정을 통해 음란물죄를 '성적 자기 결정권'에 대한 범죄로 파악하고, ③ 예술성과 음란성은 서로 구별되는 것으로 변화했다(김영환·이경재, 1992, p.103).

일본의 경우는 미국이나 독일과는 달리 거의 유사한 음란성 개념이 반복되는데, ① 오로지 성욕을 자극·흥분시킬 것, ② 보통인의 정상적인 성적 수치심을 해할 것, ③ 선량한 성적 도의 관념에 반할 것이라고 개념을 정리하고 있다. 이는 이른바 3요소설로서 이들이 모두 충족되어야만 음란성을 지닌다고 해석하고 있다. 이러한 개념은 1951년 '선데이 오락 사건'(日最判 昭和 26.5.10. (1951))에 대한 일본 최고재판소의 판결에서 언급되었으며, 1957년 ≪채털리 부인의 사랑≫ 사건(日最判 昭和 32.3.13. (1957))에 대한 일본 최고재판소 판결에서 그대로 답습되어 정교화되면서 대부분 판례의 이론적인 기초가 되었다(박상진, 2005, p.165). 하지만 이러한 음란성 개념은 규범적인 요소를 중시하면서 개념의 추상성, 기준의 모호성, 법적용의 자의성 등의 문제로 비판받고 있다(김영환·이경재, 1992, pp.103~108).

나아가 일본 최고재판소는 1980년 '사첩반오의 하장' 사건(日最判

234

昭和 55.11.28. (1980))에서 음란성 판단 기준을 구체화하였는데, 이는 성에 관한 노골적인 상세 묘사, 서술의 정도·수법, 해당 묘사 서술이 문서 전체에서 차지하는 비중, 문서에 표현된 사상 등과 해당 묘사 서술과의 관련성, 문서의 구성이나 전개, 예술성·사상성 등에 의하여 성적 자극의 완화 정도의 관점으로부터 문서를 전체로서 보아 주로 독자의 호색적 흥미에 호소한다고 할 수 있는가의 여부를 판단해야 한다는 것이다(박상진, 2005, p.166).

3) 한국의 음란성 판단 기준

우리나라의 경우, 대법원은 음란성 개념을 폭넓게 다음의 세 가지 요소로서 일관되게 규정하고 있다. ① 당해 행위 및 기타 미디어를 통하여 성욕의 흥분 및 자극이 가해질 것 ② 그로 인하여 일반인의 정상적 성적 수치심을 해하고 ③ 결과적으로 성적 도의 관념에 반하게 된다는 것이다(권창국, 2002, pp.240~241; 이철호, 2006, p.84). 이러한 개념 정의는 주로 성도덕 관점에서 접근하고 있으며 물건과 행위를 구분하고 있지 않다.[80] 또한 이러한 음란성 개념은 앞서 살펴본 일본 판례의 음란성 개념의 3요소설과 유사하며 1987년의 성기구 '섹스링' 판결(대법 1987.12.22. 선고 87도2331 판결)에서 도입한 것으로 보인다(박상진, 2006, p.165). 헌법재판소는 "음란이란 인간 존엄 내지 인간성을 왜곡하는 노골적이고 적나라한 성

---

80. 한국 판례에서의 형법 제243조 공연음란죄와 형법 제243조 음화반포죄 및 제244조 음화제조등죄의 음란 문서에 대한 음란 정의는 대체로 유사하여, 즉 음란 행위와 음란물을 구별하지 않고 음란성의 개념을 동일하게 이해한다(권창국, 2002, p.239).

표현으로서 오로지 성적 홍미에만 호소할 뿐 전체적으로 보아 하등의 문학적, 예술적, 과학적 또는 정치적 가치를 지니지 않은 것"이라고 정의하여 보다 구체적으로 음란성 개념을 제시하고 있다(헌재 1998.4.30. 선고 95헌가16 결정).

한편 대법원은 추상적인 음란성 개념과 더불어 음란성 판단시 요구되는 고려 사항을 제시해 왔는데, 객관적 판단 방법과 전체적 판단 방법이 그것이다(대법 1970.10.30. 선고 70도1879 판결; 대법 1991.9 10. 선고 91도1550 판결; 대법 1975.12.9. 선고 74도976 판결). 이후 대법원은 1995년 ≪즐거운 사라≫ 사건과 '산타페' 사건에서 음란성 개념과 관련해서는 "그 시대의 건전한 사회 통념에 비추어"라는 표현을 사용함으로써 음란성 개념이 시대적으로 가변적이며, 상대적·유동적 개념임을 밝혔다(대법 1995.6.16. 선고 94도2413 판결; 대법 1995.6.16. 선고 94도1758 판결).

또한 이러한 음란성 개념을 그대로 유지하면서, 이들 고려 사항을 보다 구체적으로 제시하는데, ① 당해 표현물의 성에 관한 노골적이고 상세한 묘사·서술의 정도와 그 수법, ② 묘사·서술이 그 표현물 전체에서 차지하는 비중, ③ 거기에 표현된 사상 등과 묘사·서술의 관련성, ④ 표현물의 구성이나 전개 또는 예술성·사상성 등에 의한 성적 자극의 완화 정도, ⑤ 이들의 관점으로부터 당해 표현물을 전체로서 보았을 때 주로 그 표현물을 보는 사람들의 호색적 홍미를 돋우느냐의 여부 등 여러 점을 고려하여 판단하여야 한다는 것이다. 이러한 고려 사항 역시 일본의 영향을 받은 것으로 보인다(박상진, 2005, p.166).

그런데 이러한 대법원의 음란성 개념과 판단 기준은 대략 다음과 같은 두 가지 관점에서 문제점이 지적되고 있다. 첫째, '일반인의 정상적인 성적 수치심,' '선량한 도덕 관념' 등의 개념의 다의성과 애매성,

그리고 판단자, 즉 법관의 자의성이 배제될 수 없다는 것이다(임지봉, 2005; 이철호, 2006; 김학태, 2002; 조국, 2001; 서정우 외, 2000). 둘째, 음란 행위와 문서 등 일정한 미디어별로 음란성 판단에 특별한 차이를 두고 있지 않다는 것이다. 이는 행위와 문서인 경우 행위에 의한 표현 방식이 보다 직접적이고 충격적일 수 있으며 반면 영상 또는 음성 미디어의 경우에는 보다 강한 전파력(확산력)을 갖는다는 점 등에서 분명 다르게 평가될 여지가 있기 때문이다(권창국, 2002, p.247; 서정우, 2000, p.65).[81]

3. 관련 판례

한국 대법원에서 음란성 여부를 판단한 판결은 처음 1970년에 성 냥갑에 넣을 목적으로 화가 고야의 명화인 <옷을 벗은 마야> 그림을 카드 사진으로 만들어서 판매한 일명 고야의 '마야' 사건에서 2006년에 있었던 인터넷 사이트의 '음란 만화' 사건까지 총 21건이었다. 이중 1987년의 '섹스링'이라는 성기구에 대한 판례(1987.12.22. 선고 87도2331 판결)는 원심에서 해당 성기구에 대한 음란성 여부는 판단하지 않고 판매한 사실만 심리한 것에 문제가 있다며 환송한 사례로서 엄밀하게는, 음란성 여부를 판단하지는 않았지만 최초로 음란한 물건에 대한 개념

---

81. 권창국(2002, p.247)은 음란 행위의 경우는 필연적으로 공연성을 전제로 하고 보다 실감적 묘사가 이루어진다는 점을 들어 단순한 성행위라도 음란물(문서, 도화 등)에 의한 표현가 달리 지점 (연기라도) 행위에 의한 경우에는 하드코어적 요소가 부족하더라도 음란성을 인정할 수 있다고 하였다.

표 6-1. 한국 대법원 음란성 관련 판례 요약(1970~2007)

	명칭	판결 일자	미디어 형태	음란성	비고
1	인터넷 만화	2006.4.28. 2003도4128	만화(다수, 인터넷)	긍정	자료별 전체 판단
2	요구르트 홍보 행사	2006.1.13. 2005도1264	누드 퍼포먼스	긍정	–
3	미술 교사 홈페이지	2005.7.22. 2003도2911	그림 / 동영상 / 사진 (총 6개, 인터넷)	긍정(3개) 부정(3개)	자료별 개별 판단
4	엉덩이 노출 행위	2004.3.12. 2003도6514	행위	부정	–
5	남성 자위 기구	2003.5.16. 2003도988	성기구	긍정	–
6	여고생 묘사 그림	2002.8.23. 2002도2889	그림	긍정	–
7	고속도로 알몸 노출 행위	2000.12.22. 2000도4372	행위	긍정	–
8	소설 ≪내게 거짓말을 해봐≫	2000.10.27. 98도679	소설	긍정	–
9	여성용 자위 기구	2000.10.13. 2000도3346	성기구	부정	–
10	소설 ≪아마티스타≫	1997.12.26. 97누11287	소설	긍정	–
11	모델 누드집	1997.8.22. 97도937	사진집	긍정	–
12	연극 <미란다>	1996.6.11. 96도980	연극	긍정	–
13	연예인 누드집 ≪이브의 초상≫	1995.6.29. 94누2558	사진집	부정	–
14	소설 ≪즐거운 사라≫	1995.6.16. 94도2413	소설	긍정	–
15	연예인 누드집 '산타페 / 엘르 / 이브의 초상 / 에이스'	1995.6.16. 94도1758	사진집(총 4개)	긍정(1개) 부정(3개)	자료별 개별 판단
16	잡지 <월간 부부라이프>	1991.9.10. 91도1550	잡지	긍정	–
17	영화 <사방지> 포스터	1990.10.16. 90도1485	포스터 / 사진 (광고물)	긍정	–
18	성기구 '섹스링'	1987.12.22. 87도2331	성기구	–	음란성 개념 명시 (음란성 판단 없음)
19	성기 확대기 '해면체 비대기'	1978.11.14. 78도2327	성기구	부정	–
20	소설 ≪반노≫	1975.12.9. 74도976	소설	부정	–
21	고야의 '마야'	1970.10.30. 70도1879	그림	긍정	–

정의를 내리고 있어 분석 대상에 포함시켰다.

더욱이 이 판례는 1980년대의 유일한 음란성 관련 판례이기도 하다. 총 21건의 판례는 표 6-1로서 판결 일자, 미디어 형태, 음란성 판단 결과 등을 중심으로 간단히 정리하였다.

표 6-1에서 알 수 있듯이 한국에서의 음란성 관련 대법원 판례는 1970년에 처음으로 나타났다가 1980년대에는 소강 상태에 있었으며 이후 1990년대에 들어서면서부터 현재까지 지속적으로 발생하고 있다. 또한 음란성 판단이 요구된 미디어 형태는 그림, 사진, 만화, 동영상, 소설, 잡지, 포스터, 성기구, 연극, 일반적인 행위 등 다양하다. 한편, 판례 중에는 다수의 판단 대상이 존재하는 경우가 있었는데, 이때에는 판단 대상을 전체로 하여 음란성 여부를 결정한 경우와 각각의 판단 대상별로 음란성 여부를 개별 결정한 경우가 있었다. 판례 21건에 대한 연도별, 미디어별, 음란성 판단 결과별 건수는 표 6-2와 같다.

먼저, 연도별 판례 건수를 살펴보면 2007년까지인 2000년대가 9건(43%)이었으며 1990년대가 8건(38%)으로 이와 비슷했다. 1980년에는 단 1건의 판례가 있었으나 이 판례는 앞서 언급한 성기구 '섹스링' 사건으로 실질적으로는 음란성 여부를 판단한 판례는 없다고 볼 수 있다. 처음 대법원이 음란성에 대해 판결하기 시작한 1970년대는 3건(14%)에 그쳤다. 이처럼 음란성이 문제시되어 대법원에서 다룬 판결은 연 평균 1건에도 미치지 않아 우리나라에서는 음란성으로 인한 법적 제기가 활발히 이루어지지 않았다고 볼 수 있다.

다음으로 미디어 유형별로는 '그림 / 도서'가 가장 많은 8건(38%)이었으며 '소설 / 도서'가 5건(24%), 모두 성기구에 해당되는 '물건'과 이외에 '공연 / 행위'는 동일하게 4건(19%)을 차지했다. 한편, 음란성 판

표 6-2. 한국 대법원 음란성 관련 판례 건수

연도별	건수 (비율)	미디어별 건수(비율)				음란성별 건수(비율)*		
		그림 / 사진	소설 / 도서	물건	공연 / 행위	긍정	부정	일부 긍정 / 부정
2000년대 ('00 ~ '07)	9건 (43%)	3	1	2	3	6	2	1(긍정3 / 부정3)
1990년대 ('90 ~ '99)	8건 (38%)	4	3	–	1	6	1	1(긍정1 / 부정3)
1980년대 ('80 ~ '89)	1건 (5%)	–	–	1	–	–	–	–
1970년대 ('70 ~ '79)	3건 (14%)	1	1	1	–	1	2	–
총건수 (비율)	21건 (100%)	8 (38%)	5 (24%)	4 (19%)	4 (19%)	13 (65%)	5 (25%)	2 (10%)

* 음란성별 건수는 음란성 결정이 없는 판례(성기구 '섹스링' 사건, 1987)가 제외되어 총 건수는 20건이 해당됨

단 결과별 건수에서는 음란성 여부 결정이 없는 판례(성기구 '섹스링' 사건)가 제외되어 총 20건의 판례가 해당되었으며 또한 여기에는 1개의 판례에서 여러 개의 음란성 결정(일부 긍정 / 부정)이 내려진 2건도 포함되어 있다. 음란성 여부별 건수는 음란성을 인정한 경우가 13건(62%)으로 음란성을 부정한 5건(24%)보다 훨씬 더 많았다. 이러한 결과는 1개 판례당 다수의 음란성 결정이 난 2건(10%)의 경우를 고려하더라도 마찬가지이다.[82] 세부적으로 미디어별 음란성별 건수를 보면, 그림 / 사진(8건)의 경우 긍정의 경우 5건, 부정의 경우 1건, 일부 긍정 / 부정이 2건이었다. 이외 소설 / 도서(긍정: 4건, 부정: 1건), 물건(긍정: 1건, 부정: 2건), 공연 / 행위(긍

---

82. 총 20개의 판례에서의 음란성 판단 결정 건수는 28건이며 이에 대한 긍정은 17건(61%)이며 부정은 11건(39%)이다.

정: 3건, 부정: 1건)로 **나타났다.**

한편, 대법원 판례에서 [판결 요지] 부분을 통해 명시한 '음란성 개념'과 그 판단시 '고려 사항'은 표 6-3과 같다.

대법원에서는 [판결 요지]를 통해 음란성의 의미를 나타내는 '음란성 개념' 이외에 음란성 여부를 판단할 때의 각종 고려 사항('음란성 판단 고려 사항')과 예술 작품에 예술성이 있는 경우 음란성이 부정되는지

표 6-3. 한국 대법원 음란성 관련 판례 적시 음란성 개념 및 판단 고려 사항

(총 판례 수: 21건)

항목	내용	최초 적용 판례	건수
음란성 개념	일반 보통인의 성욕을 자극하여 성적 흥분을 유발하고 정상적인 성적 수치심을 해하여 성적 도의관념에 반하는 것	성기구 '섹스링'(1987)	15
	ⓐ 공연히 성욕을 자극하여 흥분시키는 동시에 일반인의 정상적인 성적 정서와 선량한 사회풍속을 해칠 가능성이 있는 것	영화 <사방지> 포스터 (1990)	3
음란성 판단 고려 사항	① 표현물의 성에 관한 노골적이고 상세한 묘사·서술의 정도와 그 수법 ② 묘사·서술이 그 표현물 전체에서 차지하는 비중, ③ 거기에 표현된 사상 등과 묘사·서술의 관련성 ④ 표현물의 구성이나 전개 또는 예술성·사상성 등에 의한 성적 자극의 완화 정도 ⑤ 이들의 관점으로부터 표현물을 전체로서 보았을 때 보는 사람들의 호색적 흥미를 돋우느냐의 여부 등 여러 점을 고려(검토 및 종합)하여 판단	소설 ≪즐거운 사라≫ (1995)	7
	ⓐ '음란성 판단 고려 사항' 중 '묘사, 서술이 그 표현물 전체에서 차지하는 비중'과 '거기에 표현된 사상 등과 묘사·서술의 관련성'이 제외	연예인 누드집 '산타페 등' (1995)	2
예술성과 음란성의 관계	예술 작품에 예술성이 있으면 그 음란성이 당연히 부정되는 것이 아니라 그 음란성이 완화되어 결국은 처벌 대상으로 삼을 수 없게 되는 경우가 있음	소설 ≪내게 거짓말을 해봐≫ (2000)	3
객관적 판단	표현물(행위)의 제작자(행위자)의 주관적 의도가 아니라 판단 대상 자체에 대하여 객관적으로 판단	고야의 '마야' (1970)	11
평균인 입장	그 사회의 평균인의 입장에서 평가함	소설 ≪즐거운 사라≫ (1995)	3

의 여부('예술성과 음란성의 관계')를 분명하게 밝히고 있고 아울러 '평균인 입장,' '객관적 판단' 등을 제시하고 있다.

먼저 대법원은 초기 고야의 '마야,' 소설 《반노》, 성기 확대기 '해면체 비대기' 판례 등 3건을 제외하고는 동일한 내용의 음란성 개념을 모든 판례에서 명시하고 있었다. 이때 3건 역시 처음 고야의 '마야'를 제외하고는 소설 《반노》에서는 "과도하게 성욕을 자극시키거나 또는 정상적인 성적 정서를 크게 해칠 정도로 노골적이고 구체적인 묘사"라고 언급되어 있으며 이후의 판결인 성기 확대기 '해면체 비대기'에서는 "성욕을 자극, 흥분 또는 만족시키게 하는 음란 물건"으로 적혀 있어 결국 '마야' 사건을 제외하고는 모든 판례에서 동일한 의미의 음란성 개념이 적시되어 있다고 볼 수 있다. 이는 앞서 기존 문헌을 통해 살펴본 것처럼 한국 대법원이 제시하는 '음란성 개념'은 시대적인 변화나 발전이 없었음을 구체적으로 확인한 것이다.

한편 음란성 판단 기준으로 볼 수 있는 '음란성 판단 고려 사항'은 처음 1995년 연예인 누드집 '산타페 등' 판례에서 나타났으며 묘사의 정도, 수법, 비중 등 5개 항목으로 구성되어 있다. 처음 사진집을 대상으로 해서 나타났던 이러한 고려 사항은 그후 그 특성상 적용하기 어려운 일반 노출 행위(고속도로 알몸 노출, 엉덩이 노출) 사건을 제외하고는 모든 판례에서 동일한 내용으로 언급되고 있다. 우리 대법원에서 밝히고 있는 명시적인 판단 기준 역시 도입된 이후부터 10여 년이 넘은 현재까지 아직은 뚜렷한 시대적 변화를 보이지 않고 있다.

다음으로 대법원은 예술성이 있을 경우 음란성이 부정되는지에 대해 분명한 입장을 나타냈는데, 2000년에 소설 《내게 거짓말을 해봐》 판례에서 처음 밝혔다. '객관적 판단'은 각 판례별로 더 정확하게는 각 미디어별로 다른 표현으로서 의미를 나타내고 있다. 예를 들어, 문서의 경우는 "작성자의 주관적 의도가 아니라 객관적으로 도서 자체에 의하여 판단"으로 명시되어 있으며 연극 공연에서는 "음란성 유무는 그 공연 행위 자체로서 객관적으로 판단해야 할 것이고 그 행위자의 주관적인 의사에 따라 좌우되는 것은 아님"이라고 적혀 있다. 이러한 객관적 판단은 처음 고야의 '마야' 사건에서부터 언급되어 꾸준히 나타나고 있다(11건).[83] 한편, '평균인 입장'의 언급은 3건의 판례로 그쳤는데, 이 역시 처음 2000년 소설 ≪내게 거짓말을 해봐≫에서 나타났지만, 음란성 판단의 기본 전제로서 명백히 적시하는 데는 소홀했던 것으로 볼 수 있다.

83. 판례 [판결 요지]에서는 "표현물 제작자의 주관적 의도가 아니라 그 시대의 건전한 사회 통념에 따라 객관적이고 규범적으로 평가"라고 명시하여 '객관적 판단'을 분명하게 나타내기도 하였으나 한편으로는 단순히 "그 시대의 건전한 사회 통념에 비추어 (객관적으로) 판단"한다는 내용만 언급한 경우도 있었는데 이 역시 '행위자나 제작자의 주관적 의도가 아니라'는 문장이 생략된 것으로 보고 객관적 판단을 설명하는 것으로 보았다. 하지만, 이러한 내용은 앞서 기존 문헌에서 살펴보았듯이 음란성 개념이 시대적으로 가변적이며, 상대적 · 유동적 개념임을 밝히는 것으로 곧 그 시대적 문화적 환경을 반영한다는 의미로도 볼 수 있다. 이러한 경우는 '객관적 판단' 총 11건 중 5건이 해당되었다.

4. 음란성 판단 요건

1) 한국 대법원의 음란성 판단 기준

한국 대법원이 적용하고 있는 음란성 판단 기준을 구체적으로 파악하기 위해 총 21개 판례에서의 음란성 판단 문장을 대상으로 유형화 작업을 하였다.[84] 그 결과 총 13개의 판단 기준이 추출되었다. 추출된 각각의 판단 기준과 대표 사례는 표 6-4와 같다. 먼저 판단 기준은 크게 유형별로 '판단 전제,' '판단 대상,' '판단 방식,' '판단 정도'로 분류되었다. '판단 전제' 유형은 음란성 판단에 기본 바탕이나 전제가 되는 판단 기준을 의미하며 '판단 대상'은 음란성 여부의 판단이 가능한 대상인지를 결정하는 기준이다. '판단 방식'은 그 판단에서의 기본적인 접근 방법과 태도에 속하는 판단 기준이다. 다음으로 '판단 정도'의 유형은 판단 전제, 대상, 방식을 토대로 실질적인 음란성 정도를 결정하는 판단 기준이다. 판단 대상의 음란성을 완화시키거나 심화시키는 판단 기준의 유형을 말한다. 이때 그 음란성의 정도는 판단 기준의 특성에 따라 완화에서 심화까지 걸쳐 있거나 또는 심화만 되는 경우나 그 반대로 완화만 되는 경우가 있다. 즉 각각의 판단 기준별로 음란성 정도의 범위가 다르게 된다.

구체적으로 각각의 판단 기준을 살펴보면 첫 번째, 판단의 전제인

---

84. 총 21개의 대법원 판례 중에는 음란성 개념만 명시하고 그 음란성 여부를 판단하지 않았던 판례 1건(성기구 '섹스링' 사건)이 포함되어 있으므로 실질적으로는 총 20개의 판례가 분석 대상이 되었다.

'판단자의 입장'은 [판결 요지]를 통해서도 언급되었는데, 음란성의 판단은 판단자 자신이나 일부 독자 및 관객의 정서가 아니라 그 사회의 일반 성인인 평균인, 즉 보통 사람의 입장이나 정서를 기준으로 하는 것이다. 한 예로 "보통인의 경우 성적 상상을 하거나 수치심 이외에 다른 사고를 할 여백이 그다지 크지 않다"고 판례에 나타나 있는데, 이는 법관이 일반 보통인의 관점을 고려하여 판단하고 있음을 보여 준다. 이러한 기준은 음란성은 규범적인 개념으로서 판단자가 자신의 잣대로 판단하지 않아야 한다는 것을 강조하는 것으로 볼 수 있다.

두 번째, 표현물(행위)의 환경으로서 이는 시대적·사회적·문화적 환경 속에 판단해야 할 표현물(행위)이 놓여 있으며 음란성 판단에 그 환경을 고려해야 한다는 것이다. 음란성이란 시대와 장소, 문화에 따라 달라지는 상대적인 개념으로서 대법원은 이를 하나의 기준으로서 분명하게 적용하고 있는 것이다. 이러한 기준의 단적인 예로는 중남미 에로티시즘 문학의 대표 소설인 번역서 ≪아마티스타≫에 대한 판례에서 "음란이란 개념 자체가 사회와 시대에 따라 변동하는 상대적이고 유동적인 것이고 그 시대의 사회 풍속, 윤리, 종교 등과도 밀접한 관계를 가지는 것이므로 중남미의 애정 선정물에 대한 긍정적 평가를 그대로 우리 사회에 적용할 수 없음은 물론 [……]"이라고 하여 음란성 판단에 사회와 문화의 차이를 고려해야 함을 제시하고 있다. 한편 시대적 변화에 대한 예시는 "성에 관한 표현이 종전과 비교하여 점차 자유로워지고 있는 작금의 세태를 감안하더라도 [……]"이다(대법 1997.12.26. 선고 97누 11287 판결).

세 번째 판단 기준인 '표현물(행위)의 내용'은 판단의 대상이 기본적으로 성(性)적 의미를 나타내는지를 판단해야 함을 말한다. 만일 판단

표 6-4. 한국 대법원의 음란성 판단 기준

	판단 기준	내용	유형	대표 사례
1	판단자의 입장	그 사회의 평균인 (보통인)의 입장을 기준으로 판단	판단 전제	· 보통인의 경우 성적 상상을 하거나 수치심 이외에 다른 사고를 할 여백이 그다지 크지 않다는 점 · 그림의 설명 문구에도 불구하고 보통인들이 작품의 예술성이나 예술적 의도를 간파하기가 어려워……
2	표현물의 환경	시대적·사회적·문화적 상황을 고려하여 판단	판단 전제	· 중남미의 선정물에 대한 긍정적 평가를 그대로 우리나라에 적용할 수 없음 · 오늘날 우리 사회의 보다 개방된 성 관념에 비추어 보더라도…… · 성에 관한 표현이 종전과 비교하여 점차 자유로워지고 있는 작금의 세태를 감안하더라도…… · 오늘날 잡지를 비롯한 미디어가 민주화의 개방의 바람을 타고 자극적 선정적임이 일반적인 추세라도…… · 성의 묘사가 우리 사회에서 용인될 수 없을 정도로 노골적이고 상세한 것인 이상
3	객관적 판단	표현물 그 자체에 관하여 객관적으로 판단	판단 방식	· 보통인들은 작가적 의도와는 달리 성적 수치심을 느끼거나 호색적 흥미를 갖게 되기가 쉬움 · '그대 행복한가'라는 문구가 피고인의 의도와는 달리 그림의 이미지와 함께 성적으로 읽힐 수도 있음 · 피고인이 해당 행위들의 음란성을 인식하지 못했다 하더라도 객관적으로 음란하다고 인정되는 행위들을 공연히 하고 있는 것을 인식하고 있으면 됨 · 음란성의 존부는 작성자의 주관적 의도가 아니라 객관적으로 도서 자체에서 판단 · 피고인이 그림의 음란성을 인식하지 못했더라도 그 음란성 유무는 그 그림 자체로서 객관적으로 판단하고 그 제조자나 판매자의 주관적인 의사에 따라 좌우되는 것은 아님
4	전체적 판단	표현물의 일부분이 아닌 전체를 대상으로 판단	판단 방식	· 전반적인 인상이 선정적이라고 보기 어려움 · 사진첩의 사진들을 전체로서 보았을 때…… · 해당 그림이나 동영상이 홈페이지의 다른 미술 작품과 전체적인 구성 및 독특한 구성 방식 등을 종합하여 전체적으로 봄 · 제목 및 영상의 전체적인 내용이…… · 그림을 전체로 보면 성기가 환자용 변기에 압도되어 성기보다는 환자용 변기의 이미지가 강함 · 사진의 전체적인 구도로 볼 때 나체 이외에 별다른 배경이 없어 나체에 집중하게 되어 있음
5	종합적 판단	표현물의 음란성 여부를 종합적으로 판단	판단 방식	· 종합적인 판단을 고찰해 볼 때 이 소설의 주제를 고려한다 하더라도 음란함 · 종합하여 보면 작가의 표현 의도와 예술성, 오늘날 우리 사회의 성관념을 아울러 고려하더라도 음란하다고 봄

6	표현물의 내용	표현물이 성적 내용인지를 판단	판단 대상			· 그 전체에서 성에 관련된 어떤 뜻도 나오지 않음 · 성교 장면을 연상케 하지 않음 · 남자 모델이나 남녀 간의 성교 장면, 여성의 국부 노출이 없다는 점으로 음란성 부정되지 않음 · 성적인 폭력이나 동물로 묘사하는 등의 비인간화된 성적 표현이 없더라도 음란성 부정되지 않음
7	표현물의 묘사	구체적·사실적 묘사	판단(음란성) 정도			· 지나치게(매우, 고도로) 자극적으로(노골적으로, 사실적으로, 집중적으로, 선정적으로, 구체적으로, 정밀하게, 세밀하게, 적나라하게, 상세하게) 묘사 / 실제에 가까운 재현 · 마치 사진으로 보는 듯 · 성기가 두드러져 보이지 않아 언뜻 보기에 성기로 보이지 않는 점 · 현실감이 떨어지고 사실적이라기보다는 공상적인 느낌을 쉽게 주는 점 · 그 표현이 과도하게 성욕을 자극시키고 성적 정서를 해칠 정도로 노골적·구체적인 묘사로 볼 수 없음 · 여주인공의 완전 나체와 음부가 관람객들에게 정면으로 노출되는 방식으로 공연
			완화	해당 없음	심화	
			낮음	중간	높음	
8	표현물의 소재	비정상적, 반인륜적 소재 여부	–	없음	있음	· 성적으로 왜곡된 인물 묘사 · 비정상적인 남녀 관계를 설정해 변태적인 성행위를…… · 성애의 장면이 폰섹스, 구강성교, 항문성교, 가학 및 피학적 성행위, 혼음 등 매우 다양하고…… · 청소년 성매매를 옹호하는 듯한 문구 기재 · 청소년의 구강성교 및 음부, 음모 노출
9	표현물의 비중	전체 표현물에서 문제되는 부분이 차지하는 비중	적음	중간	많음	· 그림 전체에서 성기가 차지하는 비중이 작고…… · 괴벽스럽고 변태적인 섹스 행각의 묘사가 대부분을 차지 · 그림 전체가 성기와 정액으로 채워져 있어 성적 이미지가 그림 전체를 지배 · 묘사 부분이 양적으로 질적으로 소설의 중추를 차지하고 있다는 점 · 나체 연기가 상당 기간 지속되어 작품 전체에서 성의 묘사가 차지하는 비중이 큼
10	표현물의 연관성	문제되는 내용과 전체 맥락 및 사상 등과의 연관성	–	있음	없음	· 얼굴, 성기를 가리지 않은 나체를 보일 필요나 제작 기법상의 필연성이 있다고 보기 힘듦 · 문제 장면들의 연출이 주제를 표현하기 위하여 필요불가결하다고 보기 어려움 · 앞뒤의 그림과 합하여 일정한 메시지를 전달하려는 일련의 그림 중 하나로서 게시된 것으로 보기 힘듦

11	표현물의 가치	예술성·사상성 등 사회적 가치 여부	있음	없음	-	·예술성 등 성적 자극을 감소·완화시키는 요소를 발견 할 수 없거나 그와 같은 요소는 다른 성욕을 자극하는 요소들에 비해 극히 미미한 것 ·메시지를 전달하는 행위 예술로서의 성격을 전혀 가지고 있지 않다고 단정할 수는 없지만…… ·구성상 선정성보다는 예술성 강조 ·주제 의식의 표출로 사상성과 예술성이 다소 표현됨 ·모델의 의상 상태, 자세, 촬영 배경, 촬영 기법이나 예술성 등에 의해 성적 자극을 완화시키는 요소가 없음 ·성행위 등 성교육을 위한 성계몽 지도서의 한계를 벗어남
12	표현물의 목적	상업성·영리성 여부	-	없음	있음	·명화집에 있더라도 [……] 공공의 이익을 위해서 이용하는 것이 아니고 판매할 목적으로 이용하면 음화가 될 수 있음 ·행위 예술로서의 성격을 전혀 가지고 있지 않다고는 할 수 없지만, 행위의 주된 목적이 제품 홍보라는 상업성에 있으며……
13	표현물의 미디어	전달 방식 직접성 여부 - 직접 미디어(연극 등) - 간접 미디어(영화, 방송 등)	-	간접 미디어	직접 미디어	·무대의 조명을 어둡게 해도 관객들이 충분히 나체를 관찰하고 객석과의 거리가 가까워서 성적 자극의 전달이 즉감적·직접적이어서 성적 흥분 유발의 정도가 방송 또는 영화와 비교될 수 없을 정도임
		전달 범위 정도 - 제한 미디어(영화, 연극 등) - 공개 미디어(포스터 등)	-	제한 미디어	공개 미디어	·공연윤리위원회의 심의를 마친 영화더라도 이것을 관람객의 범위가 제한된 영화관에서 상영하는 것이 아니고 관람객을 유치하기 위하여 영화 장면의 일부를 포스터나 스틸 사진 등으로 제작

* 표현물에는 행위 포함

결과 성적인 의미가 없다면 그 음란성은 부정된다. 이는 음란성 정도를 판단하기 이전에 판단 대상으로서 가능한지를 먼저 판단하는 기본적인 기준이다. 이때 성적 의미는 직접적인 소재나 표현뿐만 아니라 간접적으로도 가능하며 또한 폭력적이거나 반인류적인 성적 소재의 사용뿐만 아니라 단순한 성교 장면이나 음모 노출 정도도 전제하지 않는다. 다시 말하면, 어떤 소재나 표현의 기준 없이 단순히 성적 의미만 나타내면 되는 것이다. 예시로는 "그 전체에서 성에 관련된 어떤 뜻도 나오지 않음(음란성 부정)," "남자 모델이나 남녀 간의 성교 장면, 여성의 국부 노출이 없다는 점으로 음란성 부정되지 않음"을 들 수 있다.

네 번째, [판결 요지]를 통해 대법원에서 밝힌 '객관적 판단'도 실제 음란성 판단에서 적용되고 있음을 확인하였다. 이는 표현물의 제작자나 행위자 등 그 표현 주체의 의도나 의사와는 무관하게 객관적으로 그 판단 대상 자체로 판단해야 한다는 기준이다. 사례에서는 "음란성의 존부는 작성자의 주관적 의도가 아니라 객관적으로 도서 자체에서 판단"이라고 명백하게 언급하고 있었으며, 또한 "보통인들은 작가적 의도와는 달리 성적 수치심을 느끼거나 호색적 흥미를 가지게 되기가 쉬움"도 있었는데 이는 보통인의 입장에서 객관적으로 판단하는 것임을 보여 주고 있다.

다섯 번째, '전체적 판단'으로 판단 대상의 일부분만을 별도로 판단하는 것이 아니라 전체를 대상으로 하여 또는 전체적인 관점이나 구도 속에서 판단하는 것이다. 예로는 "사진첩의 사진들을 전체로서 보았을 때……," "그림을 전체로 보면 성기가 환자용 변기에 압도되어 성기보다는 환자용 변기의 이미지가 강함" 등이다. 이러한 판단 기준은 1975년 소설 ≪반노≫ 사건(대법 1975.12.9. 선고 74도976 판결)에서 처음으로 나타났는데, 판례에서는 소설 제13장과 제14장에 대한 음란성 여부의 판단과 함께 부수적으로 소설의 전체적인 내용의 흐름도 고려하여 최종적인 결정을 내림으로써 부분적 판단과 전체적 판단을 절충하였다고 볼 수 있다. 이후의 판례에서는 이러한 절충적인 모습은 보이지 않고 전적으로 전체적 판단을 하고 있다.

여섯 번째의 '종합적 판단'은 음란성 여부의 최종적인 결정은 여러 판단 기준들을 적용하여 이를 종합적으로 검토, 비교, 조정하여 이루어져야 함을 말한다. 이러한 기준은 음란성 판단이 하나의 기준이 아닌 여러 개의 기준으로 이루어짐에 따라 설정되는 것으로 볼 수 있다. 한편, 판례의 실제 음란성 판단 문장에서는 이러한 기준이 별도로 분명하게 언급되기보다는 전체 맥락에서 적용되고 있음을 볼 수 있다. 사례로는 "종합하여 보면 작가의 표현 의도와 예술성, 오늘날 우리 사회의 성 관념을 아울러 고려하더라도 음란하다고 봄"이 있다.

다음으로 '판단 정도' 유형을 살펴보면, 일곱 번째 '표현물(행위)의 묘사'가 해당된다. 이는 표현물(행위)이 얼마나 구체적이고 사실적으로 묘사되었느냐를 판단하는 것으로 구체적으로는 상세하고 노골적인 묘사의 정도에 따라 음란성의 정도를 판단·결정하는 기준이다. 묘사가 구체적일수록 음란성은 심화되며, 반대로 묘사의 정도가 현격히 떨어지면 이론적으로는 그 음란성이 감소되는 것을 넘어 결국 성적 의미도 지니지 않게 되어 '표현물(행위)의 내용' 기준에서 1차적으로 걸릴 수도 있을 것이다. 이러한 기준은 판례에서 대개 묘사에서 "지나치게, 매우, 고도로, 자극적으로, 노골적으로, 사실적으로, 집중적으로, 세밀하게, 적나라하게, 상세하게" 등의 표현을 사용하여 적용되고 있다. 또한 "성기가 두드러져 보이지 않아 언뜻 보기에는 성기로 보이지 않은 점(음란성부정)"이라는 사례는 묘사에 따른 음란성 정도가 완화·감소에도 이른다는 것을 보여 주고 있다. 한편 연극이나 행위에서의 이러한 기준 적용은 성적 표현 행위의 구체성 이외에 그 관객 등이 분명하게 확인되는 정도로서도 가능하다. 예로서 "여주인공의 완전 나체와 음부가 관람객들에게 정면으로 노출되는 방식으로 공연"이 있다. 성기구의 경우는 성기 등을 보다 자세하고 구체적으로 재현하는 것으로서 적용된다.

여덟 번째 '표현물(행위)의 소재'로서 특정한 소재를 다룰 경우 음란성을 심화시키는 기준이다. 이때 특정한 소재는 비정상적이거나 반인륜적인 것을 말한다. 이 경우 판례에서는 해당 소재를 사용한 경우만 음란성 판단에 이를 고려하고 있어 이러한 소재를 사용하지 않았다고 하여 음란성이 적용되지 않는 것은 아니다. "비정상적인 남녀 관계를 설정해 변태적인 성행위를……," "청소년의 구강 성교 및 청소년의 음부 및 음모 노출" 등이 대표적인 예이다.

아홉 번째 '표현물(행위)의 비중'은 표현물(행위) 전체에서 문제가 되는 부분이 차지하는 비중을 고려하여 음란성 정도를 결정하는 기준이다. 대법원 판례에서는 이 판단 기준으로 음란성이 심화에서 완화까지 되는 것을 보여 주고 있다. 즉 문제시되는 비중이 클수록 음란성은 심화되고 반대로 비중이 작다면 음란성은 감소된다. 그 실례로는 "그림 전체에서 성기가 차지하는 비중이 작고……(음란성 부정)," "나체 연기가 상당 기간 지속되어 작품 전체에서 성의 묘사가 차지하는 비중이 절대 작지 않은 점" 등을 들 수 있다.

열 번째 '표현물(행위)의 관련성'으로 이는 문제시되는 부분과 전체 맥락 및 사상이나 주제 등과의 연관성과 관련성을 보는 것이다. 즉 문제시되는 부분이 전체 흐름에서 필요한지를 판단하는 것으로 어떠한 이유도 없이 제시되었다면 그 음란성은 심화되는 것이다. 이 경우 판례에서는 연관성이 없음을 판단하여 음란성을 긍정한 사례만 있었다. 한편, '관련성'은 '전체적 판단'과 일정 부분 중첩되는데, '전체적 판단'의 전제하에 이러한 판단 기준을 적용시킬 수 있기 때문이다. 예로는 "얼굴, 성기를 가리지 않은 나체를 보일 필요나 제작 기법상의 필연성이 있다고 보기 힘듦" 등이다.

열한 번째 '표현물(행위)의 가치'는 예술성·교육성·사상성 등의 사회적 가치가 존재하는가의 문제로 이러한 사회적 가치가 존재하면 음란성이 감소·완화되는 기준이다. 이 경우 판례에서는 사회적 가치가 존재하지 않으면 음란성이 감소되지 않는다고만 하여 음란성을 심화시키지는 않았다. 결국 이러한 판단 기준의 음란성 정도는 감소·완화까지만 해당되게 된다. "모델의 의상 상태, 자세, 촬영 배경, 촬영 기법이나 예술성 등에 의해 성적 자극을 완화시키는 요소가 없음"이 적용 사례로 볼 수 있다.

열두 번째인 판단 기준은 '표현물(행위)의 목적'이다. 이는 상업성과 영리성의 존재 여부에 따른 기준으로 만일 표현물(행위)이 상업적이고 영리적인 목적으로 이루어졌다면 음란성의 심화를 고려하는 것이다. 음란성 관련 최초의 판례인 전술한 '마야' 사건(대법 1970.10.30. 선고 70도 1879 판결)에서 이와 같은 기준이 잘 나타나 있다. 명화집에 있더라도 공공의 이익을 위해서가 아니라 성냥갑에 넣어서 판매할 목적으로 그 카드 사진을 복사 제조하거나 판매하면 이는 그 명화를 모독하여 음화화시켰다고 판시하였다.

마지막 열세 번째인 '표현물(행위)의 미디어'는 두 경우의 미디어 특성에 따라 음란성 정도에 영향을 미치는 것을 말한다. 하나는 표현물(행위)의 전달 방식의 직접성 여부로서 판례에서는 연극일 경우 "객석과의 거리가 가까워서 성적 자극의 전달이 즉감적·직접적이어서 성적 흥분 유발의 정도가 방송 또는 영화와 비교될 수 없을 정도임"이라고 하여 연극 등 전달 방식이 직접적인 미디어는 영화, 방송 등의 간접 미디어보다는 음란성이 심화되고 있음을 보여 준다. 다른 하나의 경우는 표현물(행위)의 전달 범위의 문제로서 판례에서는 "공연윤리위원회의 심의를 마친 영화더라도 관람객의 범위가 제한된 영화관에서 상영하는 것이 아니고 관람객을 유치하기 위하여 영화 장면의 일부를 포스터나 스틸 사진 등으로 제작"한 것을 고려하여 음란성 정도가 달라질 수 있음을 나타내고 있다. 이러한 판단 기준의 음란성 정도는 그 미디어에 해당되는 경우에만 음란성이 심화되는 것이지 그러한 미디어에 해당되지 않는다고 하여 그 음란성이 완화되는 것은 아니다.

한편, 판단 기준들 중 '표현물(행위)의 환경,' '종합적 판단,'[85] '표현물의(행위) 소재,' '표현물(행위)의 목적,' '표현물(행위)의 미디어'는 [판결 요지]를 통해 대법원이 명백하게 언급하지 않은 기준이었으며 또한 대법원이 명백히 밝히고 있는 판단 기준들은 모두 실제 음란성 판단에 적용되고 있었다.

2) 한국 대법원의 음란성 판단 구조(과정)

추출된 음란성 판단 기준을 토대로 판단자의 음란성 판단 과정과 절차를 구조화해 본 결과 도식 6-1과 같다. 도식 6-1은 판단자의 음란성 판단 과정에서의 음란성 판단 기준의 적용 방식과 구조를 보여 주고 있다.

이를 설명하면, 표현물(행위)에 대한 음란성 여부를 판단하고자 할 때 음란성 판단자는 일반 평균인의 입장에서 표현물의 시대적·사회적·문화적 환경을 고려하면서 표현물 자체로서 그 전체를 대상으로 하

---

85. 판단 방식 중 '종합적 판단'은 '판단시 고려 사항'에 "음란 여부를 판단함에 있어서는 [   ] 여부 등 여러 점을 고려(검토 및 종합)하여 판단"이라고 명시되어 있어 간접적으로 언급되어 있는 것으로 볼 수 있다.

도식 6-1. 한국 대법원의 음란성 판단 구조

[판단자] 판단자의 입장: 평균인 기준

표현물의 환경

[1차 판단] 표현물의 내용: 성적 의미 도출

[음란성 부정] ← NO —
YES

객관적 판단

음란성 완화 ← [2차 판단] → 음란성 심화

음란성 완화		기준	음란성 심화	
낮음	중간	표현물의 묘사	중간	높음
		표현물의 소재	없음	있음
적음	중간	표현물의 비중	중간	많음
		표현물의 연관성	있음	없음
있음	없음	표현물의 가치		
		표현물의 목적	없음	있음
		표현물의 미디어	간접 미디어 제한 미디어	직접 미디어 긴접 미디어

[3차 판단] 종합적 판단

보통인의 성욕 자극, 성적 흥분 유발, 성적 수치심 침해로 성적 도의 관념에 반함

[음란성 부정] ← NO — YES → [음란성 부정]

* 표현물에는 행위 포함

여 가장 먼저 1차적으로 '표현물의 내용' 기준을 적용하여 표현물(행위)의 내용이 성적 의미를 나타내는지를 판단하게 된다. 판단 결과 만일 성적 의미를 나타내지 못하게 된다면 음란성은 부정되어 그 음란성 판단은 종결된다. 하지만 표현물(행위)에서 성적 의미가 나타나면, 그 표현물(행위)의 구체적인 음란성 정도를 판단하게 되는 2차 판단으로 넘어가게 된다.

2차 판단에서는 '판단 정도' 유형의 음란성 판단 기준, 즉 '표현물의 묘사, 소재, 비중, 관련성, 가치, 목적, 미디어' 기준을 적용하면서 그에 따른 각각의 음란성 정도를 결정하게 된다. 다음으로 판단자는 각각의 판단 기준별로 결정된 음란성 정도를 종합적으로 검토, 비교, 조정한 후 최종적으로 그 음란성 여부를 결정하게 된다. 즉 각기 다른 음란성 정도를 종합적으로 조정한 결과 일반 보통인의 성욕을 자극하여 성적 흥분을 유발하고 정상적인 성적 수치심을 해하여 성적 도의 관념에 반하게 되면 음란성이 긍정되고 그렇지 못하면 음란성은 부정된다.

3) 한국 대법원의 음란성 판단 기준 및 시대별·미디어별 차이

우리나라 대법원이 음란성 판단시 어떤 판단 기준을 주로 적용하는지를 살펴보기 위해 각 판단 기준별로 총 20개의 대법원 판례에서의 적용 건수를 확인하였다. 이때 음란성 관련 대법원 판례 21개 중 총 20개만 해당된 것은 음란성 개념만 명시하고 음란성 여부는 판단하지 않은, 즉 판단 기준이 적용되지 않은 판례 1건(성기구 '섹스랑' 사건)은 제외되기 때문이다. 또한 적용 건수는 판단 기준별로 각 판례에서의 적용 유무에 따른 전체 건수로서 이때 최대 적용 건수는 총 판례 건수인

20건에 해당된다. 각 판단 기준에 각 판례에서의 중복 적용은 상관없이 단순히 그 사용 유무에 따른 건수이다. 그 분석 결과는 표 6-5와 같다.

먼저 판단 기준 중 '표현물(행위)의 내용'은 앞서 음란성 판단 구조 (과정)에서 살펴본 바와 같이 가장 먼저 기본적으로 이루어지는 판단으로 예외 없이 모든 판례에 적용될 수밖에 없다. 다음으로 판단 전제와 방식에 관한 기준은 그 특성상 실제 음란성 판단 문장에 별도로 분명하게 언급되기보다는 판단 전반에 그 의미가 포함되어 있을 가능성이 크므로 그 결과 해석에 한계가 있다. 이러한 점을 고려하여 살펴보면, '판단자 입장'은 처음 [판결 요지]를 통해 2000년 소설 ≪즐거운 사라≫에서 명시되었으며 [이유]를 통해 실제 판단에서 언급된 경우는 2005년 단

표 6-5. 음란성 판단 기준별 적용 건수(율)

(총 판례 수: 20건)

	판단 기준		적용 건수(율)	최초 적용 판례
1	판단 전제	판단자 입장	1(5%)	미술 교사 홈페이지(2005)
2		표현물 환경	6(30%)	잡지 <월간 부부라이프>(1991) .
3	판단 방식	객관적 판단	3(15%)	고야의 '마야'(1970)
4		전체적 판단	5(25%)	소설 ≪반노≫(1975))
5		종합적 판단	-	-
6	판단 대상	표현물 내용	-	-
7	판단 정도	표현물 묘사	16(80%)	소설 ≪반노≫(1975)
8		표현물 소재	5(25%)	연극 <미란다>(1996)
9		표현물 비중	6(30%)	소설 ≪즐거운 사라≫(1995)
10		표현물 관련성	2(10%)	연극 <미란다>(1996)
11		표현물 가치	11(55%)	영화 <사방지> 포스터(1990)
12		표현물 목적	2(10%)	고야의 '마야'(1970)
13		표현물 미디어	2(10%)	영화 <사방지> 포스터(1990)

* 표현물에는 행위 포함

1건에 그쳤다. '종합적 판단'은 특히 판결문 전체에 관련 의미가 담겨 있어 파악하지 않았으며 '전체적 판단(5건/25%)'과 '객관적 판단(3건/15%)'은 실제 판단에서도 간혹 언급되고 있었다. 한편, '표현물(행위)의 환경'은 [판결 요지]를 통해 별도로 분명하게 제시하고 있지 않으면서, 실제 판단에서 일부 언급되어 있는 경우였다(6건/30%).

　다음 판단 정도 유형의 판단 기준을 살펴보면, '표현물(행위)의 묘사'가 16건(80%)으로 대부분의 판례에서 적용한 판단 기준으로 나타났으며 '표현물(행위)의 가치'는 11건(55%)으로 그 다음 순이었다. 이외에 '소재'(5건/25%)와 '비중'(6건/30%)은 비슷하게 낮게 사용되고 있었다. 한편, '표현물(행위)의 목적'과 '미디어'는 각각 2건에 그쳤는데, '목적'은 상업성과 영리성의 여부에 대한 기준으로 최초의 판례인 1970년대 처음 고야의 '마야'에서 처음으로 제시된 이후 적용되지 않았지만, 최근의 2006년 공연 행위인 요구르트 홍보 행사에서 나타났다.

　또한 '미디어'의 경우에는 처음 1990년 영화 <사방지> 포스터 사건에서 관람객의 범위가 제한된 영화관에서 상영하는 것과 그 내용의 일부를 포스터로 제작하여 사용하는 것에 대한 차이를 언급하였고, 1996년 연극 <미란다> 판례에서는 연극의 전달 방식의 특성이 직접적으로 음란성 정도의 결정에 영향을 미치는 것을 보여 주고 있다.

　결론적으로 한국 대법원에서는 음란성 판단시 무엇보다도 그 '표현물(행위)의 묘사'가 구체적이고 사실적인지를 기본적으로 적용하고 있으며 이외에 예술성과 사상성 등 '사회적 가치'가 존재하는지의 여부에 대한 판단은 일정 정도 하고 있었으나 '표현물(행위)의 소재'와 '비중'에 대한 기준을 적용한 경우는 적었다. 또한 '표현물(행위)의 목적'과 '미디어'가 적용된 경우는 극히 드물어 아직까지 확립된 판단 기준으로 보기

표 6-6. 시대별 판단 기준 적용 유무 및 미디어별 판단 기준 적용 건수

판단 기준	시대별 적용 유무			미디어별 적용 건수			
	1970년대 (3건)	1990년대 (8건)	2000년대 (9건)	그림 / 사진 (8건)	소설 / 도서 (5건)	물건 (3건)	공연 / 행위 (4건)
1 판단자 입장	–	–	o	1	–	–	–
2 표현물 환경	–	o	o	2	4	–	–
3 객관적 판단	o	o	o	2	–	–	1
4 전체적 판단	o	o	o	4	1	–	–
5 표현물 묘사	o	o	o	6	5	2	3
6 표현물 소재	–	o	o	2	2	–	1
7 표현물 비중	–	o	o	2	3	–	1
8 표현물 관련성	–	o	o	1	–	–	1
9 표현물 가치	–	o	o	5	4	–	2
10 표현물 목적	o	–	o	1	–	–	1
11 표현물 미디어	–	o	–	1	–	–	1

* '표현물 내용'과 '종합적 판단'은 분석 대상에서 제외

* 표현물에는 행위 포함

는 어렵다. 결국 대법원의 음란성 판단은 주로 '표현물(행위)의 묘사' 기준을 중심으로 이루어지고 있음을 알 수 있다.

한편, 한국 대법원이 시대와 미디어에 따라 음란성 판단 기준을 달리 적용하는지를 개괄적으로 살펴보기 위해 시대별에 따른 판단 기준의 적용 유무와 미디어별에 따른 판단 기준의 적용 건수를 살펴보았으며 그 결과는 표 6-6과 같다.

먼저 시대별로 각 판단 기준의 적용 여부를 살펴본 결과, 처음 음란성 판결을 시작한 1970년에는 판례 건수는 3건에 불과했으며 따라서 판단 정도 유형의 판단 기준은 '표현물(행위)의 묘사'와 '표현물(행위)

의 목적'의 판단 기준만 적용하고 있다. 다음 1980년대에는 앞서 언급한 것처럼 단 1건의 판례(성기구 ‘섹스링’)가 존재하고 있으나 음란성 개념만 명시하였지 실제적인 음란성 여부 판단은 없는 경우였다. 이후 1990년대와 2007년까지의 2000년대는 대부분의 판단 기준을 적용하고 있으며 별다른 차이를 보이고 있지 않고 있다.

다음으로 미디어별로 각 판단 기준이 적용되고 있는 건수를 살펴보면, 다른 미디어의 유형들과는 달리 물건일 경우에만 ‘표현물(행위) 묘사’만 적용되어 있어 그 차이를 보이고 있다. 그림/사진, 소설/도서, 공연/행위 등의 유형들은 ‘표현물(행위)의 묘사’ 기준을 가장 많이 적용했고 다음으로 ‘표현물(행위)의 가치’ 기준을 적용하고 있어 별다른 특징을 찾을 수가 없었다. 단지, 소설/도서인 경우 전체 5건 중에 ‘표현물(행위) 환경’이 4건으로 많은 부분을 차지하고 있는 것으로 나타났다.

이상에서와 같이 한국 대법원의 음란성 판단 기준은 음란성 판결이 본격적으로 이루어진 1980년대부터 현재까지 뚜렷한 변화를 찾을 수 없으며 아울러 미디어별로도 어떤 음란성 판단 기준도 적용되지 않고 물건만 유일하게 ‘표현물(행위) 묘사’만 적용되고 있으며 기타의 미디어들은 모두 ‘표현물(행위)의 묘사’와 ‘표현물(행위)의 가치’를 중심으로 음란성 판단이 이루어지는 등 별다른 차이를 보이고 있지 않다.

5. 적절한 규제 모델

성性을 주제로 한 각종 표현물은 수세기를 통해 나타나고 있는데, 이중 강력한 규제의 대상이 되고 있는 성 표현물이 바로 음란물이다. 이러한 인식은 인터넷의 사용이 보편화되고 그 영향력이 커지면서 더욱 확대되었다. 그런데 음란은 상당한 주관적인 판단이 개입되는 부분이므로 음란물에 있어 과연 그 판단 기준이 무엇인지는 민주주의의 기본권인 표현의 자유의 제한이라는 측면과 음란성 개념의 추상성과 가변성으로 인해 논란이 그치지 않고 있다.

이 장에서는 관련된 모든 판례를 대상으로 실증적이고 경험적인 분석을 통해 보다 객관적이고 종합적으로 법원의 음란성 판단 기준을 분석해 보았다. 구체적으로 먼저, 음란성 관련 총 21개의 대법원 판례에서의 음란성 판단 문장들에 대해 유형화 작업을 진행하여 판단 기준을 추출하였다. 두 번째로 추출된 판단 기준을 토대로 한국 대법원의 음란성 판단 과정과 절차를 구조화해 보았다. 세 번째로 어떠한 판단 기준이 주로 적용되고 있는지를 파악하기 위해 판단 기준별로 총 음란성 판례 적용 건수를 살펴보았다. 또한 시대별·미디어별 차이를 살펴보기 위해 10년 단위로 판단 기준별 적용 유무와 4개 유형의 미디어에 따른 판단 기준별 적용 건수를 파악해 보았다.

분석 결과 다음과 같은 점이 드러났다. 첫째, 한국 대법원의 음란성 판단 기준은 크게 '판단 전제,' '판단 방식,' '판단 대상,' '판단 정도' 등의 4개의 유형으로 총 13개가 추출되었다. '판단 전제' 유형은 음란성 판단시 기본 전제나 바탕이 되는 판단 기준으로서 여기에는 일반

보통인의 입장에서 판단해야 한다는 ① '판단자의 입장'과 표현물이 속한 사회적·문화적·시대적·환경을 고려해야 한다는 ② '표현물의 환경'이 포함된다. '판단 방식' 유형의 기준은 판단시의 기본적인 접근 방법과 태도를 지칭하는 것으로 ③ '객관적 판단,' ④ '전체적 판단' ⑤ '종합적 판단'이 추출되었다. '판단 대상'은 음란성 여부의 판단이 가능한 대상인지를 결정하는 기준으로서 직·간접적인 표현으로 성적인 의미를 내포하고 있는지를 판단하는 기준으로 ⑥ '표현물의 내용'이 이에 해당된다. 다음 '판단 정도' 유형은 심화되거나 완화되는 음란성 정도를 결정하는 판단 기준이다. 이러한 판단 기준으로는 먼저 ⑦ '표현물의 묘사'로서 이는 묘사의 구체성과 사실성의 정도에 따라 음란성의 완화에서 심화까지의 범위 내에서 결정하는 기준이다. ⑧ '표현물의 소재'는 비정상적이거나 반인류적인 소재를 사용하는지를 판단하여 음란성을 심화시키는 판단 기준이다. ⑨ '표현물의 비중'은 전체 표현물에서 문제시되는 부분이 차지하는 비중에 따라 음란성의 정도가 결정되는 기준으로 비중이 많을수록 심화되고 작을수록 완화된다. ⑩ '표현물의 관련성'은 전체 맥락과 주제 등의 관점에서 문제시되는 부분이 내용에 관련이나 필요가 없다면 그 음란성을 심화시키는 기준이다. ⑪ '표현물의 가치' 기준은 예술성·교육성 등의 사회적 가치가 존재하는지를 판단하여 그 정도에 따라 음란성을 완화시키는 경우이다. ⑫ '표현물의 목적'은 상업적이거나 영리적인 목적이 있다면 음란성이 심화될 수 있음을 나타내는 기준이다. 마지막으로 ⑬ '표현물의 미디어' 기준은 연극처럼 표현물의 전달 방식이 직접적이거나 또한 제한된 공간에서 상영하는 영화와는 달리 포스터처럼 전달 범위가 공개되는 미디어인 경우 음란성이 심화되는 것이다.

둘째, 한국 대법원의 음란성 판단 구조 또는 판단 과정은 다음과 같다. 먼저 판단자는 1차적으로 판단 대상이 성적 의미를 나타내는지를 판단하고 만일 그렇다면, 2차 판단으로 넘어가게 된다. 2차 판단에서는 판단 대상의 '묘사, 소재, 비중, 관련성, 가치, 목적, 미디어'의 특성에 따라 각각 음란성 정도, 즉 음란성을 심화시키거나 완화시키고 이를 종합적으로 판단한 후 최종적으로 음란성 여부를 결정한다. 이때 판단자는 평균인의 입장에서 판단 대상의 시대적 · 사회적 · 문화적 환경을 고려하면서 표현물 자체로서 그 전체를 대상으로 판단하여야 한다.

셋째, 한국 대법원이 가장 많이 적용하고 있는 판단 기준은 '표현물의 묘사'와 '표현물의 가치'이며 특히 '표현물의 묘사'는 거의 대부분의 판례에서 사용하고 있었다. 또한 음란성 판단 기준은 음란성 판결이 본격적으로 이루어진 1980년대부터 현재까지 그 적용 유무에서 뚜렷한 변화를 찾을 수 없었다. 미디어별로도 '물건'의 경우에만 '표현물의 묘사'만 적용되고 그외, 그림 / 사진, 소설 / 도서, 공연 / 행위는 모두 '표현물 묘사'와 '가치' 기준으로 음란성 판단이 이루어지는 등 각각의 미디어별로 별다른 차이를 보이고 있지 않았다.

이러한 결과를 통해 결론적으로 한국 대법원은 음란성을 판단할 때 시대별, 미디어별 차이를 두지 않고 주로 표현물의 묘사가 구체적인지 또한 사회적 가치가 있는지의 여부를 중심으로 하고 있다고 볼 수 있다. 다시 말하자면 인터넷의 경우라도 음란성 판단에 기존 미디어들과 별다른 차이 없이 가치 판단이 이루어지고 있음을 의미한다.

나아가 이러한 결론은 한국 대법원의 음란성 판단의 변화는 엄밀히 말하면 판단 기준 항목에 대한 변화가 아니라 '판단 정도'의 판단 기준에서 결정하는 '음란성 정도,' 즉 음란성 수위에서의 변화라는 것을 의미한다. 더 정확하게는 가장 핵심적으로 적용하는 '표현물의 묘사' 기준에서 결정하는 음란성 수위의 변화가 가장 크게 작용할 것이다. 이러한 '음란성 정도'에서의 변화는 특히, 또 다른 판단 기준인 '표현물의 환경,' 즉 음란성 판단은 시대·문화·사회적 환경을 고려해야 한다는 전제로 인해 더욱 더 가능해진다.

이러한 사실은 다시, '음란성 정도'의 결정은 최종적으로 판단자가 자신의 정서나 가치관을 바탕으로 — 물론 평균인의 입장에서 하지만 — 판단·결정하는 것으로 결국 음란성 판단은 상당히 주관적이며 추상적이라는 결론으로 귀결하게 된다. 하지만 음란성이란 규범적인 개념으로 그 수위를 결정하는 것은 결국 판단자의 몫이라는 것이 음란성 판단의 필연적인 한계이므로, 적어도 이 연구를 통해 대법원이 음란성을 판단하는 데 어떠한 측면을 고려하고 어떠한 과정으로 이루어지는지를 보다 체계적이고 구체적으로 분석해 본 것은 그 의미가 크다고 할 것이다. 이러한 작업은 분명 그 추상성을 보다 구체화하는 데 한 걸음 다가선 것이라고 볼 수 있다.

이번 장은 아직까지 우리 대법원에서 이루어진 음란성 판결이 많지 않아 그 분석 대상의 수가 한정되어 보다 정확하고 풍성한 연구 결과를 도출하는 데에는 한계가 있었다. 그러나 현재까지의 대법원 판례의 판단 기준을 파악하기 위해서는 불가피한 문제로서 다시 말해 최선의 방법으로서 향후 음란성 판결이 나타나면 그 결과를 발전시켜야 할 것이다. 다른 한편으로 이 연구는 최초로 음란성 판단 기준에 관한 실증적인 분석틀을 마련하였다는 측면에서도 그 의미를 둘 수 있다.

대법원의 판단 기준을 보다 체계화하고 구체화해서 보여 주는 것은 성 표현물에 관한 각종 연구의 기본 토대를 마련해 주는 것이며 아울러 우리 사회 일반에서 인터넷에서의 성 표현물 제작·유통시 실질적인 가이드라인의 역할을 할 수 있을 것이다.

7장

인터넷과 반론권

1. 반론권이란 무엇인가

　우리나라에서 인터넷의 위력은 2002년 16대 대통령 선거를 거치면서 확인되었다. 특히 인터넷 언론[86]은 노무현 후보의 등장과 주류 언론과 차별화된 보도, 인터넷 이용자 수의 증가와 맞물려 영향력이 커졌다. <오마이뉴스>를 비롯한 인터넷 대안 언론의 이용자들이 여론 형성이나 투표 권유, 투표 행위 등 정치 행위에서 주류 인터넷 언론 이용자보다 적극적인 것으로 타나났다(박선희·주정민, 2004).

86. 현행 "언론중재 및 피해구제 등에 관한 법률"(이하 '언론중재법')에서는 "신문 등의 자유와 기능보장에 관한 법률"상의 "인터넷 신문"을 "반론보도청구권"의 적용 대상으로 삼고 있을 뿐이지 포털 뉴스 서비스를 그 적용 대상으로 포함하고 있지는 않다. 하지만 2009년 2월 6일 언론중재법의 일부가 개정되어 (아직 미시행) 인터넷 뉴스 서비스(포털 서비스, 언론사닷컴), 인터넷 멀티미디어 방송(IPTV) 능노 반론권이 적용되는 대상으로 포섭되었다. 또한 인터넷 뉴스 등에 대한 정정보도 청구 특칙을 신설하였다.

한국인터넷진흥원의 '인터넷이용실태조사'에 따르면 한국의 인터넷 이용자 수는 2000년 1904만 명에서 2008년 현재 3536만 명으로 증가했다. 같은 기간 인터넷 이용률도 44.7%에서 77.1%로 크게 늘었다. 이제 인터넷이 없는 생활이란 상상하기 힘들다(이재진, 2006). 한국광고주협회 조사 결과 신문의 구독률이 2001년 51.3%에서 2006년 34.8%로 떨어지고, 지상파 방송 3사의 저녁 메인 뉴스 시청률이 2004년 6월 19.6%에서 2006년 15.5%로 떨어진 것과 대조적이다.

인터넷의 영향력에 대한 논의는 16대 대선 이후 한때 줄어드는 듯 했으나 2008년 4~6월 사이 미국산 쇠고기 수입을 둘러싼 '광우병' 논란에서 또다시 증폭됐다. 인터넷 사이트에 다양한 정보가 오르고 댓글이 이어지면서 여론 형성에 크게 영향을 미쳤다.[87] 이 과정에서 인터넷은 확인되지 않은 괴소문이 삽시간에 퍼지는 '괴담의 바다'라는 지적이 나왔다. '이명박, 독도 포기 절차 중,' '이명박 대통령의 선거 공약인 종량제가 추진돼 인터넷 요금이 폭등할 것' 등의 근거 없는 소문이 일파만파로 확산됐다. 이에 경찰은 대통령의 명예를 훼손하는 내용의 글을 인터넷에 올린 네티즌의 신원 파악에 나서면서 네티즌들이 크게 반발하기도 했다(<문화일보>, 2008. 5. 10).

인터넷은 많은 비용을 들이지 않고 불특정 다수에게 다양한 정보

87. 2008년 4월 9일부터 5월 8일까지 한 달 동안 포털 사이트 '다음'에 매일 댓글이 많이 달린 기사를 20개씩 뽑아 분석한 결과 학생들의 참여가 가장 높았고 여성도 다수 참여한 것으로 나타났다. 쇠고기 관련 기사에 댓글 단 사람 중 10대의 비율은 6.1%(5월 5일), 그리고 여성의 비율은 최고 41.8%(4월 30일)로 집계됐다. 이규연 외, "'광우병' 사이버 여론 이렇게 움직였다," <중앙선데이>, 2008. 5. 11, 6~7면.

를 신속하게 전파할 수 있다는 것이 특징이다. 또한 정보의 도달 범위가 넓어 시공간의 제한이 거의 없다. 참여자들이 스스로, 자유롭게 정보를 생산하고 다른 사람에게 제공할 수 있다는 미디어적 특성으로 말미암아 무너진 '사상의 자유 시장'을 복원하고 새로운 공론의 장을 열 수 있을 것으로 기대되어 왔다(이재진, 2006a).

하지만 현재 인터넷은 불법적인 행위들이 넘쳐나고 있다. 특히 정보 발신자의 확인이 힘들다는 익명성과 비대면성 때문에 명예훼손 등 불법 행위가 빈번히 일어나게 된다는 것이다. 또한 인터넷 신문에서는 게이트키핑 기능이 미약하기 때문에 허위 또는 확인되지 않은 사실이 걸러지지 않고 유통될 가능성이 매우 높다. 쌍방향성, 익명성, 접근 용이성, 복제성, 전파성, 영향력 등으로 인하여 명예훼손과 같은 인격권 침해의 개연성이 커짐에 따라 그 피해구제의 필요성도 높아지고 있다.

실제로 언론중재위원회에 따르면 인터넷 언론에 대한 정정보도 청구·반론보도 청구·손해배상 청구를 포함한 조정 신청 건수가 2005년 48건에서, 2007년 113건으로 크게 증가했다. 이는 잡지, 뉴스통신에 대한 조정 신청 건수를 상회하는 수치다. 언론중재위원회를 거치지 않고 언론사에 직접 피해구제를 요구하거나 곧 바로 법원에 소송을 제기하는 것까지 감안한다면 인터넷으로 인한 피해는 더 많을 것으로 추정된다. 또 방송통신심의위원회(구 한국정보통신윤리위원회) 사이버 명예훼손 상담 통계를 보면 2001년 278건에서 2004년 2285건으로, 2005년 5735건으로 늘었다. 또 2006년 4751건, 2007년 3780건을 기록했다.

한편 언론 보도로 인해 피해를 입은 사람에게 반박의 기회를 제공하는 반론권right of reply은 개인과 언론의 분쟁시 그 해결을 위하여 현실적으로 필요성이 인정된다.[88] 우리 대법원은 "언론의 자유는 자유 민주주의의 존립을 뒷받침하는 기본적 요소로서 최대한으로 보장되어야 함은 더 말할 나위도 없으나 언론의 보도가 개인의 인격적 법익을 침해하는 내용인 경우에 여론 형성에 미치는 언론의 막강한 영향력으로 말미암아 그 개인이 입는 피해는 참으로 큰 것이므로, 이른바 무기대등의 원칙에서 피해자인 개인에게도 신속하고 대등한 방어 수단을 부여할 필요가 대두되었다"고 지적한 바 있다(대법 1991.1.15. 선고 90다카25468 판결).

반론권은 형평성의 원칙에 따라 동등한 방어 기회로서 보장해야 한다는 입장이다. 헌법재판소도 "독자로서는 언론 기관이 시간적 제약 아래 일방적으로 수집·공급하는 정보에만 의존하기보다는 상대방의 반대 주장까지 들어야 비로소 올바른 판단을 내릴 수 있기 때문에 진실 발견과 올바른 여론 형성을 위해 기여할 수 있게 된다"고 설명했다(헌법재판소 1991.9.16. 선고 89헌마165 결정). 이러한 견해는 균형 잡힌 정보를 얻기 위해서는 반대 의견도 들어야 한다는 의미로 해석할 수 있다. 결국 반론권은 무기대등의 원칙이나 쌍방향 커뮤니케이션의 필요성에 기초한 중요한 법적 구제 장치라고 할 수 있다.

그러나 이러한 반론권을 둘러싼 문제점도 적지 않다. 무엇보다 반론권의 부여가 언론의 자발적인 의사에 의한 것이 아니라 법으로 강제된 것이기 때문에 '자율성'의 문제가 있다. 특히 1980년 악법으로 평가되는 '언론기본법'에 의해 처음으로 반론권이 법제화되었는데, 이러한 태생적 한계 때문에 언론 자유를 통제하기 위해 기능한다는 지적에서

---

88. 반론권은 반론보도청구권과 흔히 혼용돼 사용되고 있다. 이 장에서는 반론권을 반론보도청구권과 정정보도청구권을 포괄하는 개념으로 사용한다.

자유롭지 못하다(유일상, 2003). 또한 반론권은 사실이 아닌 보도를 전제로 하는 것이 아니라 '사실(사실적 주장)'을 보도하는 경우라도 반박을 인정하는 권리여서 사실 보도를 기본으로 하는 언론의 자유 또는 편집권의 자유를 위협한다는 주장이 꾸준히 제기되었다(한위수, 2006). 더욱이 자유로운 참여, 표현의 자유를 보장하는 인터넷에 반론권을 적용하는 것은 인터넷의 본질적 특성을 무시한 것이라는 지적도 있다. 실제로 인터넷을 통한 표현 행위와 오프라인상의 표현 행위에 서로 다른 기준을 적용하여 차등을 두어야 한다는 견해도 주장되고 있다. 이러한 견해가 제시하는 핵심 근거 중의 하나가 인터넷의 경우 "반론에의 액세스access"가 용이하다는 점이다(신평, 2007; 이재진, 1998).

해외의 경우 반론권은 국가와 시대에 따라, 또 미디어에 따라 적용 여부와 범위가 다른 모습을 하고 있다. 먼저 유럽을 중심으로 세계 30여 개 국가에서 반론권과 유사한 제도를 입법화하고 있다(Lee, 2008; 이재진, 2002). 그러나 미국에서는 기존 신문이나 방송에 대해서도 반론권을 인정하지 않는다. 이는 언론의 자유를 제약하는 어떤 법률도 허용하지 않는다는 수정헌법 제1조의 전통과 무관하지 않은 것으로 보인다.

더욱이 인터넷 사용이 확산되면서 기존 미디어에 적용하던 반론권의 개념과 적용 방식을 인터넷에 그대로 대입해 적용하는 것은 미디어의 특성을 반영하지 않은 것이라는 반대론이 꾸준히 제기되고 있다(황성기, 2005). 따라서 인터넷 강국을 자처하는 한국에서, 인터넷에 대한 반론권이 어떻게 적용되고 있는지, 그리고 이 제도가 제대로 정착하고 본질적 기능을 다하기 위해서 어떤 제도적·사회적 여건이 갖추어져야 하는지를 알아보는 것은 대단히 중요한 의미를 갖는다.

이러한 점에 근거하여 이 장에서는 인터넷에서의 반론권 제도 적

용상의 문제점을 살펴보고, 한국적 상황에서 바람직한 제도를 모색하고
자 한다. 구체적으로 첫째, 인터넷 반론권의 개념과 특성은 무엇인가,
둘째, 인터넷 반론권을 둘러싼 쟁점은 무엇인가, 셋째, 인터넷 반론권이
실제 어떻게 적용되고 있는가를 살펴본다.

2. 인터넷 반론권의 특성

1) 언론중재법과 인터넷 반론권

언론 보도로 인한 피해구제의 신속성·효율성·경제성을 기하기
위하여 도입된 제도가 반론권 또는 반론보도청구권이다. 헌법재판소는
"반론권으로 대표되는 언론중재제도에 대하여 언론의 입장에서 보면
법원의 재판 절차 이전 단계에서 절충할 기회를 갖게 되는 이점이 있으
며, 피해자의 입장에서 보면 법원의 재판 절차상의 비용과 번잡함을
피하여 피해구제를 시도할 수 있다"며 긍정적으로 평가한 바 있다(헌법재
판소 1999.7.22. 선고 96헌바19 결정). 다시 말하자면 반론권 제도는 언론의 보
도로 인하여 발생하는 피해구제를 복잡하고 비용이 많이 드는 법정이
아닌 법정 외부에서 해결하자는 것으로 언론에게는 큰 부담을 주지 않
으면서 동시에 개인의 피해를 신속하게 구제하자는 것이다(박용상, 2008;
이재진, 2003).
　　이러한 반론권은 개인 대 개인의 권리 관계에서의 청구권이며 사
법적 권리로 이해된다.[89] 반론권은 언론에 의하여 보도된 사람과 이를

보도한 언론 사이의 반론보도를 둘러싼 사법적 권리 관계에서 비롯되고 민사 절차에 관한 몇 가지 특칙을 갖는다. 또한 반론권은 피청구자의 고의·과실·위법성을 요건으로 하지 않으므로 불법 행위로 인한 청구권과는 성격이 다르다. 불법 행위로 인한 청구권은 실체적 권리 관계를 따지지 아니하고 형식적 요건만을 구비하면 인정되는 것으로서 형식적인 성격이 강한 것이 특징이다(표성수, 1997).

언론중재법상 인터넷 신문이 종래의 정기 간행물, 뉴스 통신, 방송과 마찬가지로 언론 중재의 대상이 된 것은 2005년 1월 27일 제정·공포되고 2005년 7월 28일부터 시행된 '언론중재법'에 의해서다.[90] 이에 따라 인터넷 신문의 사실적 주장에 대한 언론 보도로 피해를 입은 사람은 언론 보도가 있음을 안 날로부터 3개월 이내, 당해 언론 보도가 있은 후 6개월 이내에 해당 언론사에 반론권을 요구할 수 있다. 이는 궁극적으로 인터넷 신문에 대해서 소송을 제기하지 않고서도 간편하고 신속하게 피해를 구제할 수 있는 방안이 마련된 것이라 할 수 있다.

89. 반론보도청구권 내지 반론권의 법적 근거는 헌법에서도 찾을 수 있다. 현행 헌법은 제21조에서 언론, 출판의 자유를 보장하고 있다. 그리고 언론, 출판에 대한 허가나 검열을 금지함으로써 이를 두텁게 보장하는 한편으로, 언론, 출판은 타인의 명예나 권리 또는 공중 도덕이나 사회 윤리를 침해해서는 안 되며, 이에 대한 침해가 있는 경우 피해자는 그 배상을 청구할 수 있음을 규정하고 있는 바, 그 배상에는 금전적 배상은 물론 정정보도나 반론보도의 청구 등과 같은 손해의 회복에 필요한 조치를 포함하는 것으로 이해된다. 이렇게 볼 때 반론권은 실제 개인 대 개인의 권리로 인정된다고 하더라도 헌법적 함의를 갖는 권리라 할 수 있다.
90. 언론중재법이 시행되기 전까지 언론기본법, 정기간행물법, 방송법 등에 규정된 중재 는 실제로는 '조정'이었다. 언론중재법 시행 이후의 '중재'는 '고유한 의미의 중재'와 '조정'을 포괄하는 의미로 사용되고 있다.

문제는 인터넷 신문의 범위가 제한적이라는 것이다. 2009년 개정 이전 법상의 인터넷 신문은 '신문 등의 자유와 기능보장에 관한 법률(이하 신문법)'의 규정에 따른 인터넷 신문, 즉 "컴퓨터 등 정보 처리 능력을 가진 장치와 통신망을 이용하여 정치·경제·사회·문화·시사 등에 관한 보도·논평·여론 및 정보 등을 전파하기 위하여 간행하는 전자 간행물로서 독자적 기사 생산과 지속적인 발행 등 대통령령이 정하는 기준을 충족하는 것"을 말한다.[91] 이에 따르면 독립형 인터넷 신문은 인터넷 신문에 포함되지만 종속형 인터넷 신문(언론사 닷컴)이나 아직까지 포털 사이트는 인터넷 신문의 범주에 포함되지 않는다(이재진·김상우·상윤모, 2008).[92]

언론중재법에 따르면 반론(정정) 보도를 청구하는 데 있어서 언론사의 고의·과실이나 위법함을 요하지 아니하며(제14조 제2항), 보도 내용의 진실 여부를 요하지 않는다(제2조). 또 국가·지방 자치 단체, 기관 또는 단체의 장도 반론권을 청구할 수 있으며(제14조 제3항), 피해자는 반론권 청구를 언론중재위원회의 조정을 거치지 않고도 법원에 소송을 제기할 수 있다(제26조).

언론사는 반론(정정)보도 청구를 거부할 수도 있다. 언론중재법 제15조 제4항에는 피해자가 반론권을 행사할 정당한 이익이 없는 때, 청

91. 신문법 시행령 제3조는 "취재 인력 2인 이상을 포함하여 취재 및 편집 인력 3인 이상을 상시적으로 고용하고, 주간 게재 기사 건수의 100분의 30 이상을 자체적으로 생산한 기사를 게재할 것"을 인터넷 신문의 요건으로 규정하고 있다. 개정법은 공포 후 6개월부터 시행된다.
92. 독립형 인터넷 신문은 자본금 규모가 상대적으로 작고 뉴스 내용적인 측면에서 자기 목소리를 내는 경우가 상대적으로 많은 것이 많다. 또 뉴스의 주제가 제한적이지만 심층적인 경우가 많다.

구된 반론보도의 내용이 명백히 사실에 반하는 때, 청구된 반론보도의 내용이 위법한 내용인 때, 상업적인 광고만을 목적으로 하는 때, 청구된 반론보도 내용이 국가·지방 자치 단체 또는 공공 단체의 공개 회의와 법원의 공개 재판 절차의 사실 보도에 관한 것인 때에는 반론이나 정정 보도 청구를 거부할 수 있도록 규정되어 있다.

만일 언론사가 피해자와 반론보도에 합의하게 되면 그 청구를 받은 날부터 7일 이내에 반론보도문을 방송 또는 게재하여야 한다(제15조 제3항). 다만, 정기 간행물의 경우 이미 편집 및 제작이 완료되어 부득이한 때에는 다음 발행 호에 게재하여야 한다. 반론보도는 그 사실 공표 또는 보도가 행하여진 동일한 채널, 지면 또는 장소에 동일한 효과를 발생시킬 수 있는 방법으로 하여야 하며, 방송의 정정보도문은 자막과 함께 통상적인 속도로 읽을 수 있을 수 있게 하여야 한다(제15조 제5항 및 제6항).

가장 핵심적인 인터넷 신문의 반론권과 관련된 규정은 기존의 신문·방송과 유사하다. 이는 언론중재법의 대상에 기존의 방송·정기 간행물·뉴스 통신에 단순히 인터넷 신문을 추가했다는 것을 의미하며, 구체적인 절차나 적용에서 인터넷의 특수성을 반영하지 않는다는 것을 뜻한다. 이러한 점 때문에 인터넷에서 제대로 반론권 행사가 이루어지지 못한다는 지적이 지속되어 왔다.

2) 외국의 경우

현재 세계적으로 약 30여 개 국가에서 반론권이나 이와 유사한 제도를 운용하고 있다(Lee, 2008). 그러나 반론권이 구체적으로 어떻게 행사되는가 하는 것은 반론권을 시행하고 있는 각 국가의 사회·문화적 배경에 따라 다르게 나타난다. 예를 들어 독일과 프랑스는 언론 자유와 명예권에 대한 균형 잡히고 개별적*case-by-case* 해결을 강조하는 반면, 일본과 한국의 법은 개인의 명예권에, 미국의 경우 언론의 자유에 더 비중을 두고 있다(이재진, 2002). 영국이나 미국에서는 전통적으로 언론에 의한 인격권 침해에 대하여 엄중한 배상책임을 지우는 것으로 해결책을 찾는 반면 프랑스·독일은 반론권을 제도화함으로써 이를 해결하고자 하였다(성낙인, 2002). 결국 일본이나 미국은 반론권을 인정하지 않고 있으나, 유럽에서는 반론권 제도가 널리 받아들여지고 있음을 알 수 있다(Lee, 2008). 같은 맥락에서 2004년 유럽 의회가 EU 국가들에게 인터넷에서의 반론권 수용을 권고한 바 있으며, 현재 독일과 프랑스는 이를 위한 입법 준비를 계속하고 있다. 서유럽의 경우에는 대체로 오프라인과 함께 온라인에서도 반론권을 인정하는 것으로 보아야 한다.

1881년 제정되어 현재까지 시행중인 '프랑스 언론법'은 반론권을 두 가지 방식으로 묘사하고 있다. 공무원의 직무 수행에 대해서만 인정되는 정정보도권*right of rectification*과 일반인들을 위한 반론권*right of reply*이 그것이다(Youm, 2008). 반론권의 경우, "보도 내용의 잘못을 바로 잡기 위해 존재하는 것이기보다는 모든 사람의 자유로운 의견 개진이 진실을 발견하는 데 최선의 방법이라는 믿음과 개인의 인격권을 보다 합법적이고 객관적으로 보호하기 위한 고민 속에서 탄생한 것으로서 프

랑스가 연혁적 이유[93]로 가장 강력하게 보호하고 있다"고 평가된다
(<인터넷 법률신문>, 2007. 7. 29).

프랑스 반론권은 다음과 같은 특징이 있다. 첫째, 사실적 주장뿐만
아니라 논평이나 의견 등 언론 보도 일체에 대해 적용된다. 둘째, 반론
을 제기할 수 있는 자격도 자연인과 법인은 물론, 법인격 없는 단체와
사단을 비롯하여 사자死者에게도 적용된다. 셋째, 반론문의 내용과 형식
이 반론권자의 자유에 맡겨져 있다. 넷째, 반론권 행사의 제척사유가
한정적, 예외적으로 규정되어 있어 반론권자의 권리 행사를 최대한 보
장한다. 다섯째, 언론사에 대해 반론문 게재 의무가 매우 엄격할 뿐
아니라 게재를 거부한 발행인에게는 민사상의 제재는 물론 형사상의
제재까지 가한다(김병국, 1998; 박운희, 1995; 이재진 2002). 한편, 선거 기간에는
반론보도의 요구 조건이 더욱 엄격해진다. 예를 들어 반론보도문이 게
재되는 기간이 더욱 짧고 반론문 게재 의무를 위반할 경우 평소보다
더욱 무거운 처벌을 받는다(Youm, 2008).

독일은 연방 차원의 반론권법이 존재하지 않으며 주 단위로 내용
을 조금씩 달리하고 있다. 프랑스와 달리 의견이나 진술에 대해서는
반론권을 인정하지 않으며 방송에 대해서도 공적 책임을 강조하는 차
원에서 엄격하게 적용하고 있다. 반론권 행사 주체는 자연인이나 법인
뿐만 아니라 단체에까지 폭넓게 인정하고 있다. 자연인은 내국인뿐만
아니라 외국인도 포함된다. 단체는 정당을 포함한 국가나 지방 자치

---

93. 현대 대중 사회에서 거대한 자본과 조직을 가진 언론 기업과의 관계에서
약자의 위치에서 인격권 침해의 위험에 상시적으로 노출되어 있는 개인들에
대한 인식이 싹사 고조되는 가운데 개인의 권리로서 인격 보도에 대한 구제
제도를 가장 먼저 도입한 나라가 프랑스이다(박선영, 2002).

단체도 포함한다(박운희, 1995). 반론문의 내용은 명예훼손적인 표현과 같이 법에 의해 처벌받을 수 있는 사안들을 포함할 수 없으며, 반론문의 길이는 문제가 된 원문의 길이를 초과할 수 없는 등의 제한 사항이 존재한다. 한편, '함부르크 언론법Hamburg Press Law'에 따르면 뉴스 미디어가 반론보도 요청에 응하지 않을 경우 반론보도 요청은 통상의 사법 절차에 의해 강제될 수 있도록 되어 있다(Youm, 2008).

미국에서는 역사적으로 프랑스나 독일과 달리 신문에 대한 반론권이 원칙적으로 인정되지 않으며 플로리다 주, 미시시피 주 등 과거 프랑스 식민지였던 일부 주에서만 반론권이 인정되었다. 그러나 1974년 마이애미 헤럴드 대 토닐로 사건Miami Herald v.Tornillo 이후 연방대법원은 인쇄 미디어에 대한 반론권은 편집권에 대한 침해가 된다고 판시하여 이를 인정하지 않는다(418 U.S. 241).

방송에서는 1934년 제정된 연방통신법이 공직 선거의 입후보자가 평등한 시간의 배정을 요구할 수 있는 동등 시간의 원칙equal time rule을 명문으로 규정했는데, 연방통신위원회(FCC)는 이를 토대로 '공평 원칙 Fairness Doctrine'이라는 이름으로 공적 쟁점에 대한 반론권을 개인의 미디어에 대한 액세스권의 하나로서 허용하였다. 그러나 공평 원칙은 적용에 있어서 요건이 애매하고, 남용이 심하며 자의적일 수 있다는 비난을 받으며 1980년대 중반부터 논쟁의 대상이 된 끝에 폐기되었고 (Syracuse Peace Council, 2 F.C.C. Rcd. 5043 (1987); Syracuse Peace Council v. FCC, 867 F.2d 654 (D.C. Cir. 1989)), 정치적 논평에 대해 정치인의 반론을 허용했던 제도조차도 최근에는 인정하지 않는 경향을 보임으로써 미국에서는 반론권이 인정되지 않는다고 볼 수 있다(김병국, 1998; 박운희, 1995; 윤성옥, 2008).

3. 인터넷 반론권의 문제점

전술한 바와 같이 반론권은 보도 내용의 진실 여부를 가리기 위하여 장황하고 번잡한 사실 조사에 시간을 낭비하지 않고 신속하고 대등하게 반박문 공표의 기회를 부여하는 것이다. 이에 대해 헌법재판소는 반론권이 헌법에 명시된 기본권은 아니지만 인간의 존엄과 가치, 행복추구권을 정한 헌법 제10조와 사생활의 비밀과 자유 보장을 정한 제17조, 언론·출판의 자유와 그 한계를 정한 헌법 제21조 제1항 및 제4항 등을 근거로 제정된 것임을 분명히 했다(헌법재판소 1991.9.16. 선고 89헌마165 결정).

대법원도 "언론사 측에서 볼 때도 보도 내용에 이의가 있을 때마다 진실 여부를 소상하게 가려 정정보도를 할 경우 언론의 신속성과 신뢰성이 위축될 수 있는데, 보도의 진실 여부와 상관없이 일정한 요건 하에 피해자가 주장하는 반박 내용을 게재하는 것은 언론의 신속성 유지에도 도움이 된다"는 입장을 취하고 있다(대법 1986.1.28. 선고 85다카1973 판결). 하지만 이와 달리 반론권 제도가 언론 자유를 제약한다는 지적도 많았는데, 이러한 논란은 인터넷에서의 반론권 실행과 관련해서도 마찬가지로 계속되고 있다.

1) 표현의 자유와 반론권

지난 2004년 유럽의회는 EU 국가들에게 인터넷에서의 반론권 수용을 권고한 바 있으며, 최근 실제로 반론권이 온라인상의 사실적 주장에도 적용되는 경향이 나타나고 있다.[94] 반론권과 관련된 유럽 국가들의 경험을 통해 볼 때 반론권을 인정하는 것이 표현의 자유와 상충되는 것만은 아니며, 오히려 정보의 자유를 증대시키는 측면이 있다는 지적도 존재한다(Youm, 2008).

언론중재법상의 인터넷 신문은 누구나 자유롭게 사회적 이슈나 공공의 문제와 관련된 기사를 게재하고, 이와 관련된 토론에 능동적으로 참여할 수 있도록 함으로써 여론 형성을 위한 새로운 공론의 장으로서 역할을 하고 있다. 기존의 일방향적 커뮤니케이션과는 달리 사용자는 메시지와 정보를 선택한 다음 피드백하는 상호 작용을 활발하게 할 수 있다. 이런 상호 작용성은 특히 댓글을 통해 두드러지게 나타나는데, 토론 참가자들은 자신의 생각만을 일방적으로 설파하는 것이 아니라 다른 사람의 글을 주의 깊게 읽은 다음 반응한다는 연구들이 있다(김은미·이준웅, 2006).

헌법재판소는 인터넷을 가장 참여적인 시장이자, 표현 촉진적인 미디어로 규정하면서 오늘날 거대하고, 주요한 표현 미디어의 하나로 자리를 굳힌 인터넷상의 표현에 대하여 질서 위주의 사고만으로 규제하려고 할 경우 표현의 자유의 발전에 큰 장애를 초래할 수 있다고 지적했다(헌재 2002.6.27. 선고 99헌마480 결정). 또한 헌법재판소는 불명확한 규범에 의하여 표현의 자유를 규제하게 되면 헌법상 보호받아야 할 표현까지 망라하여 필요 이상으로 과도하게 규제하는 결과를 가져올 수

94. 우리나라의 경우 2005년부터 '인터넷 신문'도 언론중재법상의 반론보도 청구 대상에 포함되었고 2009년 개정으로 인터넷 뉴스 서비스와 IPTV가 추가되었다.

있다고 덧붙였다.

　그러나 인터넷이라는 가상의 공간에서 이뤄지는 담론이 항상 이성적이거나 합의 지향적인 것은 아니며, 특히 인터넷 게시판의 악플(악성 댓글)은 사회적 해악으로 지적되고 있다(이재진, 2007). 인터넷 실명제가 도입된 것과 언론 중재의 대상에 인터넷 신문이 포함돼 반론권의 대상이 된 것도 이 같은 상황과 결코 무관하지 않다. 이러한 점 때문에 인터넷에서의 규제를 강화해야 하며 현재 반론권이 적용되고 있지 않은 여타 인터넷에도 반론권 제도를 도입해야 한다는 의견이 강하게 제시되어왔다.

　그러나 미국 미네소타대 실하연구소(Shilha Institute, 2003)는 유럽의회에 제출한 의견서에서 "명예 등 개인의 인격권을 보호하기 위해 반론권을 법적으로 강제하는 것은 표현의 자유, 언론의 자유와 정면으로 충돌하게 된다"고 강조했다. 이 연구소는 1974년 마이애미 헤럴드 대 토닐로 사건에서 미국 대법원이 반론권을 편집권을 침해하는 요소로 규정한 것을 상기시켰다. 이런 연장선상에서, 인터넷에 반론권을 인정하게 된다면 인터넷 운영자가 문제되는 내용에 대해 필자에게 수정을 강요하게 되고, 결국 이는 사전 검열과 마찬가지여서 이용자들의 적극적인 참여를 막는 장벽 역할을 하게 된다고 덧붙였다. 그래서 인터넷 반론권을 인정한다면 표현 행위를 위축시키고chilling effect, 결과적으로 다양한 여론의 흐름을 반영하는 것이 힘들어지고 민주주의 발전에 장애가 된다고 지적했다.

　또한 반론권이 인정되는 근거를 인격권에서 찾을 경우 반론권을 보장하는 정당한 이익의 범주가 지나치게 확대되어 언론 활동의 위축을 가져온다는 주장도 있다(이승선, 2001). 이에 따르면 어떠한 상황이나 사실적 주장에 대해서도 인격권 침해를 이유로 반론권을 보장해 준다면 오히려 인격권 보장과 언론의 자유를 조화롭게 해결하고자 하는 법이념을 훼손하게 될 것이라는 지적이 있다.

2) 반론권 청구 자격

반론권의 청구 자격과 관련된 논란 중 핵심은 국가나 지방 자치 단체도 반론권을 청구할 자격이 있느냐는 것이다. 현행 언론중재법에 따르면 개인은 물론 일반 단체나 회사, 지방 자치 단체도 반론권을 신청할 수 있다.

법원도 행정 관청이나 공·사법상의 독자적인 기능을 갖는 기관이나 조직이 반론권을 행사할 수 있다는 판결을 내렸다(대법 1986.1.28. 선고 85다카1973 판결). 또 국가나 지방 자치 단체도 자신에게 주어진 헌법 및 법령상의 과제나 기능을 수행함에 있어 이에 대한 최소한의 사회적 승인 내지 신뢰를 필요로 하므로 언론 기관의 사실적 주장에 개별적 관련성을 가진 국가 등이 이에 대한 반론을 제공함으로써 자신에 대한 이러한 사회적 신뢰를 얻거나 유지하여야 할 공익이 있음을 부정할 수 없다고 하였다. 반론보도청구권을 인정하는 데 따른 언론의 자유에 대한 제한 정도가 국가 등의 반론보도청구권을 배제하여야 할 만큼 높아진다고 단정할 수 없다고 보았다(대법 2006.2.10. 선고 2002다49040 판결). 유재웅(2003)은 개별 국가 기관의 원고 적격을 부인하고 법무부 장관만이 국가를 대표해 소송의 주체가 되어야 한다는 국가소송법에도 불구하고 사회 생활상 하나의 단위로 인정될 수 있으면 국가·지방 자치 단체의 장이 반론보도를 청구할 수 있는 것이 타당하다고 주장하였다.

그러나 반론권이 언론 보도에 의한 피해자 개인이 효율적으로 대처할 수 있도록 하기 위한 제도임을 감안할 때 이의 타당성 여부가 문제될 수 있다. 정부는 개인과 달리 정부 관련 언론을 통해 반론을 펼 수 있으며, 해당 인터넷 신문에 댓글 등을 통해 입장을 밝힐 수도 있고 다른 언론에 접근하여 반론이 게재되도록 할 수도 있기 때문이다.

이에 대해 법원은 직접적으로 이를 긍정하지는 않았으나 언론 기관 자신이 비판의 대상이 되는 경우에는 언론 기관 스스로 반박할 수 있는 수단을 보유하고 있으므로 비판에 대한 수인의 범위가 그만큼 넓어진다는 판결을 내린 바 있다(서울남부지법 2006.6.22. 선고 2005가합8911 판결). 또한 법원은 서울 송파구가 중앙선거관리위원회를 상대로 낸 소송에서 정보 공개를 청구할 수 있는 자격을 갖추지 못했다고 판시했다. 정보 공개 청구 제도가 국민이 국가·지방 자치 단체 등이 보유한 정보에 접근해 그 정보의 공개를 청구할 수 있는 권리로 국정에 대한 국민의 참여를 보장하기 위한 제도이며, 지방 자치 단체는 공권력 기관으로서 국민의 알권리를 보호할 위치에 있다는 이유 때문이었다(서울행정법원 2005.10.12. 선고 2005구합10484 판결).

이러한 점을 고려한다면 인터넷에서 반론권을 청구할 수 있는 주체의 범위에 대해서는 더 심도 있는 논의가 필요하다. 현재까지 인터넷 신문의 경우에 일반 미디어와 다른 원칙을 적용하고 있지 않고 있으나 점차 반론권 인정 미디어의 영역을 확대하는 경우에는 국가 기관이 반론권을 행사할 수 있는가의 문제는 다시 한 번 더 고려되어야 할 것이다.

3) 인터넷 서비스 제공자(ISP)의 책임[95]

인터넷은 전 세계에 연결된 네트워크로, 공간적으로 구속받지 않는 커뮤니케이션 망이다. 또한 익명의 발언자를 밝혀내기가 쉽지 않고 밝혀낸다 하더라도 금전적으로 보상할 경제적 능력이 없는 경우가 많다. 이 때문에 인터넷 표현에 의한 피해자는 명예훼손적 표현에 대해 점차 인터넷 서비스 제공자에게 책임을 물으려는 경향이 커지고 있다 (정상규, 2005).

미국에서는 ISP에 대해 발행자*publisher*나 발화자*speaker*로서의 완전 면책(통신품위법 제230조)을 부여함과 아울러 자율적인 규제를 유도하고 있으며, 피해자가 ISP를 통해 익명의 표현 행위자의 신원을 확인하기 위하여 ISP를 공동 피고로 소를 제기하는 경향이 나타나고 있다.[96] 그러나 영국은 피해자로부터 명예훼손을 이유로 삭제를 요청했음에도 불구하고 이를 삭제하지 않았다는 이유로 데몬 인터넷Demon Internet 그룹의 책임을 인정하는 판결을 내린 바 있다. 일본에서는 2002년 4월 1일부터 '프로바이더 책임제한법'을 통해 정보의 유통으로 인해 타인의 권리가 침해된 경우 송신을 방지하는 조치가 기술적으로 가능하고, 권리침해를 알았거나 알 수 있었다고 인정하기에 충분한 상당한 이유가 있

---

95. 이에 대한 자세한 내용을 위해서는 정상규, "사이버 명예훼손의 제 문제," <언론중재>, 2005, 통권 95호(여름), pp.52~69를 참조하라.

96. 근래 들어 몇몇 판례는 ISP가 무조건 면책되는 것은 아니라는 취지의 판결을 냈다. 발화자로서의 ISP는 완전 면책이 되지만 ISP가 특정한 정보를 형성하는 데 일정한 책임이 있거나 또는 발화자가 아닌 매개자의 역할을 하는 경우에는 선한 사마리아인 조항이 적용이 되지 않는다는 것이다(김민정, 2008).

을 때가 아닌 한 ISP가 배상책임을 지지 않도록 하고 있다(이재진, 2006).

우리나라에서는 미국과 달리 ISP의 완전면책을 인정하지 않으며, 익명에 의한 정보 유통이 많아 행위자를 가려내기가 어렵기 때문에 ISP에 일정한 책임을 대신 묻고 있다. 책임의 근거로는 사업자는 사이버 공간을 운영함으로써 일정 부분 경제적 이득을 누리고 있고(경제적 이득설), 현실적으로 문제의 글을 삭제하거나 취급을 거부·정지·제한할 수 있는 기술력을 갖고 있으며(기술력 보유설), 자신이 관리하는 공간에서 일어나는 불법 행위에 대해서는 책임을 다해야 한다는(관리자 책임설) 것 등이 고려되고 있다. ISP에게 책임을 묻기 위해서는 제3자에 의한 불법적인 표현 행위가 게시되어야 하고, 피해자가 문제되는 표현에 대해 삭제 등 필요한 조치를 요청해야 하며, 피해가 중대하고 명백해야 한다(정상규, 2005).

구체적으로 법원은 "불특정 다수가 접속하여 볼 수 있는 포털 사이트를 운영하는 피고로서는 기사의 대상이 되는 인물에 대한 관계에서는 자신의 사이트에 게재되는 기사가 사실 내용과 맞는지 여부를 확인하는 작업을 통하여 기사의 대상 인물에게 명예훼손 등의 손해를 입히지 않도록 주의할 의무가 있다"고 판시했다(서울남부지법 2006.9.8. 선고 2005가단18300 판결).

포털 사이트를 통해 유포되는 표현물에 의한 명예훼손과 관련해 법원은 다음과 같이 판시하였다. 첫째, 뉴스 서비스를 제공하는 기능과 관련하여서는, 언론사로부터 전송받은 기사들을 분류하고 편집 기준에 따라 중요도를 판단하여 주요 화면에 배치하기도 하고, 기사의 제목을 변경하기도 하고, 여론을 형성하는 등 영향력이 기사 작성자보다 더 커질 수도 있다는 점을 고려할 때 기사로 인한 명예훼손에 대하여 책임을 진다. 둘째, 포털 사이트의 검색 서비스 기능과 관련하여서는, 검색 결과에 대하여 관리자의 역할을 하고 있으므로 명예훼손적인 자료들이 현출되지 않도록 하여야 할 의무를 진다. 셋째, 커뮤니티 서비스의 경우에는, 일상적인 모니터링을 통하여 그러한 게시물이 존재하는 사실을 알게 되었다면 커뮤니티 관리자에 대하여 그 게시물의 삭제를 요청하거나 직접 삭제하는 등의 조치를 취해야 할 의무가 있다(서울중앙지법 2007.5.18. 선고 2005가합64571 판결; 서울고법 2008.7.2. 선고 2007나60990 판결).

현재까지의 판례 태도에 비춰볼 때, ISP에 대한 완전면책은 수용되기 어려울 것으로 보이며, ISP는 자신이 매개한 정보로 인해 발생한 피해에 대한 책임으로부터 자유로울 수 없는 실정이다. 그런데 ISP로서는 아무리 사전에 주의 의무를 다한다고 하더라도 인터넷 신문 등에 게재된 기사 등으로 말미암아 인격권 피해가 발생한다면 일정 부분 책임을 져야 하는 문제가 발생한다. 따라서 일정 부분에 대한 책임에 있어 반론권의 허용을 포함시키고 이를 충실히 이행하였을 경우 제반 형사적·민사적 책임으로부터 경감될 수 있는 방안이 마련된다면 인터넷에서의 반론권 적용의 취지를 십분 살릴 수 있을 것으로 판단된다.

4) 포털 사이트와 반론권

인터넷 포털 사이트의 뉴스 서비스를 언론으로 볼 것인가를 두고 논란이 지속되어 왔고 최근에 이는 더욱 가열되는 양상을 보이고 있다(이재진·상윤모, 2008). 이러한 논의는 언론중재법이 규정하는 인터넷 신문에 포털 사이트를 포함시키는 문제와 직결된다. 포털 사이트가 인터넷 신문이라고 한다면 언론중재법에 따라 보도로 인한 피해자가 포털 사이트에 반론권을 청구할 수 있다. 현행법에서 포털 사이트는 인터넷 신문에 포함되지 않는다. 따라서 피해자는 포털 사이트를 상대로 반론을 청구할 수 없다는 문제점가 있다. 그러나 2009년 개정으로 포털 사이트는 인터넷 신문에 포함시키지 않고 별도로 '인터넷 뉴스 서비스' 개념을 추가하여 반론권을 적용하도록 하였다.[97]

포털은 인터넷에서 원하는 정보로 접근하기 위한 관문 역할을 하는 것으로, 외국의 경우(예를 들어 구글의 경우) 기사의 제목이나 기사의 첫 부분만 제공하고 세부적인 내용은 딥 링크*deep link*에 의해 해당 언론 사이트로 연결된다. 그러나 한국의 포털(예를 들어 네이버, 다음, 네이트)은 다른 언론사가 취재 보도하는 내용을 모아 제목을 재편집하여 기사 본질을 왜곡한다는 지적을 받는다(황성기, 2007). 이 때문에 포털 사이트를 둘러싼 논란이 전개되고 있다. 우리 법원도 포털의 기사 제목 및 내용 편집 행위에 주목하여 "포털 사이트는 홍미를 끌기 위해 기사 제목을 변경하기도 하고 댓글 공간을 만들어 여론 형성을 유도하기도 하므로 단순 전달자로 볼 수 없어 명예훼손에 대한 책임을 져야 한다"고 판결한 바 있다(서울중앙지법 2007.5.18. 선고 2005가합64571 판결).

포털을 언론으로 보아야 한다는 입장은 우선, 현행 공직선거법상의 인터넷 언론의 개념에 포털이 포함되어 있고 둘째, 뉴스 소비 측면에서 볼 때 포털 사이트를 통하여 뉴스를 접하는 사람들의 수가 기존 언론사들이 운영하는 언론사 닷컴의 이용자 수를 훨씬 능가하고 셋째, 뉴스의 생산·공급 측면에서도 포털은 언론의 핵심 기능이라 할 수

---

97. 인터넷 포털의 언론 여부 및 책임에 대해서는 10장에서 자세히 다루고 있다.

있는 편집과 배포의 기능을 하고 있다는 점을 들고 있다(한진만, 2007). 한편, 최근 법원은 언론의 경우 취재, 편집 및 배포의 세 가지 기능을 핵심으로 하는 바, 뉴스 서비스를 제공하는 포털 사이트들도 이 세 가지 기능을 수행하고 있으므로 언론에 해당한다는 견해를 밝힌 바 있다(서울고법 2007.7.2. 선고 2007나60990 판결).

포털이 사실상의 언론 활동을 한다는 맥락에서 포털도 인터넷 신문에 포함시켜 언론중재법의 적용 대상으로 삼아야 한다는 주장이 많이 제기되고 있다. 2006년 국회에 제출된 박찬숙 의원과 노웅래 의원이 각각 대표 발의한 언론중재법 개정안들은 인터넷 신문의 개념을 기사 제공을 매개하는 포털 사이트까지 포함해 '인터넷 언론'으로 변경하는 것을 주요 골자로 하고 있다.[98]

그러나 일부에서는 이러한 움직임이 인터넷의 특성을 감안하지 않은 데서 비롯된 결과라고 지적한다. 일방성을 특징으로 하는 신문·방송에 적용해 온 언론중재법을 쌍방향성, 상호 작용성, 신속성, 전파성을 특징으로 하는 인터넷 기반의 언론에 그대로 적용하는 것은 잘못이라는 것이다(황성기, 2007). 이에 따르면 인터넷 언론에 반론권을 강제하는 것이 표현의 자유를 억제하고, 다양한 의견이 유통되는 것을 가로막아 숙의 민주주의를 위협하는 결과를 초래할 수 있다고 한다.

논란에 대한 찬반 주장은 나름대로 이론적 근거를 가지고 있지만

---

98. 2008년 12월 5일 이혜훈 의원이 대표 발의한 언론중재법 일부 개정안은 '인터넷 신문'의 개념 확장을 시도한 것이 아니라, 정정보도청구의 소를 민사집행법상의 가처분 절차에 따라 재판하도록 한 규정과 추후보도 청구의 조정 신청 기간 및 소 제기 기간이 정정보도 청구 기간을 준용하도록 한 조항 등 절차상의 미비점을 보완하기 위한 성격의 개정안이다.

포털의 반론권 적용의 문제는 반론권의 취지를 살펴보고 결정해야 한다. 반론권 도입의 본래 취지는 실제로 피해자에게 손쉽고 신속한 피해 구제를 가능하도록 하며, 아울러 언론 측에서는 언론의 신뢰도를 손상하지 않도록 하는 것이다. 이러한 측면에서 볼 때 인터넷 신문(향후 인터넷 언론으로 바뀔 것으로 보임)에 반론권을 제한적으로 적용하는 것도 이용자나 포털 운영자에게 오히려 도움이 될 수 있다.

4. 인터넷 반론권의 적용

1) 조정 신청 처리 결과

언론중재위원회에 따르면 인터넷 신문에 대한 조정 신청 건수는 2005년 48건에서 2006년 77건, 2007년 113건으로 늘어났다. 2007년의 경우 조정성립구제율은 38.9%, 피해구제율은 65.0%로 전체 미디어의 피해구제율 64.8%와 유사한 것으로 나타났다.[99] 2007년도 합의 44건 중 반론보도문 게재를 전제로 한 것은 30건이었다.

조정 신청인의 유형을 분류했을 때 일반인이 46건으로 가장 많은 비중을 차지했고, 기업과 단체가 각각 16건이며, 공인 9건 등의 순이었

---

99. 피해구제는 언론중재위원회에 조정신청하여 합의된 경우, 직권조정결정된 사건 중 양 당사자 이의 없이 동의된 경우, 취하, 조정 불성립 결정 또는 피신청인이 이의 신청한 조정 결정 사건 중 정정이나 반론보도, 손해배상이 이루어진 경우를 말한다. 피해구제율은 이 피해구제 건수를 기각·각하 건수를 제외한 조정 건수로 나눈 것이다.

표 7-1. 인터넷 신문에 대한 조정 신청 처리 결과

연도	청구 건수	처리 결과									피해 구제율(%)
		조정 성립	직권 조정 결정			조정 불성립	기각	각하	취하		계류	
			동의	이의	계속							
2005	48	15	·	2	·	13	·	·	6	12 (10)	·	59.5
2006	77	34	·	2	·	13	·	5	·	23 (18)	·	72.2
2007	113	44	·	·	·	22	·	5	5	37 (23)	·	65.0
계	238	93	·	4	·	48	·	10	11	72 (51)	·	·

* ( ) 안의 숫자는 합의·조정 결정(동의) 외에 피해구제가 된 건수임.

* 출처: 언론중재위원회, <2005~2007년도 언론소송 판결분석>, 2008.

다. 여기서 공인으로 분류될 수 있는 신청인들은 부읍장, 하위직 경찰관, 영화 감독, 교장, 국회의원 등으로 나타났다. 고위 공직자나 정부가 신청한 경우에 국회의원이 6건으로 가장 많이 신청했고, 지방 자치 단체 3건, 정부 기관 1건 등으로 나타나 수적인 측면에서 지금까지는 그리 많지 않은 것으로 나타났다. 이는 기존 미디어에서 쟁점이 되고 있는 사회적 영향력이 있는 집단이나 개인이 반론권 남용할 것이라는 지적과는 다소 어긋나는 것이다.

기각 또는 각하된 10건을 살펴보면 신청인의 주장이 이유 없음(6건), 인터넷 신문이 아니어서 조정 신청 대상이 아님(2건), 보도 내용의 피해자로 볼 수 없는 경우(2건) 등으로 나타났다.

2) 조정 신청에서 드러난 특징

언론중재법 제27조 제2항은 정정보도·반론보도·추후보도 청구문의 내용, 크기, 횟수, 게재 부위 또는 방송 순서 등을 정하여야 한다고 규정하고 있다. 그런데 인터넷 신문과 관련한 언론중재위원회의 조정 신청 사건 중 합의된 것은 30건으로, 반론(정정)보도문 보도(게재) 형식은 기존 신문·방송과 다른 양상을 보이고 있다.

첫째, 게재 시간에 차이를 보인다. 이는 신문·방송 등 전통적인 미디어가 보도 횟수와 보도문의 크기를 중요시하는 것과 비교되는 것으로 인터넷의 경우 기사가 빈번하게 바뀌는 것을 감안하면 게재 시간이 매우 중요한 요소로 인식된다. 구체적으로는 반론(정정) 보도문을 게재하기로 양 당사자가 합의한 30긴 중 13~24시간이 17건으로 절반을 넘었고, 24시간 초과~48시간 이하 3건, 48시간 초과~72시간 이하 4건, 72시간 초과 3건, 12시간 이하 1건으로 집계됐다. 1개월 동안 게재하기로 합의한 것도 1건 있었다. 게재 날짜만 지정하고 시간을 특정하지 않은 경우가 1건, 시간을 전혀 언급하지 않은 것도 1건 있다.

둘째, 게재 위치에서도 차이를 보인다. 일반적으로 인쇄 미디어의 경우 원래 기사가 게재된 곳에 반론문을 싣는 것이 원칙이다. 방송의 경우 프로그램 편성에서 몇 번째 아이템(순서)에서 반론문을 보도하느냐가 중요하다. 연구 결과 인터넷의 경우 반론보도문의 제목을 초기 화면에 게재하고 제목을 클릭하면 본문이 나타나도록 한 것이 19건으로 가장 많았다. 단순히 초기 화면에 게재하기로 합의한 것 8건을 합치면, 모두 27건의 반론보도문이 초기 화면에 게재된 것이다.

나머지 3건은 게재 위치를 명시하지 않은 경우이다. 원 기사가 초기 화면이 아닌, 하위 메뉴에 배치된 것과 상관없이 초기 화면에 반론문을 게재하기로 합의한 것은 피해의 심각성을 양 당사자가 함께 인식한 결과로 풀이된다. 이는 방송 프로그램에서 프로그램 첫머리에 반론보도문을 주로 배치하는 것과 같은 맥락에서 해석할 수 있다. 게재

위치와 관련해 흥미로운 점은 인터넷에 저장된 원 기사에 반론보도문을 링크하도록 조건을 추가로 다는 경우가 11건이 있었다는 것이다. 이러한 점은 인터넷 신문의 미디어적 특성을 살릴 수 있는 반론권 부여 방식이라고 할 수 있다.

셋째, 글자 크기이다. 반론보도문의 제목은 원 기사의 제목 활자와 같은 크기로 하고 본문은 원 기사의 본문 활자 크기로 게재하기로 합의한 것이 18건으로 나타났다. 또한 활자 크기를 특정하지 않은 것이 12건이었다. 활자 크기를 특정하지 않은 것은 인터넷 신문의 경우 다른 미디어와 달리 글자 크기가 거의 고정되어 있어 당사자들이 차이를 인식하지 못한 때문으로 풀이된다.

크기와 아울러 자체字體에 대한 논의는 단 한 건도 없었다. 그런데 인터넷 신문의 경우 동일 화면이라 하더라도 글자 크기가 다르고, 고딕체냐 또는 명조체냐의 자체 차이에 따라 시각 효과가 달라지는 만큼 앞으로는 글자 크기와 함께 자체에 대한 논의가 필요할 것으로 보인다.

넷째, 반론보도문의 자수字數이다. 반론보도문은 그 내용 못지않게 자수가 중요하다. 글자 수가 반론문 효과의 기본적인 전제로 작용하기 때문이다. 방송법 제91조 제5항은 "방송업자가 행하는 반론보도는 그 공표가 행하여진 동일한 채널 및 동일한 효과를 발생시킬 수 있는 방법으로 이를 하여야 한다"고 규정하고 있다. 인쇄 미디어의 경우 반론보도문의 자수는 이의의 대상이 된 공표 내용의 자수를 초과하지 않는 것이 보통이며, 이는 원문 보도보다 지나치지 않는 범위에서 이루어져야 한다는 뜻으로 받아들여지고 있다.

인터넷의 경우 연구 결과 합의에 이른 30건 가운데 300자 이상의 보도문이 게재된 것은 3건이며, 이중 가장 긴 것은 740자에 이른다.

참고로 언론중재위원회가 언론 소송과 관련해 반론(정정)보도문 판결 40건을 분석한 결과 글자 수가 300자 이하 25.0%이며, 301~400자 42.5%, 401~500자 12.5%인 것으로 나타났다(언론중재위원회, 2008). 그런데 인터넷 신문이 기사를 게재할 공간적 제약이 다른 미디어에 비해 덜하다는 점에서 장문의 보도문이 게재될 여지가 많은 것을 감안한다면 다소 의외의 결과라고 할 수 있다.

다섯째, 기사 삭제 요청이다. 다른 미디어에서는 언론 보도로 피해를 입은 사람이 반론보도문 게재를 요구하거나 손해배상을 청구하는 것이 대부분이다. 그러나 인터넷 보도로 피해가 발생한 경우 피해자는 '삭제'라는 새로운 형태의 권리를 요구하고 있다. 실제로 합의가 성립된 30건 가운데 10건이 삭제를 전제로 합의했다는 것은 주목할 만하다. 그중 1건은 다른 요구 사항 없이 인터넷에서 해당 기사를 삭제하는 것으로 합의가 이루어졌다. 또 4건은 해당 인터넷 사이트에서 문제의 기사를 삭제하는 동시에 이 기사가 게재된 포털 사이트에서도 기사를 삭제하는 것을 바탕으로 합의가 성립됐다. 실무적인 차원에서 원 기사를 제공한 미디어가 포털 사이트에 요청할 경우 문제되는 기사를 삭제해 주고 있는 것을 알 수 있다.

이처럼 언론 보도로 인한 피해자들이 삭제를 요구하는 것은 인터넷의 특성인 강한 정보 전파력을 감안한 때문으로 보인다. 이는 다른 미디어와 달리 인터넷의 운영 기술상 삭제가 가능하다는 것을 전제로 하고 있다. 이처럼 삭제하도록 요청하는 것은 인터넷 시대에 새로운 권리 개념으로 제안되고 있다(이재진·구본권, 2008). 예를 들어 기존 미디어, 특히 신문의 경우에는 시간이 경과함에 따라서 그 기사를 접할 수 있는 기회가 줄어듦으로써 점차 사람들의 기억에서 사라져 가는 일종의 기사 유통의 유효 기간이 있었다. 그러나 현재는 인터넷의 발달로 인하여 기사가 삭제되지 않고 어딘가에 기사가 계속 유통됨으로써 상시적으로 인격권의 피해가 존재하거나 이중 처벌을 받아야 하는 경우가 발생할 수 있다. 그래서 이재진과 구본권(2008)은 인터넷에서 '잊혀질 권리right to be forgotten' 개념을 제안하고 있는데, 이러한 점을 입법자들이 고려할 필요가 있다.

5. 인터넷 반론권 개선 방안

인터넷의 반론권과 관련해서는 표현의 자유를 제한할 수 있다는 우려가 제기된다. 인터넷에 반론권을 적용하게 되면 운영자가 문제되는 내용에 대해 수정을 강요하게 되고, 이는 사전 검열과 마찬가지여서 표현 행위를 위축시키고, 결국은 다양한 여론을 반영하기 어렵게 된다는 것이다. 이는 헌법재판소가 인터넷을 '표현 촉진적인 미디어'로 규정한 것과도 상충한다.

그러나 인터넷 언론이 상업성에 기초해 사실에 근거하지 않은 부정확한 정보를 유통할 가능성이 있고, 네티즌들은 익명성에 기대어 감정적이고 무책임한 댓글을 남발하는 것이 현실이다. 이런 상황에서 신속하고 경제적인 피해자 구제를 위해서 반론권은 여전히 유용한 수단이 될 수 있다.

반론권 청구 자격은 국가나 지방 자치 단체에게 자격을 주는 것은 문제가 없으나 그 권리를 절제해서 행사하는 것이 필요하다. 정보공개

청구제도와 관련해 지방 자치 단체는 공권력 기관으로서 국민의 알권리를 보호할 위치에 있다는 것을 음미할 필요가 있다. 또 공적 기관으로서의 언론사가 다른 언론에 의해 비판을 받는 경우에는 반박할 수 있는 능력을 스스로 갖고 있기 때문에 상당한 정도로 수인해야 한다는 법원 판결도 나와 있다는 점에서 볼 때 공적 기관은 주체로서의 적법성 여부에 집착하지 말아야 할 것이다.

인터넷 반론권의 실제 적용에도 법체계를 정비하지 않고 기존 미디어에 적용하던 것을 그대로 적용함으로써 앞으로 논란을 불러일으킬 소지를 안고 있다. 문제점이 제대로 부각되지 않아 사회적으로 이슈화되지 않았을 뿐 앞으로는 쟁점으로 떠오를 가능성이 높다. 먼저 포털 사이트도 반론권 대상으로 가는 것이 타당하다.

2007년 언론중재위원회에 접수된 인터넷 신문 관련 상담 354건 중 35.6%인 126건이 포털이나 종속형 인터넷 신문(언론사 닷컴)이지만, 현행법상 인터넷 신문이 아니어서 조정·중재 신청을 통한 피해구제가 이루어지지 못하고 있다. 따라서 현행법을 개정해 포털 사이트와 종속형 인터넷 신문도 조정·중재 대상에 포함시키는 것이 현실적이다. 이와 관련해 언론중재위원회에 인터넷 반론권을 전담하는 중재부(인터넷 언론 전담부)를 별도로 지정해 운영하는 것이 필요하다.100 이렇게 된다면 인터넷의 특성을 반영한, 합리적인 조정 결과를 도출할 수 있다. 피해자 입장에서 볼 때 포털 사이트와 종속형 인터넷 신문에 게재됐다고 해서

---

100. 최근 정부는 인터넷으로 인한 피해와 관련해 언론중재위원회에 상설 중재부 신설을 추진하겠다고 밝혔다. 상설 중재부가 인터넷을 전담하지는 않겠지만 사실상 대부분의 업무가 인터넷 관련이 될 것으로 예상된다. <동아일보>, 2008. 11. 29.

구제받을 수 없던 형평성의 문제도 해결할 수 있을 것으로 보인다.

아울러 반론문 게재 방식을 좀더 구체적으로 지정하는 것이 필요하다. 반론문의 내용도 중요하지만 보도 방식을 명확히 해야 추후에 발생할 수 있는 분쟁을 방지할 수 있다. 실제로 방송에 대한 정정보도 청구 사건에서 합의와 달리 방송 진행자가 아닌 다른 사람이 반론보도문을 읽은 것에 대해 손해배상을 청구해, 법원이 이를 받아들인 사례가 있다(서울남부지법 2006.5.12. 선고 2005가단72458 판결).

신청인이 구체적인 내용을 몰라 요구하지 않는다는 이유로 언론중재위원회가 이를 무시한 채 합의를 이끌어내는 데만 급급할 경우 새로운 분란에 휩싸일 소지가 있다. 이전의 조정 신청 사례를 참고하도록 함으로써 반론보도문의 게재 위치와 시간, 글자 크기 등을 상세하게 합의하도록 유도하는 것이 바람직하다. 특히 게재 위치도 좀더 구체적으로 정하는 것이 필요하다. 예를 들어 몇 시간 동안에는 초기 화면의 몇 번째 기사로, 그 다음에는 몇 번째 기사로 변경하는 것을 검토할 만하다.

인터넷 언론의 특성을 고려한 기사 삭제 또는 기사게시중지청구권 등 다양한 분쟁 해결 수단을 개발할 필요가 있다. 인터넷 신문의 경우 정정이나 반론 등의 보도보다는 기사를 삭제하는 것이 피해자 입장에서 더 효과적이라고 할 수 있다. 온라인 기사는 오프라인 기사와는 다르게 기사가 문제 있는 것으로 밝혀진 뒤에도 인터넷상에 지속적으로 떠 있을 경우 피해 상황이 종료되어야 하는 단계에서 오히려 피해가 지속적으로 확대되는 문제점을 갖게 된다. 이런 점을 고려하면 반론보도나 손해배상도 중요하지만 신속하게 해당 기사를 삭제하거나 게시를 중지하도록 요구할 수 있는 제도적 장치가 마련되어야 한다(양재규, 2006b;

이재진 · 구본권, 2008).

언론중재법상 기사 삭제권이 없지만 권리구제의 방편으로 이미 기사 삭제나, 게시 중지를 합의문에 포함하는 현실을 반영하여 입법적으로 이를 조속히 뒷받침하는 것이 필요하다. 사건 당사자들은 문제되는 기사의 삭제나, 게시 중지는 물론이고 반론(정정)보도문을 해당 사이트에서 일정 기간 검색할 수 있도록 합의하는 경우도 있다는 점을 염두에 두어야 한다.

여기서 미국의 여러 주에서 채택하고 있는 철회*retraction*를 참고로 할 필요가 있다. 명예훼손을 이유로 손해배상을 청구하는 사건에서 피고가 자신의 보도가 잘못된 것이라고 전면 철회하는 내용의 보도문을 게재할 경우 법원이 손해배상액 산정 때 감안하는 것이다.[101] 미국의 위스컨신 주 등에서 실시하고 있는 철회법을 원용하여 인터넷 신문이 자발적으로 기사를 철회할 경우 반론권 청구 자격을 제한하는 방안을 도입하는 것도 검토할 만하다.

아울러 반론권 청구 기간을 오프라인 미디어와 달리 단축하는 것도 필요하다. 신속한 반론권을 보장한다는 측면에서 볼 때 현행 "언론 보도가 있음을 안 날로부터 3개월 이내, 해당 언론 보도가 있은 후 6개월 이내에" 반론권을 요구할 수 있도록 한 것은 지나치게 느슨한 느낌이다. 수용자의 기억에서 사라지기 전에 피해자는 반론권을 행사해야 하는 것이 피해구제라는 목적과 부합할 것이다. 보도가 있음을 안 날로

---

101. 미국의 시사 주간지 <뉴스위크>는 2005년 5월 23일 쿠바 관타나모 미군 기지에서 미군 조사관들이 이슬림 대리 용의자들을 신문하는 과정에서 코란을 훼손하는 일이 있었다는 내용의 기사를 철회한 바 있다.

부터 1개월 이내, 해당 언론 보도가 있은 후 2개월 이내 정도로 제한하는 것이 합당한 것으로 보인다.

결론적으로 인터넷 언론에서 명예훼손 관련 분쟁이 발생하는 경우 가장 좋은 것은 언론사가 자발적으로 철회나 삭제를 하는 것이지만, 만일 그렇지 못한 경우에는 반론권 제도를 충분히 활용할 수 있도록 해야 할 것이다. 이 경우 인터넷이 지니는 미디어 특성을 고려하고, 피해의 신속하고 효과적인 구제를 위한 방식을 비교형량해서 인터넷에 맞는 반론권 행사가 이루어지도록 해야 할 것이다. 비록 미국의 경우에는 반론권이 인정되고 있지 않으나(물론 이에 대한 비판이 여전히 있음) 유럽 선진국들이 광범위하게 반론권 제도를 수용하고 있음을 고려할 때, 오히려 우리나라에서 인터넷 반론권 실행의 체계적이고 구체적으로 *narrowly-tailored* 고안된 피해구제 방식을 발전시켜 나가는 것이 바람직할 것이라 판단된다.

인터넷에서의 자율 규제

1. 자율 규제 왜 필요한가

인터넷에서의 규제regulation의 문제는 인터넷이 급속히 발전함에 따라 규제의 정당성과 근거에서부터 구체적인 절차와 방법에 이르기까지 다양하게 논의되어 온 가장 핵심적인 주제이다. 더욱이 인터넷이 점차 막강한 영향력을 가진 미디어로서 자리매김하고 있는 반면 불법적 행위가 넘쳐나는 현실에 비추어 인터넷에서의 규제의 문제는 인터넷에서의 표현의 자유만큼이나 중요한 화두가 되었다.

좀더 구체적으로, 인터넷 규제에 관한 쟁점은 1990년대 중반 인터넷이 대중화되던 시점에서 인터넷의 다양한 기술적 특성(예를 들어 쌍방향성, 개방성, 익명성, 비대면성, 능동성, 개인성 등)으로 인해 기대되었던 보다 자유로운 민주적 참여 공간으로서의 가능성에서, 이제는 아동 포르노를 포함한 음란·폭력 정보 및 명예훼손, 모욕, 사생활 침해 등 각종 불법·유해 정보의 유통 등 그 역기능으로 인해 규제의 필요성이 인정되고 있다.

실제로 많은 언론 자유주의자들은 인터넷의 출현을 하버마스가 주창한 공론장Public sphere과 풀뿌리 민주주의의 부활로 인식하여 인터넷에서 무제한적인 표현의 자유를 주장하며, 인터넷에 대한 정부 규제에 반대해 왔다. 또한 인터넷에서의 디지털 아고라Agora의 가능성을 확신했고, 인터넷을 아테네의 '벼룩 시장'에 비유하기도 했다(Dertouzos, 1997; Mitchell, 1995; Rheingold, 2000; 김유승, 2006에서 재인용).

아울러 황상재(1996) 등은 민주적인 커뮤니케이션의 대안으로서 사이버 공간이 주목받고 있다고 언급하고 사이버 커뮤니케이션의 미래에 대하여 낙관적인 입장에 있는 학자들의 주장을 인용하여 민주적 커뮤니케이션 영역으로서의 사이버 공간의 커뮤니케이션 특징들을 논의한 바 있다.

그러나 규제의 필요성은 더 이상 이론적 논쟁의 차원을 넘어 불가피한 현실이 되어 버린 상황이다. 선스타인(Sunstein, 2001, p.128)이 언급한 바와 같이 오늘날 우리가 직면한 가장 중요한 문제는 "인터넷을 규제할 것이냐 말 것이냐가 아니라 '어떠한 종류의 규제'를 택할 것이냐"이다(김유승, 2006, p.87에서 재인용). 현재 우리나라를 비롯한 각 국가에서는 각자의 사회·문화적 환경에 따른 고유한 방식으로 인터넷 규제를 추진하면서 가장 효과적이고 합리적인 규제 모델을 모색하는 중이라고 할 수 있다.

이러한 최적의 인터넷 규제 모델의 모색에 있어 '자율 규제'는 효율성, 융통성, 준수의 자발성 제고, 사회적 비용의 절감, 변화하는 기술에의 적응성 등을 장점으로 더욱 부각되고 있으며(강휘원, 2002; 황승흠 외, 2004; Drake, 1999; Waltermann & Marchill, 2000; Marchill & Rewer, 2001), 이미 유럽연합이나 미국, 호주 등의 선진국에서는 활발하게 채택되어 발전해

오고 있다.

우리나라의 많은 연구들도 규제 모델의 대안으로서 이러한 자율 규제 모델의 중요성을 강조하고 있다(강휘원, 2002; 김만섭, 2003; 김유승, 2005, 2006; 신열, 2002; 심영희, 2002; 심영희·이미정·윤영민, 2001; 황상재, 2000; 황성기, 2005c). 더욱이 최근에 국내 인터넷 포털에서의 연이은 음란물 유통 사건으로 인해 사회적으로 인터넷 사업자의 관리와 책임의 문제가 부각되고 있는 상황에서 법적인 규제와 함께 사업자의 적극적인 자율 규제가 요구되고 있다. 예를 들어 2007년 3월 말 야후 코리아, 다음, 네이버 등에서 음란 동영상 및 정지 영상이 게재되어 사회적으로 문제시된 바 있는데 이런 문제를 예방하기 위해서 자율 규제가 필요하다.[102]

이러한 시점에서 자율 규제를 주제로 한 다양하고 심층적인 연구들이 보다 활발하게 이루어질 필요가 있다. 하지만, 현재까지의 국내 자율 규제에 관한 연구는 기술적descriptive인 접근에서 주로 진행되었으며, 더욱이 이러한 논의를 바탕으로 현재 국내에서 추진되는 자율 규제 활동에 대한 실증적이고 입체적인 분석은 이루어지지 않고 있다. 물론 그동안의 국내 인터넷 규제가 정부와 관계 기관[103]을 중심으로 진행되

102. 장정훈·하현옥, "음란 동영상에 뚫린 무방비 포털," <중앙일보>, 2007. 3. 20; "유명 포털 사이트 음란물 노출 잇따라," <한국일보>, 2007. 3. 20; 김선우, "정통부, 포털 음란물과의 전쟁," <동아일보>, 2007. 3. 26; 이학선, "음란 UCC 차단, 포털 대표들도 팔 걷었다," <이데일리>, 2007. 4. 4; [사설] "포털의 사회적 책임 규정할 법 만들어야," <중앙일보>, 2007. 5. 19; 장정훈, "포털 규제 어떻게 해야 하나," <중앙일보>, 2007. 5. 30 등.
103. 대표적인 국내 기관으로 구 정보통신윤리위원회를 들 수 있다. 정보통신윤리위원회는 '정보통신망 이용촉진 및 정보보호 등에 관한 법률 제44조의8'에 의해 설립되어 정보 통신 윤리에 대한 기본 강령의 제시, 불법·유해 정보에 관한 심의 및 시정 요구, 타인의 권리 침해 정보에 관한 분쟁 조정, 정책 연구

면서 자율 규제 활동이 본격적으로 진행되지 못하였던 점도 그 연구의 부진함의 이유가 될 것이다.

그러나 앞서 살펴본 바와 같이 인터넷 자율 규제가 더욱 강조되는 상황에 직면해서 현재 국내에서 이루어지는 자율 규제 활동에 대해 체계적으로 분석하는 것은 자율 규제의 활성화를 위해서 절대적으로 필요하며 선행되어야 할 것으로 판단된다. 자율 규제 활동에 대한 분석적 평가는 향후 자율 규제 모델을 개선하고 더욱 발전시키는 데 있어 기초 자료로서 전제될 수 있다.

따라서 이 장에서는 자율 규제 활동에 대한 분석을 체계적으로 가능하도록 하는 분석틀을 개발하고자 하는 목표를 가지고 문제를 논의하고자 한다. 정확하고 명쾌한 분석틀이야말로 체계적으로 현상을 이해하는 전제가 되므로, 자율 규제 체제에 대한 분석틀의 적용은 정확하고 체계적으로 자율 규제의 활동에 대해 설명해 줄 것이다.

2. 인터넷 자율 규제

1) 인터넷 자율 규제 정의 및 특성

거닝햄과 리스(Gunningham & Rees, 1997, p.364)가 주장했듯이 자율 규제는 규제 형식의 정도, 규제 주체의 법적 지위와 주어진 역할의 범위

및 기술 개발, 불법 · 청소년유해정보신고센터의 운영 등 인터넷상의 불건전 정보 유통 방지와 건전 문화 확산을 위한 다양한 활동을 했다.

등 많은 변수로 인해 다양한 형태를 지니고 있기 때문에 모든 형태의 자율 규제에는 부합되는 단일한 정의는 없다. 실제로 자율 규제는 유럽 국가들에서 중세로까지 거슬러 올라가는 오랜 역사를 지닌 규제 방식 중 하나이며, 현대 사회에서는 법률, 의학에서 언론 분야에 이르기까지 많은 전문 기관 및 영역에서 널리 시행되고 있다. 따라서 자율 규제는 다양한 정의들을 가지며 여러 가지 다른 방식으로 해석 될 수 있다. 먼로 프라이스Monroe Price는 자율 규제는 규제의 '주체Self'가 누구냐에 따라, 또한 국가와 영역에 따라 그 의미를 달리한다고 말하고 있다 (Murphy & Blackman, 1999; 김유승, 2005, p.86에서 재인용).

이러한 측면에서 자율 규제는 몇 가지 유형으로 구분할 수 있다. 먼저, 강휘원(2002)이 언급한 바와 같이 규제의 주체가 정부가 아니고 정부 규제에서 피규제자였던 개인, 기업, 업계 등이 규제의 주체가 되는 경우인데, 정부 규제의 부적당성을 극복하고 효율성을 회복하는 방법의 하나로서 정부가 정한 기준에 대하여 기업이나 업계 또는 개인이 자율적으로 순응하는 것을 의미한다고 하였다. 또한 일반적으로 자율 규제는 업계가 협회의 결성을 통하여 스스로가 준수해야 할 행동 강령을 제정하고 위반 행위를 스스로 점검하는 행위로 이루진다고 하여 자율 규제의 정의를 주체와 구체적인 방법으로써 설명하고 있다.

둘째, 자율 규제 형태는 일반적으로 정부의 영향력과 역할의 정도에 따라 설명되는데, 이는 미 상무성 차관인 레리 어빙Larry Irving이 언급한 바와 같이, 자율 규제가 '정부가 규제 권한을 위임하는 경우'로서 한정되는 의미를 갖는다. 프라이스와 버헐스트(Price & Verhulst, 2000)는 자율 규제는 정부와의 일정한 관계 없이는 존재할 수 없으며, 이러한 관계 자체도 상당히 다양하다는 것을 강조하고 있다.

이들은 정부와의 관계 정도를 기준으로 자율 규제의 유형을 네 가지로 구분하였는데, 먼저 위임적 자율 규제로서 이는 사업자는 정부로부터 정부가 정의하는 틀 안에서 규범을 만들고 그것을 강제하도록 분명하게 요구받는 것을 말한다. 다음으로 승인적 자율 규제로 이는 집단들 스스로 규제하되 정부의 승인을 받는 것을 뜻한다. 또한 강제적 자율 규제는 사업자 스스로 규제를 형성하고 부과하지만 그렇게 하지 않을 경우 정부는 법이 정하는 규제를 부과하는 것을 의미하며, 마지막으로 정부의 적극적인 개입이 없는 자발적 자율 규제가 있다.

같은 맥락에서 장우영(2006)도 인터넷 규제의 영역에서 국가 권력은 대외적 안전 보장과 대내적 질서 유지가 기본적인 책무로서 정보에 대한 통제 또한 본질적 임무라는 측면을 고려할 때 정부가 완전한 방임적 입장을 취하는 예는 사실상 찾아보기 어렵다고 하여 자율 규제에서의 정부 개입을 긍정하고 있다. 그는 다양한 인터넷 규제의 스펙트럼을 정부의 개입 정도를 기준으로 독점, 과점 그리고 균점의 세 가지 형태로 구분하여 자율 규제의 유형을 간접적으로 설명하고 있다.

첫째, 독점적 규제는 인터넷 정보에 대해 강력한 정부 규제와 검열을 나타내는 것이다. 둘째, 과점적 규제는 정부의 우월적 권한을 중심으로 운영되며 규제의 합리성보다는 규제 목표 달성에 주안점을 두고 있고 일반적으로 정부의 강력한 권한과 집행력에 기초해서 민간 영역을 위계적으로 규제 과정에 참여시키는 방식을 띤다. 셋째, 균점적 규제는 정부가 불법 정보에 대한 종국적인 영향력을 행사하면서도 민간 영역의 자율 규제 노력을 지지·지원하는 형태로 나타난다. 이러한 균점적 규제 형태는 '민간 영역이 전통적인 정부 영역에 해당되었던 규제 영역에 적극적으로 참여하고 정부 영역은 이러한 민간의 활동과 역할에 대해서 적극적으로 협력 지원함으로써 규제의 합리화 및 효율성을 추구하는 방식'으로 정의된다.

한편, 황승흠 외(2004) 역시 인터넷에서 자율 규제가 법을 대체할 수 있는 중요한 원천이 될 수 있다는 의견에 대해서 강한 의문을 제기하며, '자율 규제'를 '자유방임'이 아닌 '민간 영역이 전통적인 정부 영역에 해당되었던 규제 영역에 적극적으로 참여하고, 정부 영역은 이러한 민간 영역의 활동과 역할에 대해서 적극적으로 협력·지원함으로써, 규제의 합리화 및 효율성을 추구하는 규제 방식'으로 정의하였다.

이러한 정부와의 관계 혹은 개입으로서 설명되는 자율 규제는 싱클레어(Sinclair, 1997)가 주장했듯이 자율 규제와 정부 규제 사이에 명확한 구분은 존재하지 않으며, 다만 그들을 규제 형태의 연속체로 보는 것이 좀더 정확하고 생산적일 것이다.

아울러 어떤 이유에서든 민간 영역이 규제해야 할 필요성을 인식하고 스스로 규제하는 경우에도 자율 규제의 개념이 사용되기도 한다(황승흠 외, 2004; Price & Verhulst, 2000). 이는 곧 자율 규제의 개념으로 정부에 의해 규제 권한이 사업자에게 형식적으로 위임되는 것에서부터 사업자와 기타 민간 영역에 의하여 자발적으로 조직화되고 관리되는 규제에 이르기까지 다양한 스펙트럼 사이에 놓여 있는 것을 의미한다(최병선, 1994).

이러한 인터넷에서의 자율 규제는 또한 인터넷 속성의 변화와 각기 다른 사회 문화적 배경을 가진 국가 간의 차이에 따라 다른 의미를 나타내기도 하기 때문에 인터넷에서의 자율 규제는 상당히 복잡하며 다양한 의미를 내포하고 있다. 문제는 곧 각각의 목적과 기능에 따라 인터넷 자율 규제를 다르게 정의 내리고 있다는 것이다. 따라서 자율 규제가 적절히 이루어지는가를 판단할 수 있는 공통적인 평가 요인에 근거한 분석의 틀이 개발될 필요가 있다.

2) 인터넷 자율 규제 주체

앞서 자율 규제의 정의에서 살펴보았듯이 자율 규제를 설명하기 위한 가장 핵심 요소는 자율 규제의 '주체'이다. 따라서 자율 규제의 주체를 중심으로 살펴보면, 먼저 마칠과 하트, 칼텐휘저(Machill, Hart & Kaltenhuser, 2002)가 언급한 바대로 정부, 인터넷 이용자, 인터넷 사업자라는 세 그룹으로 구별하여 볼 수 있는데, 이러한 구별은 자율 규제가 작동하는 보다 넓은 의미에서의 접근이다. 한편 통상적인 의미에서의 자율 규제의 주체는 정부가 아닌 정부 규제에서 피규제자였던 개인, 기업, 업계 등이 규제의 주체가 되는 경우를 지칭한다(김유승, 2005).

이러한 통상적인 자율 규제의 주체를 언급할 때, 대개는 '사업자'를 의미하는데, 이는 개별적인 회사 수준에서 자발적으로 행해지는 규제 행위와 또한 특정한 산업 전체의 범위에서 행해지는 규제 과정으로서 특정 산업 전체를 포괄하는(혹은 대표성을 인정받을 수 있는) 조직이 해당 산업에서 개별 회사들이 준수해야 할 사업 방침과 관련된 규범 및 기준을 정하고 회원사들이 그것을 준수하는 규제 과정으로 이해될 수 있다.

한편 인터넷 자율 규제의 논의와 관련해서 시민 단체 및 이용자(단체)의 역할은 그간 활발한 활동이 없어 상세히 다루어지지 않았지만, 이들의 역할은 매우 중요하다고 할 수 있다. 인터넷은 쌍방향적인 미디어로서 이용자들은 정보의 소비자이자 생산자, 서비스의 고객이자 제공자로서 기능한다. 따라서 인터넷의 윤리 및 규범과 관련하여 이용자들의 역할은 거의 절대적이다.

예를 들어 인터넷 이용자는 인터넷 콘텐츠에 대한 이의 제기를 통해 인터넷 사업자에게 압력을 가할 수 있다는 점에서 자율 규제 시스템의 중요한 부분을 담당할 수 있다(강휘원, 2002; 황승흠 외, 2004). 관련 민간 단체들 역시 이용자들의 정보 소비자로서의 요구를 자율 규제 과정에 적극적으로 구현할 수 있는 자율 규제의 중요한 원천이 될 수 있다.

한편, 자율 규제가 성공적으로 정착하더라도 인터넷의 법적인 체제를 보호하는 궁극적인 책임이 정부에 있다는 사실은 재론할 여지가 없어 보인다. 정부는 새로운 디지털 기술의 등장과 인터넷의 국제적 성격 때문에 전통적인 방식으로는 인터넷의 불법·유해 정보에 적절하게 대응하지 못하게 된 규제 환경에서, 규제의 정책 목표를 달성하기 위해 인터넷 자율 규제가 지니는 여러 가지 장점들을 적극적으로 활용해야 할 필요가 있을 것이다. 이는 결국 규제의 목표인 사회적 공익을 달성하기 위해 정부의 개입이 일정 부분 필요하고 또한 정부의 개입을 매개로 하는 구체적인 상호 작용이 필요하다는 점을 의미한다(황승흠 외, 2004; Price & Verhulst, 2000).

3) 인터넷 자율 규제 장치

광범위한 자율 규제 장치들은 사회적 통제에서 형식적인 계약에 이르기까지 다양한 형태를 보이고 있다. 예를 들어 행동 강령, 자발적 기준, 약관, 인증 제도, 제3자 인증, 감사 등이 지속되고 있으며, 분쟁 조정 역시 인터넷 자율 규제 체제 내에서의 중요한 요소들 중의 하나이다(Katsh, 1996; Price & Verhulst, 2000). 이러한 다양한 형태의 자율 규제 장치

중에서 오랫동안 유럽연합 회원국들과 북미의 미국, 캐나다 등에서 많은 실험을 거쳐 실행되고 있는 자율 규제의 표준적인 장치들은 '인터넷 사업자 행동 강령,' '자율 등급 및 내용 선별 시스템,' '인터넷 핫라인,' '미디어 교육 및 홍보' 등으로 요약할 수 있다.

먼저 '사업자 행동 강령'(가이드라인)은 사업자가 사회적 책임의 원칙에 따라 행동할 것을 천명하는 자발적 규범이라고 할 수 있다. 특정한 산업의 산업 윤리와 사회적 책임을 수행하기 위한 표준적인 틀에 개별 사업자들이 집단적으로 참여함을 공표하고 이를 준수하는 이른바 '사업자에 의한 자율 규제 장치'이다. 이때 사업자 행동 강령에는 사업자의 합당한 행동을 정의 내리는 일련의 사업 원칙 및 규범 등이 포함된다.

이처럼 사업자 행동 강령은 사업자 자율 규제의 기초로서, 사업자들이 법적인 책임 혹은 이외의 사회적·윤리적 책임을 자율 규제 과정에 반영할 수 있도록 하는 장치이다. 보통 표준적인 사업자 행동 강령들은 온라인 서비스 제공과 관련된 사업자들의 기본적인 사업 원칙과 함께 법 집행 기관과의 상호 협력, 불법 및 유해 콘텐츠를 처리하는 절차, 이용자의 콘텐츠 관련 불만에 대한 처리 원칙(그리고 이에 따르는 사업자들의 명확한 책임의 제한) 등을 다룬다. 기업들은 이러한 행동 강령을 자발적으로 준수하여 관련 산업 차원의 사업자 자율 규제가 가능해진다(강휘원, 2002; 황승흠 외, 2004).

둘째, '자율 등급 분류self-classification'는 정보 제공자들이 자신의 콘텐츠에 자발적으로 등급을 매기는 것을 의미한다. 한편, 콘텐츠 선별 기술filtering technology은 선별 능력이 있는 이용자, 즉 학부모나 교사가 자녀들의 인터넷 콘텐츠 접속을 통제할 수 있도록 해준다. 결국 등급 분류 및 콘텐츠 선별을 위한 자율 규제 장치들은 특정 콘텐츠에 대한 성인의 접근을 보장하되, 청소년의 접근을 방지하는 기술적 규제 방식이자 자율적 규제 방식이다.

셋째, 인터넷 핫라인은 정보 이용자들이 자신들이 발견한 불법·유해 콘텐츠를 신고할 수 있는 장치이다(Price & Verhulst, 2000). 구체적으로는 인터넷 이용자들의 불만이나 염려 또는 신고 사항을 접수, 평가, 확인, 처리하고 고지하는 일련의 연결 장치를 의미한다. 인터넷 콘텐츠에 대한 이용자들의 불만, 특히 인터넷상의 불건전 정보 혹은 불법 정보를 제한하기 위한 직접적이고 책임 있는 경로를 제공하는 장치를 말한다.

이러한 인터넷 핫라인은 정보 이용자, 정보 제공자, 인터넷 서비스 제공자, 자율 규제 기구, 법 집행 기구, 인터넷 핫라인 운영 기구 등 인터넷 관련 모든 영역이 책임을 분담하는 시스템인 점에서 공동 규제 장치라고 볼 수 있다. 핫라인은 이용자의 불만을 접수받아 전달하는 단순한 역할 이상으로, 그러한 불만이 제기된 인터넷 콘텐츠의 출처를 밝혀내고 해당 콘텐츠의 합법 혹은 불법 여부에 대한 잠정적 평가를 수행하며('평가 기능'), 해당 신고 내용을 공조 핫라인, 법 집행 기구 혹은 인터넷 제공자 중 어디에 보낼지를 결정하는 기능('고지 기능') 등을 통해 불법 콘텐츠에 대한 실질적인 처리 절차를 수행하는 자율 규제 기구의 역할을 수행한다(강휘원, 2002; 황승흠 외, 2004).

마지막으로 정보 이용자의 권한 강화를 위한 '교육 및 홍보'로서 이는 자율 규제의 근본에는 정보 이용자의 문제 의식과 해결 방안에 대한 자각과 이해의 증진이라는 요구가 깔려 있다. 결국 인터넷 자율 규제는 교육 및 의식화 캠페인이 함께 진행될 때만 그 효과를 발휘할 수 있다는 것이다. 인터넷 규제의 목표가 특정한 행동의 처벌뿐 아니라 사회적 해악이 되는 행동의 억제 혹은 예방까지 포함한다면, 규제의 효과는 행동의 변화 및 새로운 행동의 실천에 대한 비전을 제시해야만 할 것이다(강휘원, 2002).

3. 인터넷 자율 규제의 지향점

자율 규제를 포함한 모든 형태의 규제에 관한 논의는 '규제 방법'에 관한 문제 이전에 그러한 규제 방법을 통해 달성하려는 '규제 목표'에 관한 접근에서 출발해야 한다. 일반적으로 자율 규제 역시 경제적 자율 규제와 사회적 자율 규제로 구분될 수 있는데, 대개 경제적 자율 규제는 시장 실패, 즉 시장이 일정한 구조적 문제들을 스스로 해결할 능력이 없을 때 이루어지지만, 사회적 자율 규제는 산업화의 치명적인 결과로부터 사람 혹은 환경을 보호하는 데 그 목적을 두고 있다(Hawkins & Hutter, 1993; 황승흠 외, 2004). 이는 콘텐츠, 즉 표현물에 대한 자율 규제는 '시장 기능의 조절'이라는 경제적 동기뿐만 아니라 미디어 규제가 지니는 사회적 동기를 강하게 반영하게 되는 것이다.

인터넷에서의 자율 규제는 인터넷상의 특징, 즉 개방적이고 탈중심적인 네트워크를 지원할 뿐만 아니라 지속적으로 변화하는 기술들에 대해 융통성 있는 대응을 가능하게 하고 또한 효율성, 융통성, 준수의 자발성 제고, 사회적 비용의 절감 등의 장점을 가지고 있어 사회적 공익의 목표를 구현하는 데 보다 효과적인 시스템으로 인식되고 있다.

이러한 인터넷의 미디어적 특성에 조응하는 효과적인 자율 규제 체제의 발전은 공익적 목표를 달성하기 위한 복합적, 구체적, 종합적, 상호 보완적인 장치들을 포함하고 있다. 인터넷 내용 규제 체제가 규제의 정책적 목표(인간 존엄성과 청소년의 보호)와 인터넷상의 표현의 자유와 청소년의 권리 및 사회 윤리를 가능한 조화시키기 위해서는 규제 대상의 상이한 유형들(불법 콘텐츠와 유해 콘텐츠)이 먼저 고려되어야 할 것이다. 또한 인터넷 콘텐츠에 대한 규제적 접근은 각기 다른 수준(정보 이용자, 정보 제공자 / 정보 제공자 단체들, 국가 및 통제 기관의 수준)에서 다양한 장치들의 도입을 필요로 한다(황승흠 외, 2004).

한편, 자율 규제의 목표를 위한 자발적 자율 규제 행동은 다양한 동기로 인해 발생된다. 사업자의 자율 규제는 분명한 경제적 동기가 존재한다. 인터넷이 사회 특히 학부모들에게 수용되기 위해서는 반드시 이용자들에게 안전한 장소가 되어야 하기 때문이다.

또한 사업자 자율 규제의 동기에는 인터넷의 불법 및 유해 콘텐츠와 관련된 법적 상황도 지적될 수 있다. 인터넷을 이용하는 인구가 급격하게 증가하면서, 대부분의 국가의 법원들은 인터넷 콘텐츠와 관련된 문제에 있어 인터넷 사업자의 책임을 점점 더 엄격하게 적용하려는 경향을 보이고 있다. 많은 사업자들에게 자율 규제는 이러한 '속죄 양식의 책임 부과 체제'에서 벗어나기 위한 최선의 선택으로 받아들여지고 있다. 사업자들 스스로가 효과적이고 합리적인 책임의 틀을 스스로 구성한다면, 정부 역시 그들에게 예측 가능한 법적 환경을 제공할 것이라고 기대할 수 있기 때문이다(황승흠 외, 2004).

또 다른 자율 규제의 목적은 사회적으로 영향력이 커지는 인터넷 미디어의 사회적 책무accountability에 대한 인식이 커지고 있기 때문이다. '책무'라는 용어는 책임과 유사한 용어로 사용되기도 하지만 책임이 미디어의 의무나 기대와 관련된다면 '책무'는 미디어에게 책임을 묻는 과정을 의미한다(McQuail, 2005). 미디어에게 무엇인가를 지적하고, 평가하고, 요구하는 과정이 미디어 책무의 본질이라고 할 수 있다(Pritchard, 2000). 인터넷에 대한 사회적 책무 의식이 커지고 있다는 점에서, 인터넷 미디어가 스스로 자신을 자발적으로 점검하고 사회적 요구를 수용하는 것은 어쩌면 필수적인 절차라고 할 수 있다.

비록 미디어 책무에 대한 부여가 인터넷에서의 언론의 자유라는 측면에서 불가피한 긴장을 초래할 수 있을 것으로 판단되지만, 사적 소유의 인터넷 미디어의 경우에도 '공익'인 책무 수행 과정은 기본적으로 미디어에 부여되는 자유와 불일치하는 것은 아니라고 할 수 있다(McQuail, 2005).

또한 미디어가 책무를 수행하는 과정은 미디어에 의한 자율적이고 선택적인 과정이 된다는 점에서 자율성과 깊이 관련된다. 물론 일부는 미디어와 이용자와의 계약에 의해서 그리고 일부는 법률의 규정으로 실시되기도 하지만, 책무의 수행은 자발적일수록 미디어가 스스로 선택할 수 있는 방식이 결정될 수 있다는 점에서 자율성 확보에 중요한 요인이 될 수 있다. 결국 미디어가 자발적으로 움직이는 경우에는 법적인 책무에 앞서 사회적 책무를 수행할 수 있게 된다. 법적인 책무의 경우 미디어 생산물에 의해 개인과 사회에 발생할 수 있는 잠재적인 위험과 해악이 강조되는 반면, 사회적 책무의 경우는 미디어에 대한 요구와 불만이 이용자나 피해자, 미디어 스스로가 해명하고, 이해 당사자들과 토론, 협상, 대화 등을 통해서 이를 방지하는 장치가 된다.

인터넷의 경우 이용자들의 인식과 합의가 미디어 활동 범위를 결정하는 기존 미디어와 크게 다르지 않다는 측면에서 사회적 책무가 수행되어야 한다. 이러한 사회적 책무는 민주적인 이념과 가장 일치하고 (McQuail, 2005), 다양성과 독립성 그리고 표현의 창조성을 제고하는 한편, 미디어의 사회적 책임을 단순히 도덕적인 의무로만 한정해 온 가운데 책임을 요구할 수 있는 사회적 장치를 마련하지 못했던 점을 보완하는 계기가 될 수 있다(박홍원, 2005).

궁극적으로 미디어의 자발적인 사회적 책무를 다하기 위한 것이 자율 규제 모델 설정의 목적이라고 할 수 있다. 다시 말하자면 효율적 이고 실제적인 자율 규제의 방식을 만들어 두는 것은 이러한 사회적 책무 수행의 기본 전제가 될 수 있으며, 이러한 사회적 책무의 수행은 불필요한 법적인 규제를 피할 수 있게 한다.

4. 자율 규제 현황

자율 규제는 인터넷상에서의 다양한 문제를 해결하고 예방할 수 있는 가장 좋은 규제 방식으로 인식되고 있는데, 인터넷에서의 정보가 변화된 정보 생산 및 유통 구조로 인하여 정보가 영속적으로 저장될 수 있다는 점에서 그 필요성이 커지고 있다. 정보를 생산하는 사람과 정보를 소비하는 사람과의 구분이 없어지고 정보의 생산뿐만 아니라 매개하는 경우에도 책임을 지게 됨에 따라 자율 규제의 중요성은 더욱 커지게 되었다. 특히 법적인 해결의 근거가 없거나 명확하지 않은 경우 에는 자율 규제가 더욱 요구된다.

대표적인 경우가 인터넷에서의 오래된 정보(또는 묵은 기사)의 문제이다. 예전에는 기존 미디어의 경우 생산된 정보는 그 유효 기간이 있었다. 그래서 정보를 신문과 방송을 통해 읽거나 시청한 후 며칠 또는 길어야 몇 개월이면 다시 찾아보기 위해서는 상당히 노력을 기울이지 않으면 대개 기억에서 잊혀졌다. 그러나 인터넷에서는 일단 정보가 게재되면 그 유통 기한이 따로 없이 간단한 검색을 통하여 몇 년 심지어 수십 년이 지난 후에도 그 정보가 재생될 수 있다. 이러한 인터넷의 저장 능력에다 확장과 퍼나르기 등의 기능은 자칫 인격권 피해를 영속화할 수 있는 위험이 있다.

이러한 점에 대해서 아직 많은 논의가 이루어지 않고 있으며 직접 관련된 판례도 아직 없다. 또한 이러한 문제는 민법 제764조 명예훼손에 관한 특칙에서 수용되는 반론권이나 '고침,' '바로잡음' 등의 피해구제 절차로는 해결될 수 없다. 지속적인 피해를 주장하는 사람들은 무엇보다 관련 정보의 '삭제'를 요청하게 된다. 특히 관련 정보가 범죄와 관련되거나 개인의 사생활을 침해하는 내용을 담고 있는 경우에는 더욱 그러하다.

1) 삭제 요청의 근거와 언론사 대응

인터넷에 게재된 묵은 기사의 삭제를 요청하는 사람들은 인터넷의 발달로 언론 환경이 변화하면서 DB화된 인터넷 신문이나 포털 그리고 개인 블로그 등에 정보가 영속적으로 남을 수 있다는 점,[104] 정보가

---

104. 한국언론재단 기사데이터베이스(www.kinds.or.kr)에서 로그인 절차 없이 '절도 & 구속'으로 검색한 결과 표출된 수많은 기사 중 한 건(아래)은 10여

개인의 인권 침해와 직결되며 범죄와 관련된 경우 법적 처벌을 받는
이후에도 계속해서 주목을 받는 이중의 처벌이 될 수 있다는 점,105
그리고 언론의 보도 태도나 방식이 변하면서 인권 보호를 위해 관행적
으로 피의자나 범죄자를 실명으로 보도하지 않는 점106 등을 들어서
삭제 요청이 수용되어야 한다고 주장한다(이재진·구본권, 2008). 그러나 현
행법상 개인적 공간에 복사된 기사들에 대해서 기사 관련자가 공식적
으로 수정이나 삭제를 요청할 수 있는 방법은 거의 없다(황용경, 2005).

년 전 당시 신문 기사의 사생활 침해 수준을 생생하게 보여 주고 있다. 단순
절도 범죄에 불과한 기사에 피의자의 실명과 나이, 거주지 및 전과 누범 사실을
비롯해 피해자의 실명과 주소, 나이까지 상세하게 드러나 있다. 이는 특정 신문
만의 경우가 아니라, 당시의 모든 신문에 해당하는 사례다.

'가전 제품 상습 절도' [<한국일보>, 1991. 1. 13, 22면]
서울시경 특수대는 12일 김대선씨(35·전과4범·서울 영등포구 대림1동
856) 등 2명을 상습특수절도혐의로 구속영장을 신청하고 박길진씨(26) 등 2명
을 수배했다. 경찰에 따르면 고향 선후배 사이인 이들은 지난 7일 상오 10시께
경기 부천시 중구 중동 769 강중선씨(30) 집의 잠긴 문을 절단기로 끊고 들어
가 안방에 있던 VTR 1대를 훔치는 등 지난해 6월부터 지금까지 14차례에
걸쳐 8백여만 원 상당의 가전제품을 훔친 혐의다.
105. 헌법 제13조는 "모든 국민은 동일한 범죄에 대하여 거듭 처벌받지 아니한
다"고 이중 처벌 금지를 밝혀놓았다. 아울러 '형의 실효 등에 관한 법률'은 제1
조에서 전과 기록과 형의 실효에 관한 기준을 정함으로써 전과자의 정상적인
사회 복귀를 보장함을 목적으로 한다고 밝히고 있다.
106. 우선 법원은 수사 기관과 언론의 유죄 판결 확정 전 피의 사실 공표 행위
에 대한 기준을 제시했다. 1999년 1월 대법원은 이른바 '산업 스파이 오보
사건'에서 수사 기관의 피의 사실 공표 행위가 위법성을 조각시키려면, 공표
목적의 공익성과 공표 내용의 공공성, 공표의 필요성 등과 이로 인한 권리 침해
를 종합적으로 참작해야 한다고 밝혔다(1999.1.22. 선고 9710215 판결). 이
판견 이후 언론이 피의 사실 보도 관행이 개선되고 사건 당사자의 실명 보도에
관한 기준 또한 상당히 엄격해졌다(이재진, 2006).

이러한 삭제 요청에 대해서 정보 제공자인 언론사들은 법적으로 규정되어 있지 않는 조치를 수용하는 데 난색을 표한다. 언론사는 무엇보다 묵은 기사라고 하더라도 이는 사실의 기록이라는 측면에서 중요하며, 삭제 요청을 수용하는 것은 언론의 보도의 자유를 침해할 수 있다고 주장한다.[107] 좀더 구체적으로 언론사는 인격권을 침해해서 처벌을 받을 수 있는 기사가 아니라면 기사 내용이 사실을 보도하며 일종의 사료로서의 기록적 가치를 가지기 때문에 함부로 삭제할 수 없다고 인식하고 있다. 또한 반론보도나 정정보도의 청구가 필요한 경우에도 그 기한이 6개월로 정해져 있다는 점에서 그 시한을 지난 기사의 경우에는 청구 대상에도 포함되지 않는다고 본다.[108] 사실성 여부를 두고 논란이 없는 경우 기사는 역사적 기록으로서의 가치가 중요하다는 입장을 견지한다.[109]

또한 언론사는 비록 삭제 요청이 타당성이 있어 이를 반영할 필요가 있다고 하더라도 기술적, 현실적 측면에서 어려움이 많다고 주장한다. 법적 근거가 만들어지고 언론계의 합의가 있다고 하더라도 삭제 가능한 기사와 그렇지 않은 기사를 구분하기가 쉽지 않으며(이재진·구본권, 2008), 삭제를 위한 청구 대상의 기한을 어느 정도까지 잡을 것인지

---

107. '언론중재 및 피해구제 등에 관한 법률' 제3조는 언론의 자유와 독립에 관하여 어떠한 규제나 간섭을 할 수 없다며 언론이 정보원에 접근할 권리와 취재 내용을 공표할 자유를 갖는다고 규정함을 통해 언론의 자유와 독립을 밝혀 놓았다.

108. '언론중재 및 피해구제 등에 관한 법률' 제14조 (정정보도청구의 요건).

109. 우리 대법원은 사실성에 대한 인정을 받기 위해서는 발표된 사실이 객관적이고도 충분한 증거나 자료에 근거해야 한다고 판시한 바 있다(1999.1.26. 선고 97다10215/97다10222 병합).

명확치 않으며, 과거 기사 삭제에 따르는 비용을 누가 부담할 것인가의 문제와 비용을 수익자가 부담한다면 경제적 이유 등으로 청구권을 행사하기 어려운 사람과의 형평성 문제도 발생할 수 있으며, 일단 포털 등을 통해서 인터넷에 올라가게 되면 인터넷의 속성상 한곳의 기사, 예를 들어 언론사의 DB에 남아 있는 기사를 삭제하는 것이 실제로는 별 효과를 못 볼 수도 있다고 피력한다. 결국 언론사는 현실적으로나 기술적인 측면에서 삭제는 어렵다고 인식한다(이재진·구본권, 2008).

아울러 언론사는 기사에 대한 법의 모순적 적용으로 인하여 발생할 수 있는 문제를 지적한다. 묵은 기사로 인하여 피해자가 반복적으로 피해를 입고 있다는 사실을 입증하기도 쉽지 않으며, 비록 언론사가 공적인 역할을 하지만 그 기사는 행정적 효력을 갖지 않은 사적 기록물로서 사적 소유의 성격을 띠며, 대개 기사가 사회적 관심이 높은 내용이며 아울러 언론 보도의 특수성이 있다는 점을 인식하지 않은 채 법률적 논의와 장치를 요구하는 것은 지나치게 법률 중심주의에 집착한 나머지 언론의 본질적 속성을 무시하는 것이라고 주장한다.

2) 법리적 해결책의 모색

피해자와 언론사의 상충되는 견해를 비교형량하기 위해서는 법리적 검토를 요한다. 전술한 바와 같이 묵은 기사(과거 기사)를 삭제하기 위한 법적·제도적 장치는 거의 마련되어 있지 않다. 그래서 법리적 검토가 쉽지 않은데, 이를 위해서는 외부의 논의와 판례에 근거할 수밖에 없다. 문제는 인터넷에 올라가 기사가 형법상의 처벌이 종료된 이후에도 잔존하여 이중 처벌의 결과를 가져올 수 있다는 것이다. 실제로 2001년 재판을 통해 형사적 처벌을 받은 이후에 국가 기관이나 언론 등에 의해 성범죄 내용이나 신상이 공표되거나 보도되는 일로 인해 이중 처벌 논란이 벌어진 경우가 있었으며(박용상, 2003), 2003년 청소년 대상 성범죄자의 신상 공개 여부에 대해서도 이중 처벌 논란은 계속되었다.110

법률상(형법) 우리나라는 이중 처벌을 금지하고 있으며, 무죄 추정 원칙을 위한 피의 사실 공표죄 등을 두고 있다. 이러한 법 규정은 언론의 핵심적 기능인 보도를 통한 사회 감시라는 공적 기능과 충돌하는 경우가 많다(이재진, 2006; 박선영, 2003). 기록 미디어의 역사적 속성이 헌법이 보호하는 개인적 법익의 보호와 충돌하게 됨에 따라 기사 삭제 요청으로 인해 발생하는 쟁점은 기존 쟁점보다 더 큰 문제를 야기할 수 있다.

무엇보다 피의 사실 게재와 관련 헌법재판소는 2004년 6월 26일 청소년을 대상으로 한 성범죄자의 신상 공개에 관한 위헌 심판 청구에서 이를 합헌으로 보았다(2003.6.26. 선고 2002헌가14 결정). 헌법재판소는 이미 공개된 형사 재판에서 유죄가 확정된 형사 판결이라는 공적 기록의 내용 중 일부를 국가가 공익 목적으로 공개하므로 무방한데, 이는 당사자의 인격권 침해보다 공익적 요청이 크기 때문이라고 판시했다. 이러한 헌재의 결정에 대해서 재판의 공개가 형벌권 행사의 적정성 보장의 목적을 띠므로 형벌 사실의 공개가 위헌이며(김경제, 2004), 신상 공개가 당사자에게 창피를 주려는 목적이므로 이중 처벌 금지 원칙에 어긋난

---

110. "성범죄자 신상 공개 의미와 배경," <문화일보>, 2001. 8. 30; "성범죄 신상 공개 합헌 의미와 배경," <한겨레신문>, 2003. 6. 26.

다는 지적(문재완, 2003)과 청소년성보호법에서 범죄자 신상 공개는 형식적인 면에서 형벌로 볼 수 없다는 지적(김상겸, 2003)이 대립하고 있다.

더 나아가 실명 보도로 인해 추후 무죄 판결을 받더라도 인격권이 침해 받을 수 있다는 지적(류승상, 1992)과 형이 확정되기 이전까지 실명으로 보도되어 망신을 당하게 되는 것은 법에 의한 처벌보다 더욱 가혹한 것으로 죄형법정주의 정신에 어긋난다는 지적도 있다(박용상, 2003a; 2003b). 이러한 점에 대해 우리나라 대법원은 1998년 판결(이른바 '남편 폭력 정부 사건')에서 범인과 혐의자에 대한 보도는 범죄 자체에 대한 보도만큼 공익성을 가진다고 볼 수 없다고 판시한 바 있다.

또한 인터넷에 기사를 게재하는 경우 정보 공개와 개인 정보 보호의 이익이 충돌할 수 있다. 예를 들어 행정 기관의 위반 사실 공표 행위의 경우에도 언론의 과거 기사 유통과 마찬가지로 법률에 근거한 적법한 정보 공개라는 측면과 함께 동시에 이중 처벌 또는 과잉 처벌이 될 수 있다. 실제로 정보 공개와 개인 정보 보호의 두 기본권이 충돌하는 경우 어떠한 기본권이 더 중요한지를 절대적이고 보편적 기준으로 판단하기는 힘들다.

마지막으로 기사의 인터넷 게재는 피의 사실 공표죄와 무죄 추정 원칙의 문제가 제기될 수 있다. 우리 헌법 제27조에 형사 피고인은 유죄 판결이 날 때까지 무죄로 추정된다고 밝히고 있고, 형법 제126조는 범죄 수사를 통해 취득한 피의 사실을 공판 청구 전에 공표하지 못하도록 규정하고 있다. 그럼에도 언론의 보도는 이러한 원칙이 잘 지켜지지 못하는 경우가 많으며, 사회적 관심사로 인정되는 사안에 관해서는 일상적으로 피의 사실이 보도되는 경우가 허다하다(이재진, 2006). 이러한 피의 사실에 관한 기사가 인터넷에 실리는 경우 개인의 인격권을 반복적으로 침해할 가능이 큰 것이 사실이다.

그러나 형이 확정될 때까지는 많은 시간이 걸리고 복잡한 절차를 거쳐야 하며 아울러 공개 수사가 필요하거나, 공개하지 않아 피해가 확산되는 경우, 다수의 국민이 관심을 가질 사항 등의 경우에는 예외적으로 인정되기 때문에(박선영, 2000b) 인터넷을 통해서 기사가 생산, 유통, 전파되는 경우 피의 사실 공표죄나 무죄 추정 원칙을 위반할 가능성이 많다.

그렇다면 과연 이러한 쟁점들을 어떻게 해결할 것인가? 무엇보다 이를 조정할 법률적 근거가 전혀 없기 때문에 언론중재위의 중재 대상이 되지 못한다는 문제가 있다. 현재 이 문제는 언론사별로 자율적인 내부적 기준을 설정하고 독자권익위원회 등을 통하여 과거 기사의 삭제 요청을 어떻게 처리할 것인가를 판단해 가는 것이 최선의 해결책이라고 할 수 있다. 이는 비단 우리나라만의 문제가 아니라 미국의 경우에도 같은 문제에 봉착해 있는데, <뉴욕 타임스>의 경우 퍼블릭 에디터를 중심으로 비록 역사적 기록의 가치가 있는 것에 대해서는 삭제하지 않지만, 객관적인 자료가 뒷받침되는 수정 요구에 대해서는 수용하기로 하는 등의 문제 해결책을 세워나가고 있다(Hoyt, 2007).

그런데 정보통신망법을 개정하여 과거 기사를 수정 및 삭제의 대상으로 지정하는 것도 사실상 어려운 일이다. 종이 신문에 실린 글은 수정이나 삭제의 대상이 되지 않지만, 인터넷에 실린 글을 전자적 정보로 인정하여 수정, 삭제 대상으로 삼는 것은 법의 일관성과 형평성 측면에서 타당하지 않기 때문이다. 그래서 만일 이를 해결하기 위해서는 무엇보다 법적 근거를 수립할 필요가 있다. 이는 헌법적 차원에서 보장된 행복추구권(제10조)과 형실효법상의 과잉 처벌 금지로부터 출발해야 할 것으로 판단된다.

 궁극적으로 헌법 제21조 제4항에서 밝히고 있는 것처럼 언론 자유를 보장하면서도 타인의 개인적 권리를 침해해서는 안 된다는 철학에 근거하여 언론의 자유와 개인의 인격권이나 행복추구권 간의 비교형량을 조정할 수 있도록 해야 한다. 그런데 형이 집행된 이후에도 과거의 피의자로 언론에 보도되고, 형기를 마친 사실이 사라지지 않는다면 사면이나 복권과 같은 법률적인 절차의 효과는 무의미해지며 동시에 행복추구권도 적용되지 못하는 논리적 모순에 빠시게 된다. 또한 인터넷을 통해 보도되어 누구나 이 정보에 대해 무한한 접근의 자유를 누린다면 이는 국민의 알권리의 범주를 벗어나는 것이라 판단할 수 있다.111

 결국 법적인 측면에서보다 개인들의 인격권을 침해할 수 있는 정보의 경우에는 생산자와 유통자가 자발적인 조치로서 이를 삭제하는 것이 가장 중요할 것으로 보인다. 이 경우 삭제하는 것만이 능사가 아

---

111. 인터넷으로 인해 새로이 생겨나 이 문제를 해결하기 위해서는 헌법적 개념에 입각한 새로운 권리의 개념화와 법제화가 필요할 것이라 판단된다. 이에 대해 이재진과 구본권(2008)은 프라이버시의 확장된 개념으로 '잊혀질 권리'의 법제화를 제안하고 있다. 이들은 프라이버시권이 개념화되고 법제화되기 시작한 19세기 말엽의 경우에는 '간섭받지 않고 홀로 있을 권리*right to be let alone*'로서 충분했으나 새로운 미디어의 등장으로 기사화되지 않고 기사화되더라도 이에 대해서 정당한 이유로 수정이나 삭제 요청을 할 수 있는 권리 개념인 '잊혀질 권리'가 개념화될 필요가 있을 것으로 판단하고 있다. 이는 또한 H. 카토H. Kato 등이 주장하는 커뮤니케이트권의 일부인 'right not be communicated' 개념과도 같은 맥락에서 이해할 수 있을 것이다. 본인의 정보가 타인들에게 이봉뇌거나 소통뇌시 않노록 할 권리 개념과 뮤사한 부분이 많다. 유일상(2007), ≪언론 윤리법제론≫, 박영사.

닐 수 있으므로 어떤 조치를 취하되 최대한 자율성을 살릴 수 있는 지침을 확보하여야 하며, 실제로 이러한 자율적인 규제가 적절하게 이루어지고 있는지를 판달할 수 있는 분석틀이 요구된다.

5. 자율 규제의 분석틀

기존 연구 및 문헌을 통해 자율 규제 체제는 규제 주체, 규제 목표, 규제 형식 및 장치 등 많은 변수로 인해 다양한 형태로 나타나며, 또한 각각의 환경에 따라 고유한 형태를 딴다는 것을 알 수 있다. 따라서 자율 규제 활동이 적절한가를 판단하는 영역들을 빠짐없이 다루기는 어려울 것이다. 하지만, 가능한 전체적인 맥락에서 자율 규제의 활동을 밝혀내기 위해 다음의 네 가지 요인을 채택할 수 있다.

첫째, 자율 규제의 주체와 관련된 요인이다. 주체는 자율 규제의 정의를 규정하는 주요한 요소로서 분석에 중요한 의미가 있다. 우선, '자율 규제'를 추진하는 주체가 누구인지의 문제로, 주체가 개별적인 사업자인지 아니면 사업자 단체인지 또는 '자율 규제'의 간접적인 주체로서의 정부인지를 살피는 것이다.

둘째, 자율 규제의 '내용'으로서 규제의 대상이 무엇인가를 의미한다. 이는 인터넷 내용 규제 시스템이 규제의 정책적 목표(인간 존엄성과 청소년 보호 등)와 인터넷상의 표현의 자유를 가능한 조화시키기 위해 규제되어야 할 대상에 대해 살펴보는 것이다. 구체적으로 이 요인은 규제 대상은 무엇인가? 그 규제 기준과 근거는 무엇인가? 등의 의문을 해결할 것을 목표로 한다.

셋째, 자율 규제에서 규제를 위해 사용되는 수단에 초점을 맞추는 것이다. 여기에는 규제 대상을 규제하기 위한 장치와 방법은 무엇인가? 그러한 개별 장치와 방법을 채택하게 된 근거와 정당성은 무엇인가? 등의 다양한 질문이 포함된다.

마지막으로 '자율 규제 체제의 목표 및 동기' 요인을 들 수 있다. 여기에서의 규제 목표는 세 번째 요인인 '자율 규제 대상'의 총체적인 근거로서 작동하며, 자율 규제 시스템의 총체적인 목표를 의미한다. 또한 동기 역시 그러한 시스템을 구현하게 된 규제 주체의 총체적인 동기를 의미한다.

이러한 네 가지 요인들이 자율 규제 활동에 관한 분석틀의 토대가 된다. 분석틀 개발을 위해 우선적으로 '자율 규제 활동'은 '정부가 아닌 민간 주체(규제 주체)가 규제 목표를 근거로 한 규제 대상에 대해 다양한 방법(규제 장치)으로 규제하는 행위'로서 정의하며, '자율 규제 체제(시스템)'는 규제 주체, 규제 대상, 규제 장치, 규제 목표를 구성 요인으로 자율 규제 활동, 즉 행위를 보여 주는 틀로서 정의한다. 자율 규제를 실시하는 주체가 중심이 되어 어떠한 대상을 상대로 어떠한 방식으로 그리고 어떠한 공적 이익의 추구를 위해서 자율 규제가 이루어지고 있는가를 분석해 낼 수 있는 틀이다.

이러한 논의를 토대로 이 장에서는 그림 8-1에서 볼 수 있는 것처럼 자율 규제 체제를 파악할 수 있는 핵심적인 분석 요소로서 규제 주체, 규제 내용, 규제 장치, 규제 목표 등으로 삼았다. 또한 이러한 각각의 요소를 보다 구체적으로 설명해 줄 수 있는 세부적인 분석 항목을 설정하였다.

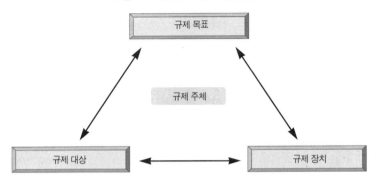

그림 8-1. 인터넷 자율 규제 체제

첫째, 규제 주체 분석 항목은 자율 규제가 민간 주체라는 정의에 따라 그 주체 유형을 파악하는 것이다. 자율 규제를 추진하는 당사자가 개별 사업자인지, 사업자 단체인지 그리고 민간 단체인지로 구분되며 또한 각 세부 유형을 파악하는 것이다. 세부 유형의 예로는 개별 사업자인 경우 포털, 게임, 웹캐스팅, 웹하드, 커뮤니티 등으로 구분될 수 있을 것이다. 이러한 분석 항목은 각기 다른 주체 유형별로 자율 규제의 다양한 요소를 비교하기 위한 전제가 된다.

둘째, 규제 대상은 규제 내용, 규제 근거, 판단 기준을 세부 분석 항목으로 삼을 수 있다. 이는 청소년 유해 정보 및 불법 정보[112]가 포함된 각종 규제 내용을 유형별로 파악하고, 이러한 규제 내용을 판단하는

---

112. 일반적으로 불법 정보*illegal content*란 법률에 의하여 민·형사 책임을 지는 정보를 의미하는 것으로 따라서 기본적으로 '금지'의 대상이 된다. 우리나라의 경우 불법 정보에 해당하는 대표적인 예로서는 음란죄(형법 제243조, 제244조; 정보통신망 이용촉진 및 정보보호 등에 관한 법률 제44조의7 제1항 제1호, 제65조 제1항 제2호), 명예훼손죄(형법 제307조, 제309조; 정보통신망 이용촉진 및 정보보호 등에 관한 법률 제44조의7 제1항제2호, 제61조) 등이 있다.

구체적인 기준을 살펴보는 것이다.

여기서 청소년 유해 정보란 성인들에게는 유통이 허용되지만, 청소년에게는 유통이 허용되지 않는 정보를 의미한다. 국내의 청소년보호법 및 정보통신망법에 관한 법률에 따르면 인터넷 정보에 대하여 심의 기관인 정보통신윤리위원회의 심의를 거쳐 청소년 유해 미디어(청소년 유해 정보)로 결정되어 청소년위원회가 고시한 경우 청소년 유해 표시 및 청소년 차단 장치 등을 마련하여 제공하도록 하고 있으며 광고 제한을 받게 된다(청소년보호법 제2조 제3호, 제7조 제4호, 제14조, 제15조, 제17조; 정보통신망 이용촉진 및 정보보호 등에 관한 법률 제42조, 제42조의2).

일반적으로 불법 정보*illegal content*란 법률에 의하여 민·형사 책임을 지는 정보를 의미하는 것으로 따라서 기본적으로 '금지'의 대상이 된다. 우리나라의 경우 불법 정보에 해당하는 대표적인 예로서는 음란죄(형법 제243조, 제244조; 정보통신망 이용촉진 및 정보보호 등에 관한 법률 제44조의7 제1항 제1호), 명예훼손죄(형법 제307조, 제309조; 정보통신망법 제44조의7 제1항제2호) 등이 있다.

이외에 규제 내용이 불법성 및 청소년 유해 등 어떠한 근거로서 마련되었는지도 파악할 수 있는데, 이는 규제 내용의 정당성을 확보하고 다른 한편 표현의 자유 침해 요소가 있는지 여부를 가늠해 볼 수 있게 한다.

셋째, 규제 장치를 분석하는 것으로 이러한 장치를 특히 마련하게 된 근거와 이유를 구분하여 장치 유형을 살펴봄으로써 다양한 세부 분석이 가능하다. 법적 근거에 의해 추진하는 경우, 어떤 이유에서건 사업자 스스로 마련하여 실행하는 경우 또는 정부나 기타 관계 기관의 요청(비공식적 압력)에 의한 경우에 따라 법적 강제성, 정부 및 관계 기관의

표 8-1. 인터넷 자율 규제 체제 분석틀

분석 항목	분석 세부 항목		내용	분석 결과 예시	측정 방법
규제 주체	주체 유형		유형 파악	사업자, 사업자 단체, 이용자 단체 등	-
			세부 유형 파악	(인터넷 사업자) 포털, 게임, 커뮤니티, 웹하드 등	-
규제 대상	규제 내용		규제 내용 (유형) 파악	음란성, 명예훼손, 폭력성, 도박 등	담당자 인터뷰, 내용 분석 등
	규제 근거		각 내용별 근거 파악	불법성, 청소년 유해 등	담당자 인터뷰, 내용 분석 등
	판단 기준		규제 내용별 판단 기준 파악	음모 및 성기 노출(음란성), 환금성(사행성) 등	담당자 인터뷰, 내용 분석 등
규제 방법 (장치)	장치 마련 근거	법적 강제 및 정부 위임	추진 장치 (유형) 파악	청소년 보호 책임자 지정,[113] 청소년 유해 미디어물 자율 규제[114] 등	담당자 인터뷰, 기초 자료 분석 등
		정부·관련 기관 (단체) 요청 및 협력	추진 장치 (유형) 파악	해외 불법 정보 국내 차단 (정통윤 요청),[115] 협력 회의 등	담당자 인터뷰, 설문 조사 등
		자율적 마련	추진 장치 (유형) 파악	행동 강령, 이용 약관, 모니터링, 인증 제도, 신고 센터 운영 등	담당자 인터뷰, 설문 조사 등
			추진 장치(별) 세부 분석	행동 강령 내용 분석 등	
			추진 장치(별) 채택 동기 파악	이용자 요구, 사회적 압력, 공적 규제의 위협, 경제적 이해 관계 등	담당자 인터뷰, 설문 조사 등
			장치 개발자 및 개발 과정 파악	전문가 및 이용자 참여 여부 등	-
규제 목표 및 동기	규제 목표		규제 시스템의 목표	인간 존엄성과 청소년 보호 등	담당자 인터뷰 등
	규제 동기		규제의 동기	공적 규제 압력, 사회적 압력, 사회적 평판 강화 등	항목 개발 후 담당자 설문 조사
	규제 평가 및 감시		각종 장치 파악	외부 감사 등	담당자 인터뷰, 설문 조사 등

개입도와 상호 협력성, 연결성 등이 파악될 수 있다. 한편, 사업자가 자율적으로 마련하여 추진하는 경우 그 동기와 이유를 세부 분석 항목으로 삼는다.

마지막으로 규제 목표와 규제 동기 항목으로서, 이는 자율 규제 체제 운영의 총체적인 목표와 동기를 파악하는 것이다. 이때 이 영역에는 '주체'가 스스로를 단속하는 방법, 즉 주체 스스로가 자신의 자율 규제 활동이 준수되는지를 감시하기 위한 장치를 마련하였는지도 분석 항목에 포함된다.

표 8-1에서 알 수 있듯이 자율 규제 체제를 체계적으로 보여 줄 수 있는 핵심 분석 항목으로 규제 주체, 규제 내용, 규제 방법(장치), 규제 목표 및 동기를 설정하였으며 각 분석 항목을 보다 구체적으로 분석할 수 있는 세부 분석 항목을 설정하였다. 기본적 분석 항목은 총 4개이며 각 분석 항목에 따른 하위 세부 분석 항목은 총 10개로 이루어져 있다.

113. 정보통신망 이용촉진 및 정보보호 등에 관한 법률 제42조의3(청소년보호 책임자의 지정 등)에 따르면 정보 통신 서비스 제공자 중 일일 평균 이용자의 수, 매출액 등이 대통령령이 정하는 기준에 해당하는 자는 정보통신망상의 청소년유해정보로부터 청소년을 보호하기 위하여 청소년 보호 책임자를 지정하여야 하며(제1항), 청소년보호책임자는 당해 사업자의 임원 또는 청소년 보호와 관련된 업무를 담당하는 부서의 장에 해당하는 지위에 있는 자 중에서 지정하도록 규정하고 있다(제2항). 그리고 이러한 청소년보호책임자는 정보통신망상의 청소년유해정보의 차단 및 관리, 청소년유해정보로부터의 청소년보호계획 수립 등 청소년보호업무를 수행하여야 한다(제3항).

114. 청소년보호법 제12조('유해매체물의 자율 규제)에 따르면 매체물의 제작·발행자, 유통행위자 또는 매체물과 관련된 단체는 자율적으로 청소년유해여부를 결정하고 청소년보호위원회 또는 각 심의기관에 그 결정한 내용의 확인을 요청할 수 있도록 규정하고 있다(제1항). 또한 매체물의 제작·발행자, 유통행

6. 인터넷 자율 규제의 지향점

이 장에서는 인터넷에서 현재 추진되고 있는 자율 규제 활동을 구조와 기능의 측면에서 체계적으로 분석할 수 있는 분석틀을 개발하고자 하였다. 앞서 살펴본 바와 같이 자율 규제는 다양한 변수와 요인들이 얽힌 복잡한 문제로서 모든 영역을 상호배타적으로 분명하고 명확하게 밝히는 것은 불가능하다. 그러나 현재 사회적, 학문적인 측면에서 자율 규제 활동이 더욱 강조되고 있기 때문에 그 발전 가능성이 분명한 시점에서 자율 규제의 체제를 정확하게 분석할 수 있는 분석틀을 개발하는 것은 상당히 중요한 의미를 갖는다. 이러한 분석틀로써 현재의 자율 규제 활동을 체계적으로 볼 수 있어야만 향후 자율 규제의 발전에 바람직한 방향을 제시할 수 있기 때문이다.

여기서는 자율 규제의 활동에 대한 분석틀을 개발하기 위해 먼저, 국·내외 인터넷 자율 규제와 관련된 기존 연구 및 문헌들을 검토하였다. 그 결과 자율 규제 활동을 체계적으로 파악하기 위한 네 가지 요인으로 규제 주체, 규제 대상, 규제 방법(장치), 규제 목표 및 동기를

위자 또는 매체물과 관련된 단체는 청소년에게 유해하다고 판단되는 매체물에 대하여 청소년보호위원회 또는 각 심의 기관의 결정없이 제14조 및 제15조의 규정에 준하는 청소년 유해 표시 또는 포장을 할 수 있도록 규정하고 있으며(제4항), 매체물의 제작·발행자, 유통행위자 또는 매체물과 관련된 단체가 제4항의 규정에 의하여 청소년유해표시 또는 포장을 한 매체물은 청소년보호위원회 또는 각 심의 기관의 최종 결정이 있을 때까지 이 법의 규정에 의한 청소년 유해 매체물로 간주하고 있다(제6항).

115. 인터넷 서비스 제공자(ISP)는 방송통신심의위원회에서 해외 한글 제공 도박·음란사이트에 대한 국내 접속 차단을 요청하여 이를 수행하고 있다.

채택하였다. 이를 토대로 먼저, '자율 규제 활동'을 '정부가 아닌 민간 주체(규제 주체)가 규제 목표를 근거로 한 규제 대상에 대해 다양한 방법(규제 장치)으로 규제하는 행위'로서 정의하고, '자율 규제 체제'를 '규제 주체, 규제 대상, 규제 장치, 규제 목표를 구성 요인으로 자율 규제 활동, 즉 행위를 보여 주는 틀'로서 정의하였다. 이러한 정의를 토대로 자율 규제 체제를 분석하기 위한 핵심 분석 항목으로 규제 주체, 규제 내용, 규제 장치, 규제 목표 및 동기로 설정하고 각각 세부 분석 항목을 개발하였다.

여기서 개발하고자 하는 분석틀은 분석 항목만을 대략적으로 제시한 수준으로서 향후 전문가 의견 조사 등 보다 전문적인 개발 과정을 통해 더욱 세분화하고 정교화해야 한다. 또한 분석 항목에 대한 구체적인 분석 지표 역시 각 항목별 특성에 맞추어 개발되어야 할 것이다. 아울러 여기서 개발된 분석틀은 단지 현황이나 현상을 구조와 기능의 측면에서 체계적으로 파악해 보는 것에 머무르고 있다. 하지만 향후 연구에서는 자율 규제와 관련하여 다양한 관점에서 분석틀을 개발해야 할 것이다. 자율 규제 활동에서 가장 중요한 부분인 효과와 효율성에 대한 측정 항목은 대표적인 예가 될 수 있다.

아울러 개발된 분석틀을 이용한 사례 분석 역시 향후 진행되어야 할 과제이다. 이러한 사례 분석은 무엇보다도 각 주체별로 추진하는 자율 규제 현황에 대한 구체적인 특성을 보여 줄 것이다. 나아가 다양한 비교 연구가 가능하다. 미디어 간, 즉 기존의 신문, 방송 등의 여타 미디어의 자율 규제 체제와 인터넷 자율 규제 체제 간의 비교가 가능하며, 또한 넓게는 국가 간 그리고 좁게는 각 인터넷 유형별 서비스 제공 업체 간의 비교가 각 분석 항목별로 다양한 측면에서 이루어질 수 있다.

　결론적으로 인터넷에서의 자율 규제의 문제는 인터넷이 존재하는 동안 지속적으로 논의될 중요한 쟁점이며, 얼마나 적절하게 자율 규제가 이루어지고 있는가에 대한 사회적 평가가 불필요한 법적인 규제를 피하고 인터넷에서의 언론의 자유를 지켜나가는 데 핵심적인 요인이 될 것으로 판단된다. 비록 자율 규제가 인터넷 서비스 제공자들에게 과도한 부담을 지우고 인터넷 이용자들의 자유로운 참여를 억제할 것이라는 판단도 있으나 규제의 문제는 더 이상 선택의 문제가 아니라는 점에서 올바른 자율 규제의 모델이 필요하다고 할 수 있다. 결국 적절한 자율 규제는 웹 2.0 시대가 표방하는 참여와 공유의 철학을 지켜나가기 위한 최선의 방책이 될 수 있을 것으로 판단된다.

9장

인터넷과 언론 윤리

1. 언론 윤리 논의 왜 필요한가

언론 윤리는 언론의 외적 독립의 근거이고 내적 생존의 요건이라고 할 수 있다. 이러한 말 속에는 언론다운 언론의 역할뿐만 아니라 언론 자체의 존재 여부를 결정하는 것이 바로 언론 윤리라는 의미가 담겨져 있다. 그만큼 언론 윤리는 언론 기관과 언론인에게 대단히 중요한 의미라고 할 수 있다. 많은 언론 윤리 강령이나 학자들의 연구는 언론의 기본적 규범으로 진실의 추구truth telling, 사회 정의 지향ethical protonorm of communication, 인간적 연대 속의 자유freedom in solidarity, 그리고 인간 존중 등을 요건으로 내세우고 있다.

실제로 윤리 문제는 법에 의해 강제적으로 규정되는 것이 아니고 개인의 양심과 상식에 따라서 선택과 결정을 해야 하는 것이기 때문에 일상에서 윤리를 실천하는 것은 대단히 어렵다. 실제로 언론 종사자들은 직무 종사 과정에서 수많은 윤리적 딜레마에 처하게 되는데, 좋은 저널리즘의 구현을 위해서는 윤리적으로 준비되어 있지 않으면 안 된다[ethical journalism is better journalism].

그런데 미디어의 발달로 인하여 언론 윤리의 적용 대상과 폭이 점차 확대되어 감에 따라 인터넷 언론의 경우에도 언론 윤리의 문제가 논의되어야 된다는 인식이 커지고 있다. <오마이뉴스>, <프레시안>, <머니투데이>, <아이뉴스24>, <데일리안>, <대자보> 등 이미 우리에게 낯설지 않은 이름으로 대표되는 인터넷 언론은 "인터넷을 통해 뉴스를 매개하는 조직 또는 기업"이라고 정의할 수 있다.

이때 뉴스란 언론인이라는 전문가들의 집합적인 노력에 의해 생산되는 정보라고 할 수 있다. 전통적으로 뉴스가 다른 정보와 구분되는 것은 언론인이라고 할 수 있는 전문가 집단이 존재하는가 하는 것과 이들의 적절한 가치 판단을 통해서 뉴스가 선택·생산되는 게이트키핑gatekeeping 과정을 거치는가에 의해서라고 할 수 있다.

우리나라의 경우 1995년 <중앙일보>에서 인터넷 신문을 시작한 지 만 13년 이상의 세월이 흐르면서 인터넷 언론은 그동안 양적인 측면에서나 사회적 역할에서 확장일로를 거쳐 왔다. 아울러 지난 10년 동안 인터넷 언론에 대한 인지도가 점차 커져 왔으며 신문법, 언론중재법, 선거법 등을 통해 언론으로서의 법적인 자격을 얻게 되었다. 법개정으로 인해 인터넷 언론은 언론으로서의 자격을 갖추려면 등록을 하게 되었으며 2005년 9월 말 현재 약 67개의 인터넷 언론사가 등록을 한 것으로 알려져 있는데, 그 수는 늘어나는 추세이다(<신문과 방송>, 2005). 특히 인터넷 언론의 중요성은 네이버나 다음과 같은 포털 사이트가 널리 이용되면서 더욱 중요하게 인식되고 있다.

그런데 이처럼 인터넷 언론의 사회적 중요성이 커짐에 따라서 인터넷 언론인과 언론사의 윤리적 문제가 중요한 화두로 등장하고 있다. 인터넷 언론도 기존 언론들과 마찬가지로 취재·보도에 적절한 윤리를 지켜야 하며, 이를 위한 지침인 윤리 강령의 제정이 필요하다는 인식이 확산되고 있다. 특히 인터넷 언론도 그 사회적 지위가 이제는 일반 언론과 같은 선상에 놓이게 되었다는 점에서 더욱 그러하다. 인터넷 언론은 비록 아직 기존 언론과 같이 완전한 체제*system*를 이루고 있는 것은 아니지만 이와 유사한 체제를 이루어 가고 있다. 물론 포털을 제외하고는 명확한 수익 모델이 없다는 치명적인 단점을 안고 있기 때문에 이러한 상황에서 인터넷 언론 발전의 한계가 될 수도 있을 것으로 보인다.

이러한 이해에 근거하여 이번 장에서는 인터넷 언론의 윤리 강령 제정의 필요성을 살펴보고자 한다.

우선 이론적 논의는 윤리 강령 제정의 필요성을 ① 미디어 특성 차원, ② 시스템 차원, ③ 상황적 차원으로 구분하여 타진해 보고자 한다. 다시 말하자면 여기서는 인터넷 언론의 미디어적 특성으로 인하여 발생하는 윤리적 딜레마에 대한 논의, 그리고 하나의 언론 체제로서의 윤리성 강화의 필요성, 마지막으로 우리 사회에서의 영향력의 확대로 인한 윤리 강령 제정의 필요성에 대해서 논의한다.

2. 인터넷에서의 언론 윤리

1) 미디어적 특성 차원에서의 윤리 강령의 필요성

인터넷 언론은 기존 미디어와는 차별되는 특징을 가지며 이러한 특징이 인터넷 언론을 현재와 같은 기능을 하도록 하는 주요 요인이 된다. 인터넷 언론은 뉴스의 생산과 전달이라는 측면에서 기존 언론과 다소 차이가 있는데 이러한 차이는 뉴스가 생산 소비되는 공간인 인터넷의 기술적 특성에서 기인한다.

무엇보다 인터넷 언론은 정보의 전달에 시·공간의 장애를 극복하고 신속히 그리고 상호 작용성*interactivity*을 최대한 살려서 정보를 주고받을 수 있는 특성을 지닌다. 이러한 특성으로 인하여 기존의 언론에 의한 뉴스의 생산과 소비 과정과는 근본적으로 다른 유형의 생산·소비 형태를 창출한다. 특히 인터넷 언론의 상호 작용성은 뉴스 생산자와 소비자의 구분을 모호하게 만들었다. 이러한 이유로 말미암아 문제가 발생했을 때 누가, 어느 정도 책임을 감수해야 하는가 하는 법적·윤리적 쟁점이 발생하게 된다.

(1) 고유한 취재·보도 체제 수립과 딜레마

인터넷 언론은 기존의 언론에 비해 속보성에 강한 측면을 보인다. 이러한 속보성으로 인하여 기존의 미디어와는 다른 취재·보도 체제를 갖는데, 특히 현장을 보도하는 데 탁월한 이점이 있다. 무엇보다 현장에 접근하여 이를 보도하는 데 필요한 장비와 인원 구성이 복잡하지 않다.

예를 들어 인터넷 언론은 지난 16대 대선 당시 선거 전날 정몽준 의원의 노무현 후보 지지 철회 상황 등을 알려서 어떻게 상황이 진행되었는가를 일반 네티즌들이 쉽게 알 수 있도록 했을 뿐만 아니라, 17대 총선에서는 기존 언론과 다르게 선거에 대하여 시민 단체는 물론이고 일반 시민, 네티즌을 망라한 인터뷰를 통해서 현장의 다양한 목소리를 전달하였다.116

동시에 보도를 원하는 수용자들은 시·공간의 제약에서 탈피해 웹망을 통해 구축되어 있는 여러 다양한 채널을 통해서 지구촌에서 벌어지는 일들을 접하는 것도 가능하다. 그래서 프랑스에서 벌어지는 세계 사이클 경기 대회를 미국이나 한국에 있는 네티즌들은 마치 바로 자신의 집 앞에서 벌어지는 일인 양 보고 들을 수 있게 된다. 아울러 이용자들이 보도 내용에 대해서 반응글(댓글)을 달 수 있도록 하여 그 피드백을 금방 알 수 있도록 하는 양방향성은 보도 내용의 진실성과 질적 수준을 한층 높일 수 있다.

그런데 이와 같은 현장성이 강하고 신속한 취재 보도 시스템의 경우 실제 사실 여부에 대한 확인을 하지 않은 경우 피해가 발생할 가능성이 있다. 예를 들어 2003년에 있었던 CNN을 모방한 가짜 사이트로 시작된 '빌 게이츠 피살 사건'은 비록 방송사에서 먼저 보도를 했지만 이를 인터넷 언론사들이 속보로 다루면서 주가가 떨어지는 등의 피해가 발생하기도 하였다. 또한 현장성이 강한 만큼 이해 당사자들의 목소리를 다양하고 공정하게 다루지 않으면 편파적이 될 가능성이 많다.

---

116. 2007년 빌 18대 대신에서는 인터넷 언론의 영향력을 우려하여 그 모노에 상당한 제약을 가해졌다.

(2) 해설 및 기사 관련 자료의 제공의 특성과 쟁점

인터넷 언론이 기존의 언론과 구별되는 또 다른 특징은 바로 마감 시간이 없다는 것과 자유로운 일 처리, 그리고 오프라인 신문의 지면 양이나 방송의 시간 제약이 없으므로 호흡과 문맥이 긴 해설형 기사 스타일을 개발할 수 있다는 것이다. 우선 마감 시간이 없다는 점은 언론인이 조직적 관행으로부터 좀더 자유로울 수 있다는 것을 의미한다. 물론 인터넷 언론은 마감 시간이 없는 것이 아니라 오히려 매 분 매 초가 마감이라고 해도 좋다.

24시간 체제가 되었다는 것이다. 결국 인터넷 언론은 계속해서 실시간으로 사건·사고를 업데이트해야 한다는 부담감을 가진다. 인터넷 언론의 특성상 수집된 많은 소식 중에서 어떤 것을 기사화할 것인가에 대해서 시급한 결정이 요구되어 궁극적으로 언론사 데스크의 압력이 상대적으로 줄어들고 언론인의 자율성이 높아지게 되어 자유로운 일 처리 환경이 자연적으로 조성될 수 있다.

그러나 기존 언론과 같이 충분한 수의 언론인들을 고용하지 못하기 때문에 기존 미디어가 전달하는 모든 뉴스를 다 수용할 수 없는 한계를 가지며 비슷한 내용을 다루기보다는 차별화된 주제와 내용을 가지고 승부해야 한다는 한계가 있다. 이러한 점에서 인터넷 언론은 스트레이트 뉴스보다는 풍부한 해설과 관련 자료가 포함되는 심도 깊은 뉴스를 제공하는 쪽으로 나가야 한다. 특히 인터넷상에서 페이지를 늘리는 것이 용이하므로 심층성을 살릴 수 있는 기사 유형의 개발이 가능하다.

결국 인터넷 언론에 종사하는 언론인들에게 필요한 것은 기존 미디어에 강조되던 기능적인 정보의 수집과 편집 능력이라기보다는 저널리즘에서 강조되는 '해석적 역할'이라고 할 수 있다. 그래서 지리적·물리적 경계가 무의미해지는 현실에서 인터넷 언론은 사회적 합의를 이끌어내는 조정자의 역할을 담당하게 되며, 이러한 측면에서 인터넷 언론은 더욱 객관적이고 정확한 메시지의 전달에 유의하지 않으면 안 될 것이다.

(3) 수용자와의 새로운 관계 정립 및 의제 확산과 문제점

아직 제한적이기는 하지만 인터넷 언론에는 기존의 미디어와는 비교도 안 될 정도의 수용자들의 참여 공간이 열려 있다. 인터넷 언론을 뒷받침하는 각종 최첨단 멀티미디어, 즉 사진, 플래시, 동영상, 오디오, 정보 검색 기능, 하이퍼링크, 데이터베이스 연결 기능 등이 동시에 이용되고 이러한 점이 더 많은 이용자들을 끌어들이고 있다. 이른바 웹 2.0 시대에 들어서면서 기존 미디어보다 더 많은 사람들이 참여하게 됨으로써 인터넷 언론은 더욱 다양한 주제들을 취급할 수 있게 되었다. 기존의 수적으로 한정된 상근 인원만으로는 불가능한 다원적인 의제들을 취급함으로써 기존 언론의 의제 설정 기능*agenda-setting function*을 확장하는 결과를 가져왔다. 인터넷 언론상의 의제들은 개별 사건을 중심으로 보도되기보다는 쟁점*issue* 중심으로 보도되는 경향이 커진다. 개별적으로 발생한 사건들의 단순한 나열보다는 중요한 사건에서 논란이 되는 핵심적인 쟁점을 심층적으로 다루려는 것이다.

인터넷 언론은 기존의 언론이 다루는 의제들을 걸러서*filtering* 그 문제점을 지적하고 대안적 해결책을 제시함으로써 언론사에 의해 일방적으로 결정되고 제시되는 의제가 아닌 좀더 수용자 중심의 의제가 반영될 수 있는 기회를 제공하고 있다. 이는 수용자들의 취향을 무시하던 이전의 잘못된 관행을 바로잡을 수 있는 계기로 작용할 수 있을 것이다.

어쩌면 이러한 미디어적 특성으로 인해 더 이상 인터넷 언론이 기존 언론의 대체적인 존재가 아니라 선도적인 미디어로서 오히려 기존 미디어들이 인터넷 언론을 쫓아가는 형국을 보일 때도 있다.

결국 인터넷 언론은 수용자들의 적극 참여로 인하여 의제를 확장하고 수용자들의 의제를 설정하는 등의 과정을 통해서 수용자와 새로운 관계를 정립하게 되었다고 할 수 있을 것이다. 직업 기자가 뉴스의 생산을 독점하던 시대에서 참여를 원하는 시민이 뉴스의 생산자로 등장하였으며, 기존의 뉴스 선택 기준이나 가치도 이들이 판단하기 때문에 내용도 개인적인 사상이나 경험이 포함되게 된다. 예를 들어 < 오마이뉴스 > 는 이들을 뉴스 게릴라라고 명명하기도 하였다. 수적으로 2만여 명이 훨씬 넘는 사람이 기자이자 동시에 정보원으로 활약하고 있다. 또한 미국의 < 드러지 리포트 > 는 이러한 익명의 정보원으로부터 클린턴 대통령의 섹스 스캔들에 대한 특종을 다수 일구어 내기도 했다.

여기서 유의할 점은 이러한 과정에는 시민의 참여를 독려하고 다양한 가치관을 반영하는 것은 바람직하나 역시 전문적인 저널리즘의 훈련을 받지 않은 상태에서 윤리적 측면의 문제가 발생할 수 있다는 것이다. 특히 인터넷 언론의 경우 기자의 교육과 재교육을 시킬 수 있는 여지가 많지 않기 때문에 전문성이 부족한 기자들이 질 낮은 정보를 전달할 수 있어 치명적인 약점이 될 수 있다.

아울러 비록 양방향성에서는 우월하지만 피드백이 대개의 경우 생산적이지 못한 것이 문제가 될 수 있다. 특히 기사의 정확성과 신뢰성의 경우 인터넷 언론은 24시간 운영 체제에서 다른 미디어들보다 신속하게 기사를 올리려고 하다 보니 미확인된 기사를 게재하여 오보를 내기도 하는데(물론 이러한 부분은 기존의 미디어에도 문제가 되지만), 이 때문에 혹자는 인터넷 뉴스를 '언론 윤리의 지뢰밭'이라고 칭하기도 한다.

(4) 인터넷 언론의 대안성과 한계

인터넷 언론은 기존의 언론이 의도적이든 그렇지 않든 외면해 온 소수 집단들의 목소리를 부각시키거나 사회적으로 터부시되어 온 주제를 상정할 가능성이 크다. 예를 들어 사회적으로 불이익을 받는 소외 계층, 즉 빈민층, 동성애자, 장애인, 노인층 등의 목소리를 더 많이 담을 수 있으며, 호주제 폐지, 낙태, 인권, 양심적 군복무 거부 등 오프라인에서는 거론하기 힘든 주제들이 논의될 수 있다는 특징이 있다.

이처럼 인터넷 언론은 인터넷이라는 보다 자유로운 공간을 바탕으로 기존에 쉽게 논의되지 못한 예민한 쟁점들, 그리고 기존의 주류 담론에 억눌려 온 목소리들을 과감히 공개함으로써 언론으로서의 건강함을 유지하게 된다. 기존 언론이 틀에 박힌 형태의 저널리즘을 지속해 온 반면, 인터넷 언론은 더욱 다양한 주제를 대안적 시각에서 전달함으로써 저널리즘의 위상을 한층 강화할 수 있다.

무엇보다 기존의 언론이 기술적·공간적 문제로 인해 제공할 수 없었던 정보들을 현장감을 살려 제공함으로써 더 많은 이용자들을 확보할 수 있다. 이러한 인터넷 언론은 더 이상 보완적 미디어의 역할에 그치지 않고 점차 미디어 고유의 역할을 찾고 있다. 특히 인터넷 언론 이용에 따른 비용이 저렴하며, 수용자들의 의견이 다양하게 반영될 수 있다는 점 등으로 말미암아 기존 미디어의 대안으로서 인터넷 언론 이용은 더욱 증가할 것으로 판단된다. 이러한 경우 인터넷 언론은 심층성이 강화되는 만큼 진실하고 공익성이 강한 보도를 해야 할 필요성이 대두된다.

(5) 인터넷 언론의 새로운 권력화

기존 언론의 대안으로서의 위치뿐만 아니라 나름의 독자적 영역을 구축해 온 인터넷 언론은 그 영향력이 증가하고 있다. 예를 들어 2003 년 10월 <시사저널> 조사에 따르면 <오마이뉴스>의 경우 전체 언론 중 SBS와 YTN을 앞서 6위에 오르는 등 그 영향력이 확대되고 있다. 아직 영향력이 명확히 얼마나 큰가에 대한 객관적 측정은 없으며, 생각보다 영향력이 크지 않다는 연구들도 있다. 그럼에도 인터넷 언론을 이용하는 사람들의 수가 늘고 있다는 점에서 영향력이 커지고 있다고 간주할 수 있다. 이를 두고 기존의 언론들은 인터넷 언론이 또 다른 언론 권력이 되는 것은 아닌가 우려하고 있다.

문제는 이처럼 영향력이 커지는 인터넷 언론이 완성도가 낮은 기사를 내보내기 쉽다는 것인데, 특히 '기자'라는 바이라인을 첨부하는 경우 더욱 큰 문제가 될 수 있다. 적어도 'ㅇㅇㅇ 기자'라고 할 때는 기자로서의 전문적 훈련을 거쳐 사실이 검증된 완성도가 높은 기사를 쓰도록 되어 있으며 기사에 대한 책임을 지게 된다. 그런데 인터넷 언론의 경우 '기자'라는 이름만 부가될 뿐 실제로는 사실 검증이 안 된 기사가 게재될 가능성이 존재한다. 언론의 책임이 진실을 전달하여 합리적인 여론이 수렴되도록 하는 것이라고 한다면 '기자'라는 타이틀의 남용은 언론으로서의 본질적인 기능이 훼손될 수도 있다는 것을 의미한다.

(6) 경제적 수익 모델의 문제

이는 어쩌면 현재 우리나라 인터넷 언론이 당면하고 있는 가장 근본적인 문제라고 할 수 있다. 점차 개선되고 있으나 수익 모델이 완전히 없다기보다는 아직 정착되지 못했다고 할 수 있다. 제대로 된 모델이 아직 정립되지 않았기 때문에 많은 인터넷 언론들이 재정적 어려움을 겪고 있다. 재정적 어려움은 무엇보다 정기 간행물의 구독료나 유료 방송의 수신료 또는 지상파 방송의 시청료와 같은 개념의 요금 징수가 어렵다는 이유에서 발생한다. 특히 인터넷이라는 미디어에 대해 수용자들은 아직 무료라고 인식하는 경향이 있기 때문에 유료화에 한계가 있다. 그 결과 점차 광고 수입에의 의존도가 커지게 되며 기존의 언론과 같이 광고주의 영향에서 벗어나지 못하는 딜레마에 빠지게 될 가능성이 커지고 있다. 다시 말하자면 인터넷 언론도 상업주의적 논리에서 벗어나지 못한다는 것이다. 이는 자본과 권력으로부터의 독립을 표방하는 대안 언론으로서의 인터넷 언론의 존재와 관련되어 있으므로 가장 시급하게 해결되어야 할 문제이다.

2) 시스템으로서의 인터넷 언론 윤리 강령의 필요성

2000년 4월 29일 <인터넷한겨레>의 사이버 기자들이 만드는 <하니리포터>는 사이버 촌지를 받지 않고 크래킹한 사실을 토대로 한 기사를 쓰지 않겠다는 등의 내용을 뼈대로 한 사이버 기자 윤리 강령을 국내 최초로 채택했다. 그 내용을 살펴보면 다음과 같다.

<하니리포터> 윤리 강령

인터넷 사용이 일상화된 새로운 천년, 언론은 더 이상 윤전기와 방송망을 갖춘 기성 거대 언론 조직의 전유물일 수 없다. <하니리포터>는 지성과 상식, 정의 감을 갖춘 네티즌 누구나 독자적인 언론 노릇을 할 수 있는 인터넷 시대에 새로운 언론의 지평을 열기 위해 모였다. 네티즌이 만들어가는 인터넷 신문 <하니리포터>는 언론의 책임과 사명을 다하기 위해 아래와 같이 강령을 만들어 지킬 것을 다짐한다.

1. 인터넷 언론의 출입처는 없다

그러나 취재 영역에 금기와 성역이란 없다. 우리는 인터넷 언론이 기자실을 중심으로 한 보도 자료의 독점화를 없애고 정보공유에 입각한 새로운 언론의 장을 열고 있다는 사실을 확신한다. 출입처는 없지만 모든 곳이 출입처가 될 수 있다. 모든 곳에서 권력을 감시하고 진실을 알리기 위한 언론 본연의 활동을 해나간다.

2. 사실에 입각한 보도를 하고 퍼온 글의 출처는 반드시 밝힌다

부정확한 정보와 조작된 자료가 난무하는 인터넷상에서 책임 있는 언론으로 기능하기 위해 확인되지 않은 사실을 중계하지 않는다. 인터넷상에서 퍼온 기사의 경우 반드시 출처를 밝힌다.

3. 사이버 촌지를 비롯한 일체의 촌지를 받지 않는다

기사를 빌미로 한 일체의 부당한 이익과 사이버 머니, 접대 등을 받지 않는다. 또한 개인이나 특정한 사이트, 집단의 이해를 위해 기사를 쓰지 않는다.

4. 크래킹하지 않는다

크래킹은 중대한 사생활 침해 행위로 보고 취재를 목적으로 한 크래킹을 하지 않는다. 크래킹한 사실을 토대로 한 기사는 절대 쓰지 않는다.

5. 네티즌의 반론권을 적극적으로 보장한다

인터넷 게시판 등을 통한 네티즌의 지적에 대해 확인 후 과감하게 기사 내용을

바로잡는다. 본의 아니게 잘못 보도된 기사는 즉각 바로잡고, 사과한다.

6. 이메일 취재원도 철저히 보호한다
기사의 출처를 밝히지 않기로 한 약속은 반드시 지키며, 취재원 보호의 필요가 있을 경우 이메일로 인터뷰한 경우에도 끝까지 취재원을 보호한다.

7. 사이버상의 인권 보호와 올바른 인터넷 문화를 만들기 위해 노력한다
나눔과 연대라는 인터넷의 정신을 구현하고, 인터넷 언론으로서 사이버상의 인권을 보호하고 정보 유통을 원활히 하기 위해 노력한다.

이 윤리 강령이 실제적으로 인터넷 언론에서 최초로 제정된 윤리 강령이라고 할 수 있다. 이처럼 인터넷 언론의 윤리 강령이 도출된 것은 인터넷 언론이 하나의 언론 체제로서 인식되기 시작한 때문이다. 언론이라는 이름을 가진 공익적 실천의 주체로서 꼭 지켜야 할 윤리관의 정립이 요구되기 시작했다는 것이다. 이와 아울러 2002년 창립한 한국인터넷기자협회는 비록 윤리 강령은 아니지만 협회의 강령과 규약117을 만들어 이의 실천을 독려하고 있는데, 이러한 점도 인터넷 언론이 점차 언론 체제로서 자리를 잡아가고 있다는 점을 반영해 준다.118

---

117. 한국인터넷기자협회 강령
① 우리는 국민의 알권리와 언론주권 실현을 최우선으로 한다.
② 우리는 언론인의 자질향상과 권익옹호를 위해 힘쓴다.
③ 우리는 언론 자유를 침해하는 여하한 세력과 맞서 싸운다.
④ 우리는 사회진보와 민주개혁을 위한 연대에 힘쓴다.
⑤ 우리는 조국의 평화통일, 민족동질성 회복을 위해 노력한다.
⑥ 우리는 진보적인 국제언론인과의 연대를 강화하고 서로 돕는다.

한국인터넷기자협회규약

제38조(징계 규정)

본회 회원으로서 다음의 행위를 한 자는 징계위원회에 회부하고, 위원 과반수
의결로써 징계할 수 있다.

① 본회의 명예를 실추시킨 자

② 본회의 강령, 규약 및 각종 결의 사항을 적극적·의도적으로 위반한 자

③ 본회의 윤리 강령(별도 제정)을 위반한 자(윤리위원회에서 징계 제청한 경우)

④ 위 조항에 해당되는 회원에 대해 운영위원 과반수 발의로 징계위원회에 회
부할 수 있다.

제39조(징계 구분)

징계는 다음과 같이 구분한다.

① 주의: 사안이 비교적 경미할 경우 구두 또는 서면으로 주의를 주며 3회 주의
를 받을 시 경고에 준한다.

② 경고: 물의를 일으킨 행위에 대해 구두 및 서면 경고하고 회원들에게 이를
공지한다. 3회 경고시 자격 정지에 준한다.

③ 자격 정지: 일시적으로 자격을 정지시켜 그 기간 동안 회원으로서의 권리를
박탈한다.

④ 제명: 회원으로서 자격을 박탈한다.

118. 미국의 경우 Cyberjournalist.net는 2003년 4월 15일 SPJ(Society of
Professional Journalists) Code of Ethics를 수정해서 A BLOGGERS'
CODE OF ETHICS를 제정했다. 비록 모든 블로거들이 언론인은 아니지만
꼭 지켜야 하는 것들을 중심으로 내용을 정하였다.

Be Honest and Fair

Bloggers should be honest and fair in gathering, reporting and
interpreting information.

Bloggers should:

• Never plagiarize.

• Identify and link to sources whenever feasible. The public is entitled
to as much information as possible on sources' reliability.

• Make certain that Weblog entries, quotations, headlines, photos and all other content do not misrepresent. They should not oversimplify or highlight incidents out of context.

• Never distort the content of photos without disclosing what has been changed. Image enhancement is only acceptable for technical clarity. Label montages and photo illustrations.

• Never publish information they know is inaccurate — and if publishing questionable information, make it clear it's in doubt.

• Distinguish between advocacy, commentary and factual information. Even advocacy writing and commentary should not misrepresent fact or context.

• Distinguish factual information and commentary from advertising and shun hybrids that blur the lines between the two.

Minimize Harm

Ethical bloggers treat sources and subjects as human beings deserving of respect.

Bloggers should:

• Show compassion for those who may be affected adversely by Weblog content. Use special sensitivity when dealing with children and inexperienced sources or subjects.

• Be sensitive when seeking or using interviews or photographs of those affected by tragedy or grief.

• Recognize that gathering and reporting information may cause harm or discomfort. Pursuit of information is not a license for arrogance.

• Recognize that private people have a greater right to control information about themselves than do public officials and others who seek power, influence or attention. Only an overriding public need can justify intrusion into anyone's privacy.

• Show good taste. Avoid pandering to lurid curiosity.

Be cautious about identifying juvenile suspects, victims of sex crimes and criminal suspects before the formal filing of charges.

Be Accountable

다시 말하자면 최근 급성장한 인터넷 언론은 단기간에 새로운 영향력 있는 미디어로 등장하였으며 대안 언론으로서의 위치를 넘어 한국 사회의 주요 체제로 자리매김하고 있다고 할 것이다.

최초의 인터넷 언론이라고 할 수 있는 <시카고 트리뷴*Chicago Tribune*>의 인터넷판이 나온 3년 후인 1995년 <중앙일보>가 처음 인터넷판을 선보이면서 인터넷 언론 시대가 시작되었다. 처음에는 이처럼 오프라인 종속형 인터넷 언론이 먼저 시작되었고, 이후 1999년 독립형 언론인 <딴지일보>, <뉴스보이> 등이 나오다가 2000년에는 본격적인 시사형 종합 인터넷 신문인 <오마이뉴스>가 시작되었다. 이를 보면 인터넷 언론이 미국에서 처음 시작했지만 본격적으로 '언론'의 모습과 체제를 갖추기 시작한 것은 한국에서부터라고 해도 과언이 아니다.

인터넷 언론이 언론으로서의 모습을 갖추는 데에는 미국에서 1999년 퓰리처상 심사위원회가 인터넷 언론의 기사도 공공 봉사 금상

Bloggers should:
- Admit mistakes and correct them promptly.
- Explain each Weblog's mission and invite dialogue with the public over its content and the bloggers' conduct.
- Disclose conflicts of interest, affiliations, activities and personal agendas.
- Deny favored treatment to advertisers and special interests and resist their pressure to influence content. When exceptions are made, disclose them fully to readers.
- Be wary of sources offering information for favors. When accepting such information, disclose the favors.
- Expose unethical practices of other bloggers.
- Abide by the same high standards to which they hold others.

부문의 수상 대상으로 포함시키기로 한 결정이 크게 작용했다고 볼 수 있는데, 한국의 경우 인터넷기자협회에서도 2005년부터 인터넷 언론상을 시상하고 있다.

이러한 요인들로 인하여 사회적 체제로 자리 잡은 인터넷 언론은 궁극적으로는 언론 체제로서의 윤리적 의무를 지게 된다. 다시 말하자면 인터넷 언론의 사회적 영향력과 중요성이 커진 만큼 윤리를 더욱 잘 지켜야 한다는 사회적 기대와 압력에 직면하게 된다. 따라서 하나의 언론 체제로서 기존의 언론 체제와 다름없이 언론 윤리에 대한 목소리에 귀를 기울일 필요가 있으며, 더 나아가서는 외적인 기대나 비난에서 자유로울 수 있는 윤리 강령의 제정이 필요할 것이라 판단된다.

실제로 어떠한 체제도 그 체제의 존립을 유지하기 위한 지침을 보유하고 있다. 언론 체제도 그 체제가 유지되도록 구성원들이 지켜야 할 행동 강령이 있으며 이를 어겼을 때에는 이에 대한 비판을 감수해야 한다. 특히 언론 체제는 일반적인 사회 체제보다 더욱 엄격한 윤리를 요구받는데, 가장 큰 이유는 언론의 역할이 바로 다른 체제를 감시하고 비판하는 것이기 때문이다. 자신이 비판자적 입장이므로 더욱 엄격한 윤리성이 요구되고 이것이 지켜지지 않으면 언론 체제의 근간이 흔들릴 수밖에 없는 결과를 초래하게 된다.

그래서 언론 윤리와 관련된 문제가 발생하면 어김없이 비판 여론이 들끓게 되는데, 윤리의 문제는 언론이 감수해야 하는 가장 골치 아픈 쟁점이 아닐 수 없다(이재진, 2002).[119] 특히 언론이 공적인 역할을 수행

---

119. 언론 윤리와 관련하여 많은 쟁점들이 있다. 예를 들어 언론인의 취재, 보도상의 윤리, 언론사의 윤리, 취재원과 언론인과의 관계 문제, 촌지나 선물

하고 있기 때문에 인격권 침해를 사전에 예방하기 위해서는 윤리를 지키려는 노력이 선행되어야 한다. 그런데 실제로 언론의 윤리는 다른 사적 조직의 윤리와 다르게 대단히 지키기가 힘든 경우가 많다. 여기에는 단순히 법적인 방식과 절차를 통해서만 해결할 수 없는 미묘하고 복잡한 상황과 과정이 존재하기 때문이다.

이러한 이유로 언론 윤리 강령이 제정되어 시행되고 있는데, 비록 인터넷 언론에 직접적으로 적용되는 것은 아니지만 체제로서의 인터넷 언론의 경우에도 기존의 언론 체제와 비교해 볼 때 사회적 목적이 크게 다르지 않으므로 이를 충분히 고려할 필요가 있을 것으로 판단된다.

관련 연구에 따르면 언론인들은 직업 윤리를 지키는 것이 중요하다고 인식하지만 평소에는 윤리에 집착하지도 않으며 또 언론 윤리를 모두 지키다 보면 제대로 취재·보도를 할 수 없는 상황이 된다는 인식이 남아 있다. 또한 윤리를 지키지 않는다고 해서 구체적인 규제를 가할 수 있는 기관이나 시스템이 존재하지 않기 때문에 언론 윤리를 지키기 위해 만들어진 언론 윤리 강령과 실천 요강 등이 있음에도 실제로 이를 숙지하고 실제 현장에서 그대로 적용하는 언론인은 거의 없다시피 한 것이 현실이다.

그럼에도 사회적 쟁점들이 발생할 때마다 언론 윤리의 중요성이 되풀이되어 강조되는 것은 언론이 언론으로서 누리는 여러 사회적 특권이 바로 언론의 국민에 대한 의무적 약속인 언론 윤리의 준수에 근거

등의 수수와 관련된 문제뿐만 아니라 익명 보도나 엠바고, 오프 더 레코드의 문제, 신분을 사칭(위장)하거나 기자임을 밝히지 않거나, 사전에 입수한 정보를 통해 부를 축적하는 등 수많은 크고 작은 문제들이 존재한다.

하기 때문이다. 다시 말하자면 언론이 자신의 직업적 · 전문적 윤리를 지키지 않으면 언론이 누리는 취재 · 보도의 자유라는 특권이 아무런 의미가 없다는 것이다. 인터넷 언론이 하나의 체제로서 자리를 잡기 시작하면서 기존의 언론 체제가 겪었던 윤리적인 갈등을 이제 거치게 될 것으로 판단된다.

다시 말하자면 이제 인터넷 언론은 "공적 비리를 조사하고 보도하는 유일한 사적 존재"(Blasi, 1977)로서의 지위를 확보하고 이러한 헌법적 보호를 받는 만큼 윤리적 의무에 충실하지 않으면 안 된다. 따라서 인터넷 언론인들이 언론 윤리를 지키지 않는 것은 자신의 존재 근거를 스스로 부정하는 것이며 심하면 법적인 제약을 받게 될 수 있다. 이와 관련 하마다 준이치(1995)는 자율 규제 또는 윤리라는 것이 법 자체는 아니지만 매스 미디어와 관련된 법 시스템이 기능을 원활히 수행하기 위해서는 필수불가결한 요소로 보아야 한다고 주장했다.

한편 우리나라 사법부는 국민에게 헌법적으로 보장되는 '알아야 할 권리'가 있으며 언론은 국민의 알권리를 충족시킬 의무를 진다고 판단하고 있다(대법 1998.7.14. 선고 96다17257 판결 등). 언론은 국민들이 국정의 운영이 어떻게 이루어지고 있는가를 알 수 있는 '지적 시민*informed citizen*'이 될 수 있도록 국민들의 공적 관심사에 대해서 정확하고 공정하게 보도해야 한다는 의무를 지닌 것으로 판단하고 있다. 이러한 이유로 언론은 스스로 국민의 알권리 충족을 위해 취재 · 보도한다는 말을 자주 내세운다. 문제는 언론이 내세우는 국민의 알권리 충족을 위한 취재 · 보도가 잘못되어 개인들의 기본적인 권익을 침해하는 일이 발생할 때이다. 이 경우 법적인 구제를 통해 피해를 복구할 수 있을 것이나 단순히 언론의 윤리적 측면으로 인식되는 일도 빈번하다.

가장 큰 쟁점은 무엇이 윤리적이고 비윤리적인 것인지, 그리고 무엇이 윤리 차원에서 해결해야 될 것이고 무엇이 법으로 해결되어야 하는 것인지에 대한 경계가 분명치 않다는 것이다. 그런데 윤리란 대단히 상대적인 개념(Hodges, 1994; 김지운, 2004)이므로 누가, 언제, 어떻게 언론 윤리를 이해하는가에 따라서 시각차가 존재하게 된다. 그럼에도 불구하고 인터넷 언론인들이 어떠한 상황에 봉착하여 최대한 윤리적으로 취재·보도 활동을 하고자 할 때 어떠한 행위를 윤리적인 것으로 판단하고 또 어떠한 행위를 비윤리적인 것으로 판단하는지를 측정할 수 있는 잣대가 필요한 것이 사실이다.

(1) 언론 윤리에 대한 이론적 인식

한국언론 2천년위원회는 "윤리적 언론이 보다 좋은 언론ethical journalism is better journalism"이라고 전제하면서 "윤리적 언론이어야 언론인 자신을 포함한 어떠한 특정한 이해 관계에도 얽매이지 않고 다양한 정보원에 접근하여 공정하게 진실을 국민에게 전달할 수 있다"고 보고서에 밝혔다(한국언론보고서, 2000, p.79). 언론이 언론 자유를 지키기 위해서는 스스로 윤리를 지킬 필요가 있다는 것인데 여기에 많은 언론인들이 동감하고 있다(박수택, 2003).

이를 바탕으로 S. 보크S. Bok는 윤리의 실천 여부를 3단계에 걸쳐 제시한다(패터슨 & 윌킨스, 2000). 첫째, 어떤 행위가 정당한가를 자신의 양심에 비추어 고민해야 한다는 것이다. 다시 말하자면 언론인 개인들이 자신들의 행동을 어떻게 생각하는가를 판단하는 것이다. 둘째, 윤리적 문제의 소지가 있는 행위 외에 다른 대안이 없는가를 확인하기 위해서 전문가의 조언을 구하라는 것이다. 즉 윤리적 문제를 발생시키지 않으면서 같은 목적을 달성할 수 있는 방법은 없는가를 심각하게 고민해야한다. 셋째, 가능하다면 관련된 사람들과 공개적인 토론(대화)을 하라는것이다. 이러한 대화의 목적은 나의 행동이 다른 사람들에게 어떤 영향을 미칠 것인가를 아는 데 있다. 결국 이러한 3단계를 거치면서 언론윤리를 체계적으로 점검해야 한다는 것이다.

데니스와 메릴(Dennis & Merrill, 2002)은 언론 윤리란 뉴스의 제작과깊이 관련되며 따라서 저널리즘 영역에서의 언론 윤리란 대개의 경우"뉴스 만드는 사람들, 특히 뉴스 조직의 편집부 직원들에게 기대되는행동 강령"을 의미한다고 지적한다(p.143). 그런데 이들은 너무나 많은기본적인 실천이 있는 반면 절대적인 법칙이 없기 때문에 모든 상황에서 무엇이 언론인의 윤리적 행위를 구성하는가에 대해서는 거의 일치하지 않는다고 주장한다. 진실을 추구하는 것이 대부분의 언론인들에게는 도덕적 동기인 반면 대단히 윤리적인 언론인도 이른바 더 중요한공익이라는 것 때문에 거짓말을 하는 상황들이 발생하기 때문이다(p.144). 이들은 또한 언론인의 윤리적 선택이 분석이나 조사의 시간을거의 갖지 못한 채 즉각적으로 결정되므로 일반적인 윤리 원칙과 일상적인 윤리의 적용은 구분되어야 한다고 보고 있다.

흥미로운 사실은 언론 윤리가 지켜져야 한다는 '당위성'에 동의하면서도 실제로 이를 강력히 지켜나가기가 힘든 분야라는 것이다. 특히언론 윤리란 개인의 자율성 및 자발성이 가장 중요하며 특정 기관을통해 제재를 가하거나 통제하기 힘들다는 것으로 이러한 선상에서 이해할 수 있다.120

120. 이에 대해 김옥조(2004, p.73)는 법원과 언론중재위는 법률 문제만 다루

언론 윤리의 문제를 실제적이고 학술적으로 다룬 김옥조의 ≪미디어 윤리≫(2004)는 언론 윤리가 왜 지켜져야 하는가를 보다 상세히 기술하고 있다(pp.13~19). 이 책은 첫째, 언론은 기본적인 가치의 실현을 위해 존재한다고 서술하고 있다. 무엇보다 저널리즘이 추구하는 가치가 인권, 자유, 정의, 민주와 같은 개념들이므로 언론은 윤리적이어야 한다는 것이다. 또한 국민들의 다양한 의견 형성을 돕고 국민의 알권리에 봉사해야 할 의무가 있기 때문에 언론은 윤리적이어야 한다. 이 경우 무엇이 공중의 정당한 관심사인가에 대한 끊임없는 추구가 언론 윤리의 핵심이라고 간파하고 있다.

둘째, 언론은 국민을 대신해서 환경을 감시하는 의무를 지고 있다고 지적한다. 이러한 환경 감시 기능을 수행하기 위해서는 피감시자보다 도덕적 우위에 있어야만 한다고 본다. 같은 맥락에서 권력의 감시와 견제의 기능을 갖는 언론이 국민의 신뢰를 받으며 공적인 책임을 다하기 위해서는 윤리적이어야 한다.

셋째, 언론의 비판적 기능을 수행할 수 있도록 법제도적 배려가 요구되며 이러한 요구에 상응하여 언론은 윤리적 책임을 다해야 한다고 본다. 언론이 한 사회에서 누리는 여러 다양한 특혜는 언론의 사회적 책임을 다하라는 측면에서 인정되는 것이다. 이러한 경우 언론에 대한 외적 압력보다는 자율적인 통제가 가장 바람직하나 실제로는 의문시된다고 본다.

고 신문윤리위원회는 기사 내용만을 다루므로 취재 과정의 윤리 문제 등 기사 내용에 나타나지 않는 윤리 문제를 다루는 상설 기구는 없는 셈이라고 언급하였다.

넷째, 미디어의 사회적 영향력이 대단히 크기 때문에 윤리적이어야 한다고 주장한다. 이는 특히 언론의 광파성과 의제 설정 기능에서 기인한다. 그러나 우리나라 헌법 제21조 제4항에서 적시하였듯이 "언론이 타인의 명예나 권리" 등을 침해해서는 안 된다는 측면에서 윤리적이어야 한다.

다섯째, 국가 권력에 맞서 싸우기 위해 국민이 꼭 알아야 할 일들을 제대로 전달하기 위해서는 외부적 존재로부터 자유로워야 한다고 피력한다.

이러한 지적에 따르면 언론 윤리는 자발적으로 지켜져야 하며 윤리 준수는 언론의 자유를 지키기 위해 필연적인 것으로 보인다. 결국 언론의 체제는 그 존립의 근거가 대단히 높은 도덕성에 있으며 이러한 도덕성을 유지하려면 그 체제 내의 윤리적 강령을 잘 지켜야 한다.

언론 윤리는 때로 국민의 알권리와 갈등하는 경우도 발생한다. 이러한 점은 언론이 취재·보도하는 과정에서 발생하게 된다. 물론 일부 연구자들은 언론의 역할이란 "비밀의 장막을 걷고 감춰진 정보를 찾아내는 것이므로 때로는 비윤리적인 또는 불법적 취재 행위가 불가피하다"고 보기도 한다(Belsey, 1998, pp.5~6). 또한 비록 언론이 취재 대상의 사생활을 침해하거나 해를 끼치게 되더라도 더 큰 의미인 국민의 알권리를 보장하려면 비윤리적 취재도 용인되어야 한다는 시각도 있으며(Black, Steele & Barney, 1999, pp.181~182), 언론의 보도로 인하여 비록 취재 대상에게는 불이익이 발생할지라도 이러한 보도로 인하여 궁극적으로는 공공의 토론이라는 유용한 편익을 낳게 되므로 허용되어야 한다는 목소리도 있다(Seib & Fitzpatrick, 1997, pp.88~101).

이러한 점에서 김영욱(2003)은 "언론 윤리란 사회화 과정을 통해서

내면화되므로 언론 윤리 제고를 위한 방법으로 무엇보다 '언론 윤리 점검 시스템'이 강화되어야 한다"고 피력한다. 특히 미국의 뉴욕 타임스 시걸위원회가 제시하는 '구체적인 형태의 사내외 점검 시스템'이 한국 언론에도 구축되어야 한다고 지적한다. 이를 위해서는 무엇보다 사내 윤리 교육은 물론 대학에서의 저널리즘 관련 교육에서 윤리 교육의 강화가 필요하다고 주장했다. <뉴욕 타임스>는 2003년 허위 보도의 문제가 발생하자 신문사 자체적으로 시걸을 위원장으로 한 윤리점검시스템위원회를 구성하였고, 조사 보고서인 <우리의 저널리즘은 왜 실패하였는가>를 출간하였다. 여기서 시걸위원회는 편집국 내의 사내 시스템의 문제를 지적하고 이를 개선할 수 있는 방안을 제시했다. 아울러 위원회는 독자의 불만을 처리하고 저널리즘 관행과 쟁점에 대한 비평물을 게재할 권한을 가진 퍼블릭 에디터*Public Editor*, 저널리즘의 규범에 대한 환경을 감시하고 윤리 교육과 실천을 감독하는 스탠더드 에디터*Standards Editor*, 투명하고 공정하며 효율적인 인사를 관리하는 인력 운용 및 경력 개발 에디터*Staffing and Career Development Editor*의 신설을 제안했다.

홍미로운 점은 언론의 윤리를 사회화의 결과로 보는 경우에는 이를 윤리의 발전 이론과 접목시켜서 언론 윤리에 대한 제고를 구하고자 하는 연구들이 나타나기 시작했다는 것이다. 예를 들어 L. 콜버그*Colberg*의 도덕 발달 이론을 언론인들의 윤리 의식을 탐구하기 위해 접목하는 연구가 있다. 이은택(2002)은 한국 언론인들의 도덕 발달 단계를 Q연구를 통해 살펴보았는데, 한국 언론인들의 도덕 발달 단계는 최고 6단계에서 대개 4단계 이상에 속하는 것으로 나타나 대체로 도덕성이 높은 것으로 나타났다. 그는 콜버그의 도덕 발달 단계 이론을 원용하여 한국 언론인들을 도덕 발달 단계의 최고부터 2단계에 속하는 다섯 가지 유형의 집단으로 구분하였다. 그는 우리나라 언론인들은 대개의 경우 제3유형인 "준법 중시형"(합법적인 방법으로 취재보도를 하는 것을 가장 중시하는 유형)에 속하는데, 이는 권위와 질서 유지에 중점을 두므로 도덕 발달 4단계에 해당한다고 피력하였다.

그는 콜버그의 이론을 통해서 언론인들을 다섯 형태로 구분하였는데 여기서 한국 언론인들은 '현실주의형'의 경우를 제외하고는 대체로 '보편적 도덕 추구형,' '이상주의형,' '준법 중시형,' '실존주의형'에 대체로 속하는 것으로 판단하고 있어 예상보다 상당히 높은 윤리 의식을 가지고 있었다. 그러나 이러한 응답에도 불구하고 실제적 행동은 평가와는 괴리가 있는 것으로 판단되는데, 이러한 점은 한국 언론의 행동과 의식이 서로 일치하지 않는 경우가 많다는 점을 상징하는 것이라고 본다.

(2) 언론 윤리에 대한 언론인들의 인식

언론은 사회에 봉사해야 하기 때문에 '전문직'의 모습을 띠게 된다. 문제는 무엇에 대해서 알아야 하는가이다(need to know about what). 국민들이 알아야 하는 정보가 무엇인지를 언론이 결정한다는 것이다. 언론인은 언론인으로서의 전문성을 가지고 게이트키핑 과정을 통해 국민들에게 전달할 정보를 결정하고 이를 객관적이고 공정하게 전달해야 한다. 만일 이러한 일련의 과정이 잘못되면 언론의 보도가 여타 개인적 기본권을 침해하는 일이 발생하게 된다.

대개 언론인들은 대다수가 윤리적이라거나 윤리적 보도를 하기 위해서 노력한다고 주장한다. 그래서 우리 사회의 경우 언론 윤리가 사회적으로 문제가 되는 경우 일부 소수의 비윤리적인 언론인들에 대한 얘기로 생각하려고 하는 경우가 많다. 그러나 언론인들의 현장 경험을 바탕으로 하는 여러 저작물(저서)을 분석한 이승선(2001)의 연구에 따르면 상당한 경우에 언론인들의 불법적 또는 비윤리적인 행위가 일어나고 있음을 알 수 있다. 언론인의 저작물에는 대개 그들의 삶과 취재 보도 현장, 그리고 언론 윤리에 대한 상세한 설명이 깃들어 있으므로 (Fedler, 1997, pp.160~161) 이를 통해서 언론인들의 보다 솔직한 모습을 엿볼 수 있다. 언론인들은 자신들이 윤리적이라고 하면서도 실제로는 때로 비윤리적 또는 위법적인 취재 방식도 동원할 수 있다는 것이다. 가장 높은 빈도를 보인 것이 신분을 위장하여 현장에 접근한 후 몰래 촬영하거나 거짓말로 취재하는 것이었다.

이러한 분석과 함께 이승선은 언론 윤리와 언론인의 취재·보도 활동은 시대적 가치를 반영할 필요가 있다고 주장한다. 그는 지난 100여 년 동안의 미국 언론인 저작물을 분석한 미란도(Mirando, 1998)의 연구를 인용하는데, 이 연구에 따르면 초기 미국 언론인의 저작들에 따르면 초기 언론인들은 금전을 받는 것, 취재원으로부터 특권을 얻는 것 등은 비판받고 있지만 현대의 언론인 저작과 달리 조그만 선물 접수는 그다지 문제 삼지 않았다. 따라서 우리나라의 경우에도 윤리적 판단은 시대적, 사회적 상황을 감안하는 것이 바람직하다고 보았다.

비록 '윤태식 게이트'나 '아파트 편법 분양 사건' 등과 같이 굵직한 사건들이 터질 때이기는 하지만 언론인들 스스로도 윤리를 잘 지켜야 한다는 당위성에 동의한다.[121] 그럼에도 불구하고 언론인들을 둘러

---

121. 언론재단에서 언론인들을 상대로 직업 의식을 조사한 보고서인 <한국의

싼 윤리적 상황이 매우 복잡하게 전개되므로 일반적으로 딜레마에 봉착하게 되는 경우가 많다(김옥조, 2004). 어떻게 해야 할 것인가를 결정할 때 여러 가치가 대립하는 경우 언론인들은 선택을 많이 힘들어한다. 예를 들어 형사 피의자에 대한 정보를 취재하여 보도할 언론의 권리와 형사 피의자나 범죄 혐의자가 공정한 재판을 받을 수 있는 권리가 때로 충돌하기도 한다. 이러한 경우 윤리적인 결정은 행위자가 사회 생활에서 직면하는 많은 윤리 문제를 해결하기에 필요한 지식과 기술을 동원해서 하게 된다.

언론인들이 스스로 윤리를 지키려고 노력한다고 판단하고 있음에도 불구하고 국민들은 이에 대해서 다소 부정적인 것으로 보인다. 즉 언론인들의 윤리에 대한 인식과 달리 수용자인 독자들과 시청자들은 한국 언론인들이 언론 윤리에 충실하지 못하다고 평가하는 경향이 있는 것으로 나타났다. 예를 들어 2000년 7월, 한국언론재단이 18~65세의 전국 1200명을 대상으로 조사한 < 수용자 의식 조사 > 에 따르면 기자의 윤리 의식에 대한 평가가 4점 만점에 2.45로 1994년 이후 계속 하강 곡선을 그리고 있다. 같은 연구에서 1994년의 경우 2.69, 1996년

언론인 2003 > (2003)에 따르면 한국 언론인들이 갖는 윤리 문제 중 대부분은 직업 윤리는 '취재 방식'과 '촌지 수수' 등에 관련되어 있는 것으로 나타났다. 취재 방식과 관련해서는 언론이 적극적인 취재 활동을 하는 과정에서 '기사를 작성하기 위하여 취재원을 귀찮게 굴거나'(63.8%), '기업이나 정부의 비밀 문서를 허가 없이 사용하는 행위'(47.3%) 등은 정당화될 수 있다고 믿는 경향을 보였다. 반면 비밀 정보를 얻기 위해 돈을 주거나 비밀을 지킬 것을 동의하고 이행하지 않는 행위, 상대방에게 자신의 신분을 속이거나 편지나 사진과 같은 사적 문서를 허가 없이 사용하는 행위, 그리고 내부 정보를 얻기 위해 위장 취업하는 등의 행위는 정당화될 수 없다고 보았다.

2.62, 1998년 2.50점을 기록하였다(한국언론재단, 2000, pp.109~110).[122] 이러한 점은 현재 한국의 언론이 윤리적인 측면에서는 공중으로부터 존경을 받지 못한다는 것을 반영한다고 하겠다.

미국의 경우에도 언론재단의 결과와 유사한 결과를 보인 조사가 있었는데, 미국 미디어연구센터Media Study Center가 1998년 9월 전국 1016명을 대상으로 여론 조사한 결과 88%에 이르는 응답자가 기자가 취재를 위해 비윤리적이거나 불법적인 방법을 사용하는 일이 종종 있다고 믿는 경향을 보이는 것으로 나타났다. 즉 미국의 경우에도 윤리성에 대해서 국민들의 신뢰를 완전히 얻지는 못하고 있다.

주지하는 바와 같이 언론의 비윤리적이고 불법적 취재·보도의 경우 대개 연예인들이나 공적 인물과 관련된 경우에 나타나는 경향이 있다. 차용범(2002, pp.27~28)은 언론의 보도가 국민의 알 필요need to know를 앞지르고 있다고 지적하면서 언론인은 전문직으로서 전문직에 맞는 언론 윤리를 지켜야 한다고 주장하였다. 우선 그는 '언론은 사회적 공익을 위해 존재하므로 전문직'이라는 E. 데니스E. Dennis의 견해에 근거하여 언론은 전문직의 두드러진 모든 특징을 가진다고 피력했다. 특히 언론은 전문직으로서 단지 법적 다툼에 휘말리는 정도의 기사만이 '문제 있는 기사'라는 인식을 버려야 한다고 지적한다. 언론은 스스로 선언

---

122. <2004 언론 수용자 의식 조사>(한국언론재단)에서 수용자들은 언론의 도덕성에 대해서 10점 만점에 4.8점을 기록해서 여전히 언론의 윤리성에 대해서는 확신하지 못하는 것으로 보인다. 특히 여성보다는 남성이, 학력이 낮은 사람이 높은 사람보다 언론의 도덕성을 낮게 평가한 것으로 나타났다(p.136). 2002년 조사의 경우 언론의 도덕성 점수는 10점 만점에 4.48점을 기록 2004년이 약간 높음을 알 수 있다.

한 언론 윤리를 위해하는 기사를 '문제 있는 기사'로 취급해야 한다고 피력했다. 특히 '기자의 한계와 책임을 자각'해야 하며 항상 진실을 말하기가 힘들기 때문에 자신이 작성한 기사가 어떠한 결과를 낳을지 그 영향력은 어떠할지 등에 관해 늘 관심을 기울여야 한다고 주장했다.

행동과 의식이 일치하지 않는 점은 언론 윤리 실천의 상징이라고 할 수 있는 언론 윤리 강령을 통해서도 알 수 있다. 언론 윤리는 보도 현장에서 흔히 행동 강령의 형태를 취하게 되기 때문이다. 실제로 윤리 강령은 언론 기관이 스스로 올바른 관행을 확립하고 책임과 품위를 지키기 위해 행동의 기준으로 제정한 윤리적 기준이다. 신문 윤리 강령은 1957년 처음 채택되고 1961년 수정되었다. 1961년 신문 윤리 강령에는 언론은 국민의 알아야 할 권리를 위해서 힘써야 한다고 규정하고 있다. 이는 1996년 신문의 날을 기해 언론계를 대표하는 한국신문협회, 한국신문방송편집인협회, 한국기자협회가 주체가 되어 전반적으로 개정되었다. 현재 한국 언론은 통합적인 언론 윤리 강령도 있으며 전국적 규모의 언론 단체들도 존재한다. 언론 윤리 강령은 민주화, 분권화, 인권 신장, 가치관의 다양화를 반영하며 자유롭고, 책임을 다하면서도 개인의 명예나 사생활을 존중해야 한다고 밝히고 있다. 신문 윤리 강령을 구체적으로 시행할 '신문윤리실천요강'도 취재원의 명시, 범죄 보도시의 인권 존중 등을 명시하고 있다(새신문윤리강령, 1996).

이처럼 언론 윤리 강령이 존재하다고 하더라도 이것이 사문화되는 경우가 종종 발생한다. 무엇보다 언론 윤리 강령이 구체적이지 못해서 상황에 적절히 적용하지 못하기 때문이라는 지적도 있으며, 언론 윤리 강령을 강화하고 언론 윤리를 감독할 수 있는 기관이 없기 때문이라는 지적도 있다.[123] 아울러 언론 윤리의 제고를 위해서 무조건 윤리 강령을 강화하는 것이 좋은 것만은 아니라는 지적도 있다. 예를 들어 김지운(2004, p.25)은 법과 윤리가 인간 행실의 이중적 통제 장치라는 점에서 언론 윤리도 이중적 통제가 될 수 있다고 지적한다. 다만 법의 해석과 재판관의 판단에 따라 법이 언론 윤리에 침식해 들어가기도 하고 자율성을 제고해 주기도 한다고 설명한다. 같은 맥락에서 김옥조(2004, p.46)는 언론인은 윤리 강령으로 인해 양심과 전문직으로서의 양식을 기준으로 해야 하는 언론인들에게 윤리 강령은 검열의 의미를 띠며, 일반적인 규범과 추상적인 표현으로 구성된 윤리 강령은 겉치레이며 일종의 기만이 될 수 있으며, 윤리 강령이 실효성이 약하면서도 법적 문제가 발생하였을 때 언론인에게 불리하게 작용하는 문제가 있다고 피력한다.

더 나아가 실제 현장에서는 언론 윤리의 문제가 무시되어야 취재가 가능하다는 입장도 있다. 예를 들어 스포츠 신문사 기자인 이유현(2002, pp.30~31)은 연예 기사를 얻기 위한 취재 과정을 "총성 없는 전쟁"이라고 표현하면서 대중 연예 산업의 규모와 중요성이 커지면서 영향력이 커진 연예인 등 공인들의 감시 및 견제 기구인 언론이 대단히 위축되어 있다고 본다. 그는 언론이 제 기능을 하기 위해서는 위축된 기자 정신을 강화해야 하는 점도 있지만 기사 보험 제도를 언론이 적극적으로 이용하여 언론인들의 정신적 안정을 뒷받침해 주어야 한다고 지적했다. 이처럼 언론이 윤리라고 말할 때 이는 대개 보도의 정확성, 공정성 그리고 불편부당성을 의미하고 이를 지키기 위해서는 언론인들

---

123. 윤리학자 유진 굿윈(1997)은 사람들이 도덕적 헌신감 때문에 정직해지는 것이 아니라 지적당하는 두려움 때문에 윤리적으로 되는 경향이 많으므로 어떤 방식으로든 강제적 규정을 마련해야 할 것이라고 주장하였다(pp.29~30).

이 올바른 취재 절차를 거쳐야만 하고 동시에 취재원과는 일정한 거리를 두는 것이 꼭 요구된다. 그러나 현장에서 뛰는 현직 기자들의 경우 실제로 올바른 취재와 취재원과의 관계 정립이 힘든 경우가 허다하다. 이러한 점에 직면해서 어떻게 하는 것이 옳은지 모르는 경우 언론인은 갈등하게 된다.

언론 윤리를 제고하기 위해서는 언론 윤리 교육이 강화되어야 한다고 지적하는 사람들이 많다(Day, 1991; 이재진, 2002; 김옥조, 2004). L. 호지스. Hodges는 정규 언론 교육의 장기적인 이점을 설명하면서 "세심하고 조직적인 학교 윤리 교육이 도움이 될 수 있다고 확신한다"고 말했다(Day, 1991, p.7). 데이(Day, 1991)는 윤리 교육을 통해 더욱 덕망 있는 사람을 길러낼 수는 없다고 하더라도 윤리적 판단을 할 수 있는 방법을 제공하여 도덕적 추론을 하는 능력은 향상될 수 있다고 주장한다. 그에 따르면 윤리 교육은 다섯 가지의 목표가 있는데, 이는 다음과 같다.

① 도덕적 상상력의 자극
② 윤리적 쟁점의 인식
③ 분석 능력의 개발
④ 도덕적 의무와 개인적 책임감의 이해
⑤ 자신과 다른 견해에 대한 관용

실제 언론인들을 대상으로 한 조사에서 학교에서 언론 윤리 법제 관련 강의를 수강한 경험이 있는 기자들이 그렇지 않은 기자들보다 언론 윤리에 대해서 상급자나 데스크와 더 많은 대화를 하는 것으로 나타났다(김영욱, 2004). 학교 교육뿐만 아니라 언론인들을 상대로 한 언론인 윤리 재교육의 중요성에 대한 인식도 높아지고 있다.

언론재단에서 실시하는 언론인 기본 연수에서 기자 윤리를 오랫동안 강의한 박수택(2003) 기자는 언론이 윤리에서 벗어나면 탈선·사이비 언론인이 될 수밖에 없으며 이제 언론 윤리를 선언적 측면에서만 바라보지 말고 실천해야 할 것이라고 전제하면서 이를 위해서는 언론인들에 대한 시의적절한 윤리 교육이 필요하다고 주장한다.

언론인뿐만 아니라 언론 수용자에게도 언론 윤리 교육이 필요하다는 주장도 있다(김옥조, 2004). 언론이 제대로 된 사회적 기능을 발휘하기 위해서는 수용자들도 책임 있고 신뢰할 만한 미디어를 선택하고 그것이 제대로 정보를 전달하고 있는지를 비판적인 안목으로 판단할 수 있어야 한다. 수용자들도 언론이 도덕적으로 건전하게 기능할 수 있도록 관찰하고 압력과 영향력을 행사할 수 있어야 한다는 것이다(콘라드 핑크, 1995).

3. 윤리 강령 설정 방향

전술한 바와 같이 오늘날 매스 미디어 중에서도 막강한 4대 미디어로는 TV, 라디오, 신문, 그리고 인터넷을 꼽을 수 있다. 현대 사회에서 언론은 많은 사람들에게 일자리를 제공하고 무수히 많은 광고를 통하여 제품의 생산과 소비를 돕고 있다. 그리고 대중들에게는 사회에서 일어나는 일들에 대하여 알려주고, 그 사회의 규범이나 가치관을 심어준다. 또한 특정한 태도나 행동을 촉구하고, 오락을 제공하기도 한다.

뿐만 아니라 대부분의 사람들이 오늘날 4대 미디어를 통하여 필요한 규범과 정보와 오락을 추구한다. 이러한 언론은 사람들의 원만한 사회 생활을 위하여 필수적인 수단이 되었다. 하지만 언론이 순기능만 하는 것이 아니다. 인터넷 언론의 경우에도 '민중의 미디어'로서의 역할을 하고 기존의 매스 미디어의 폐해를 극복할 수 있을 것으로 기대되었지만, 그 영향력에는 엄격한 윤리적인 잣대가 필요할 것으로 보인다.

좀더 자세히 말하자면 인터넷 언론의 윤리적인 측면에 대한 강조는 현대 선거에서의 막대한 인터넷 언론의 역할과 영향력과 직결된다. 최근 몇 차례의 선거법 개정이 미디어 선거가 확대되는 방향으로 이루어지고 있기 때문에 선거에서 인터넷 언론의 영향력은 더욱 위력적일 것으로 예상된다. 특히 2005년 8월 4일부터 개정 / 시행되고 있는 선거법은 이제 정치를 소매 정치에서 완전히 미디어 정치로 바꾸어 놓는 계기가 될 것으로 판단된다. 고비용 저효율의 선거를 줄이고 미디어가 중심이 된 선거를 치르는 발판을 놓게 될 것으로 보인다.

실제로 선거에서 언론 보도는 뉴스와 논평·해설·칼럼·토론·심층 기획 기사 등을 통해 유권자들에게 다양하고 풍부한 정보를 제공하여 유권자들이 투표하기 위해서 필요한 분별력과 이성적 판단력을 키워 주는 것을 목적으로 한다. 아울러 인물 선택에 준거틀을 제시하거나 후보와 정당의 정책, 이념, 비전 등을 소개하고 검증하는 일, 선거 의제와 쟁점을 부각시키거나 선거 참여를 유도하는 기능을 한다. 이러한 점에서 언론 보도가 진실하고 공정해야 하며 좋은 지도자를 선택할 수 있는 최선의 방안을 일반 유권자들이 판단할 수 있도록 해야 하는 윤리적 의무가 있는 것이다.

2004년 17대 총선에서의 인터넷 언론은 어떠한 방식으로 보도했는가에 대한 연구에 따르면 전체적으로 볼 때 인터넷 언론은 당시 시대적 소명 의식을 가지고 역할을 수행함으로써 우리나라 민주주의 발전에 일정한 기여를 한 것으로 평가하고 있다. 특히 당시 3월부터 지속된 탄핵 정국과 총선 기간 동안 인터넷 언론은 기존의 언론과는 다른 발전된 새로운 흐름을 형성했다는 점에서 긍정적으로 평가된다.

첫째, 많은 인터넷 언론사들이 기존 오프라인 언론사들의 보도와 다른 강점을 보였다. 기계적인 중립으로 위장한 편파적 보도가 아니라 보다 성숙한 민주주의의 대의에 적합한 보도 태도가 많았다는 점은 인터넷 언론이 대안적 / 대항적 언론으로서의 장점을 발휘한 것으로 평가되었다.

둘째, 선거 보도와 관련한 여러 참신한 기획이 기존 미디어와 달랐다. 이는 기존의 미디어에서는 다루지 못했던 다양한 분야를 집중적으로 부각시켰다는 점에서 향후 인터넷 언론 선거 보도의 좋은 사례가 될 것으로 보인다.

셋째, 인터넷 언론의 의제 설정*agenda setting* 기능이 더욱 강화된 것으로 나타났다. 젊은 층이 주류인 네티즌들의 동향과 관련하여 인터넷 언론을 통한 정보의 습득이 중요한 영향을 미친 것으로 평가되고 있어 향후 선거에서 인터넷 언론의 위상과 역할이 강화될 것으로 보인다. 최근 기존의 오프라인 미디어와 온라인 미디어 간의 수렴적 성향이 커지면서 인터넷 언론의 입지가 점차 커지는 것으로 나타났다.

넷째, 정책 선거를 유도할 수 있는 의제 설정에는 다소 미흡한 것으로 나타났다. 당시 정책에 대한 국민들의 관심을 유도하지 못하고 탄핵으로 인한 거대 담론에 휩쓸리게 되었다.

다섯째, 인터넷 언론 역시 지역주의와 이미지 정치의 영향을 많이 받는 것으로 나타났다. 대부분의 인터넷 언론들은 소명 의식을 가지고 선거 보도를 했으나 일부의 언론은 사익을 위해 노골적으로 특정인을 편듦으로써 언론으로서의 역할을 제대로 하지 못한 것으로 나타났다.

여섯째, 인터넷 언론은 이념적인 지향에 따라서 네티즌들이 양극화하는 경향을 보인다. 네티즌들의 이념적 편향성을 더욱 크게 하고 공론장 역할이나 숙의 민주주의의 의미가 상실되면서 대립과 갈등을 양산할 가능성이 커진다고 하겠다.

일곱째, 인터넷 언론은 기존의 미디어와는 달리 많은 진보적 후보와 여성 후보에 대해 접근했지만 그럼에도 여전히 부족한 점이 남는다. 특히 이번 총선에 많은 여성 후보가 의회에 진출했음에도 불구하고 접근이 부족한 것이 사실이었다.[124]

결국 법개정으로 인하여 인터넷 언론이 제도권으로 유입됨으로써 법적, 제도적 보장은 반드시 필요한 과정이지만 인터넷 언론의 특성이 훼손될 가능성도 많이 있다는 점에서 앞으로 많은 논의가 필요할 것으로 보인다. 인터넷 언론에 대한 규제는 심도 깊은 담론 없이 규제의 효율성만을 강조해 부작용을 키울 가능성이 높아졌다.

그런데 언론이 어떻게 선거 보도를 할 것인가 하는 것은 언론과 직접 또는 간접적으로 연결된 법조항에 의해 영향을 받지 않을 수 없는데, 특히 선거법상의 약 17개 조에 걸친 언론 관련 조항들이 선거 보도에 영향을 미친다. 우리나라의 선거법은 현재 선거법의 근간이 된 공직선거 및 선거부정방지법(일명 통합선거법)이 1994년 3월 16일 제정되고 시행된 이후 35회의 개정을 거치면서 현재에 이르렀다. 이중 언론 보도와 관련하여 가장 특기할 만한 점은 2004년 3월 개정 때 고비용·저효율의

---

124. 16대 국회의 여성 국회의원은 16명(5.9%)에 불과했지만 17대 선거 결과 39명으로 늘었다. 이는 전체 의원 299명 중에서 13%에 해당한다.

선거를 지양하기 위하여 미디어 선거 중심의 개정을 시도한 것이라 할 수 있다. 이러한 점은 2005년 6월 말에 통과되고 8월 4일부터 실시된 바 있는 공직선거법에서 더욱 강화되었는데, 앞으로 언론의 선거 보도에 상당한 영향을 미칠 것으로 판단된다.

미디어 선거가 자리를 잡아가는 과정에서 가장 중요한 점은 선거에 나선 후보자들이 미디어에 어떻게 등장하는가 하는 점이다. 무엇보다 후보자들의 이미지가 대단히 중요하므로 정치 후보자들은 언론의 속성을 더욱 연구하고 대 언론 관계 정책을 강화할 것은 자명한 사실이다. 이는 인터넷 언론에 대해서도 마찬가지이다. 그런데 어떻게 보도할 것인가는 이제 언론에 의해 결정되는 것이나 다름없게 되어, 정치 후보가 원한다고 해도 언론이 후보에게 관심이 없으면 후보가 언론을 활용할 여지가 줄어들고 정치 신인들에게는 불리할 것이라고들 한다.

이렇게 언론의 영향력이 커진 상황에서 선거 보도가 제대로 되지 못한다면 국민의 판단을 오히려 호도할 수 있다는 점에 유의해야 한다. 다시 말하자면 선거에 대한 보도는 전술한 바와 같이 정책 중심의 보도가 되어야 하는데 실제로 그렇지 못하다면 유권자들에게 오히려 혼란만 가중시킬 염려가 있다. 미디어의 영향력이 커진 만큼 보도에 신중함이 더해져야 할 것이다. 사실 2004년 선거법 개정으로 인해 2004년 4월 15일 치른 17대 총선은 약간의 잡음이 있기는 했지만 역대 어느 선거보다 차분하고 깨끗하게 치러졌다고 평가된다. 개정 선거법이 더욱 구체화되고 엄격해진 이유가 있었고 선관위와 경찰 등 관계 기관들이 한층 단속을 강화하여 불법적 행위를 차단한 것도 성공적인 선거에 기여했다고 볼 수 있다.

2004년 처음으로 선거법에서 언론으로 편입되고 2005년에는 반론권이 인정되는 등 기존의 미디어와 같은 선상에서 보도를 하게 된 인터넷 언론(인터넷 신문)이 선거에서 상당한 위력을 보여 주었다. 즉 현행 법상에 인터넷 언론을 언론으로 인정함으로써 언론의 힘은 선거에서 더욱 크게 나타나게 되었다. 2005년 10월 28일 현재 178개 인터넷 언론사가 등록을 한 것으로 나타났다. 수적으로 대단히 많은 인터넷 언론이 언론으로 활동하고 있음을 알 수 있다. 인터넷 언론이 되려면 제공하는 뉴스 기사의 30%를 자체 생산해야 하는 등의 규정이 있어 포털은 인터넷 언론의 범주에 들어가지 않은 것으로 보았다.

2005년 개정 선거법은 기존의 공직선거 및 선거부정방지법에서 공직선거법으로 법명이 바뀌었으며 개정된 법에 의해서 언론의 선거 보도가 상당한 영향을 받았던 것으로 평가된다. 특히 2002년 개정 이 후부터 계속 거론되어 오던 인터넷 언론에 의한 선거 보도의 유형도 다양화되면서 다양한 미디어를 통한 선거 보도가 가능하게 되었다. 가 장 눈에 띄는 것은 개정된 선거법 제8조에서 '언론기관의 공정보도의 무 규정'을 두고 있는데 기존의 언론뿐만 아니라 인터넷 언론사의 경우 에도 정당의 정강, 정책이나 후보자의 정견 기타 사항에 관하여 보도, 논평을 하는 경우와 정당의 대표자나 후보자 또는 그의 대리인을 참여 하게 하여 대담을 하거나 토론을 행하고 이를 방송 / 보도하는 경우에는 공정해야 한다고 하여 언론의 영역이 대단히 확대되었다는 점이다. 그 래서 지난 대선 때 < 오마이뉴스 > 가 대선 후보 초청 대담과 관련하여 언론으로서의 자격 여부가 시비가 되었던 사건은 앞으로 발생하지 않 을 것으로 판단된다. 그러나 전술한 바와 같이 인터넷 언론을 어느 정 도까지 포함할 것인가에 대해서는 아직 불분명하다. 예를 들어 등록하 지 않았지만 선거에 영향을 미칠 수도 있는 많은 블로그 등은 어떻게 판단할 것인가는 아직도 명확치 않다.

　더욱 중요한 것은 제8조의5에서는 인터넷선거보도심의위원회를 두고 공정성을 유지하도록 하는 한편 필요한 경우 인터넷 언론의 보도에 대해서도 반론권을 인정하고 있다는 점이다. 이는 개정법에서 신설된 조항(제8조의6 제1항)으로서 인터넷선거보도심의위원회가 인터넷 홈페이지에 게재된 선거 보도의 공정 여부를 조사한 결과 선거 보도의 내용이 공정하지 않다고 인정되는 때에는 정정보도를 명할 수 있도록 되어 있다.

　이때 반론권을 인정할 인터넷 언론의 범위가 어느 정도인가 하는 점이 문제가 될 수 있다. 현재 선거법상에서는 보도, 논평 등의 목적으로 선거 관련 기사를 보도하는 블로그를 포함한 모든 미디어를 다 포함시키고 있는데 과연 이러한 미디어에까지 반론권 행사가 이루어질 수 있는 것인가는 의문점이 있다. 아울러 인터넷 언론의 미디어적 속성상 반론권의 행사가 의도한 만큼 효율적인 목적을 거둘 수 있는가는 아직 미지수이다.

4. 인터넷에서의 윤리적 보도 방안

　언론 윤리는 언론이라는 체제가 자리를 잡은 이후 가장 중요한 시대적 화두이며 체계적이고 지속적인 명제임에도 불구하고 지금까지 사회 전반에 걸친 심층적 논의는 아직 이루어지지 못했다. 시대 환경이 아무리 크게 변화한다고 해도 언론은 사회적 필요에 의해서 여전히 존재할 것이며 동시에 언론 윤리는 여전히 언론의 존립 근거로서 강조될 것이다.

언론 윤리의 문제는 이제 인터넷 언론의 경우에도 예외가 아닐 것으로 보인다. 특히 하나의 언론 체제로서 인터넷 언론의 사회적 영향력이 점차 커져 가는 상황에서 윤리 문제는 더욱 강조될 수밖에 없을 것으로 판단된다. 만일 인터넷 언론이 윤리를 잘 지키지 않은 경우가 발생한다면 이는 윤리적 비난에 그치기보다는 법적인 제재를 받게 될 가능성이 크다. 블랙과 스틸 그리고 바니(Black, Steele & Barney, 1999, p.25)에 따르면 최근의 추세는 윤리적 기준*ethical standard*과 법적인 기준*legal standard*을 같은 선상에서 보고 언론의 비윤리적인 행위로 피해를 입은 사람들이 도덕적 해이함에 대해 법적인 구제를 추구하는 경향이 있다는 것이다. 예를 들어 성폭력 피해자의 신원을 밝히는 일과 같은 것은 비록 공익적인 목적을 위하여 프라이버시 침해가 면책되기도 하지만 윤리상의 문제로 기사화하지 않는 경우가 많이 있다는 점 등이 고려되지 않았다는 것을 보여 주는 것이다.

비록 언론 윤리의 개념이 상대적이고 시대와 정의 주체의 성격에 따라서 다를 수 있다는 것은 인정하더라도 인터넷 언론도 기존의 언론과 크게 다르지 않다는 점에서 기본적인 윤리관의 확립이 필요할 것으로 보인다. 무엇보다 기존 언론처럼 인터넷 언론도 시스템적*systematic*인 윤리 점검이 이루어져야 한다(김영욱, 2004). 이를 위해서는 윤리 강령이 필수적이라고 할 수 있는데, 그 내용에는 제정과 구속력이 있는 약간의 강제 조항이 들어갈 필요가 있다.

아울러 인터넷 언론인들에게도 사내·외 언론 윤리 교육이 있어야 할 것으로 보인다. 이때 정기적인 교육과 부정기적인 교육으로 나누어 정기적인 교육은 일정 기간에 몇 회씩 나누어 실시하고 부정기적인 교육은 사회 문제가 되었을 때 문제의 재발을 방지하는 차원에서 실시하도록 하는 것이 좋을 것으로 보인다. 또한 현재의 언론 윤리 교육은 학교와 현업에서 양적 및 질적으로 더욱 강화되어야 하며(Lee, 2002), 윤리 문제에 대한 동료 간 또는 직상 상사와의 더 많은 대화를 가져야 할 것으로 판단된다. 이러한 측면을 바탕으로 언론이 자율적으로 윤리를 체계적으로 점검할 수 있는 검증 체제를 구축해야 한다.

아울러 글로벌 저널리즘 시대에 적용될 수 있는 '보편적 가치'를 추구하는 인터넷 언론 윤리가 확립되어야 할 것이다(김지운, 2004). 언론 윤리의 구축에 미디어의 특성이나 국경을 초월하여 적용될 수 있는 보편적인 윤리관을 확립해야 한다. 이를 위해서는 시대적 변화에도 항시적으로 적용될 수 있는 윤리적인 가치를 확립해야 할 필요가 있는데, 이 또한 언론 윤리와 언론 법제의 교육과 재교육을 확대하고 강화함으로써 가능할 것이다. 대학의 경우 신문방송학 관련 학과들이 많지만 실제로 언론 윤리 법제 교육이 이루어지고 있는 곳은 그리 많지 않은 것으로 보인다(Lee, 2005). 직장의 경우에도 언론사 내에서 자체적으로 또는 언론재단의 위탁 교육 등을 통해서 언론 윤리 법제 교육을 실시하는 곳도 많지 않은 것으로 나타났다.

물론 이와 함께 인터넷 언론의 특성도 고려되어야 할 것으로 보인다. 여기에는 인터넷 언론이 좀더 대안적이고 자유로워야 한다는 기대가 고려되어야 하는 한편, 수용자들의 인터넷 언론에 대한 인식 개선을 위한 노력도 있어야 할 것이다. 무엇보다 현재의 인터넷 언론의 특성인 신속성을 약간 줄이는 한이 있어도 신뢰성을 높이는 노력을 해야 한다. 실제로 인터넷 이용자들의 경우 양보다는 질을 선호하는 추세이며, 누가 첫째냐라는 것에 대해 개의치 않기 때문에 이들의 신뢰를 높일 수 있도록 좋은 기사를 발굴해야 한다.

둘째, 인터넷 언론은 언론으로서의 본업에 충실을 기하고 독자들이 진정 무엇을 원하는지에 대해서 지속적으로 질문해야 한다. 셋째, 개인적 저널리즘에 빠지지 않도록 해야 한다. 글을 싣는 많은 사람들이 가끔씩 자신의 사적 사안이나 감정을 표출하는 수단으로 인터넷 언론에 기사를 게재하는 경우가 문제될 수 있다. 진정한 의미의 뉴스를 전달하도록 뉴스룸이나 편집부의 검증을 거치지 않은 기사의 게재는 될 수 있는 대로 줄이고 '기자'라고 쓰는 바이라인의 사용도 재검토해야 한다. 넷째, 비록 자정 작용이 일어나고 있다고는 하나 댓글을 달 때 최대한 실명을 이용하도록 하여 이용자들이 어느 정도 책임을 가지고 글을 올리도록 하는 것이 바람직하다.

기존 미디어에 대한 조사에서 나타나듯이 언론 윤리에 대해서 언론이 윤리를 원칙의 문제가 아니라 정도의 문제로 인식하고 있는 경향이 있다는 점은 인터넷 언론에도 재고되어야 할 것이다. 그래서 진정 언론의 자유를 지키기 위해서는 공정한 보도와 아울러 스스로 엄격한 윤리적 잣대를 과감하게 들이댈 줄 아는 모습을 보여야 할 것이다. 윤리적이지 못한 언론의 행위는 언제든지 불법적인 행위가 되어 제재를 받게 되기 때문이다. 특히 한국 언론인들의 경우 상대적으로 높은 윤리의식을 가지고 있으면서도 실제 행동에서 이와 일치하지 않는 경우가 많다는 점에서도 윤리관의 확립이 필요할 것으로 판단된다. 물론 위법가능성이 있는 취재 보도 행위의 경우라도 공익적 목적 수행이나 정부의 기밀주의적 이유에서 비롯된 경우에는 언론 윤리와 함께 언론의 자유라는 측면에서 불가피성이 고려되어야 할 것이나 무엇보다도 윤리적인 가치관의 확립이 선행되어야 함은 자명한 사실이다. 결국 가치관

확립의 기준이나 근거가 될 수 있는 윤리 강령의 제정은 어쩌면 당연한 일인 것으로 보인다. 윤리 강령의 제정을 통해서 수용자들의 신뢰감을 높이고 안정된 언론 체제로 자리를 잡아가야 할 것이다.

10장

인터넷과
포털 뉴스 서비스

1. 뉴스 매개 서비스란 무엇인가

최근 네이버나 다음과 같은 인터넷 포털이 우리 사회에서 차지하는 영향력은 예전과는 비교할 수 없을 만큼 커졌다. 한국인터넷진흥원이 발표한 <2007년 하반기 인터넷 정보화 실태 조사>에 따르면, 2007년 12월 현재 만 6세 이상 국민의 인터넷 이용률은 76.3%, 이용자 수는 3482만 명이며, 인터넷 이용자의 67.1%는 인터넷을 통해 뉴스 기사를 보거나 읽고 있으며, 이 가운데 87.1%가 포털 사이트의 뉴스 서비스를 이용하는 것으로 나타났다.[125] 반면, 한국광고주협회의 조사 결과에 따르면 신문의 구독률은 2001년 51.3%에서 2006년 34.8%

---

125. 방송통신위원회(구 정보통신부)는 인수위 보고서에서 방송과 신문을 통한 뉴스 소비율이 43%인 반면, 인터넷은 56%로 급성장해 적절한 규제가 필요하다고 입장를 밝힌 바 있다(이관범, "기사 세복 수성 등 포털 맘내도 안돼," <문화일보>, 2008. 1. 14, 2면).

로 떨어졌으며, 지상파 방송 3사 저녁 메인 뉴스 시청률도 2004년 19.6%에서 2006년 15.5%로 떨어졌다.

인터넷의 기술적 특성으로 인해 인터넷상의 뉴스의 경우 '링크'와 '퍼나르기' 등을 통해 피해가 장소 및 시간에 상관없이 확대 재생산될 수 있으며, 한번 피해가 발생한 경우 문제된 표현을 인터넷 공간에서 완전히 삭제하기가 기술적으로 힘들다는 측면이 문제가 된다. 또한 게시판 및 토론 광장 등을 통해 검증되지 않은 정보들이 진실을 왜곡할 가능성도 상존하고 있다.

이러한 현실을 고려할 때, 포털 뉴스에서 명예훼손적 사실이 적시된 경우, 피해의 심각성과 파급력은 신문이나 텔레비전과 같은 기존의 미디어보다 더 클 수 있다. 이에 포털 사이트가 단순히 기사를 전달만 하는 유통 창구가 아니라 편집권 행사 등으로 인해 언론 기능을 수행하고 있다는 점에 중점을 두고 언론으로 규정하려는 움직임과 관련 논란이 계속되고 있다. 특히 포털 사이트를 언론으로 규정하고 그에 따른 사회적·법적 책임을 부과하려는 '신문 등의 자유와 기능보장에 관한 법률'(이하 '신문법')과 '언론중재 및 피해구제 등에 관한 법률'(이하 '언론중재법') 개정안이 계속해서 나오고 있는 실정이다. 언론중재법은 최근 개정되어 2009년 8월 7일부터 시행될 예정이다.

한편, 우리 사법부는 포털 사이트는 자신의 사이트에 게재되는 기사가 사실 내용과 맞는지 여부를 확인하는 등의 작업을 통하여 명예훼손 등이 발생하지 않도록 주의할 의무가 있음을 강조하고 있으며, 상시적인 모니터링을 포털 사이트에게 요구하고 있다. 그런데 이러한 움직임은 종국적으로 표현의 자유가 위축되는 문제(chilling effect)로 이어질 수 있다는 우려가 있다.

이 장에서는 포털 뉴스의 언론성 논의와 포털에 대한 법적 규제 움직임의 현황과 문제점을 파악하고, 포털 뉴스 서비스로 인해 피해를 입은 자의 인격권과 포털 사이트를 매개로 이루어지는 표현의 자유 사이의 이익 조정이 합리적으로 이루어질 수 있는 방안을 모색하고자 하였다. 무엇보다 포털의 사회적 기능과 미디어적 특성에 대한 이해를 바탕으로 한 입법이 어떻게 이루어져야 하며, 실질적인 이익 조정이 이루어지는 법원에서의 인식이 어떠한지를 살펴보는 것이 요망된다. 이를 바탕으로 포털 뉴스 서비스로 인한 인격권 침해와 구제를 어떻게 접근하는 것이 필요한지를 제언하고자 한다.

2. 온라인 서비스 제공자의 책임 정도

1) 온라인 서비스 제공자의 개념

황승흠·황성기(2003, p.210)는 인터넷상의 정보 유통과 관련되어 있는 사업자를 기능적 측면에 주목하여 다음과 같이 크게 세 가지로 구분하고 있다. "첫째, 인터넷 콘텐츠 제공자(Internet Content Provider: ICP)로서 이들은 인터넷을 통해서 콘텐츠 또는 데이터베이스를 제작·제공하는 자라 할 수 있다. 일명 '정보 제공자'인 셈이다. 둘째, 인터넷 콘텐츠 호스트(Internet Content Host: ICH)는 타인의 정보(정보 제공자가 제공하는 정보)를 매개하는 자를 말한다. 일명 '정보 매개자' 또는 '정보 매개 서비스 제공자'라고 할 수 있다. 예컨대 현재 인터넷상의 각종 포털 사이트가 여기에 해당한다고 할 수 있다. 즉 이용자로 하여금 정보를 이용 내지 제공할 수 있도록 하기 위해서 정보를 관리 · 매개하는 자를 의미한다고 할 수 있다. 셋째, 인터넷 서비스 제공자(Internet Service Provider: ISP)는 타인의 정보(정보 제공자가 제공하는 정보)를 매개하는 것이 아니라 정보 제공자가 제공하는 정보에 접근할 수 있도록, 즉 인터넷에 접속할 수 있도록 서비스를 제공하는 자를 의미한다.

이인석(2002)은 '온라인 서비스 제공자'(Online Service Provider: OSP)라는 용어가 온라인 서비스 사업자, 인터넷 서비스 제공자, 인터넷 네트워크 사업자, 전자게시판 운영자 등의 용어와 혼용되고 있음을 지적하면서, 온라인 서비스 제공자라는 용어를 사용하는 것이 합리적이라고 지적했다. 우리나라의 경우, 온라인 서비스 제공자(OSP)와 인터넷 서비스 제공자(ISP)라는 용어가 서로 혼용되어 사용되는 경우가 많다. 이러한 현상은 온라인 서비스 제공자의 법적 책임에 관한 논의가 활발했던 미국의 경우에도 마찬가지이다(Jackson, 2000; Medenica, 2008).[126] 여기서는 황승흠 · 황성기(2003)의 주장처럼, 온라인 서비스 제공자라는 상위의 개념을 위치시킨 후 정보 유통을 담당하는 사업자의 기능적인 측면에 초점을 맞추어 인터넷 콘텐츠 제공자, 인터넷 콘텐츠 호스트,[127] 인터넷 서비스 제공자로 구분하는 것이 합리적으로 보인다(pp.210~211).[128]

126. OSP의 면책 범위에 대한 미국 법원의 재해석 판례를 소개하는 연구로 김민정(2008)의 논문을 참고하라.
127. 여기서 포털 사이트는 온라인 서비스 제공자 중에서도 인터넷 콘텐츠 호스트에 해당하며, 별도의 언급이 없는 한 온라인 서비스 제공자는 인터넷 콘텐츠 호스트를 의미한다.
128. 박준석(2006)은 온라인 서비스 제공자와 인터넷 서비스 제공자의 두 용어가 개념상 큰 차이를 보이지 않으므로 어느 것을 사용해도 큰 무리가 없다고

2) 온라인 서비스 제공자에 대한 규제: 미국, 일본, 독일의 경우

온라인 서비스 제공자의 책임을 어느 정도까지 물을 것인가는 법 논리의 문제라기보다는 법 정책적인 문제로 각국의 상황에 따라 차이가 있을 수 있다(안효질, 2006). 우리나라의 경우, 온라인 서비스 제공자의 법적 책임에 대한 통합적인 법이 없고, 인격권 침해의 경우 기존 미디어에 적용되던 법리가 온라인 서비스 제공자에게도 적용되고 있다.

미국의 경우 1996년 제정된 통신품위법Communication Decency Act 제230조 (c)(1)에서는 이른바 '선한 사마리아인 조항'이라고 하여, '쌍방향 컴퓨터 서비스'를 제공 또는 사용하는 자는 '출판자*publisher*'나 '발화자*speaker*'로서의 책임을 지지 않는다고 규정하였다. 1997년 이후에는 온라인 서비스 제공자가 '배포자*distributor*'로서의 책임도 지지 않는다는 판결이 압도적이었다.[129] 그러나 이러한 완전면책 경향에 대한 비판이 최근 미국에서는 꾸준히 증가하고 있다(Magee & Lee, 2007; Miles, 2007). 이러한 비판에도 불구하고 제230조가 인터넷상의 배포자에게 책임을 부과하는 것을 금지한다고 재확인하고, 230(c)(1)이 상호 작용적인 컴퓨터 서비스의 개인 이용자들에게도 면책특권을 부여하는 것이라고 해석하였으며, 이용자의 이용 행위를 능동적 이용과 수동적 이용으

지적하고 있다. 그러나 여기서는 2008년 2월 29일 개정된 저작권법 제2조 제30호에서 사용하고 있는 '온라인 서비스 제공자'라는 용어를 사용하기로 한다.
129. Kenneth M. Zeran v. America Online, Inc. 129 F.3d 327 (4th Cir, 1997). 여기에는 1990년대 초반부터 방송에 대해 적용해 온 '탈규제*deregulation*' 정책을 인터넷 영역에 대해서도 적용하는 정책적 판단이 작용하였을 것으로 판단된다(박선영, 2000).

로 구분하는 것 자체를 거부한 바 있다.[130]

한편, 일본의 경우 인터넷을 통한 명예훼손 및 각종 범죄 등에 대한 온라인 서비스 제공자의 법적 책임을 규율하는 '특정 전기통신역무제공자의 손해배상책임의 제한 및 발신자정보개시에 관한 법률'(이하 '프로바이더 책임제한법')을 제정 2002년부터 시행하고 있다. 이 법에 따르면 온라인 서비스 제공자는 정보의 유통으로 인해 타인의 권리가 침해된 경우 송신을 방지하는 조치가 기술적으로 가능하고, 권리 침해를 알거나 알 수 있었다고 인정하기에 충분한 상당한 이유가 있을 때가 아닌 한 배상 책임을 지지 아니한다. 또한 침해 정보의 송신을 방지하는 조치를 취한 경우 부당한 권리 침해를 믿기에 충분한 상당한 이유가 있거나 피침해 권리자로부터 송신 방지 신청이 있고, 이에 대해 침해자가 7일 이내에 부동의 신청을 하지 않는 경우에도 배상 책임을 지지 않는다.[131]

독일의 경우, '정보 통신 서비스법'이 온라인 서비스 제공자의 책임 범위에 관한 일반 조항을 규정함으로써, 온라인상의 불법 정보에 대한 법적 책임의 인정 여부와 그 범위에 대한 기준을 법률 차원에서 규율하고 있다. 동 법률의 제1편('텔레서비스법' 또는 '텔레서비스의 이용에 관한 법률'로 불림) 제5조에서 온라인 서비스 제공자의 책임에 관한 기본적인 틀을 규정하고 있다. 동 법률은 2001년 12월 14일 개정되었는데, 기본적인 토대는 유지하면서 온라인 서비스 제공자의 책임에 대해 보다 상세하게 규정하는 태도를 취하게 된다.

---

130. 바렛 대 로젠탈Barrett v. Rosenthal 항소심에서는 제란Zeran 사건 이후 완전면책 경향에 반하여 배포자의 책임에 대한 부분을 유지하는 것이 통신품위법 230조의 원래 취지와 부합한다는 판단을 내린 바 있다(Miles, 2007).
131. ≪新六法≫, 東京: 三省堂, 2004, p.1001.

독일의 입법 방식은 각종 불법 행위의 유형을 구분하지 않고 모든 유형의 불법 행위를 포괄하는 일반 조항의 형태를 취한다. 텔레서비스법상의 온라인 서비스 제공자의 법적 책임에 대한 법률의 태도를 살펴보면, 타인의 정보를 매개하는 경우 그 내용을 알고 있었고 그 이용을 금지하는 것이 기술적으로 가능하거나 기대 가능한 경우에만 책임을 진다고 규정하고 있으며, 정보 매개 서비스 제공자나 접속 서비스 제공자에 대한 상시적인 모니터링 의무를 부과하고 있지 않다.

3) 미디어 특성론적 접근

인터넷에 대한 규제 모델 중의 하나가 미디어 특성론적 접근 방법이다(곽병선, 2006). 이는 정보의 흐름과 통제에는 그 특성이 서로 다른 미디어에 따라 규제에 관한 법적 원리가 달라야 한다는 문제 의식에서 출발한다. 표현의 자유나 표현 미디어에 관한 법적 원리나 헌법상의 원리를 해석할 때 미디어의 특성을 감안해야 하고, 그 미디어의 특성에 따라서 기존의 원리들을 재구성해야 하며 또한 표현 미디어 규제에 관한 정책과 법제도를 정비해야 한다는 것을 의미한다(이재진, 2002). 일방적이고 폐쇄적인 기존 미디어와는 달리 쌍방향성과 개방성 및 비속지성 등을 특징으로 하는 온라인 미디어에서도 기존의 명예훼손법리가 그대로 적용될 수 있는가의 문제에 답하는 데에는 미디어 특성론적 접근의 장점이 있다.

한편 인터넷 메시지의 왜곡성·축약성·분산성·비신뢰성 때문에 인터넷상의 명예훼손 분쟁시 재판으로 이어지는 경우가 드물다는 주장도 있다. 인터넷상의 명예훼손적 메시지에 대해서 일반인들이 별로

진지하게 생각하지 않는 경향이 있고, 소송 비용이 많이 들며, 적지
않은 시간이 소요되고, 적절한 법 규정이나 전문 법률가를 찾기가 어렵
다는 것이 주된 이유라고 한다. 곽병선(2006)에 따르면 쌍방향성을 특징
으로 하는 인터넷상에서는 명예훼손적 표현에 대한 반박이 기존 매스
미디어에 비해 상당히 용이하므로, 훼손된 명예에 대한 회복을 기존의
법적 수단에 의해 실현할 필요성이 적다고 한다.

3. 포털 뉴스 서비스의 언론성

1) 포털 뉴스 서비스의 언론성에 대한 견해의 대립

포털을 통해 수많은 미디어의 뉴스 콘텐츠가 결집되고 인터넷상에
서의 뉴스 소비가 포털에 집중화되면서 포털의 저널리즘적 정체성에
대한 논의가 활발하다(조규철, 2007). 포털 사이트가 매개하는 뉴스 서비스
로 인해 신문이나 텔레비전과 같은 전통적인 의미로서의 언론에 해당하
는지에 대해서는 의견이 대립되고 있다. 여기에는 포털은 저널리즘과는
무관한 단순 뉴스 매개자 또는 전달자라는 시각에서부터 포털은 언론
기능을 이미 수행하고 있으며, 우리 사회의 주요한 담론 형성이 이루어
지는 공간으로 보아야 한다는 견해에 이르기까지 다양한 시각들이 있다.

(1) 긍정론
임종수(2006)는 포털이 의제 소비 단계에서 잦은 접속과 이탈을 거

듭하는 '단발성 미디어'로 '의제 소비의 선차성'을 띠고 있으며, 포털이 그 자체로 독립적인 커뮤니케이션 환경이 됨으로써 뉴스 제공사와 뉴스의 관계가 분리되는 '탈미디어적 뉴스 소비'의 징후를 보인다는 연구 결과를 바탕으로 포털이 실질적인 저널리즘적 실천을 수행하고 있다고 밝히고 있다.

조규철(2007)의 연구에서도 뉴스가 그것을 생산하는 원래 미디어로부터 분리되는 연구 결과를 바탕으로 포털 뉴스의 재매개 환경 자체가 뉴스를 제공하는 독립된 미디어로 인식되고 있음을 의미한다고 주장한다. 임종수(2004)는 또 다른 연구에서 변화된 저널리즘 환경하에서 중요한 것은 미디어가 어떤 뉴스를 생산하는가가 아니라 뉴스가 어떤 통로로 최종 소비자와 만나는가라고 보았다. 문제는 이 새로운 포털 저널리즘의 대중성을 어떻게 진지한 공론장으로 연결시켜 낼 것인가에 달려 있으며, 포털이 만들고 있는 새로운 뉴스 유통과 소비 구조가 과연 저널리즘이냐 아니냐는 본원적 질문을 던지기에 앞서 그것의 실질적인 형태와 대중적 영향력을 냉철하게 분석해 내는 작업이 선행되어야 한다고 주장한다.

이희완(2006)은 포털이 언론사로부터 제공받은 '기사의 제목을 변경'함으로써 기사의 진정성이 훼손되고 결과적으로 의제 설정까지 달라질 수 있다는 점을 지적하고 있다. 포털 사이트에서의 뉴스 소비는 포털의 뉴스 편집인에 의해 가장 크게 좌우되고, 게이트키핑의 결과물로서 포털이 제공하는 '뉴스 박스'가 네티즌의 1차 의제 설정에 중요한 영향을 미치거나 사회적 '주요 의제를 확산'시키는 기능을 수행하고 있다는 점을 지적하는 견해도 있다(최민재·김위근, 2006).

송경재(2006)도 인터넷 포털은 이미 언론으로서 기능과 의제 설정,

뉴스 선별 등의 편집과 기사의 공표를 통하여 실질적으로 언론의 의제 설정 기능을 하고 있다는 점을 강조한다. 한편, 유승현·황상재(2006)는 전통적인 저널리즘 영역에서 논의되었던 뉴스 프레임 분석을 포털 미디어에 적용함으로써 포털 미디어가 사회적 갈등 현상이 발생했을 때 특정 프레임을 선택하여 뉴스 이용자들의 인식과 사고를 틀 짓고 있다고 밝혔다.

황용석(2005)은 포털이 비록 제한적인 취재 기능을 갖지만 기존 언론이 만든 '뉴스의 재매개' 활동 자체가 뉴스의 핵심 기능 중 하나인 게이트키핑을 구성한다는 점을 강조하고 있다. 매기와 리(Magee & Lee, 2007)에 따르면 사람들은 그 기사의 원래 출처는 상관없이 야후와 같은 뉴스 포털이 제공하는 뉴스를 해당 포털의 뉴스 선정 기준에 의해 선택된 해당 사이트의 뉴스로 인식한다. 그러면서 뉴스 포털의 조직과 편집자적 역할이 그들을 신문사들과 유사하도록 만들고 있다고 본다. 기사에 헤드라인을 달거나 콘텐츠에 가해지는 카테고리 분류나 인기 기사에 대한 별도의 소개와 같은 주변 콘텐츠peripheral content의 제공, 그리고 기사 내용의 수정과 같은 행위는 콘텐츠의 변형에 해당하고 이러한 행위는 명예훼손으로부터 면책될 수 없다고 주장한다.

(2) 부정론

포털의 언론성을 부정하는 견해들은 무엇보다 전통적인 의미에서의 언론의 가장 큰 특징이자 다른 미디어들과의 차별성을 갖는 요소인 '독립적인 취재 및 기사 제작'과 '실질적·내용적 편집 통제권'이라는 요소를 포털이 결여하고 있어 전통적인 의미에서의 언론으로 보기는 힘들다는 것이다(황성기, 2007a). 전통적인 의미로 볼 때 '미디어'에는 해당되지만 '언론'에 해당된다고 볼 수는 없다는 것이다.

구본권(2005)은 언론으로의 기능을 수행하기 위해서는 단순히 뉴스의 취합과 선별을 통한 편집 기능만이 아니라 '고유의 보도와 논평'을 필요로 하는데, 포털 뉴스는 정보 전달이라는 보도 기능 이외에 자체적 논평이 없다는 점에서 포털 뉴스를 언론으로 보기는 어렵다고 주장한다. 한편, 곽정훈(2000) 또한 포털 사이트의 뉴스 서비스는 단지 구매자와 판매자 간의 '온라인 상거래' 혹은 '단순한 온라인상에서의 뉴스 제공'에 지나지 않으므로 포털을 언론으로 지칭하는 것은 무리라고 주장한다.

저널리즘 영역에서 교과서로 여겨지는 《저널리즘의 기본 요소The Elements of Journalism》(Kovach & Rosenstial, 2001)에서 저자들은 커뮤니케이션, 미디어, 정보라는 말이 홍수를 이루지만 정작 저널리즘의 역할은 위축되고 있는 점과, 저널리즘 스스로 소홀히 한 '기본'이 무엇인지를 반성하고 있다. 이들은 결론으로 제시한 요소 중 하나로서 저널리즘의 본질은 '검증의 규율'이라고 밝혔다.[132] 이러한 견해를 따를 경우, 현재 포털들은 기존 언론사들이 행하는 정도의 자체적인 검증을 하고 있다고 보기 힘들고, 저널리즘의 기본 요소를 결여하고 있다.[133] 포털이 언론의 속성을 지닌다고 하더라도 정보 확인과 검증 기능이 없는 포털을 언론으로 인정하는 것은 새로운 문제를 일으킬 수 있다는 점 또한 간과될

132. <동아일보>, 2006. 3. 24(http://www.donga.com/fbin/output?n = 200603240164).
133. 글리슨(Gleason, 1990)에 따르면, 언론은 정치 권력의 협조자로서보다는 독립적인 세4부로서 정치 권력을 감시하고 비판하는 감시견이이야 한다고 하였다.

수 없는 부분이다("포털 언론 기능 책임 뒤따라야," <매일경제> 사설, 2006. 6. 27).

한편, 참여와 공유로 대변되는 웹 2.0 시대에 적합한 뉴스 서비스 형태로 평가받는 구글의 뉴스 서비스처럼 웹로봇에 의해 크롤링crawling 방식으로 수집된 뉴스를 기계적 검색을 통해 해당 언론사의 기사로 직접 연결시켜 주는 경우에도 포털 뉴스 서비스의 언론성에 대한 논의가 지금과 동일하게 이루어질지는 의문이다.

2) 포털 뉴스 서비스의 언론성에 대한 법원의 판단

우리나라 법원에서 포털 뉴스 서비스를 직접 대상으로 삼은 판례는 이른바 '전여옥 의원 판례'[134]와 동 판례의 제2심 판결, 그리고 이른바 '변심 애인 판례'[135]를 들 수 있다(표 10-1). '전여옥 의원 판례'의 제2심 판결에서 법원이 포털 사이트가 언론에 해당하는지에 대한 판단을 내린 바 있으나, 그러한 판단이 언론의 성격을 규정짓는 요소가 무엇인지에 대한 심각한 고민을 바탕으로 이루어졌는지, 또한 포털 사이트의 성격에 대한 면밀한 검토가 있었는지에 대해서는 의문을 갖지 않을 수 없다.

판결에서 나타난 법원의 판단을 전체적으로 살펴볼 때, 법원은 포털 사이트가 유사 언론 행위를 하는 점을 명확히 하고 있는 것으로 보인다. 그러나 비록 2007나60990 판결에서 언론의 요소를 배포, 편

---

134. 이 사건은 한나라당 전여옥 의원이 CBSi 오보와 이를 확인 없이 게재한 NHN 등을 상대로 낸 손해배상을 청구한 것이다.
135. 이 사건은 변심한 애인으로 인해 한 여성이 자살하자 상대 남성의 인격권을 침해하는 내용이 싸이월드와 인터넷 포털에 댓글로 달리면서 시작되었다.

표 10-1. 포털 뉴스 서비스로 인한 인격권 침해를 다룬 판례

판결 일자 및 법원	판시 사항	판결 요지(명예훼손 판단 관련 부분)
2006.9.8. 선고 서울남부지방법원 (2005가단18300)	잘못된 보도로 인한 손해배상 책임에 대한 포털 사이트의 면책 여부	• 포털 사이트를 운영하는 업체로서는 사이트에 게재되는 기사가 사실 내용과 맞는지 여부를 확인하는 작업을 통하여 기사의 대상 인물에게 명예훼손 등의 손해를 입히지 않도록 주의할 의무가 있음 • 기사 제공 업체와의 내부 관계에서 기사 작성과 전송 및 게재의 체계상 포털 사이트 측이 기사의 진실성을 확인할 수 있는 방법의 여지가 없다고 하더라도 그와 같은 사유는 내부에서 책임의 분담을 정할 때 주장할 사유에 불과하고, 허위 기사로 인하여 피해를 입은 자에 대하여 대항할 수 있는 사유가 된다고 볼 수 없음
2008.1.16. 선고 서울고등법원 (2006나92006)	잘못된 보도로 인한 손해배상 책임에 대한 포털 사이트의 면책 여부에 관한 2005가단18300 판례의 상급심 판례임. (피고들의 항소 및 원고의 부대항소를 모두 기각)	• 네이버가 명예훼손의 주체인 언론에 해당하는지 여부와 관련하여, 언론의 핵심 요소인 취재, 편집 및 배포의 3기능을 두루 갖추었으므로 언론에 해당함 • 네이버의 위법성조각 주장과 관련하여, 사건 기사의 경우 공익성은 인정되나 진실에 반하고 피고가 이를 진실하다고 믿은 데 상당한 이유도 없어 위법성이 인정됨
2007.5.18. 선고 서울중앙지방법원 (2005가합64571)	포털 사이트의 뉴스, 지식 검색, 커뮤니티 서비스 등을 통해 원고의 명예를 훼손하는 표현물이 널리 유포된 경우 포털 사이트 운영자가 원고에 대한 명예훼손 책임을 부담하는지 여부	• 언론사들로부터 전송받는 기사들을 분야별로 분류하고, 속보성, 정보성, 화제성 등의 편집 기준에 따라 중요도를 판단하여 주요 화면에 배치하기도 하는 점 • 기사의 제목을 변경하여 붙이기도 하는 점 • 기사 밑에 네티즌이 댓글을 작성할 수 있는 공간을 만들어 기사에 대한 관심을 유도하고 때로는 기사 자체의 내용을 넘어서는 정보 교환 또는 여론이 형성되도록 유도하기도 하는 점 • 언론사와의 계약을 이유로 피고들의 제3자에 대한 손해배상 책임이 면책되지는 않는 점 • 기사로 인한 영향력이 기사의 작성자보다 더 커질 수도 있는 점 상기 내용을 고려시 인터넷 포털 사이트가 단순한 기사 정보의 전달자 역할에 그쳐 그 기사 내용에 대하여는 책임이 없다고 할 수 없다. 피고들은 문제된 기사들을 게재함으로써 원고의 명예를 훼손하게 된다는 점을 알았거나 쉽게 알 수 있었음에도 위 기사들을 게재하여 원고의 명예를 훼손하였음

2008.7.2 선고 서울고등법원 (2007나60990)	포털 사이트의 언론성 여부에 대한 판단 2005가합64571의 상급심 판례	• 통상 언론은 취재, 편집 및 배포의 세 가지 기능을 그 핵심적인 요소로 함 • 배포의 면에서 기사 전달은 물론 댓글을 작성할 수 있는 공간 까지 만들어 기사에 대한 관심을 유도, 기사의 내용을 넘어서는 정보 교환 또는 여론 형성 유도 • 편집의 면에서 전송받는 기사들을 정치·사회·연예 등 분야 별로 분류하고, 속보성·화제성·정보성 등의 기준에 따라 기 사를 취사선택하여 분야별 주요 뉴스란에 배치, 필요시 기사의 제목을 변경 • 취재의 면에서 언론사들도 통신사에서 공급받는 뉴스를 자사 에서 취재한 기사와 동등한 지위를 부여하므로 일종의 유사 취 재 개념에 포섭됨 • 명예훼손 글이 게시된 사실을 알았거나 알 수 있었다는 사정만 으로 그 글을 즉시 삭제하거나 검색을 차단할 의무를 지는 것은 아님 • 피해 발생의 예견 가능성 인정, 침해 행위의 회피 가능성 부정, 피고의 주의 의무 위반 인정

집, 취재로 보고 포털도 이러한 행위를 하는 것으로 인식하고 있으나,
전통적인 저널리즘에서의 언론의 고유한 역할과 기능에까지 논의하기
보다는 형식적인 측면에서 언론성을 인식하고 있는 것으로 보인다. 이
에 대해서는 보다 많은 판례가 집적되면서 이에 대한 해석도 명확해
질 것으로 예상된다.136

136. 법원은 포털이 '전기통신사업법'상의 부가통신사업자이자 '정보통신망
법'상의 정보 통신 서비스 제공자로서, 자신들이 운영하는 인터넷 포털 사이트
에서 뉴스 서비스란을 두고 신문사, 통신사, 인터넷 신문 등으로부터 뉴스 기사
를 유료 또는 무료로 제공받아 이를 배치하여 네티즌이 열람하도록 하는 서비
스를 제공하고 있으며, 정보 검색 및 커뮤니티 서비스를 제공하고, 인터넷 포털
사이트를 운영하면서 자신의 사이트 홈페이지 및 서브페이지상에 광고를 판매
하여 수익을 올리고 있다고 지적한다.

법원은 정보 매개 서비스 제공자인 포털 사이트에게 상시적인 모니터링 의무를 부과하고 있는데, 이는 포털 사이트들의 사적 검열을 부추겨 종국에는 인터넷을 통한 정보의 자유로운 유통과 공유에 부정적인 영향을 미칠 수 있다. 미국의 경우 '통신품위법'상의 '선한 사마리아인 조항'의 해석을 놓고 판례와 학자들이 다양한 견해를 제시한 바 있으나, 우리나라의 경우 소송 문화의 차이 때문인지 몰라도 아직까지 온라인 서비스 제공자를 대상으로 한 판례의 수가 적으며, 관련 판례들에서는 포털 사이트의 성격에 대한 구체적인 논의가 보이지 않는다.

다만 이른바 '변심 애인 판례'에서 기존의 대법원 판결이 설시한 요건을 완화시키거나 기존의 온라인 서비스 제공자의 법적 책임을 더 넓게 인정한 경향이 나타나고 있다는 지적이 있다(황성기, 2007c). 이 판례에서 보이는 온라인 서비스 제공자의 책임 발생 요인과 책임 제한 요인은 표 10-2와 같이 요약할 수 있다.

그러나 판결에서는 상기 책임 발생 요인과 책임 제한 요인을 일별한 후, 온라인 서비스 제공자의 책임을 판단하기 위해서는 위와 같은 "사정들을 비교형량하여 판단하여야 할 것"이라고만 언급하고 있고, 2001다36801 판례에서처럼(이 책의 2장을 참조하라) 온라인 서비스 제공자에게 책임을 묻기 위한 전제로서 '예견 가능성'을 제시하거나 구체적 판단 기준을 제시하지 않고 있다(이인석, 2002).

이 판례에서 흥미로운 점은 법원이 포털 뉴스 서비스뿐만 아니라 기사에 따른 댓글, 검색 그리고 커뮤니티 서비스 등 포털이 제공하는 서비스 전반에 대한 판단을 내리고 있다는 것이다. 다시 말하자면 포털로 하여금 자신이 제공하는 거의 모든 서비스 내에서 이루어지는 불법적인 요소들에 대한 상시적인 모니터링을 통해 그러한 자료들이 현출

표 10-2. 온라인 서비스 제공자의 책임 발생 요인 및 제한 요인

사건 번호		온라인 서비스 제공자의 책임 판단의 근거
2005가합64571	책임 발생 요인	• 현실 세계에서 위법한 것은 가상 세계에서도 위법 • 사인의 경우 어느 경우에도 침해되지 않는 사적 영역이 지켜져야 한다는 점 • 인터넷 서비스 제공으로 영리 활동을 하는 경우 그에 상응하는 책임이 따르는 점 • 온라인 서비스 제공자로서는 사상의 자유 시장 논리에 기댈 것이 아니라 불량한 정보의 유통을 방지하여 인터넷 문화가 장착될 수 있도록 노력해야 하는 점
	책임 제한 요인	• 온라인 서비스 제공자는 정당한 이유 없이 역무의 제공을 거부할 수 없는 점 • 누구나 간단한 절차를 걸쳐 쉽게 포털 사이트의 회원으로 가입하여 서비스를 이용할 수 있는 점 • 인터넷의 이용은 보편적으로 누릴 수 있는 권리인 점 • 온라인 서비스 제공자에게 지나친 책임을 부과할 경우 온라인 서비스 제공자에 의한 사적 검열이 이루어져 여론이 왜곡되거나 정당하게 반영되지 못할 우려가 있는 점 • 위법성이 인정되는 표현물을 손쉽게 삭제해 버릴 경우 표현의 자유가 위축될 수 있는 점 • 인터넷상의 표현물에 불만이 있는 제3자가 온라인 서비스 제공자에게 단지 신고함으로써 비용을 들이지 않고 그 표현물을 제거하는 방법으로 악용될 수 있는 점

되지 않도록 사전에 조치해야 할 의무가 있다는 취지이다.

이러한 점에 대해 인격권을 침해받은 피해자의 통지나 구제 청구가 있거나, 포털이 자체적인 모니터링을 통해 불법적이고 인격권을 침해하는 정보가 유통되고 있을 경우에 한해 이에 대한 조치 의무가 있다고 판단하는 것이 합리적이라는 지적이 있다(박용상, 2008). 이인석 (2002) 또한 명예훼손에 관하여 온라인 서비스 제공자를 완전히 면책시켜 주는 미국의 이론을 그대로 적용하지 않고, 일정한 경우에 한정하여 책임을 인정한 대법원 판결인 2001.9.7. 선고 2001다36801에 대해 개인의 명예를 보호하면서도, 표현의 자유를 위축시키지 않는 조화점을 찾으려는 고민의 결과라는 점에서 그 의미를 찾을 수 있다고 보았다. 그리고 판결의 취지를 온라인 서비스 제공자의 책임을 광범위하게 인정하려는 해석론을 경계하고 구체적 상황을 바탕으로 예외적인 경우에 온라인 서비스 제공자의 작위의무가 발생함을 인정하는 방향으로 나아가 표현의 자유와 인격권이라는 두 가치의 조화를 도모하려는 데 있다고 주장한다.

4. 인격권 침해에 대한 구제

1) 기존 법률의 적용 및 개정을 통한 구제

현행 법체계에서 언론 보도로 인해 명예훼손이 발생하는 경우 언론의 자율 규제에서부터 형법 등 처벌법을 통한 피해의 구제, 그리고 민법상 손해배상의 청구 등 다양한 구제 방식이 존재한다. 아울러 언론중재법상의 각종 제도를 통한 피해의 합리적이고 신속한 구제를 도모할 수도 있다.

한편, 정보통신망법 제44조의 10에서는 정보통신망을 통하여 유통되는 정보 중 사생활의 침해 또는 명예훼손 등 타인의 권리를 침해하는 정보와 관련된 분쟁의 조정 업무를 효율적으로 수행하기 위하여 '명예훼손분쟁조정부'를 두도록 규정하고 이에 따른 자세한 구제 절차를 마련하고 있다.

문제는 포털 사이트가 신문법 및 언론중재법의 적용 대상에서 제외된다는 것이다. 이 때문에 최근 포털 사이트를 통해 이루어지는 각종 불법 행위들의 피해에 대한 인식을 바탕으로 신문법 및 언론중재법은 개정하여 포털 사이트를 규제의 대상으로 삼으려는 시도가 활발히 진행 중이며, 특별법인 '검색서비스사업자법(안)'을 제정하여 포털 사이트를 규율하려는 움직임이 있어 왔다. 최근 언론중재법 개정으로 '인터넷 뉴스 서비스'도 동법의 적용 대상으로 포섭되어 8월부터 시행을 앞두고 있다.

이처럼 포털 뉴스로 인한 명예훼손 피해의 효율적인 규제를 위해 신문법과 언론중재법의 적용 대상에 포털을 포함시키는 것은 타당성 여부를 떠나 포털 뉴스로 인한 인격권 침해에 대한 구제책을 쉽게 마련하는 방법일 수 있다. 최근의 언론중재법 개정 이전 신문법 및 언론중재법 개정안과 새로운 법안에 대해 살펴보면 표 10-3과 같다. 표에 나타난 입법안들의 내용을 살펴 볼 때, 상당수의 개정안들이 포털을 기존의 인터넷 신문과 동일한 규율을 받아야 하는 미디어로 인식하고 있는데, 이는 포털을 언론으로 인식하는 사고에 근거한 것으로 판단된다.

신문법상 인터넷 신문의 개념 요소 중에는 '보도·논평·여론 및 정보 전파의 목적'뿐만 아니라 '독자적인 기사 생산' 부분이 필요하다. 동법 시행령 제3조는 "독자적인 기사 생산을 위한 요건으로서 취재 인력 2인 이상을 포함하여 취재 및 편집 인력 3인 이상을 상시적으로 고용하고, 주간 게재 기사 건수의 100분의 30 이상을 자체적으로 생산한 기사로 게재할 것"을 규정하고 있다. 이러한 '독자적인 기사의 생산' 부분과 '논평' 부분이 현재 포털에 그대로 적용되기 어려운 측면이 있다(황성기, 2007a).

실제로 인터넷을 통해 자유롭게 유통되는 정보의 유통 과정에서 타인의 인격권 침해를 이유로 온라인 서비스 제공자에게 과도한 법적 책임을 부담시킬 경우, 인터넷상의 표현의 자유가 위축되고 온라인 서

표 10-3. 포털 뉴스 서비스의 규제 관련 입법 논의 요약

입법 방향	개정 · 입법안	특징
신문법의 적용	심재철 의원 발의안 (2006. 6. 19)	• '인터넷 포털'(……기사를 보도 · 제공하거나 매개함으로써 언론의 기능을 행하는……)의 개념을 신설하고, 인터넷 신문에 적용되는 사회적 책임 조항(제4조 제1항)을 인터넷 포털에도 적용
	윤원호 의원 발의안 (2006. 11. 21)	• '인터넷 포털'(언론의 기능을 행하는 인터넷 홈페이지)이라는 개념을 신설 • 포털이 기사를 제공할 때, 기사 내용을 편집하거나 수정하는 경우 기사 생산자의 동의를 얻도록 의무화
	정청래 의원 발의안 (2006. 12. 11)	• 법의 적용 대상 및 범위에 인터넷 신문을 포함하고, 목적에 육성과 지원에 관한 사항을 명시 • 발행하는 내용이 동일한 경우 동일 제호 등록을 예외적으로 인정하여 인터넷 신문이 정기 간행물을 발행하거나 정기 간행물 사업자가 인터넷 신문을 등록하는 경우 동일한 제호의 사용이 가능하도록 함
	김영선 의원 발의안 (2007. 7. 19)	• 인터넷 신문의 정의 중 "독자적 기사 생산" 부분을 삭제 • "기타 인터넷 간행물"에 관하여 여타의 인터넷 사업을 목적으로 초기 화면에서 뉴스서비스를 하는 사이트로, 뉴스면 비율이 초기 화면 기준 50% 이하인 간행물로 정의하고 보도와 논평 등의 여론 조성 행위를 금지
	김영선 의원 발의안 (2008. 7. 14)	• 인터넷 신문의 정의 중 "독자적 기사 생산" 부분을 삭제하여, 독자적인 기사를 생산하지 않는 기사 재매개도 여론 조성 행위로 규정 • 초기 화면의 뉴스 비율 50%를 기준으로, 50% 이하인 경우 '기타 인터넷 매체'로 규정하고 보도와 논평 등의 여론 조성 행위를 금지
	심재철 의원 발의안 (2008. 7. 24)	• 포털에 대한 법적 정의를 명시함(방송 · 뉴스 통신 · 신문 · 잡지 그 밖의 간행물의 기사를 인터넷을 통하여 상시적으로 보도 · 제공하거나 매개함으로써 언론의 기능을 행하는 인터넷 홈페이지로 규정) • 인터넷 포털에도 신문 등과 같은 사회적 책임과 의무를 부과하고, 이용자위원회 설치 규정을 둠 • 기사 내용 또는 제목의 편집을 금하고, 이를 어길 경우 처벌 규정을 명시함
	강승규 의원 발의안 (2008. 12. 3)	• 언론 기능을 하고 있는 인터넷 포털을 '인터넷 뉴스 서비스'로 정의하여 신문법의 적용 대상으로 함 • 인터넷 뉴스 서비스 사업자는 기사 배열의 기본 방침과 기사 배열 책임자를 공개해야 하며, 독자적으로 생산하지 않은 기사를 수정하고자 할 경우 기사 공급자의 동의를 얻도록 하며, 제공받은 기사와 독자가 생산한 의견을 혼동하지 않도록 구분하여 표시하도록 함

신문법의 적용	한선교 의원 발의안 (2008. 12. 26)	• 언론 기능을 하고 있는 인터넷 포털을 '인터넷 뉴스 서비스'로 정의하고 신문법의 적용 대상으로 함(인터넷 신문과 구별) • 인터넷 뉴스 서비스 사업자는 기사 배열의 기본 방침과 기사 배열 책임자를 공개하고, 독자적으로 생산하지 않는 기사를 수정할 경우 기사 공급자의 동의를 받도록 하며, 제공받은 기사와 독자가 생산한 기사를 구분하여 표시하도록 함 • 인터넷 뉴스 서비스 사업자는 제공 또는 매개하는 기사의 제목·내용 등의 변경이 발생하여 이를 재전송받은 경우 재전송받은 기사로 즉시 대체하여야 함
언론중재법의 적용	박찬숙 의원 발의안 (2006. 7. 7)	• 언론중재법의 적용 대상인 인터넷 신문의 개념을 확장하여, 기사 제공을 매개하는 포털 사이트도 동법의 적용 대상에 포함
	노웅래 의원 발의안 (2006. 10. 10)	• 언론중재법상 인터넷 신문을 '인터넷 언론'으로 변경 • '뉴스 서비스 제공자'(언론사와 기사 공급 계약을 맺어 인터넷을 통하여 지속적으로 기사를 매개하는 인터넷 홈페이지를 경영·관리하는 자) 개념을 신설 • 뉴스 서비스 제공자 등이 피해자의 청구에 따라 해당 기사의 게시 중지 이행시 권리 침해에 대한 임의적 감면 조항 신설
포괄적 입법의 신설 (검색 서비스 사업자 법안)	진수희 의원 발의안 (2007. 6. 18)	• 포털 사이트에 대한 포괄적 규제 시도 • 포털이 제공하는 '뉴스 서비스'의 개념을 "검색 서비스 사업자가 검색 서비스와 연계하여 신문법상의 신문, 인터넷 신문과 방송법상의 텔레비전 방송 중 인터넷을 통하여 제공되는 뉴스 등의 뉴스 콘텐츠를 제공하기 위한 서비스"로 정의 • 뉴스 제목 및 내용의 임의적 편집 금지(즉 뉴스의 기계적인 결과만 제시하고 인위적인 편집을 금지함) / 시정 조치 및 정정 의무 부과 / 동 의무의 위반시 배상 책임 부담하며 입증 책임의 전환을 규정
	김영선 의원 발의안 (2007. 7. 19)	• 포털 사이트에 대한 포괄적 규제 시도 • 포털을 전통적인 의미의 신문과 동일시하는 견해 쪽에 가까움 • 검색 결과 조작 금지 의무 부과(수작업에 의한 검색 결과의 제시시 이를 표시하고 검색 편집자의 성명도 공개) • 신문법상의 인터넷 신문과 공직선거법상의 인터넷 언론사와의 경영 내지 겸업 금지

비스 제공자에 의한 사적 검열을 강화시켜 정보의 자유로운 유통과 공유라는 가치가 퇴색될 수 있다.[137]

이러한 문제들은 온라인 서비스 제공자의 법적 책임과 관련하여 이미 오래전부터 논의되어 왔다(송영식 · 이상정, 2003, p.381). 게시판 운영자 등에게 타인의 저작권을 침해한 저작물이 게시판 등에 게재되지 않도록 모니터링할 주의 의무와 관련하여, 그러한 모니터링 의무를 넓게 인정할 경우 온라인 서비스 제공자의 활동을 크게 위축시키고 통신의 비밀이나 프라이버시의 보호, 인터넷 등을 통한 언론의 자유로운 유통 등에도 매우 부정적인 영향을 미칠 수 있음을 감안할 때, 일반적 · 망라적으로 서비스 제공자의 모니터링 의무를 인정하는 것은 부당하다는 견해가 제기되어 왔다(오승종 · 이해완, 2005, p.520). 이와 관련 미국이나 일본 그리고 독일의 관련 법에서도 상시적인 모니터링 의무를 부과하고 있지 않다(황성기, 2007b).

2) 포털의 특성을 반영한 법률의 제정 및 적용

언론 보도로 인한 피해에 대해 현재 적용되는 언론중재법을 포털 뉴스 서비스로 인한 피해에도 적용토록 관련 법률을 정비하는 방안을 생각할 수 있다. 이를 위해서 현재 포털의 법적 지위라고 할 수 있는 정보통신망법상의 '정보 통신 서비스 제공자'에 대한 규제와 저작권법

---

137. 온라인 서비스 제공자가 자신에게 부과된 무거운 법적 책임을 인식하는 순간 표현의 자유가 위축된 사례는 미국의 컴퓨서브 사건에서도 확인된 바 있다. 국가 기관이 이의를 제기하자 컴퓨서브사는 문제가 된 뉴스 그룹은 차단시켜버린 적이 있다(권형둔, 2006).

상의 '온라인 서비스 제공자' 그리고 공직선거법상의 '인터넷 언론사' 등 포털과 관련된 각종 법률상의 용어의 정리가 필요하다.

한편 포털의 행위로 인한 책임을 다루는 구체적인 법조항의 제정시에는 포털의 행위에 초점을 맞추어 책임을 달리 부과하는 것이 필요하다. 매기와 리(Magee & Lee, 2007) 또한 '통신품위법' 제230조의 적용시 발행자와 배포자의 구체적인 행위의 성격과 상관없이 일률적으로 온라인 서비스 제공자에게 면책을 부여하는 것은 바람직하지 않으며, 구체적인 행위와 행위의 의도에 따라 달리 판단해야 한다고 주장한다.

이러한 논의는 포털이 편집 통제권editorial control을 행사했는지의 여부가 책임 판단에 중요하다는 기존의 논의와도 일맥상통하는 것이다. 자신이 직접 뉴스를 취재하여 서비스하는 경우에 이에 대한 법적 책임은 당연히 포털이 부담해야 하지만, 언론사로부터 전달받은 기사의 제목과 내용을 변경하지 않고 그대로 매개하는 경우 포털에게 기존 언론사와 동일한 책임을 부과시키는 것은 부당한 것으로 판단된다.

이러한 점에서 미국에서의 '통신 기사 인용 보도 면책wire service defense' 법리를 새 입법 논의에서 검토해 볼 필요가 있다. 수정 헌법 제1조에 근거하여 언론 자유의 우월성을 인정하는 미국은 통신 기사를 인용한 언론사에 대해 일정한 조건 하에서 법적 책임을 면제하는 원칙을 발전시켜 왔다. "신뢰성 있는 유명 통신사가 제공하는 기사를 그대로 게재한 언론사는 바로 그 기사의 내용이 명예훼손 사실을 포함하고 있더라도 명예훼손법상의 현실적 악의나 과실이 있다고 할 수 없어 불법 행위의 책임을 지지 않는다"는 것이다(이재진, 2006, pp.262~263).

뿐만 아니라 AP, UPI, AFP, REUTER 등의 세계적인 명성을 가진 통신사에 한하지 않고, 신뢰성 있는 다른 신문사와 잡지사, 방송사의 기사를 인용 보도한 경우에도 통신 기사의 인용 보도와 마찬가지로 통신 기사 면책 원칙을 인정해야 한다는 판례도 있다(김재협, 1998, p.42). 우리나라 법원은 기사의 신뢰성이 의문시되는 상황에서 미국의 통신 기사 면책 항변 법리를 도입하는 것은 시기상조라는 인식을 가지고 있다 (이재진, 2006).

그러나 통신 기사 면책 항변 법리의 기본 취지를 고려해 볼 때, 현재 언론사와 포털 사이트 사이의 관계에 유추 적용을 고려해 볼 만하다고 생각한다. 특히 인터넷 포털 사이트야말로 속보성이 중요한 덕목으로 기능하고, 언론사로부터 하루에도 수천 건이 넘게 밀려드는 모든 기사에 대해 진위 여부를 확인하도록 요구하는 것은 물리적 · 시간적으로 소모적이며 현실적으로도 불가능하다. 언론사로부터 계약 관계에 따라 기사를 전송받아 그대로 전재한 경우에는 '통신 기사 면책 항변' 법리를 유추 적용하여 포털 사이트를 손해배상으로부터 면책시켜 주는 것이 바람직하다고 본다(이재진 · 상윤모, 2008).

아울러 '통지 후 중단notice and take-down' 제도에 대해서도 다시 고려해야 한다(Medenica, 2008). 미국에서는 이미 오래전부터 디지털 밀레니엄 제작권법Digital Millennium Copyright Act(이하 DMCA)상의 통지 후 중단 조항을 CDA에 적용 가능한가에 대해 논의해 왔다. DMCA하에서 온라인 서비스 제공자는 일정한 조건에서[138] 저작권 위반에 대한 면책권을

---

138. 단순한 통로의 역할만 행한 경우 가장 광범위한 면책을 누리며, 네트워크의 성능을 향상시키기 위해 정보를 캐시cache하는 온라인 서비스 제공자는 저작권 침해 제거 신청에 따라 일정한 조건하에 법원의 명령이 있는 경우 신속히 침해 자료를 제기하거나 접근을 차단해야 하며, 호스팅 사업자의 경우 침해 신고에 따라 신속히 호스트된 콘텐츠를 제거하거나 콘텐츠에 대한 링크를 제거

부여받는다. 그런데 이 경우 법률의 기계적인 적용으로 인한 표현의 자유에 대한 부정적인 영향을 우려하지 않을 수 없다. 온라인 서비스 제공자로서는 저작권 침해를 주장하는 측이 통지를 해올 경우, 구체적이고 공정한 판단을 거친 후 게시물을 삭제하려 하기보다는 문제의 소지가 있는 게시물을 손쉽게 제거하는 방법을 택할 것으로 예상되기 때문이다. 또한 저작권을 주장하는 온라인 서비스 이용자나 명예훼손을 주장하는 온라인 서비스 이용자들이 위 제도를 남용할 소지도 있다.[139]

한편 우리 저작권법 제102조에도 온라인 서비스 제공자의 면책 조항이 규정되어 있다. 메데니카와 와하브(Medenica & Wahab, 2007)의 연구에 따르면 온라인 명예훼손 책임 제한 입법의 골자로서, DMCA의 '통지 후 중단' 조항의 CDA에의 적용뿐만 아니라 손해배상에 대한 법령상 한제의 도입, 그리고 손해배상 등의 경우를 대비해 공공적 성격의 인터넷 매개자에 대한 기금의 마련 등을 언급하고 있기도 하다. 온라인 서비스 제공자를 통해 발생한 피해의 심각성이 기존 언론에서보다 훨씬 크다는 점과 인터넷의 표현 촉진적 미디어로서의 특성, 인터넷 산업의 보호 등을 종합적으로 고려해 볼 때 완전한 면책이 아니라 대립되는 이익 간의 이익조정을 고려하는 주장이라고 평가할 수 있을 것이다.

함으로써 면책될 수 있다(박용상, 2008, p.1400).

139. 위축 효과 프로젝트Chilling Effects project는 지난 2002년부터 4년간 DMCA 제512조에 의한 제거 요청을 포함하여 모든 종류의 중지 경고 cease-and-desist notice를 모아 아카이브화함으로써 그 제거 시스템의 시행으로 인한 문제를 해소하려고 노력하여 왔다. 위 프로젝트의 분석 결과에 따르면 자칭 피해자의 제거 신청은 타당한 근거가 없는 경우가 많았고 악의에 의해 남용된 사례가 적지 않았다(Urban & Quilter, 2006, p.623; 박용상, 2008에서 재인용).

이러한 법리를 도입할 때 앞서 살펴본 포털의 언론성에 대한 각 주장들의 근거의 타당성에 대한 검토가 충분히 이루어져야 한다. 법이란 사회적 타협의 산물이지 절대적인 옳고 그름의 대상이 아닌 만큼, 현 시점에서 가장 합리적인 견해를 반영한 입법이 이루어지는 것이 바람직하다. 포털에 대한 규제 모델이 설정될 경우 포털의 특성뿐만 아니라 본질적으로 보호되어야 할 것이 억압되는 '미끄러운 경사*slippery slope*'에 대한 비판적 검토가 수반되어야 한다(Schauer, 1986, p.361; 이재진, 2002).

3) 언론중재법 등의 피해구제를 위한 제도의 적극 활용

언론 보도로 인한 피해의 합리적이고 신속한 구제를 위한 언론중재법상의 반론권을 인터넷 포털에게도 인정하는 것이 바람직하다는 공감대가 형성되고 있다(이재진·유재웅, 2004). 2005년 언론중재법의 개정으로 인터넷 신문도 언론중재위원회의 조정 신청 대상에 포함되었다. 아울러 전술한 바와 같이 2009년 2월 6일 개정으로 '인터넷 뉴스 서비스'와 '인터넷 멀티미디어 방송'도 동법의 적용을 받게 되었다. 언론중재위원회에 따르면 인터넷 신문과 관련하여 2007년 1월부터 12월까지 총 113건에 대한 조정 신청이 접수된 바 있다. 포털 사이트에 대한 언론중재법의 적용을 어떠한 방식으로 해야 하는지의 문제는 신중하게 접근해야 하지만, 일단 소송 전 단계에서의 분쟁 해결 수단으로서 중요한 의미를 지닌다. 특히 피해구제의 신속성이라는 측면에서 언론중재법을 포털에까지 확대 적용하는 것이 합리적이라고 판단된다.

현재 피해구제에 대해서는 정보통신망법에 일부 규정이 있다. 정보통신망법 제44조의2 제1항에서는 정보통신망을 통하여 일반에게 공개를 목적으로 제공된 정보로 인하여 사생활의 침해 또는 명예훼손 등 타인의 권리가 침해된 경우 그 침해를 받은 자는 해당 정보를 취급한 정보 통신 서비스 제공자에게 침해 사실을 소명하여 당해 정보의 삭제 또는 반박 내용의 게재를 요청할 수 있도록 하고 있으며, 제2항에서는 정보 통신 서비스 제공자는 제1항의 규정에 따른 당해 정보의 삭제 등의 요청을 받은 때에는 지체 없이 삭제, 임시 조치 등의 필요한 조치를 취하고 이를 즉시 신청인 및 정보 게재자에게 통지하여야 함을 규정하고, 이 경우 정보 통신 서비스 제공자는 필요한 조치를 한 사실을 해당 게시판에 공시하는 등의 방법으로 이용자가 알 수 있도록 하여야 한다고 규정하고 있다.

아울러 제3항에서는 정보 통신 서비스 제공자는 자신이 운영·관리하는 정보통신망에 제42조의 규정에 따른 표시 방법을 준수하지 아니하는 청소년 유해 매체물이 게재되어 있거나 제42조의2의 규정에 따른 청소년 접근을 제한하는 조치 없이 청소년 유해 매체물을 광고하는 내용이 전시되어 있는 경우에는 지체 없이 이를 삭제하여야 한다고 규정하고, 동조 제4항은 정보 통신 서비스 제공자는 제1항의 규정에 따른 정보의 삭제 요청에도 불구하고 권리의 침해 여부를 판단하기 어렵거나 이해 당사자 간에 다툼이 예상되는 경우에는 해당 정보에 대한 접근을 임시적으로 차단할 수 있다고 규정하고 있다.

이와 관련 한국인터넷기업협회는 첫째, 포털 뉴스로 인한 피해자가 기사를 내리도록 요청할 경우 포털이 언론중재위원회에 이를 즉시 보고하고, 둘째, 언론중재위원회가 뉴스 기사가 문제가 있다고 판단하면 즉시 게시 중지 등 임시 조치를 취하도록 하며, 셋째, 언론중재위원회가 정식 절차에 따라 심의위원회를 열고 뉴스 기사가 문제가 있다는 사실을 최종 확인하면 기사 삭제 혹은 정정을 결정하고 이를 해당 언론사와 포털에 통보하고, 넷째, 언론사는 포털에게 기사에 대한 삭제 및 정정보도 요청을 하고 정정된 기사는 재송고하도록 하는 피해구제 절차를 제안했다. 한편 이 제안서상에는 언론의 자유를 보장하기 위해 해당 언론사가 언론중재위원회의 임시 조치에 따른 게시 중지 절차를 거부할 권한을 주되 그로 인한 책임은 전적으로 해당 언론사가 지도록 할 것과, 언론중재위원회가 요청한 게시 중지 등의 임시 절차를 적법하게 따를 경우 포털의 책임을 면책시키는 방안도 고려할 필요가 있음을 적절히 지적하고 있다.[140]

4) 언론사와 포털 간의 뉴스 이용 계약 관계 및 뉴스 서비스의 제공 방식 개선

포털 사이트의 책임 문제와 관련된 사항으로 포털 뉴스 서비스의 형태를 생각해 볼 수 있다. 예를 들어 구글 뉴스 서비스 방식은 국내 포털들이 제공하는 뉴스 서비스 방식과 다르다. 네이버의 경우 원문 작성 언론사들과의 뉴스 콘텐츠 공급 계약을 통해 뉴스를 제공하고 있으나 뉴스 제공 방식의 문제로 인해 최근 명예훼손 소송에 휘말린 반면, 구글의 경우 명예훼손으로 인한 문제보다는 저작권 침해의 논란으로부터 자유롭지 못한 현상을 보이고 있다.

---

140. 한국인터넷기업협회 (2008. 3. 19). 사단법인 한국인터넷기업협회 정책 제안(1). 포털 뉴스 서비스 편.

현재 이루어지는 포털 뉴스 서비스는 크게 두 가지 형태로 구분된다. 첫 번째 방식은 네이버, 다음, 네이트를 비롯한 국내 대다수의 포털이 사용하는 방식으로 언론사로부터 뉴스 콘텐츠를 구입하여 자체적인 데이터베이스를 구축하는 방식이다. 자체적인 데이터베이스를 기반으로 내부 뉴스 편집자를 통해 뉴스를 선별하고 주요한 뉴스를 선정하여 포털 메인 페이지와 자체적인 세부 서비스 유목에 뉴스를 배치하는 방식이다. 두 번째 방식은 세계적인 검색 포털인 '구글'이 사용하는 방식으로 언론사로부터 뉴스를 구매하지 않고 웹로봇에 의해 크롤링 방식으로 수집한 뉴스를 기계적인 검색 과정을 통해 언론사들의 홈페이지로 아웃링크하는 방식이다. 이러한 구글의 뉴스 제공 방식은 국내 시장 점유율 미비로 인하여 주목을 받지 못하고 있다가 최근 웹 2.0에 대한 논의를 중심으로 주목받고 있다(권상희 외, 2007, pp.1~2).

대다수의 국내 포털들이 직면하고 있는 포털 뉴스 서비스로 인한 명예훼손에 대한 손해배상 책임의 발생을 피할 수 있는 방법으로 자체적인 편집과 의도적인 배치를 피하고, 구글의 사례에서 보는 바와 같이 인위적인 편집을 배제한 채 단지 오프라인 기사 등의 제목만을 제시하고 관련 사이트에 딥링크하는 방법도 생각해 볼 수 있다(박용상, 2008). 포털의 책임 발생과 관련하여 가장 중요하게 논의되고 있는 부분이 포털이 편집자적 역할을 수행하고 있다는 점에 놓여 있는 만큼 뉴스 서비스 제공 방식과 관련한 충분한 검토가 요망되는 시점이라고 생각된다.141

---

141. 권상희 외 (2007)의 연구에서는 검색의 정확성 측면에서는 네이버의 경우 약 70%가 검색 목표에 부합하는 내용인 반면에, 구글은 90%를 상회하는 것으로 조사되었다.

이러한 논의들에 근거하여 2009년 1월 1일부터 네이버는 기존의 뉴스 매개 방식을 뉴스 캐스트 서비스 방식으로 전환하였다. 뉴스 캐스트는 네이버가 해당 기사를 직접 편집하지 않고 각 언론사의 해당 기사 사이트로 직접 연결되는 일종의 딥링크 방식의 뉴스 매개 서비스라고 할 수 있다. 여기에는 현재 36개 대표 언론의 사이트가 참여하고 있는데 이로 인해 뉴스 매개자는 매개되는 기사에 대한 편집상의 책임 문제를 덜 수 있게 되었으며, 언론사닷컴에 상당한 트래픽을 제공하는 미디어 상생의 결과를 가져올 수 있을 것으로 평가되고 있다. 그러나 대표 언론사로 선정되지 않은 언론과의 형평성 문제 그리고 해당 언론사 사이트의 선정적 광고 등에 대한 갈등 문제가 앞으로 해결해야 할 쟁점으로 등장하고 있다. 이러한 뉴스 매개 방식의 변환으로 인해 언론사닷컴은 새로운 정책을 모색하고 있다.

5. 소송에서의 인격권 침해 구제

이른바 '전여옥 의원 사건'에 따를 경우, 인격권 침해를 이유로 포털 사이트에게 손해배상을 청구하는 것이 가능하고, 주의의무를 위반한 포털에게 손해배상 책임을 묻는 것은 피해자에게는 효과적인 구제수단으로 보인다. 그리고 민사상 손해배상 청구는 포털에게 가장 큰 파급력을 미치는 방법임에 틀림없다. 현행법상 사적 계약인 뉴스 콘텐츠 공급 계약에 따라 공급된 것에 불과한 기사를 진실하다고 믿었다는 포털 측의 항변만으로는 상당성을 인정받을 수 없고 나아가 면책의 가능성도 없다(양재규, 2006, p.35).

그러나 무조건적인 책임성을 강제하기보다는 앞서 논의한 '통신 기사 인용 보도 면책 법리'에서와 같이 포털의 책임 판단시 행위 유형을 세분화할 경우 정평 있는 언론사로부터 기사를 공급받아 그 제목과 내용을 변경함 없이 출처를 명확히 밝히고 전달하였으며, 기사의 내용이 허위인지 몰랐고 잘못되었을지 모른다는 의심을 가질 만한 사유가 없었던 경우에는 포털 사이트에게 면책을 부여하는 것이 타당하다고 생각된다.

포털 뉴스 서비스로 인해 인격권이 침해된 경우, 피해자는 원문 작성자 내지 기사 제공자에게 그 책임을 물을 수 있으며, 포털 사이트를 상대로 소를 제기할 수도 있다. 이 경우, 포털 사이트는 현재의 언론사에 대한 우월적 지위를 이용하여 언론사로부터 전달받은 기사의 오보로 인해 포털이 피해를 입은 경우, 이에 대한 책임이 기사를 제공한 언론사에게 있음을 계약 당시 명시해 둠으로써 기사에 대한 최종적인 책임을 원문 작성자인 언론사가 부담하도록 유도할 수 있다. 그럼에도 피해자의 손해배상 청구로부터 자유로울 수는 없다. 계약법의 논리상 계약 당사자의 내용이 제3자를 구속할 수는 없기 때문이다(양재규, 2006).

'전여옥 의원 판례'에서도 밝히고 있듯이, 언론사와 포털 사이트 간의 내부 관계에서 기사 작성과 전송 및 게재의 체계상 포털이 기사의 진실성을 확인할 방법이 없다고 하더라도 이러한 사유는 피고들 내부의 책임 분담을 정할 때 주장할 사유가 될 수 있을지언정 허위 기사로 인하여 피해를 입은 원고에 대해 대항할 사유는 아닌 것이다. 다만, 판례의 논지를 따를 경우 언론사와 포털 사이트는 인격권 침해의 공동 불법 행위자라고 볼 수 있고 내부적 책임 분담의 문제가 발생한다. 피해자에 대한 손해 전부를 배상한 공동 불법 행위자 1인은 다른 공동 불법 행위자에게 각자의 과실 비율에 따라 책임의 분담을 요구할 수 있다(이은영, 2000, p.513). 이렇게 볼 경우, 결국 손해배상의 최종적인 책임을 기사 작성자인 언론사가 부담하도록 할 수 있다(양재규, 2006).

먼저, 현행법상 이용자는 정보 통신 서비스 제공자 등의 불법적 행위로 손해를 입은 경우에는 그 정보 통신 서비스 제공자 등에 대하여 손해배상을 청구할 수 있다. 이 경우 당해 정보 통신 서비스 제공자 등은 고의 또는 과실이 없음을 입증하지 아니하면 책임을 면할 수 없다(정보통신망법 제32조). 이때 전기통신사업법 제33조의2에서 "전기통신사업자는 전기통신역무를 제공할 때 이용자에게 손해를 입힌 경우에는 배상을 하여야 한다. 다만, 그 손해가 불가항력으로 인하여 발생한 경우 또는 그 손해의 발생이 이용자의 고의 또는 과실로 인한 경우에는 그 배상책임이 감경 또는 면제된다"는 규정을 고려해야 한다.

우리 법이 인격권을 보호하는 또 다른 방법으로는 인격권을 침해한 자에 대한 형벌의 부과를 들 수 있다. 그런데 포털 뉴스 서비스로 인한 명예훼손의 경우, 포털 사이트의 고의가 인정되기 힘들기 때문에 판례에서처럼 과실로 인한 명예훼손이 문제된다 하겠다. 이 경우, 명예훼손의 사실을 인식한 경우에만 보증인적 지위를 인정하여 사정에 따라 제한적으로 부진정부작위범不眞正不作爲犯으로 처벌하는 경우를 생각해 볼 수 있을 뿐이라고 생각된다(이민영, 2007).[142]

마지막으로, 포털 사이트나 인터넷 언론을 대상으로 한 손해배상

---

142 온라인상이 명예훼손을 형사범으로 처리하는 것은 '미끄러운 경사 *slippery slope*'의 위험을 배제할 수 없다(Mehra, 2007).

소송 등을 전문적으로 다루는 전담 법원의 운영을 고려해 볼 수 있다. 현재 서울중앙지방법원의 민사 25부는 언론 전담 재판부를 운영하고 있다. 언론 보도로 인한 피해에 대한 소송의 경우 손해배상 청구와 정정보도 청구가 대다수를 차지하고 있으며, 당해 소송은 언론의 자유라는 가치와 개인이나 단체의 인격권 보호라는 가치가 서로 대립되는 양상을 보이기 때문에 어려운 판단이 요구되는 분야이기도 하다(김백기<인터넷법률신문>, 2006. 10. 26). 전담 재판부를 두는 주된 이유는 판사의 전문성을 통해 신속하고 공정한 재판이 이루어질 수 있도록 함에 있다. 특히 인터넷 포털과 같은 뉴 미디어 관련 분쟁의 경우 미디어의 특성을 고려하는 법적 판단이 요구되기에 전담 재판부의 운영이 바람직하다고 본다.

블럼스타인(Blumstein, 2003)은 현재 미국의 통신품위법의 적용 체계는 지나칠 정도로 인터넷 사용자를 보호하는 반면, 피해를 당한 개인에 대한 고려는 부족하다는 점을 지적한 후, 명예훼손적 사실의 재게시에 대한 가장 합리적인 해결책은 명예훼손 사실의 적시에 대한 통지를 받은 후 이를 재게시한 측이 책임을 지도록 하는 것이라고 지적한다. 따라서 의회는 명예훼손 사실에 대한 통지가 적절하게 이루어졌는지를 결정해 달라는 소송을 제기할 수 있도록 적절한 방안을 강구해야 할 것이라고 주장한 바 있다.

포털과 포털이 제공한 뉴스 서비스로 인해 인격권을 침해받은 사람 사이의 관계에도 이러한 상황이 적용될 수 있으며, 우리의 경우 포털 및 인터넷 언론 전담 재판부를 통해 이러한 판단을 내리도록 하는 방안도 고려해 볼 만하다고 생각한다. 그렇지 못한 경우 최근 방송통신위원회의 설치 및 운영에 관한 법률 제18조에 의거해 구성된 명예훼손

분쟁 조정부를 적극 활용하는 방안도 고려할 수 있다. 논의된 포털 및 인터넷 언론의 특성을 반영한 새로운 입법이 이루어질 경우, 이와 같이 산재해 있는 각 제도들이 유기적으로 제 기능을 발휘할 수 있도록 조정하는 작업이 요망된다.

6. 적절한 피해 구제 방안

포털 뉴스 서비스를 바라보는 대립된 견해들은 언론을 규정하는 어떤 획일적이고 명확한 잣대가 없기 때문에 발생하는 당연한 현상이다. 인터넷이라는 미디어가 사회에 미치는 영향력과 가능성에 대한 충분한 논의도 부족한 시점에서 포털 뉴스 서비스의 성격을 쉽게 결론짓는 것은 가능하지도 않으며 또한 바람직한 것도 아니다. 그러나 포털 뉴스 서비스로 인한 인격권 침해의 문제는 더 이상 미룰 수 없는 사회 과제임이 분명하다.

우리나라도 최근 포털이 기사를 생산하는 데에 관여하지는 않고 단순히 생산된 기사를 매개만 한다고 해서 그로 인한 피해의 배상으로부터 자유로울 수 없다는 논지의 판례들이 나오면서 포털 뉴스 서비스의 성격 규정에 대한 논의가 가열되고 있다. 중요한 것은 그러한 포털 뉴스 서비스로 인한 피해구제 방안을 어떻게 마련할 것인가의 문제라고 하겠다. 이는 포털 서비스 업체뿐만 아니라 모든 온라인 서비스 제공자의 책임 문제와 관련된다.

외국의 경우, 온라인 서비스 제공자에게 과두한 법적 책임을 지우지 않는 경향이 있다. 미국, 독일, 일본 등 주요 국가들은 이미 관련 법률을 정비하여 온라인 서비스 제공자에게 사전 감시 의무가 없음을 명시하고, 서비스 제공 형태에 따라 일정한 요건에 해당할 경우 온라인 서비스 제공자의 책임을 면제해 주고 있다. 이러한 측면에서 보면 정보 매개자인 포털에게 정보 제공자 내지 원문 작성자와 동일한 정도의 법적 책임을 인정하려는 입법안이나 판례의 태도는 포털의 성격과 기능에 대한 충분한 검토가 부족하다고 생각된다.

새로운 법안을 통해서든 기존 법률의 개정을 통해서든 해당 법안은 포털의 성격에 대한 충분한 논의를 담아내야 할 것으로 본다. 이러한 논의의 과정에는, 기사를 제공한 언론사와 포털 사이트 간의 계약 관계에 대한 검토, 포털 사이트의 뉴스 제공 방식에 대한 검토, 그리고 '통신 기사 인용 보도 면책 법리'와 '통지 후 중단 법리'에 대한 도입 검토도 있어야 한다.

표현의 자유와 인터넷 산업의 보호라는 가치에 밀려 개인의 인격권이 무시되어도 좋은 것은 결코 아니다. 따라서 합리적인 방법으로 피해를 구제하되 인터넷상에서의 표현의 자유가 위축되지 않고 인터넷 산업 또한 활성화될 수 있는 방안을 마련하는 데 힘을 기울여야 할 때이다. 피해의 신속한 규제를 위해 포털 뉴스 서비스를 언론중재법이나 새로운 법안의 규율 대상으로 삼아 정정보도 청구는 물론 기사의 삭제 또는 게시 중지 청구를 인정하되, 포털 사이트가 언론사로부터 뉴스를 공급받아 그대로 전재한 경우는 통신사면책법리의 유추 적용을 통해 해당 업체를 면책시켜 주는 것이 필요하다고 본다.

한편 정부는 포털 뉴스 서비스로 인한 인격권 침해를 다루고 있는 다양한 관련 법률을 정비하고, 새로운 법안의 제정이 필요할 경우 적극

적으로 이에 대처해 나가는 자세를 보여야 할 것이다. 현재로서는 정보
통신망법과 언론중재법 및 신문법 등 각각의 법률에서 포털 자체에 대
한 범주화도 이루어 놓지 못한 상태이다. 국회에 상정된 언론중재법
개정안이나 신문법 개정안 그리고 일명 검색서비스사업자법안 모두 일
정한 한계를 가지고 있는바, 포털 뉴스 서비스로 인한 인격권 침해를
효율적으로 구제하면서도 미디어 특성이 충분히 반영될 수 있도록 해
야 할 것이다.

참고 문헌

강영호 외 (2002). ≪핵심법률용어사전≫. 서울: 청림출판.

구본권 (2005). ≪인터넷에서는 무엇이 뉴스가 되나≫. 서울: 커뮤니케이션북스.

권영성 (2000). ≪헌법학원론≫. 서울: 법문사.

────── (2006). ≪헌법학원론≫. 서울: 법문사.

김성천·김형준 (2001). ≪형법각론≫. 서울: 동현출판사.

김영욱 (2004). ≪한국 언론의 윤리 점검 시스템≫. 서울: 한국언론재단.

김옥조 (2004). ≪미디어 윤리≫(개정증보판). 서울: 커뮤니케이션북스.

────── (2005). ≪미디어 법≫. 서울: 커뮤니케이션북스.

김일수·서보학 (2007). ≪형법각론≫. 서울: 박영사.

김재협 외 (2002). ≪한국언론과 명예훼손소송≫. 서울: 나남.

김재형 (2003). "인터넷에 의한 인격권 침해," 남효순·정상조 엮음. ≪인터넷과 법률≫. 서울: 법문사, pp.515~540.

김지운 (2004). ≪글로벌 시대의 언론 윤리≫. 서울: 커뮤니케이션북스.

남시욱 (2001). ≪인터넷 시대의 취재와 보도≫. 서울: 나남출판.

문재완 (2008). ≪언론법≫. 서울: 늘봄.

박미숙 (2001). <성표현물의 음란성 판단기준에 관한 연구 I: 독일 일본에서의 논의를 중심으로>. 한국형사정책연구원 보고서.

박상기 (1999). ≪형법각론≫. 서울: 박영사.

박선영 (2002). ≪언론정보법연구 I≫. 서울: 법문사.

────── (2002). ≪언론정보법연구 II≫. 서울: 법문사.

박용상 (1997). ≪언론과 개인 법익 ─ 명예, 신용, 프라이버시 침해의 구제제도≫. 서울: 조선일보사.

────── (2003). ≪표현의 자유≫. 서울: 박영사.

────── (2008). ≪명예훼손법≫. 서울: 현암사.

박준석 (2006). ≪인터넷서비스제공자의 책임≫. 서울: 박영사.

방석호 (1995). ≪미디어법학≫. 서울: 법문사.

배종대 (1996). ≪형법각론≫. 서울: 홍문사.

변재옥 (1999). ≪정보화사회의 프라이버시와 표현의 자유≫. 서울: 커뮤니케이션북스.

송영식·이상정 (2003). ≪저작권법개설≫. 서울: 세창출판사.

신평 (2004). ≪명예훼손법≫. 서울: 청림출판사.

────── (2007). ≪언론법≫. 서울: 삼영사.

언론중재위원회 (2005). <2005 연간보고서>.

────── (2006). <2006 연간보고서>.

────── (2007). <2007 연간보고서>.

────── (2008). <2005~2007년도 언론소송 판결분석>.

오승종·이해완 (2005). ≪저작권법≫. 서울: 박영사.

오영근 (2006). ≪형법각론≫. 서울: 박영사.

오택섭 외 (2004). ≪미디어와 정보사회≫. 나남출판.

유일상 (2001). ≪언론정보윤리론≫. 서울: 아침.

유진 굿윈 (1997). ≪언론윤리의 모색≫. 우병동 옮김. 서울: 한나래.

윤영민 (2003). ≪사이버 공간의 사회≫. 서울: 한양대 출판부.

이구현 (1998). ≪미국언론법≫. 서울: 커뮤니케이션북스.

이은영 (2000). ≪채권총론≫. 서울: 박영사.

이은택 (1999). ≪언론인의 윤리 의식≫. 서울: 한국언론재단.

이재상 (1996). ≪형법각론≫. 서울: 박영사.

이재진 (2002). ≪한국언론윤리법제의 현실과 쟁점≫. 서울: 한양대학교 출판부.

────── (2003). ≪언론과 명예훼손 소사전≫. 서울: 나남.

────── (2006). ≪언론 자유와 인격권≫. 서울: 한나래.

이창범·윤주연 (2003). <각국의 개인정보 피해 구제제도 비교 연구>. 개인정보분쟁조정위원회 연구보고서.

──────·이은선 (2003). <온라인 개인정보 분쟁해결제도 발전방안 연구>. 개인정보분쟁조정위원회 연구보고서.

임병국 (1999). ≪언론법제와 보도≫. 서울: 나남.

정보통신부·한국인터넷진흥원 (2008). <2007년 하반기 인터넷 정보화 실태 조사>.

조준원 (2005). ≪언론소송과 판결 읽기≫. 서울: 한울아카데미.

최종고 (1997). ≪법과 윤리≫. 서울: 경제원.

콘라드 핑크 (1995). ≪언론윤리≫. 한국언론연구원 옮김. 서울: 한국언론연구원.

표성수 (1997). ≪언론과 명예 훼손≫. 서울: 육법사.

필립 패터슨 & 리 윌킨스 (2000). ≪언론윤리: 이론과 실제≫. 장하용 옮김. 서울: 동서학술서
　　　적.

한국광고주협회 (2006). <인쇄매체수용자조사>. 연구보고서.

한국언론재단 (1999, 2001, 2003). ≪한국의 언론인≫. 서울: 한국언론재단.

──── (2000). ≪인터넷 시대의 새로운 정치환경과 언론≫. 서울: 한국언론재단.

──── (2000). <수용자 의식 조사>. 서울: 커뮤니케이션북스.

──── (2001). ≪세계 언론 법제 동향(상)≫. 서울: 한국언론재단.

──── (2002). ≪언론 명예훼손 핸드북 Q&A 100≫. 서울: 한국언론재단.

──── (2002, 2004). <언론 수용자 의식 조사>. 서울: 한국언론재단.

──── 옮김 (2003). ≪왜 우리의 저널리즘은 실패했나≫(뉴욕타임즈 시걸위원회 보고서).
　　　서울: 한국언론재단.

한국언론학회 (2001). ≪뉴밀레니엄 시대의 언론학 연구와 교육≫.

한병구 (2000). ≪언론과 윤리법제≫. 서울: 서울대학교 출판부.

헌트 린 엮음 (1996). ≪포르노그래피의 발명: 외설과 현대성의 기원≫. 조한욱 옮김. 서울:
　　　책세상.

황승흠·황성기 (2003). ≪인터넷은 자유 공간인가? 사이버 공간의 규제와 표현의 자유≫.
　　　서울: 커뮤니케이션북스.

황용석·강원 (2001). ≪언론사 닷컴: 현황과 과제≫. 서울: 한국언론재단.

강경근 (1999). "프라이버시의 침해와 면책사유." <언론중재>, 71호(여름), 32~46.

──── (2003). "인터넷 언론의 현실과 입법방안." <언론중재>, 87호(여름), 4~20.

강달천 (2003). "스팸메일의 현황과 문제점." <시민과 변호사>, 111호(4월), 13~17.

강양구 (2004). "'열린' 인터넷을 위협하는 폭력 댓글." <신문과 방송>, 398호(2월), 166~
　　　169.

곽병선 (2006). "사이버 명예훼손에 관한 규제상의 문제점 및 대응방안." <법학연구>, 23
　　　호, 371·387.

권상희·김위근·최민재 (2007). "포털 뉴스 서비스 체계 및 서비스 개선방안 연구: 네이버와 구글의 뉴스 검색 서비스를 중심으로." <한국언론학회 2007 가을철 정기학술대회 NHN 후원 기획세션 발표문>.

권창국 (2002). "음란물의 형사적 규제에 관한 문제점의 검토: 음란성 판단기준 및 internet 등에 의한 음란정보 유통을 중심으로." <형사정책연구>, 13권 1호, 235~260.

권형둔 (2006). "인터넷에서 표현의 자유의 제한에 대한 비교고찰." <중앙법학>, 8집 2호, 7~34.

김경년·김재영 (2005). "오마이뉴스 독자의견 분석. 난장으로서의 공론장 가능성 탐색." <한국방송학보>, 19(3), 7~40.

김경호 (2002). "인터넷의 매체적 성격과 사이버상에서의 성(性) 표현 허용범위: 매체적 특성에 근거한 새로운 접근." <한국언론학보>, 46권 2호, 33~66.

김동하 (2007). "인격권 보호의 효과적인 수단으로서의 손해배상제도: 언론에 의한 인격권 침해에 한하여." <언론중재>, 27권 3호(가을), 5~38.

김명주 (2002). "급증하는 스팸메일에 대한 다양한 대응방안." <인터넷법률>, 13호, 6~19.

김민정 (2008). "Web2.0시대에 인터넷서비스제공자(ISP)의 법적 책임문제: 미국의 'ISP 면책 조항'의 새로운 해석 및 최근 적용사례들에 대한 고찰." <한국방송학회 주관 OECD 장관회의 연계학술행사 발표문>.

김병국 (1998). <반론권 제도의 언론제도적 특성에 관한 연구>. 서울대학교 대학원 박사학위 논문.

김병철 (2004). "인터넷 신문 댓글의 상호작용적 특성 분석." <사이버커뮤니케이션학보>, 14호, 147~180.

김사승 (2004). "전문기자의 전문성과 뉴스의 질을 구축하는 취재 보도 관행의 상관 관계에 대한 분석: 충원경로에 따른 비교분석을 중심으로." <한국언론학보>, 48권 2호, 56~78.

김상환 (2006). "반론보도 심판청구 사건: 반론보도청구권의 요건 등에 관한 대법원 2006.2.10. 선고 2002다49040 판결에 대한 평석." <언론과 법>, 5권 1호, 39~49.

김성천 (2003). "개인정보 유출과 스팸메일에 대한 사업자의 손해배상 책임." <소비자 시대>, 7월호, 15.

김연배·박유리 (2006). <온라인의 확장은 긍정적인가: 스팸메일과 온라인 외부성>. 서울: 삼성경제연구소.

김영석 외 (2004). <인터넷언론과 법>. 서울: 한국언론재단.

김영환·이경재 (1992). <음란물의 법적 규제 및 대책에 관한 연구: '포르노그라피'에 대한

형사정책적 대책>. 한국형사정책연구원.

김유승 (2005). "인터넷 콘텐츠 공동규제 연구: 유럽연합의 '더 안전한 인터넷 사용증진을 위한 행동 계획'을 중심으로." <사이버커뮤니케이션학보>, 16권, 83~118.

김윤정 (2006). "언론중재 및 피해구제 등에 관한 법률에서 신설된 '정정보도청구권'에 관한 논의." <언론중재>, 100호(가을), 19~43.

김은미·선유화 (2006). "댓글에 대한 노출이 뉴스 수용에 미치는 효과." <한국언론학보>, 50권 4호, 33~64.

───·이준웅 (2006). "읽기의 재발견: 인터넷 토론 공간에서 커뮤니케이션의 효과." <한국언론학보>, 50권 4호, 65~94.

김재영 (2003). "정간법 제2조에 근거규정을: 위상강화를 위한 법제화 필요." <신문과 방송>, 통권 386호(2월), 146~149.

김재협 (1998). "타 매체 기사 인용의 문제점과 법적 책임." <언론중재>, 18권 2호(여름), 38~56.

김재형 (2005). 언론에 의한 인격권 침해에 대한 구제수단. <언론과 법>, 4권 1호, 55~82.

김주환 (2000). "정보의 디지털화와 사민권: '권리로서의 프라이버시'를 기본적 인권의 하나로 정립하기 위한 시론." <언론과 사회>, 28권 여름호, 98~121.

김학태 (2002). "형법에서의 음란물에 대한 비판적 고찰." <비교형사법연구>, 4권 1호, 495~518.

나국현 (2001). <성표현의 자유와 그 형사적 규제 방안>. 원광대학교 대학원 박사 학위 논문.

뉴밀레니엄 시대의 언론학 연구와 교육 (2001). 한국언론학대회 공동 심포지엄.

문재완 (2007). "반론권의 예외는 어디까지인가." <신문과 방송>, 통권 33호, 136~139.

박기성 (2001). "한국 언론관과 윤리규제제도의 운영." <언론중재>, 79(겨울), 82~86.

박미숙 (2002). "음란물 위기에서 본 형법적 규제의 기본방향." <형사정책>, 14권 1호, 251~277.

박상진 (2005). "음란물죄의 비판적 고찰." <비교형사법연구>, 7권 1호, 163~180.

박선영 (2000). "인터넷 신문·방송과 반론보도." <언론중재>, 통권 74호(봄), 37~50.

─── (2000). "한국의 인터넷 관련 법적 규제와 한계: 인터넷 내용등급제를 중심으로." <세계의 언론법제>, 하권, 33~55.

─── (2002a). <가상공간에서의 성표현의 자유와 법적 제한>. 한국법제연구원.

─── (2002b). <한국 언론의 현황과 공인의 명예훼손>. 한국언론법학회 세미나 발제 논문.

박선정 (2003). "정보화 시대의 역기능인 스팸메일, 그 현황과 대응 방안 '스팸메일 홍수'

이대로는 안 된다." <PC line>, 통권 152호(6월), 252~255.

박선희·주정민 (2004). "16대 대통령 선거에서 인터넷 대안언론의 영향력." <한국언론학보>, 48권 5호, 214~242.

박수택 (2003). "언론 윤리 제고를 위한 과제와 실천 방안." 한국언론정보학회 세미나발제 논문집.

박영렬·김창도·홍지선 (2001). "다국적기업 한국자회사 경영자와 한국기업 경영자의 윤리 의식 비교연구." <기업 윤리연구>, 3호, 97~113.

박용상 (1995). "언론의 프라이버시 기타 인격권침해." <인권과 정의>, 228호(8월), 31~44.

박운희 (1995). <반론권에 관한 비교헌법학적 고찰>. 서울대학교 박사 학위 논문.

박원경 (2002). <미국 헌법상 표현의 자유에 관한 연구: 사이버스페이스에서의 표현의 자유를 중심으로>. 경희대학교 대학원 박사 학위 논문.

박준성 (2002). "배려와 도덕적 동기." <도덕교육학연구>, 3호, 155~178.

박해봉 (2003). "스팸메일 어떻게 규제할 것인가?" <시민과 변호사>, 통권 111호(4월), 18~22.

백광훈 (2003). "사이버 범죄에 대한 법제론적 대응방안." <정보통신윤리위원회 보고서>.

변재옥 (1978). <정보화 사회에 있어서 프라이버시의 권리>. 서울대학교 박사 학위 논문.

서정우 (1983). "언론보도와 프라이버시권의 침해." <언론중재>, 7호(여름), 15~23.

──·오영근·방석호 외 7인 (2000). <인터넷음란물기준에 관한 연구>. 청소년보호위원회.

성낙인 (1999). "공적 기록의 보도와 사생활보호." <언론중재>, 71호(여름), 17~31.

── (2002). "반론보도청구권에 대한 비교연구." <언론중재>, 83호, 4~21.

성동규 (2007). "네티즌 댓글의 무분별한 인용보도와 인격권." <언론중재>, 102호(봄), 98~105.

──·김왕석 (1997). "인터넷 포르노그래피, 그 표현의 자유와 한계." <한국언론학보>, 42권 2호, 227~260.

송경재 (2006). "포털의 의제 설정 과정에 관한 연구: 네이버, 네이트, 다음 뉴스 서비스를 중심으로." <사회이론>, 29호(봄/여름), 178~210.

신동준·이명진 (2006). "사이버 폭력과 그 대책: 자율적 통제의 가능성을 중심으로." <사이버커뮤니케이션학보>, 20호, 149~195.

안경환 (1988). "미국의 프라이버시 보호법제에 관한 연구." <통신정책동향>, 10권 4호(겨울), 6~21.

안효질 (2006). "인터넷 포털 사이트의 타인 기사의 책임과 그 한계." <2006년 상하이 국제 학술세미나 발표문>.

양재규 (2006a). "언론중재법 관련 헌재결정(2005헌마165등)에 대한 소고 — 언론의 위축 효과를 중심으로." <언론중재>, 100호(가을), 4~18.

────── (2006b). "포털뉴스의 피해구제방안을 둘러싼 쟁점과 과제." <언론중재>, 101호(겨울), 21~43.

언론중재위원회 (2008). "2007년도 조정 · 중재신청 처리 및 시정권고 현황." <언론중재>, 106호(봄), 58~91.

염규호 (1994). "미국에서의 프라이버시 침해와 언론의 자유." <언론중재>, 50호(봄), 52~70.

유승현·황상재 (2006). "포털미디어의 뉴스 프레임에 대한 탐색적 연구: 미디어 다음, 조신일보, 한겨레신문의 비교를 중심으로." <사이버커뮤니케이션학보>, 20호, 197~232.

유의선 (2002). "인터넷상의 스팸메일 법적 규제 정비방향: 관련 법익간의 연계성 분석을 중심으로.." <한국언론학보>, 46권 3호, 153~185.

유일상 (2003). "반론권 제도와 그 개선 방안." <헌법학연구>, 9권 4호, 271~314.

유지현 (2005). <인터넷 신문의 댓글 언어 연구>. 중앙대학교 교육대학원 석사 학위 논문.

윤대혁 (2004). "중소기업경영자의 윤리수준과 경영성과의 관련성 연구." <중소기업연구>, 26권 4호, 99~139.

윤명선·박영철 (1995). "음란의 기준과 그 제한." <경희법학>, 31권, 27~56.

윤성옥 (2008). "국가기관의 반론권 보호범위와 제한에 관한 연구: 법원의 반론보도청구 판결을 중심으로." <한국방송학보>, 22권 1호, 121~161.

윤영철 (1997). "사이버 공간에서의 표현의 자유와 명예훼손." <언론중재>, 69호(겨울), 6~13.

────── (2001). "온라인 저널리즘과 뉴스 패러다임의 변화." <사이버커뮤니케이션학보>, 7호, 182~213.

윤창술 (2002). "스팸메일에 대한 일고." <E-Commerce>, 40호(7월), 79~86.

────── (2003). "스팸메일(Spam Mail)에 대한 규제방안." <기업법연구>, 12호(3월), 457~479.

이건호 (2001). "성표현물의 음란성 판단기준에 관한 연구(II): 영미의 논의를 중심으로." <한국형사정책연구원 보고서>.

이민영 (2007). "초점: 포털사이트운영자의 법적 책임에 관한 고찰." <정보통신정책>, 19권 12호, 1~23.

이상민 옮김 (2001). <미국 연방대법원 음란포르노물 판례집>. 한국간행물윤리위원회.

이서열 (2004). "사이버 공간에서의 명예훼손의 법적 문제." <연세법학회보>, 10권 2호, 133~144.

이성규 (2004). "시장과 정치기구에서의 도덕적 동기의 역할." <한국경제학회 2005 경제학 공동학술대회 발표문>.

이숭희 (2003). "해외 인터넷언론에 의한 명예훼손의 국제재판관할권과 소송절차." <언론중재>, 87호(여름), 38~49.

이승선 (2000). "위법적 취재 보도에 대한 법적 규제의 특성 연구." <한국방송학보>, 14권 1호, 295~336.

────── (2001a). "반론권 행사에 있어서 전략적 회피와 역이용의 문제점: 방송사에 대한 반론 보도청구소송을 중심으로." <한국방송학보>, 16권 3호, 221~259.

────── (2001b). "언론인 저작물에 나타난 취재행위의 형사법적 위법 가능성에 관한 연구." <한국언론학보>, 46권 1호, 344~387.

──────·김경호 (2006). "댓글의 문제점과 인터넷 언론매체의 책임." <언론과 법>, 5권 1호, 385~415.

이양수 (2007). <인터넷 서비스 제공자(ISP)의 명예훼손에 관한 책임성 연구>. 한양대학교 언론정보대학원 석사 학위 논문.

이유현 (2002). "연예부 기자가 바라본 연예 저널리즘." <언론중재>, 85호(겨울), 30~36.

이은택 (2002). "국내 언론인의 도덕 발달 단계에 관한 연구." <한국언론학보>, 46권 3호, 289~318.

이인석 (2002). "명예훼손에 대한 온라인 서비스 제공자의 민사책임." <저스티스>, 67호, 175~201.

이재진 (1998). "인터넷상의 명예훼손 현상에 대한 비판적 고찰: 미국의 경우를 중심으로." <언론중재>, 66호(봄), 25~35.

────── (2000). "사이버 공간에서의 표현의 자유와 인격권 보호." <언론중재>, 77호 (겨울), 71~81.

────── (2001). "인터넷에서의 표현의 자유와 규제에 대한 비교법제적 연구: 인터넷 서비스 제공자의 책임성을 중심으로." <한국방송학보>, 15권 2호, 303~342.

────── (2003). "인터넷 언론의 보도상의 특성과 법적 책임." <언론중재>, 87호(여름), 21~37.

────── (2006). "인터넷 실명제의 명암과 윤리성 제고 방안." <신문과 방송>, 422호(4월), 120~123.

─── (2007). "인터넷에서의 모욕죄 적용의 실태와 쟁점." <한국방송학보>, 21권 5호, 127~164.

───·구본권 (2008). "인터넷상의 지속적 기사 유통으로 인한 피해의 법적 쟁점." <한국 방송학보>, 22권 3호, 172~212.

───·상윤모 (2008a). "매개된 뉴스로 인한 인격권 침해의 구제방안 연구: 인터넷 포털 뉴스 서비스의 경우." <방송연구>, 13권 1호, 265~296.

───·상윤모 (2008b). "포털 뉴스서비스로 인한 인격권침해의 구제방식에 대한 연구: 명에 훼손 사안을 중심으로." <한국언론학회 2008 봄철 정기학술대회 발표문>.

───·유재웅 (2004). "언론중재 제도의 조정정치 기능에 대한 재고찰: 소송에 갈음하는 분쟁해결방안(ADR)의 효율성 관점에서." <한국언론학보>, 48권 2호, 267~293.

이정훈 (2002). "경영성과를 위한 윤리 경영의 방향, 한국기업 윤리학회." <기업 윤리연구>, 5호, 7~22.

─── (2006). "사이버 범죄에 관한 입법동향 및 전망." <사이버커뮤니케이션학보>, 20호, 233~275,

이준웅·김은미·문태준 (2005). "숙의민주주의를 위한 커뮤니케이션의 구조적, 규제적 조건과 인터넷 토론의 양과 질: 제17대 총선 관련 인터넷 게시판 토론을 대상으로." <한국 언론학보>, 49권 1호, 29~56.

이지훈·이종구 (2002). "경영자의 사회적 책임성과 윤리적 리더십에 관한 연구." <기업 윤리연구>, 5호, 49~65.

이철호 (2006). <사이버음란물의 형사법적 규제에 관한 연구>. 목포대학교 대학원 박사 학위 논문.

이형룡·박슬기·차석빈 (2005). "호텔 기업 직원의 윤리 경영 지각이 직무성과에 미치는 영향." <한국호텔경영학회보>, 27호, 19~27.

이희완 (2006). "포털사이트의 뉴스편집권: 제목 바꾸기로 뉴스의 진정성 하락." <신문과 방송>, 420호(2월), 128~132.

임정수 (2007). "초기 UCC 생산과 소비의 탈집중 현상." <한국방송학보>, 21권 1호, 211~242.

임종수 (2004). "미디어로서 포털." <한국언론학회 2004 가을철정기학술대회 자료집>.

─── (2005). "포털 미디어 재매개에서의 뉴스 소비." <한국방송학보>, 19권 2호, 8~46.

─── (2006). "온라인 뉴스 양식과 저널리즘의 변화." <커뮤니케이션이론>, 2권 2호, 37~73.

임기병 (2000). "출판물과 연극·영화·비디오물의 음란성 판단기준에 관한 연구; 미국판례법상 음란성 판단기준을 중심으로." <법조>, 49권 6호, 114~145.

────── (2005). "대법원의 음란성 판단기준에 대한 비판적 검토: 김인규 교사사건 판결에 대한 분석을 중심으로." <민주법학>, 29호, 467~487.

장호순 (2002). "인터넷언론의 경쟁력." <관훈저널>, 83호(여름), 181~189.

정상규 (2005a). "사이버 명예훼손의 제문제 (상)." <언론중재>, 94호(봄), 66~79.

────── (2005b). "사이버 명예훼손의 제문제 (하)." <언론중재>, 95호(여름), 52~69.

정상우 (2007). <포털사이트 관련 법제의 현황과 과제: 포털사업자의 법적 책임을 중심으로>. 법제연구원 보고서.

정상조 엮음 (2000). <인터넷과 법률>. 서울: 현암사.

정영화 (2000). "사이버스페이스와 프라이버시권: 현행 개인정보보호법제의 문제점을 중심으로." <헌법학연구>, 6권 3호, 50~85.

────── (2001). "현대 헌법학에서 프라이버시 법리의 재검토." <사이버커뮤니케이션학보>, 7호, 214~267.

정완 (2000). 사이버 음란물의 유통과 규제. <형사정책연구>, 11권 1호, 35~62.

정운현 (2003). "의제설정·확산 기능 기존 매체에 앞서." <신문과 방송>, 386호(2월), 142~145.

정일권·김영석 (2006). "온라인 미디어에서의 댓글이 여론에 미치는 영향에 관한 연구: 여론 동향 지각과 제3자 효과를 중심으로." 한국언론학회 2006년 봄철정기학술대회 발표논문집, 631~650.

조국 (2001). "공연음란죄 재검토." <판례월보>, 365호, 32~39.

조규철 (2007). <포털 뉴스의 의제설정에 관한 연구: 네이버와 다음의 메인 뉴스박스 기사를 중심으로>. 서강대학교 언론대학원 석사 학위 논문.

조준원 (2000). "1990년대 언론관련 손해배상 판결의 사회과학적 분석." <언론중재>, 76호(가을), 33~53.

조지형 (2004). "프라이버시의 의미와 성의 정치: 그리스월드 사건과 로 사건을 중심으로." <미국사연구>, 19집, 79~111.

주덕규 (2003). "스팸메일의 문제점 및 대책방안." <정보통신윤리>, 46호(6월), 9~15.

차맹진 (1991). <프라이버시 보호와 자기정보통제권>. 인하대학교 박사 학위 논문.

차양신 (2002). "중장기 정보보호 정책방향." <나라경제>, 143호(10월), 76~80.

차용범 (2002). "연예기사의 익명보도와 실명보도." <언론중재>, 85호(겨울), 16~29.

최민재·김위근 (2006). "포털 사이트 뉴스서비스의 의제설정 기능에 관한 연구: 제공된 뉴스와 선호된 뉴스의 특성 차이를 중심으로." <한국언론학보>, 50권 4호, 437~464.

최승열 (2002). "스팸메일의(Spam Mail, Unsolicited E-mail, Junk-mail, etc) 법적규제에 관한 고찰." <법제>, 536호(8월), 38~52.

최영 (2006). "저널리즘 관점에서 본 시민 저널리즘." <언론중재>, 99호(여름), 4~15.

──── · 이종민 · 한혜경 (2005). "인터넷 이용자의 시민적 자질들과 가상공간의 숙의 경험의 관계에 관한 연구." <한국방송학보>, 19권 4호, 604~643.

팽원순 (1982). "반론권 제도의 역사적 전개." <언론중재>, 3호(겨울), 47~55.

한국인터넷기업협회 (2008. 3. 19). "사단법인 한국인터넷기업협회 정책제안서."

한병구 (1982). "세계 각국의 반론권 법제 현황." <언론중재>, 3호(여름), 67~77.

한상암 · 김정규 (2006). "스팸메일의 문제점과 효율적 대응방안에 관한 연구." 한국콘텐츠학회 2006 춘계종합학술대회 논문집 vol. 4(1), 337~341.

한위수 (1999). "프라이버시 침해 관련 국내 판결의 동향." <언론중재>, 71호(여름), 47~61.

──── (2002). "전기통신사업법 제53조 등 위헌확인; 불온통신에 대한 행정적 규제와 표현의 자유. 인쇄매체수용자조사." <헌법재판소결정해설집>.

──── (2006). "새 언론중재제도의 성과와 개선점." <언론중재>, 101호(겨울), 5~20.

한진만 (2007). "사이버상에서의 개인권익의 침해와 구제방안." <언론중재>, 104호(가을), 140~146.

한혜경 (2003). "인터넷 이용자의 여론 지각과 의견 표현: 현실공간과 사이버 공간의 비교." <한국언론정보학보>, 23호, 189~222.

──── (2005). "인터넷 이용자의 시민적 자질들과 가상공간의 숙의 경험의 관계에 관한 연구." <한국방송학보>, 19권 4호, 604~643.

헌법재판소 (2002). <헌법논총>, 제13집.

홍승희 (2006). "2006년도 U-Clean Korea 세미나: 사이버 폭력과 사생활 보호." <정보통신윤리위원회 보고서>.

황상철 (2002). "스팸메일 규제를 위한 일본의 입법동향." <법제>, 536호(8월), 53~69.

황성기 (2005a). "스팸메일규제에 관한 연구." <헌법학연구>, 11권 4호, 237~286.

──── (2005b). "인터넷신문의 법제화와 언론중재." <언론중재>, 95호(여름), 4~18.

──── (2007a). "최근 포털 규제 관련 동향의 문제점." <표현의 자유와 포털 규제 토론회 발표문>, 5~38.

──── (2007b). "정보매개서비스제공자의 법적 책임의 적정 범위에 관한 연구: 서울중앙지방법원 2007.5.18. 2005가합64571, 손해배상(기) 등의 평석을 중심으로." <사이버커뮤니케이션학보>, 24호, 149~190.

───── (2007c). "뉴스매개자로서의 포털 뉴스 서비스의 언론성 및 법적 책임범위에 관한 연구." <사이버커뮤니케이션학보>, 21호, 197~232.

황용석 (2003) "이슈지향적, 정보원 다원화, 미디어 의제 필터 구실: 시사형 인터넷언론의 특성. <신문과 방송>, 386권(2월), 137~141.

───── (2006). "한국 온라인저널리즘 연구의 주제와 접근방법에 대한 메타분석." <커뮤니케이션이론>, 2권 1호, 128~169.

강수진 (2008. 11. 29). "인터넷보도 피해 구제 상설기구 추진." <동아일보>, 10.

문화관광부 (2007). "언론사(뉴스콘텐츠의 저작권자)와 포털(뉴스서비스제공자)간 뉴스콘텐츠 이용계약에 관한 지침(가이드라인) 제정" 언론보도자료.

박성우 (2007. 5. 19). "악플 명예훼손 포털도 책임." <중앙일보>, 8.

박형상 (2007). "인터넷에 욕설 댓글 올리면 모욕죄." <중앙선데이>, 2007.7.15, p.13.

방석호 (2007. 7. 26). "2006년 분야별 중요판례분석." <인터넷 법률신문>.

백강진 (2004). "Spam 메일 대처 위한 미국의 새로운 연방 입법." <인터넷법률신문>, 2004.3.29.

손재권 (2008. 5. 10). "정보의 바다가 괴담의 바다로." <문화일보>, 1.

손택균 (2008. 1. 28). "포털, 지식의 안내자 아닌 통제자로 변질." <동아일보>, A4.

이규연 외 (2008. 5. 11). "광우병 사이버 여론 이렇게 움직였다." <중앙선데이>, 6~7.

이창구·강혜승 (2007. 3. 28). "제목 재편집 많아 기사본질 왜곡 우려." <서울신문>, 7.

Agre, P. E., & Rotenberg, M. (1997). *Technology and privacy: The new landscape.* Cambridge: MIT Press.

Belsey, A. (1998). Journalism and ethics: Can they co-exist? In Matthew Kieran(Ed.), *Media ethics*(pp.1~14). London: Routledge.

Bezanson, R. P., Cranberg, C., & Soloski, J. C. (1987). *Libel law and the press: Myths and reality.* New York: Free Press, 1987.

Black, J., Steele, B. & Barney, R. (1999). *Doing ethics in journalism.* Needham Heights, MA: Prentice Hall.

Carey, J. W. (1989). *Communication as culture.* Boston: Unwin Hyman.

Carter, T. B., Franklin, M. A., & Wright, J. B. (1994). *The First Amendment and the Fourth Estate.* New York: The Foundation Press.

Clor, H. M. (1974). *Obscenity and public morality*. Chicago & London: The University of Chicago Press.

Cooley, T. (1988). *A treatise on Law of Torts*(2d ed.). New York: Callaghan and Company.

Copp, D. & Wendell, S. (eds.) (1983). *Pornography and censorship*. New York: Prometeus Books.

Cross, Jones & Card (1987). *Introduction to criminal law*. Lexis Law Publishing.

Day, L. A. (1991). *Ethics in media communication: Cases and controversies*. New York: Wadsworth Publishing Co.

DeCew, J. W. (1997). *In pursuit of privacy: Law, ethics, and the rise of technology*. Ithaca: Cornell University Press.

Dennis, E. & Merrill, J. (2002). *Media debate*. Stamford, CT: Thomson Learning.

Emerson, T. I. (1967). *Toward a general theory of the First Amendment*. New York: Vintage.

Ferrera, G. R. et al. (2001). *Cyber law: Text and cases*. Ohio: Thomson Learning.

Feinberg, J. (1985). *The idea of obscenity, in offence to others*. Oxford: Oxford University Press.

Gary, C. B. (1999). *The philosophy of law: An encyclopedia*. New York: Garland Publishing, Inc.

Gillmor, D. M., Barron, A., Simon, T. F., & Terry, H. A. (1996). *Fundamentals of mass communication law*. St.Paul, MN: West Publishing.

Girasa, Roy. J. (2002). *Cyberlaw*. Upper Saddle River, NJ: Prentice Hall.

Gleason, T. W. (1990). *The watchdog concept*. Ames, IA: Iowa State University Press.

Herring, S. (1996). "Gender and democracy in computer-mediated Communication" in Rob Shields (2nd ed). *Computerization and Controversy: Value Conflicts and Social Choices*. San Diego, CA: Academic Press, 476~489.

Katsh, E. (1989). *The Electronic media and the transformation of law*. Oxford: Oxford University Press.

Kovach, B. & Rosenstial, T. (2001). *The elements of journalism*. New York: Crown Publishers.

Jacobstein, J. M., Mersky, R. M. & Dunn, D. J. (1994). *Legal research illustrated* (6th. ed). Wesbury, NY: The Foundation Press.

Lee, J. (2008). "Right of reply," 4411 4415 in Wolfgang Donsbach(ed.). *The*

International Encyclopedia of Communication, vol.X, Boston: Blackwell Publishing Co.

Lippmann, W. (1922). *The public opinion.* New York: The Free Press.

Mencher, M. (1991) (5th ed). *News reporting and writing.* IA: W.C. Brown Publishers.

Miller, A. (1971). *The assault on privacy: Computers, databanks, and dossiers.* Ann Arbor, Michigan: The University of Michigan Press.

Napoli, P. M. (2001). *Foundations of communication policy.* New York: Hampton Press.

Rosenoer, J. (1996). *CyberLaw: The law of the Internet.* New York: Springer-Verlag.

Samoriski, J. (2002). *Issues in cyberspace communication, technology, law and society on the Internet frontier.* Boston: Allyn and Bacon.

Seib, P. (2001). *Going live: Getting the news right in a real-time, online world.* New York: Rowman & Littlefield.

——— & Fitzpatrick, K. (1997). *Journalism ethics.* New York: Harcourt Brace & Company.

Smolla, R. A. (2000). *Law of defamation.* New York: West Group.

Straubharr, J. & LaRose, R. (2000). *Media now: Communications media in the information age.* Belmont: Wadsworth/Thomson Learning.

Sunstein, Cass R. (2001). *Republic.com.* Princeton, New Jersey: Princeton University Press.

Turow, J. (2003). Americans and online privacy: The system is broken. A Report from the Annenberg Policy Center of the University of Pennsylvania.

Van Alstyne, W. (1984). *Interpretations of the First Amendment.* Durham: Duke University Press Policy Studies.

Westin, A. (1967). *Privacy and freedom.* New York: Atheneum.

Winkler, A., Mahoney, D. & John West, Jr., G. (2000). *Encyclopedia of the American constitution*, vol. 4, 2nd ed. New York: Macmillan Reference.

Arant, M. D. & Anderson, J. Q. (2001). Newspaper online editors support traditional standards. *Newspaper Research Journal*, 22, 57~69.

Bardoel, J. (1996). Beyond journalism: A profession between information society and civil society. *European Journal of Communication*, 11, 283~302.

——— (2002). The internet journalism and public communication policies. *Gazette*, 64, 501~511.

Bell, B. W. (1999). Secrets and lies: News media and law enforcement use of deception as an investigative tool. *University of Pittsburgh Law Review*, 60, 745~837.

Blasi, V. (1977). The checking value in the First Amendment. *American Bar Foundation Research Journal*, 1977, 521~537.

Blumstein, S. (2003). The new immunity in cyberspace: The expanded reach of the Communications Decency Act to the libelous "Re-Poster," *Boston University Journal of Science and Technology Law*, 9, 407~439.

Byford, K. S. (1998). Privacy in cyberspace: Constructing a model of privacy for the electronic communications environment. *Rutgers Computer and Technology Law Journal*, 24, 1~74.

Cranor, L. F., et. al. (1999) Beyond concern: Understanding net users' attitudes about online privacy. *AT&A Labs-Research Technical Report*, 1999.4.3.

Cate, F. (2000). Principles of internet privacy. *Connecticut Law Review*, 32, 877~886.

Cohen, J. (2000). Examined lives: Informational privacy and the subject and object. *Stanford Law Review*, 52, 1373~1438.

Cobos, S. (2003). A two-tired registry system to regulate SPAM. *UCLA Journal of Law & Technology*, 5 (Web).

Deuze, M. & Yeshua, D. (2001). Online journalists face new ethical dilemmas: Lessons from the Netherlands. *Journal of Mass Media Ethics*, 1494, 273~292.

Duval, B., S., Jr. (1986). The occasions of secrecy. *University of Pittsburgh Law Review*, 47, 579~674.

Fried, C. (1968). Privacy. *Yale Law Journal* 77, 475~506.

Froomkin, M. (1996). Flood control on the information ocean: Living with anonymity, digital cash and distributed databases. *Journal of Law and Commerce*, 15, 395~507.

———— (1999). Legal issues in anonymity and pseudonymity. *The Information Society*, 15, 113~127.

Fedler, F. (1997). Actions of early journalists often unethical, even illegal. *Journal of Mass Media Ethics*, 12(3), 160~170.

Gandy, O. H. (1994). The information of superhighway as the yellow brick road. *The National Forum*, 74(2), 24~28.

Hodeges, L. W. (1994). The journalist and privacy. *Journal of Media Ethics* 94(4), 193~203.

Kang, J. (1998) Information privacy in cyberspace transactions. *Stanford Law Review*, 50, 1193~1294.

Long, G. P. (1994). Who are you?: Identity and anonymity in Cyberspace. *University of Pittsburgh Law Review*, 55, 1177~1213.

Lee, J. (1998). Press freedom and the right of reply under the contemporary Korean libel laws: A comparative analysis. *UCLA Pacific Basin Law Journal* 16, 155~197.

―――― (2002). Media law education in South Korea. Paper presented to the International Communication Association, Seoul, Korea 2002.7.15~17.

Magee, R. G. & Lee, T. H. (2007). Information conduits or content developers?: Determining whether news portals should enjoy blanket immunity from defamation suits. *Communication Law and Policy*, 12(4), 369~404.

Medenica, O. (2008). The immutable tort of cyber-defamation. *Journal of Internet Law*, 11(7), 3~10.

―――― & Wahab, K. (2007). Does liability enhance credibility?: Lessons from the DMCA applied to online defamation. *Cardozo Arts and Entertainment Law*, 25(1), 237~270.

OECD Group of experts on information security and privacy (1998). Implementing the OECD "Privacy Guidelines" in the Electronic Environment: Focus on the Internet. DSTI/ICCP/REG(97)6/FINAL.

Mehra, S. K. (2007). Post a message and go to jail: Criminalizing Internet libel in Japan and the United States. *University of Colorado Law Review*, 78, 767~806.

Mirando, J. (1998). Lessons on ethics in news reporting textbooks 1869~1997. *Journal of Mass Media Ethics*, 13(1), 26~39.

Pogash, C. (1996). Cyberspace journalism. *American Journalism Review*, 18, 26~32.

Post, R. C. (1986). The social foundation of defamation law: Reputation and the constitution. *California Law Review*, 74, 691~741.

Prosser, W. L. (1960). Privacy: A legal analysis. *California Law Review*, 48(3), 383~423.

Resseler, J. S. (2004). Privacy, plaintiffs, and pseudonyms: The anonymous Doe plaintiff in the information age. *University of Kansas Law Review*, 53, 195~256.

Putnam, R. D. (1996). The strange disappearance of civic America. *American Prospect*, 24, 24~48.

Schauer, F. (1980). Social foundations of the law of defamation: A comparative analysis.

Journal of Media Law and Practice 1, 3~23.

─── (1985). Slippery slopes. *Harvard Law Review*, 99, 361~382.

Silha Center of University of Minnesota (2003). *Comments of the Silha Center for the study of media ethics and law*, 1~11.

Solove, D. J. (2002). Conceptualizing privacy. *California Law Review*, 90, 1087~1155.

Tien, L. (1996). Who's afraid of anonymous speech?: McIntyre and the Internet. *Oregon Law Review*, 75, 117~189.

Warren, S. D., Louis, D. & Brandeis, L. D. (1890). The right to privacy. *Harvard Law Review* 4, 194~225.

Van der Wurff, R., & Van Cuilenburg, J. (2001). Impact of moderate and ruinous competition on diversity: The Dutch television market. *Journal of Media Economic* 14(4), 213~229.

Urban, J. M. & Quilter, L. (2006). Efficient process or "Chilling Effects"?: Takedown notices under Section 512 of the Digital Millennium Copyright Act. *Santa Clara Computer and High Technology Law Journal*, 22(4), 621~693.

Yaman, A. (2001). Internet content regulation: UK government and the control of Internet content. *Computer Law & Security Report*, 17(5), 303~317.

Youm, K. (2008). The right of reply and freedom of the press: An international and comparative perspective. *George Washington Law Review*, 76, 1017~1065.

http://www.lawtimes.co.kr/LawSeries/SeriesNews/ScmnNewsContents.aspx?serial= 13042&kind=ba09&page=3.